Schwerpunktbereich Scheffler · Besteuerung von Unternehmen Band III

Schwerpunkte

Eine systematische Darstellung der wichtigsten Rechtsgebiete anhand von Fällen
Begründet von Professor Dr. Harry Westermann †

Besteuerung von Unternehmen

Band III: Steuerplanung

von

Dr. Wolfram Scheffler

o. Professor an der Universität Erlangen-Nürnberg

3., neu bearbeitete Auflage

C.F. Müller

Wolfram Scheffler, Jahrgang 1956, Studium der Betriebswirtschaftslehre an der Universität Mannheim, Promotion 1984, Habilitation 1990, 1990–1991 Professor für Betriebswirtschaftslehre an der Universität zu Köln, 1991–1995 Leiter des Fachgebiets Bilanz-, Steuer- und Prüfungswesen an der Universität Osnabrück, seit 1995 Inhaber des Lehrstuhls für Betriebswirtschaftslehre, insbesondere Steuerlehre an der Friedrich-Alexander-Universität Erlangen-Nürnberg. Hauptarbeitsgebiete: Internationale Unternehmensbesteuerung einschließlich Besteuerung von EU-Konzernen, Digitalisierung und Besteuerung, Rechnungslegung und Besteuerung, Reform der Grundsteuer.

Kontaktadresse:
Friedrich-Alexander-Universität Erlangen-Nürnberg
Lange Gasse 20, 90403 Nürnberg
E-Mail: wolfram.scheffler@fau.de

Bibliografische Information der Deutschen Nationalbibliothek
Die Deutsche Nationalbibliothek verzeichnet diese Publikation in der Deutschen Nationalbibliografie; detaillierte bibliografische Daten sind im Internet über http://dnb.d-nb.de abrufbar.

ISBN 978-3-8114-5302-9

E-Mail: kundenservice@cfmueller.de
Telefon: +49 89/2183-7923
Telefax: +49 89/2183-7620

www.cfmueller.de
www.cfmueller-campus.de

Satz: PreXtension, Grafrath
Druck: Westermann Druck, Zwickau

Vorwort

Im Band Besteuerung von Unternehmen I: Ertrag, Substanz- und Verkehrsteuern werden steuerartenbezogen die wichtigsten Vorschriften zur Steuerpflicht, zum Steuergegenstand, zur Bemessungsgrundlage, zum Tarif und zur Steuererhebung erläutert. Im Band II: Steuerbilanz (steuerliche Gewinnermittlung) werden die Regelungen zur Ermittlung der Einkünfte aus Gewerbebetrieb vorgestellt. Zusammen geben die beiden Bände einen prägnanten und dennoch umfassenden Überblick über die von Unternehmen zu beachtenden steuerrechtlichen Normen. Im Band III: Steuerplanung wird ein Perspektivenwechsel vorgenommen: Die gesetzlichen Vorschriften werden nicht im Hinblick auf ihre rechtliche Stellung beurteilt, sondern nach den Kriterien gruppiert, inwieweit sie für betriebliche Entscheidungen zu beachten sind und in welcher Weise sie sich auf unternehmerische Aktivitäten auswirken. Die steuerartenbezogene Betrachtung in den beiden Bänden I und II wird also im Band III durch eine steuerplanerische Analyse erweitert. Aufbauend auf den ersten beiden Bänden wird gezeigt, wie die zahlreichen steuerrechtlichen Regelungen die Steuerbelastung von Unternehmen beeinflussen.

Betrachtet werden Entscheidungen, die für die Steuerplanung eines Unternehmens besonders bedeutsam sind:

- Entscheidung über die Rechtsform eines Unternehmens
- Investitionsentscheidungen (investitionstheoretische Grundlagen, entscheidungsneutrale Besteuerung sowie mehrere Anwendungsfälle)
- Entscheidungen über die Finanzierung (Eigen- oder Kreditfinanzierung oder Leasing)
- Steuerbilanzpolitik (Gewinnausweisentscheidung)
- Entscheidungen über die nationale Standortwahl
- Ausgestaltung der Entgeltpolitik.

Für die Steuerplanung werden Methoden benötigt, mit deren Hilfe die durch eine betriebliche Entscheidung ausgelösten Steuerzahlungen berechnet werden können. Deshalb werden vorab in einem Grundlagenteil die Vor- und Nachteile der Teilsteuerrechnung sowie der (kasuistischen) Veranlagungssimulation gegeneinander abgewogen.

Bei der Neuauflage wurde die Grundkonzeption des Buches beibehalten. Im Detail wurden jedoch zahlreiche Überarbeitungen und Aktualisierungen an die seit der letzten Auflage geänderte Rechtslage vorgenommen.

Adressaten des Bandes III sind diejenigen, die sich für den Einfluss der Besteuerung auf betriebliche Entscheidungen interessieren. Hierzu gehören insbesondere Studierende der Wirtschafts- und Rechtswissenschaften an Universitäten, (Fach-)Hochschulen, Dualen Hochschulen, Verwaltungs- und Wirtschaftsakademien. Vermittelt wird das Grundlagenwissen, das für die Steuerplanung benötigt wird. Die steuerlichen Effekte werden nicht nur mit Hilfe von Formeln abgeleitet, sondern auch durch zahlreiche (relativ einfach strukturierte) Zahlenbeispiele veranschaulicht und ausführlich erläutert.

Bei der Erstellung des Manuskripts haben mich Frau Dr. Marina Rupp sowie Herr Dr. Fabian Lutz mit großem Engagement unterstützt. Für ihren Einsatz bedanke ich mich ganz herzlich. Gleichzeitig gilt mein Dank Eva Gottschalk, M.Sc., Sabine Knechtel, B.A., Jessica Müller, B.A., Miriam Staudenmeyer, M.Sc. und Marius Weiß für ihre wertvolle Mithilfe bei den Korrekturen des Manuskripts bzw der Druckfahnen sowie bei der Überprüfung der Berechnungen.

Nürnberg, im März 2020 *Wolfram Scheffler*

Inhaltsverzeichnis

Abkürzungsverzeichnis

Abb.	Abbildung
Abs.	Absatz
aF	alte Fassung
AfA	Absetzung für Abnutzung
AO	Abgabenordnung
Aufl.	Auflage
BB	Betriebs-Berater (Zeitschrift)
BeiSaV 2019	Verordnung über die Erhebung von Beiträgen zur Arbeitsförderung nach einem niedrigeren Beitragssatz für die Kalenderjahre 2019 bis 2022
BewG	Bewertungsgesetz
BFH	Bundesfinanzhof
BFuP	Betriebswirtschaftliche Forschung und Praxis (Zeitschrift)
BGB	Bürgerliches Gesetzbuch
BMF	Bundesministerium der Finanzen
BMWF	Bundesministerium für Wirtschaft und Finanzen
BStBl.	Bundessteuerblatt
BT-Drucks.	Bundestag-Drucksache
Buchst.	Buchstabe
bzw	beziehungsweise
ca.	circa
DB	Der Betrieb (Zeitschrift)
dh	das heißt
EDV	Elektronische Datenverarbeitung
EK	Eigenkapital
ErbStG	Erbschaftsteuergesetz
EStG	Einkommensteuergesetz
EStR	Einkommensteuer-Richtlinien
FA	Finanzarchiv (Zeitschrift)
FK	Fremdkapital
FZulG	Forschungszulagengesetz
GewStDV	Gewerbesteuer-Durchführungsverordnung
GewStG	Gewerbesteuergesetz
ggf	gegebenenfalls
ggü.	gegenüber
GmbH	Gesellschaft mit beschränkter Haftung
GmbHR	GmbH-Rundschau (Zeitschrift)
GrStG	Grundsteuergesetz
GuV	Gewinn- und Verlustrechnung

HBR	Harvard Business Review (Zeitschrift)
HGB	Handelsgesetzbuch
HS	Halbsatz
idR	in der Regel
ieS	im engeren Sinne
IFRS	International Financial Reporting Standards
InvZulG	Investitionszulagengesetz
iSd	im Sinne des
iVm	in Verbindung mit
iwS	im weiteren Sinne
KStG	Körperschaftsteuergesetz
lifo	last in, first out
LStR	Lohnsteuer-Richtlinien
maW	mit anderen Worten
max.	maximal
Nr	Nummer
S.	Satz, Seite
SGB	Sozialgesetzbuch
StB	Der Steuerberater (Zeitschrift)
Stbg	Die Steuerberatung (Zeitschrift)
SteuerStud	Steuer und Studium (Zeitschrift)
StuB	NWB Unternehmenssteuern und Bilanzen/Zeitschrift für das Steuerrecht und die Rechnungslegung der Unternehmen/Steuern und Bilanzen (Zeitschrift)
StuW	Steuer und Wirtschaft (Zeitschrift)
SvEV	Sozialversicherungsentgeltverordnung
SolZG	Solidaritätszuschlaggesetz
ua	und andere
Ubg	Die Unternehmensbesteuerung (Zeitschrift)
UmwStG	Umwandlungssteuergesetz
vgl	vergleiche
WiSt	Wirtschaftswissenschaftliches Studium (Zeitschrift)
WISU	Das Wirtschaftsstudium (Zeitschrift)
WPg	Die Wirtschaftsprüfung (Zeitschrift)
zB	zum Beispiel
ZEW	Zentrum für Europäische Wirtschaftsforschung
ZfB	Zeitschrift für Betriebswirtschaft (Zeitschrift)
ZfbF	Schmalenbachs Zeitschrift für betriebswirtschaftliche Forschung (Zeitschrift)

Symbolverzeichnis

AfA_t	steuerrechtliche Abschreibung in Periode t
AHK	Anschaffungs- und Herstellungskosten
AK	Anschaffungskosten
a_t	Auflösungsfaktor der bilanzpolitischen Maßnahme im Jahr t
BMG	Bemessungsgrundlage
c	Annuität
C_0	Kapitalwert vor Steuern
$C_{0,S}$	Kapitalwert nach Steuern
$C_{N,S}$	Endwert nach Steuern
D_t	Ertragswertabschreibung in Periode t
EBITDA	Earnings before interest, taxes, depreciation and appreciation
erhöht	Abschreibungssatz der erhöhten Absetzung (dezimal)
$E_{S,t}$	Ertragswert nach Steuern zum Zeitpunkt t
ESt	Einkommensteuer
E_t	Ertragswert vor Steuern zum Zeitpunkt t
$EZÜ_t$	Einzahlungsüberschuss in Periode t
G	Gewinn
GewSt	Gewerbesteuer
$GewSt_{effektiv}$	„effektive" Gewerbesteuer (nach Berücksichtigung der Steuerermäßigung für gewerbliche Einkünfte nach § 35 EStG)
GMZ	Grundmietzeit
GrSt	Grundsteuer
GrStW	Grundsteuerwert (bei Grundstücken)
i	Zinssatz, Kalkulationszinssatz vor Steuern, Kalkulationszinssatz (dezimal)
I_0	Investitionssumme (Anfangsausgaben)
i_{Haben}	Habenzinssatz (dezimal)
InvestAbzug	Investitionsabzugsbetrag (dezimal)
i_s	Kalkulationszinssatz nach Steuern (dezimal)
i_{Soll}	Sollzinssatz (dezimal)
KiSt	Kirchensteuer
KSt	Körperschaftsteuer
KZF	Kalkulationszinssatz
M	bilanzpolitische Manövriermasse
max	maximiere
min	minimiere
N	Nutzungsdauer, Berechnungszeitraum in Jahren

r_s	interne Rendite nach Steuern
RW	Restwert
s	(Differenz-)Steuersatz
$s_{\S\,35\,EStG}$	Steuerermäßigung für gewerbliche Einkünfte nach § 35 EStG
s_{AbgSt}	Steuersatz der Abgeltungsteuer (gesonderter Steuersatz nach § 32d EStG)
s_{AG}	Ertragsteuerbelastung des Arbeitgebers
s_{AN}	Steuersatz des Arbeitnehmers
s_{Anspar}	Steuersatz in der Ansparphase (Altersvorsorge)
$s_{e,0}$	kombinierter Ertragsteuersatz zum Beginn des Berechnungszeitraums (Periode 0)
$s_{e,N}$	kombinierter Ertragsteuersatz zum Ende des Berechnungszeitraums (Periode N)
$s_{e,t}$	kombinierter Ertragsteuersatz im Jahr t
$s_{Ertragsteuern}$	Ertragsteuersatz
s_{ESt}	Einkommensteuersatz
$s_{ESt,KiSt}$	kombinierter Steuersatz aus Einkommensteuer und Kirchensteuer
$s_{ESt,SolZ,KiSt}$	kombinierter Steuersatz aus Einkommensteuer, Solidaritätszuschlag und Kirchensteuer
s_{ESt}^{Nach}	Steuersatz bei Nachversteuerung von Entnahmen der Gewinnanteile, für die die Thesaurierungsbegünstigung in Anspruch genommen wurde (gesonderter Steuersatz nach § 34a Abs. 4 EStG)
s_{ESt}^{Thes}	Steuersatz der Thesaurierungsbegünstigung (gesonderter Steuersatz nach § 34a Abs. 1 EStG)
$s_{EU/PersGes(Thes)}$	Steuersatz bei Einzelunternehmen bzw Personengesellschaften bei Inanspruchnahme der Thesaurierungsbegünstigung nach § 34a EStG
s_{FK}	Steuerentlastung durch Abzug der Fremdkapitalzinsen
s_{GewSt}	Gewerbesteuersatz
$s_{GewStFK\text{-}Hinzu}$	Steuerbelastung aufgrund der Hinzurechnung von Fremdkapitalzinsen bei der Gewerbesteuer nach § 8 Nr 1 Buchst. a GewStG
s_{GrSt}	Grundsteuersatz
s_{KapGes}	Steuerbelastung auf Ebene der Kapitalgesellschaft
s_{KiSt}	Kirchensteuersatz
s_{KSt}	Körperschaftsteuersatz
sv_{AG}	Sozialversicherungssatz des Arbeitgebers
sv_{AN}	Sozialversicherungssatz des Arbeitnehmers
$s_{Versorgung}$	Steuersatz in der Versorgungsphase (Altersvorsorge)
SolZ	Solidaritätszuschlag
Sonder	Abschreibungssatz der Sonderabschreibung (dezimal)
s_{SolZ}	Solidaritätszuschlagsatz
$s_{Substanzsteuern}$	Substanzsteuersatz
St	Steuerzahlungen in Periode t, soweit sie auf die zu beurteilende Investition entfallen
t	Periodenindex
t_0	Beginn des Berechnungszeitraums
t_1	Teilsteuersatz 1 (für Gewinne)
t_2	Teilsteuersatz 2 (Substanzsteuerbelastung für Betriebsgrundstücke)
T_{max}	maximale Thesaurierungsquote (Thesaurierungsbegünstigung nach § 34a EStG)
t_N	Ende des Berechnungszeitraums (Periode N)

WGF	Annuitätenfaktor (Wiedergewinnungsfaktor)
ZB_t	Zinsbereinigung in Periode t (zinsbereinigte Einkommensteuer)
zvE	zu versteuerndes Einkommen

Vorbemerkung zu den Berechnungen

Die meisten Berechnungen wurden mit Hilfe eines Tabellenkalkulationsprogramms durchgeführt. Beim Ausweis der einzelnen Werte wurde jeweils gerundet. Innerhalb des Berechnungsschemas wurde mit den ungerundeten Werten weitergerechnet. Diese Vorgehensweise kann zu Rundungsabweichungen führen.

Schrifttum

Blohm/Lüder/Schaefer Investition, 10. Aufl., München 2012
Breithecker Einführung in die Betriebswirtschaftliche Steuerlehre, 17. Aufl., Berlin 2016
Grob Einführung in die Investitionsrechnung, 5. Aufl., München 2006
Heinhold Unternehmensbesteuerung, Band 3: Investition und Finanzierung, Stuttgart 1996
Jacobs/Scheffler/Spengel Unternehmensbesteuerung und Rechtsform, 5. Aufl., München 2015
König/Wosnitza Betriebswirtschaftliche Steuerplanungs- und Steuerwirkungslehre, Heidelberg 2004
Kruschwitz Investitionsrechnung, 14. Aufl., München 2014
Kußmaul Betriebswirtschaftliche Steuerlehre, 7. Aufl., München 2014
Mellwig Investition und Besteuerung, Wiesbaden 1985
Rose Die Steuerbelastung der Unternehmung, Wiesbaden 1973
Rose Betriebswirtschaftliche Steuerlehre, 3. Aufl., Wiesbaden 1992
Scheffler Besteuerung von Unternehmen, Band I: Ertrag-, Substanz- und Verkehrsteuern, 14. Aufl., Heidelberg 2020
Scheffler Besteuerung von Unternehmen, Band II: Steuerbilanz, 9. Aufl., Heidelberg 2018
Scheffler Internationale betriebswirtschaftliche Steuerlehre, 3. Aufl., München 2009
Schneeloch Betriebswirtschaftliche Steuerlehre, Band 2: Betriebliche Steuerpolitik, 3. Aufl., München 2009
Schneider Investition, Finanzierung und Besteuerung, 7. Aufl., Wiesbaden 1992
Schneider Steuerlast und Steuerwirkung, München/Wien 2002
Schreiber Besteuerung der Unternehmen, 4. Aufl., Wiesbaden 2017
Schult Betriebswirtschaftliche Steuerlehre, 4. Aufl., München/Wien 2002
Wagner/Dirrigl Die Steuerplanung der Unternehmung, Stuttgart/New York 1980
Wöhe/Bieg Grundzüge der Betriebswirtschaftlichen Steuerlehre, 4. Aufl., München 1995

Erster Teil

Steuern als Bestandteil des Zielsystems

Erster Abschnitt

Zielgröße: Maximierung der Einzahlungsüberschüsse nach Steuern

1 Aufgabe der praktisch-normativen Entscheidungstheorie ist es, dem Entscheidungsträger die Ableitung einer rationalen Entscheidung zu erleichtern. Rationalität bedeutet in diesem Zusammenhang, dass der Entscheidungsträger die Handlungsalternative auswählt, die seinen Zielvorstellungen am besten entspricht.

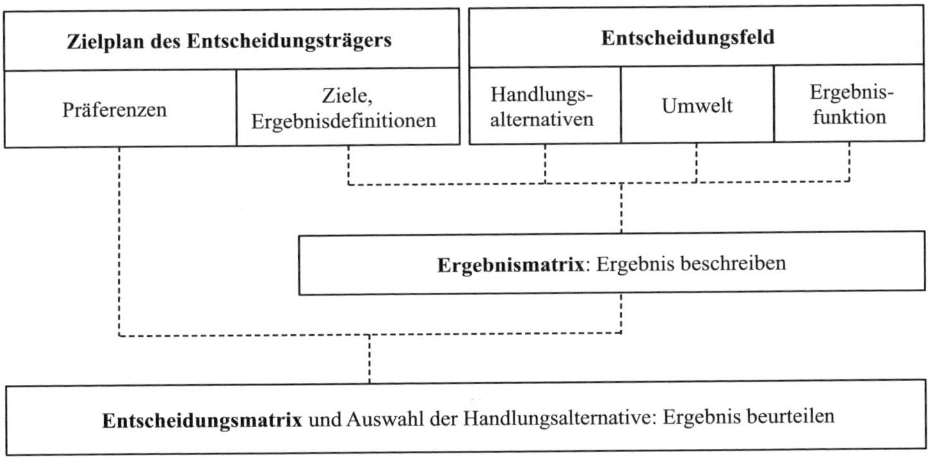

Abb. 1.1: Grundmodell der Entscheidungstheorie

2 Kern eines Entscheidungsmodells bilden der Zielplan des Entscheidungsträgers und das Entscheidungsfeld.[1] Der Zielplan enthält Informationen darüber, welche Sachverhalte der Entscheidungsträger anstrebt (Ziele, Ergebnisdefinitionen) und wie er die Konsequenzen der Handlungsalternativen beurteilt (Präferenzen). Das Entscheidungsfeld unterteilt sich in die Handlungsalternativen, die vom Entscheidungsträger nicht kontrollierbaren Einflussfaktoren (Umwelt) und die bewertungsrelevanten Eigenschaften der Alternativen (Ergebnisfunktion). In der Ergebnismatrix werden die Auswirkungen auf die vom Entscheidungsträger verfolgten Ziele zusammengestellt. Nach Beurteilung der Ergebnisse durch den Entscheidungsträger steht die aus seiner Sicht vorteilhafte Handlungsalternative fest.

1 Siehe hierzu Sieben/Schildbach, Betriebswirtschaftliche Entscheidungstheorie, 4. Aufl., Düsseldorf 1994, S. 15–31.

3 Die steuerrechtlichen Regelungen sind als ein Teil der Umwelt in den Entscheidungsprozess einzubeziehen.[2] Die Bedeutung der Steuern ist insoweit zu relativieren, als die Entscheidungsträger regelmäßig mehrere (quantitative und qualitative) Ziele verfolgen. Dabei sind die steuerlichen Effekte Teil der finanziell messbaren Zielgröße, dh des Gewinnziels. Das Gewinnziel ist so zu interpretieren, dass **die nach Steuern verbleibenden Einzahlungsüberschüsse** zu **maximieren** sind:

(Einzahlungsüberschüsse – Steuern) → max.

4 Die Begründung für eine solche Formulierung des Zielkriteriums liegt darin, dass die zu beurteilenden Handlungsalternativen (zB die Entscheidung zwischen der Investition A und der Investition B oder die Entscheidung zwischen einer Investition im Inland und einer Investition im Ausland) sich häufig bereits ohne Berücksichtigung der steuerlichen Effekte unterscheiden.

Beispiel: Die Investition A weist einen Einzahlungsüberschuss von 100 aus. Nach Abzug von Ertragsteuern von 40% (= 40) verbleibt ein Einzahlungsüberschuss von 60. Bei der Investition B unterliegt der Einzahlungsüberschuss von 70 nur einer 20%igen Besteuerung. Damit ergibt sich ein Netto-Einzahlungsüberschuss von 56 (= 70 – 20%×70 = 70 – 14). Bei der Investition B sind zwar nur Ertragsteuern von 14 (anstatt von 40 bei der Investition A) zu bezahlen. Aufgrund des deutlich höheren Einzahlungsüberschusses vor Steuern (100 gegenüber 70) verfügt der Investor bei Investition A nach Steuern dennoch über mehr finanzielle Mittel. Der ohne Einbezug der Steuern für die Investition A bestehende Vorteil von 30 (= 100 – 70) wird durch diese um 26 (= 40 – 14) lediglich auf 4 (= 60 – 56) abgeschwächt. Es kommt allerdings nicht zu einer Umkehrung der Vorteilhaftigkeitsaussage.

		Investition A	**Investition B**
	Einzahlungsüberschuss vor Steuern (Bruttoüberschuss)	100	70
–	Steuern (40% bzw 20%)	40	**14**
=	Einzahlungsüberschuss nach Steuern (Nettoüberschuss)	**60**	56
Reihung bei Maximierung der Netto-Einzahlungsüberschüsse		**1**	2
Reihung bei Minimierung der zu zahlenden Steuern		2	**1**

Das Zielkriterium „Steuern → min“ führt nur dann zu keiner Fehlentscheidung, wenn bei allen Handlungsalternativen die Einzahlungsüberschüsse vor Steuern gleich sind. In diesem Fall spricht man von **relativer Steuerminimierung**.

5 Das Ziel einer **absoluten Steuerminimierung** „Steuern → min“ ohne Geltung der Nebenbedingung, dass bei allen Alternativen vor Steuern die Einzahlungsüberschüsse gleich sind, ist offensichtlich nicht sachgerecht. Konsequent umgesetzt würde diese Zielvorgabe dazu führen, dass der Entscheidungsträger jegliche unternehmerische Aktivität einstellt: Wer kein Einkommen erzielt, kein Vermögen besitzt und nichts konsumiert, zahlt auch keine Steuern.

2 Siehe hierzu grundlegend Wagner/Dirrigl, Die Steuerplanung der Unternehmung, Stuttgart/New York 1980, S. 12–13.

Zweiter Abschnitt

Begründung für den Einbezug der Steuern

Für den Einbezug der steuerlichen Effekte in den Entscheidungsprozess gibt es sowohl eine materielle als auch eine formelle Begründung.[3] 6

(1) Materielle Begründung: Die materielle Begründung für den Einbezug von Steuern liegt darin, dass die vom Entscheidungsträger zu zahlenden Steuern Einfluss auf das Gewinnziel haben. Der Begriff „Gewinn" ist in der Betriebswirtschaftslehre allerdings nicht eindeutig definiert. Ausgangspunkt bilden die Bedürfnisse des Entscheidungsträgers. Er kann entweder vorgeben,

- seine Entnahmen für Konsumausgaben (Einkommensstreben),
- sein Vermögen (Vermögensstreben) oder
- die Kombination von Entnahmen für Konsumausgaben und Besitz von Vermögensgegenständen (Wohlstandsstreben)

zu maximieren.[4] Steuern sind in den Entscheidungsprozess einzubeziehen, da die für die Zahlung von Steuern benötigten Zahlungsmittel die Entnahmen und/oder das Vermögen mindern.

(2) Formelle Begründung: Die formelle Begründung für den Einbezug von Steuern resultiert daraus, dass für betriebswirtschaftliche Entscheidungen nicht nur auf die absolute Höhe der zu zahlenden Steuern abzustellen ist, sondern auch darauf, ob sich die Steuerzahlungen bei den zu beurteilenden Investitionen unterscheiden. In diesem Zusammenhang stellen sich zwei Fragen: 7

- Indifferenzbedingung: Ändert sich durch die Besteuerung die Reihenfolge der Alternativen, maW fällt die Entscheidung bei Einbezug der Besteuerung anders aus als ohne Betrachtung der steuerlichen Effekte?
- Realisierungsbedingung: Kann eine Alternative auch unter Beachtung der steuerlichen Effekte durchgeführt werden?

(a) zur Indifferenzbedingung: Bei der Prüfung, ob es durch die Besteuerung zu einer Änderung der Vorteilhaftigkeitsreihenfolge kommt, sind zwei Grundformen zu unterscheiden: 8

- Ist die Höhe der Steuerschuld unabhängig davon, welche der Alternativen umgesetzt wird, sind Steuern zwar eine wichtige Zielgröße, aber wie fixe Kosten für die Entscheidung irrelevant. Die Unabhängigkeit der Steuern von unternehmerischen Entscheidungen ist im strengen Sinn nur bei Kopfsteuern (und unter Vernachlässigung der Ungewissheit) gegeben. Obwohl nahezu jede unternehmerische Entscheidung die zu zahlenden Steuern beeinflusst, bleiben sie aufgrund von Informationsproblemen (Welche steuerlichen Effekte treten auf?) bzw von Zurech-

3 Siehe hierzu grundlegend Wagner/Dirrigl, Die Steuerplanung der Unternehmung, Stuttgart/New York 1980, S. 5–21 sowie Heinhold, Unternehmensbesteuerung, Band 3: Investition und Finanzierung, Stuttgart 1996, S. 26–29.

4 Diese Begriffe werden im Vierten Teil, Erster Abschnitt ausführlich erläutert.

nungsproblemen (Welcher Teil der von einem Unternehmen insgesamt zu zahlenden Steuern ist durch die zu treffende Entscheidung verursacht?) unberücksichtigt. In diesen Fällen handelt es sich um eine faktische Irrelevanz der Besteuerung. Derartige Vereinfachungen sind allerdings nur bei Entscheidungen mit kurzfristigem Charakter oder von geringer Bedeutung zu empfehlen.

- Besteht eine Abhängigkeit der Steuerzahlungen vom Zielerreichungsgrad, sind Steuern dann entscheidungsneutral, wenn sie direkt an die Zielgröße des Unternehmers (Entnahmen oder Vermögen) anknüpfen. Die steuerlichen Bemessungsgrundlagen weichen allerdings regelmäßig von den betriebswirtschaftlichen Zielgrößen ab. Darüber hinaus ist zu beachten, dass Entscheidungen auf zu erwartenden Größen beruhen (ex-ante Betrachtung), während die Besteuerung an die tatsächlich realisierten Ergebnisse anknüpft (ex-post Betrachtung).

9 *(b) zur Realisierungsbedingung:* Die Durchführung einer Alternative kann

- zum einen an Liquiditätsengpässen (die Steuerzahlungen werden vor dem Eintreten der Einzahlungsüberschüsse fällig und es besteht keine Möglichkeit, die Steuerschuld zu finanzieren), oder
- zum anderen daran scheitern, dass die Summe der zu zahlenden Steuern die Summe der Einzahlungsüberschüsse übersteigt (so zB bei geringen Gewinnen, aber relativ hohen Substanzsteuern).

Da die Realisierungsbedingung vorab nicht generell beantwortet werden kann und die Indifferenzbedingung im Regelfall nicht erfüllt ist, sollten Steuern in den Entscheidungsprozess einbezogen werden.

10 *(3) Einteilung der Bedeutung der Besteuerung für betriebliche Entscheidungen:* In einer groben Vereinfachung lässt sich der Einfluss der Besteuerung auf betriebliche Entscheidungen wie folgt charakterisieren:

eher hoher Einfluss der Besteuerung	eher geringer Einfluss der Besteuerung
• Rechtsform • Investition • Finanzierung • Steuerbilanzpolitik • internationale Standortwahl	• nationale Standortwahl • Beschaffung, Produktion, Absatz • Personal (Grundsatz) Ausnahmen: Entgeltpolitik bei Sozialleistungen, betrieblicher Altersversorgung, Entsendung der Mitarbeiter ins Ausland

Abb. 1.2: Bedeutung der Besteuerung für betriebliche Entscheidungen

Diese Einteilung bildet die Grundlage für die Stoffauswahl in diesem Buch. Vor der Erläuterung des steuerlichen Einflusses auf die ausgewählten betrieblichen Entscheidungen werden die Verfahren vorgestellt, mit deren Hilfe die Höhe der zu zahlenden Steuern quantifiziert werden kann.

Zweiter Teil

Methoden zur Quantifizierung von Steuerzahlungen

Erster Abschnitt

Beziehungen zwischen den Steuerarten

Zwischen den von Unternehmen periodisch zu zahlenden Ertrag- und Substanzsteuern bestehen folgende Zusammenhänge: **11**

① Die Grundsteuer mindert als Betriebsausgabe die Bemessungsgrundlage der Gewerbesteuer.

② Die Grundsteuer mindert als Betriebsausgabe zusätzlich die Bemessungsgrundlage der Einkommensteuer bzw der Körperschaftsteuer.

③ Die Bemessungsgrundlage für den Solidaritätszuschlag bildet die (festzusetzende) Einkommen- bzw Körperschaftsteuer.

④ Zwischen der Einkommensteuer und der Kirchensteuer besteht eine wechselseitige Abhängigkeit: Bemessungsgrundlage für die Kirchensteuer bildet die (festzusetzende) Einkommensteuer. Die gezahlte Kirchensteuer mindert als Sonderausgabe nicht nur die Bemessungsgrundlage der Einkommensteuer, sondern mittelbar zusätzlich ihre eigene Bemessungsgrundlage.

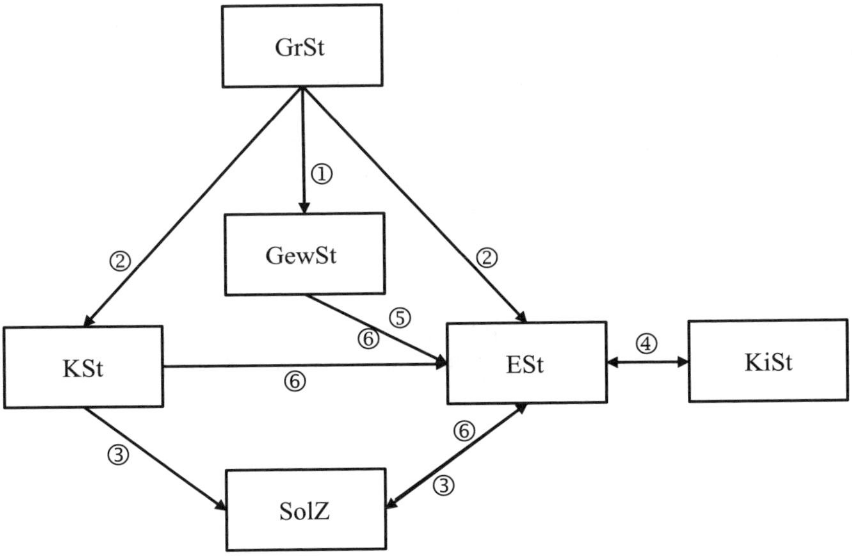

Abb. 2.1: Beziehungen zwischen den Ertrag- und Substanzsteuern

⑤ Bei einkommensteuerpflichtigen Gewerbetreibenden wird die Gewerbesteuer in pauschalierender Form durch eine Steuerermäßigung bei der Einkommensteuer (weitgehend) kompensiert.

⑥ Bei Kapitalgesellschaften mindern die auf Unternehmensebene gezahlten Steuern (Körperschaftsteuer, Solidaritätszuschlag, Gewerbesteuer) die an die Anteilseigner maximal zahlbare Dividende. Durch den Rückgang der Gewinnausschüttungen reduziert sich die Einkommensteuer des Anteilseigners.

Zweiter Abschnitt

Kasuistische Veranlagungssimulation

12 Die Zielsetzung der (kasuistischen) Veranlagungssimulation besteht darin, die Steuerschuld zu ermitteln, die bei Realisierung des betrachteten Sachverhalts entstehen würde. Zu diesem Zweck wird das Veranlagungsverfahren der Finanzbehörden modellmäßig nachvollzogen, dh für den konkreten Fall rechnerisch simuliert. Die getrennt für jede Steuerart ermittelten Steuerzahlungen können zur Gesamtsteuerbelastung addiert werden.[1]

Bei der (kasuistischen) Veranlagungssimulation sind zunächst die steuerlichen Effekte auf Ebene der Gesellschaft zu analysieren, da die Steuerbelastung der Anteilseigner von den Gewinnanteilen abhängt, die ihnen zugerechnet werden.

13 Der weitere Aufbau des Berechnungsschemas wird von den Dependenzen und Interdependenzen zwischen den Steuerarten bestimmt. Es ist mit den Steuerarten zu beginnen, die unabhängig von den anderen ermittelt werden können und die für die Berechnung von anderen Steuerarten benötigt werden. Dies sind einerseits die Verkehr- und Verbrauchsteuern, bei denen zu prüfen ist, ob sie als Betriebsausgaben aufwandswirksam oder als Anschaffungsnebenkosten zu aktivieren sind, und andererseits die Grundsteuer, ohne deren Kenntnis die Ertragsteuern nicht berechnet werden können. Damit ergibt sich folgende allgemeine Reihenfolge:

- Verbrauch- und Verkehrsteuern
- Grundsteuer
- Gewerbesteuer
- Körperschaftsteuer zuzüglich Solidaritätszuschlag (nur bei Kapitalgesellschaften)
- Einkommensteuer zuzüglich Solidaritätszuschlag und ggf Kirchensteuer.

1 Siehe hierzu zB Rose, Betriebswirtschaftliche Steuerlehre, 3. Aufl., Wiesbaden 1992, S. 32–38.

Dritter Abschnitt

Teilsteuerrechnung

Aufgabe der Teilsteuerrechnung ist weniger die Berechnung der einzelnen Steuerzahlungen, als vielmehr in erster Linie die Kenntnis über die Be- oder Entlastung, die durch eine betriebswirtschaftliche Größe verursacht wird.[2] Diese Zielsetzung bedingt ein mehrstufiges Verfahren: **14**

1. Schritt: Die juristisch definierten Bemessungsgrundlagen der verschiedenen Steuerarten sind nach betriebswirtschaftlichen Gesichtspunkten zu zerlegen (Gewinnung von Bemessungsgrundlagenteilen).

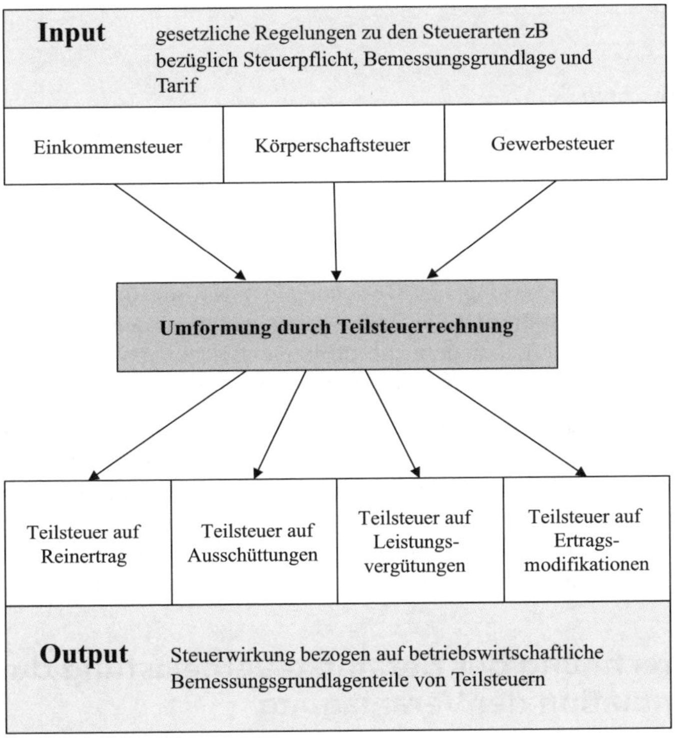

Abb. 2.2: Grundstruktur der Teilsteuerrechnung[3]

2. Schritt: Für jede Steuerart ist eine Grundgleichung aufzustellen, in der die juristischen Bemessungsgrundlagen durch die im ersten Schritt gewon-

2 Die Teilsteuerrechnung geht zurück auf Gerd Rose. Siehe hierzu grundlegend Rose, Untersuchungen über die Steuerbelastung der Unternehmung, DB 1968, Beilage 7 und Rose, Die Steuerbelastung der Unternehmung, Wiesbaden 1973. Siehe auch Rose, Betriebswirtschaftliche Steuerlehre, 3. Aufl., Wiesbaden 1992, S. 38–68; Wagner/Dirrigl, Die Steuerplanung der Unternehmung, Stuttgart/New York 1980, S. 153–169.

3 In Anlehnung an Rose, Betriebswirtschaftliche Steuerlehre, 3. Aufl., Wiesbaden 1992, S. 43.

nenen betriebswirtschaftlichen Bemessungsgrundlagenteile ausgedrückt werden.

3. Schritt: Die Zusammenfassung der Grundgleichungen ergibt die Gleichung für die Gesamtsteuerbelastung.

4. Schritt: Die Gesamtsteuergleichung ist nach den im ersten Schritt gewonnenen betriebswirtschaftlichen Bemessungsgrundlagenteilen zu ordnen. Aus den Summen, Differenzen und Produkten der einzelnen Steuersätze sind die Teilsteuersätze (Multifaktoren) zu berechnen, die die effektive Be- oder Entlastung einer betriebswirtschaftlichen Größe repräsentieren.

5. Schritt: Durch Multiplikation des Bemessungsgrundlagenteils mit dem Teilsteuersatz erhält man den Teil der Gesamtsteuerbelastung, der auf die betrachtete betriebswirtschaftliche Größe entfällt. Diese „Teilsteuern" lassen sich zur Gesamtsteuerbelastung addieren.

Vierter Abschnitt

Beispiel zur Demonstration der Vorgehensweise

A. Daten

15 Die rechnerische Erfassung der Beziehungen zwischen den Steuerarten durch die Veranlagungssimulation und die Teilsteuerrechnung werden anhand eines einfachen Beispiels demonstriert, bei dem die effektive Belastung von Ertrag und Substanz einer Kapitalgesellschaft im Rahmen der laufenden Besteuerung quantifiziert wird.

Eine Kapitalgesellschaft erzielt vor Berücksichtigung der als Betriebsausgaben abziehbaren Steuerarten steuerpflichtige Einkünfte von 100 000 €. Der Grundsteuerwert beläuft sich auf 2 000 000 €. Die Gemeinde setzt den Hebesatz der Grundsteuer auf 420% und den der Gewerbesteuer auf 400% fest. Der Körperschaftsteuersatz beträgt 15%, der Steuersatz des Solidaritätszuschlags 5,5%. Freibeträge und -grenzen sowie die Besteuerung auf Ebene des Gesellschafters bleiben unberücksichtigt.

B. Berechnung der Gesamtsteuerbelastung durch Simulation der Veranlagung

16 Im Beispiel sind für die einzelnen Steuerarten folgende Berechnungen vorzunehmen:

(1) Grundsteuer (GrSt)

	Grundsteuerwert (§ 13 Abs. 1 GrStG)	2 000 000 €
×	Steuermesszahl (§ 15 Abs. 1 Nr 2 GrStG)	0,34‰
=	Steuermessbetrag (§ 13 Abs. 1 iVm § 16 GrStG)	680 €
×	Hebesatz der Grundsteuer (§ 25 GrStG)	420%
=	Grundsteuer	2 856 €

(2) Gewerbesteuer (GewSt)

	Gewinn vor Steuern	100 000 €
–	Grundsteuer (§ 4 Abs. 4 EStG)	2 856 €
=	Einkünfte aus Gewerbebetrieb (§ 7 S. 1 GewStG iVm § 15 EStG)	97 144 €
–	pauschale Kürzung für Grundstückserträge (§ 9 Nr 1 S. 1 GewStG) 0,11% × 2 000 000 €	2 200 €
=	Gewerbeertrag (§ 6 GewStG)	94 944 €
×	Steuermesszahl (§ 11 Abs. 2 GewStG)	3,5%
=	Steuermessbetrag (§ 11 Abs. 1 iVm § 14 GewStG)	3 323 €
×	Hebesatz der Gewerbesteuer (§ 16 GewStG)	400%
=	Gewerbesteuer	13 292 €

(3) Körperschaftsteuer (KSt)

	Gewinn vor Steuern	100 000 €
–	Grundsteuer (§ 4 Abs. 4 EStG)	2 856 €
=	Einkünfte aus Gewerbebetrieb (§ 8 Abs. 1 KStG iVm § 15 EStG)	97 144 €
×	Steuersatz der Körperschaftsteuer (§ 23 Abs. 1 KStG)	15%
=	Körperschaftsteuer	14 572 €

(4) Solidaritätszuschlag (SolZ)

	festzusetzende Körperschaftsteuer (§ 3 Abs. 1 SolZG)	14 572 €
×	Steuersatz des Solidaritätszuschlags (§ 4 SolZG)	5,5%
=	Solidaritätszuschlag	801 €

(5) Gesamtsteuerbelastung (Summe der zu zahlenden Steuern)

	Grundsteuer	2 856 €
+	Gewerbesteuer	13 292 €
+	Körperschaftsteuer	14 572 €
+	Solidaritätszuschlag	801 €
=	Summe der zu zahlenden Steuern	31 521 €

C. Berechnung der Gesamtsteuerbelastung mit Hilfe der Teilsteuerrechnung

Der **1. Schritt** besteht darin, die juristisch definierten Bemessungsgrundlagen nach **17**
betriebswirtschaftlichen Gesichtspunkten zu zerlegen. Im Beispiel sind die zwei betriebswirtschaftlichen Bemessungsgrundlagenteile „Gewinn des Unternehmens vor

Steuern“ (G) und „steuerlicher Wert der Betriebsgrundstücke“ (GrStW) vorgegeben. Damit ist die wichtigste Aufgabe der Teilsteuerrechnung bereits gelöst.

18 Im **2. Schritt** sind die Grundgleichungen der Steuerarten als Produkt aus Steuersatz und Bemessungsgrundlage aufzustellen:

$$GrSt = s_{GrSt} \times GrStW$$
$$GewSt = s_{GewSt} \times (G - GrSt - 0{,}11\% \times GrStW)$$
$$KSt = s_{KSt} \times (G - GrSt)$$
$$SolZ = s_{SolZ} \times KSt$$

Durch Einsetzen erhält man

$$GrSt = s_{GrSt} \times GrStW$$
$$GewSt = s_{GewSt} \times (G - s_{GrSt} \times GrStW - 0{,}11\% \times GrStW)$$
$$KSt = s_{KSt} \times (G - s_{GrSt} \times GrStW)$$
$$SolZ = s_{SolZ} \times s_{KSt} \times (G - s_{GrSt} \times GrStW)$$

19 Der **3. Schritt** besteht darin, die Grundgleichungen zur Gesamtsteuergleichung zusammenzufassen:

$$\begin{aligned} GrSt + GewSt + KSt + SolZ = \; & s_{GrSt} \times GrStW \\ + \; & s_{GewSt} \times (G - s_{GrSt} \times GrStW - 0{,}11\% \times GrStW) \\ + \; & s_{KSt} \times (G - s_{GrSt} \times GrStW) \\ + \; & s_{SolZ} \times s_{KSt} \times (G - s_{GrSt} \times GrStW) \end{aligned}$$

20 Nach Ausklammern der betriebswirtschaftlichen Bemessungsgrundlagenteile erhält man im **4. Schritt** die Teilsteuersätze:

G	t_1	$s_{GewSt} + s_{KSt} + s_{SolZ} \times s_{KSt}$ oder $s_{GewSt} + s_{KSt} \times (1+s_{SolZ})$
GrStW	t_2	$s_{GrSt} - s_{GewSt} \times s_{GrSt} - s_{GewSt} \times 0{,}11\% - s_{KSt} \times s_{GrSt} - s_{SolZ} \times s_{KSt} \times s_{GrSt}$ oder $s_{GrSt} \times (1 - s_{GewSt} - s_{KSt} \times [1+s_{SolZ}]) - s_{GewSt} \times 0{,}11\%$ oder $s_{GrSt} \times (1-t1) - s_{GewSt} \times 0{,}11\%$

Die Multifaktoren (Teilsteuersätze: t_1, t_2) sind unter Rückgriff auf die Einzelsteuersätze

$$s_{GrSt} = 0{,}034\% \times 420\% = 0{,}001428 = 0{,}1428\%$$
$$s_{GewSt} = 3{,}5\% \times 400\% = 0{,}1400 = 14{,}00\%$$
$$s_{KSt} = 0{,}1500 = 15{,}00\%$$
$$s_{SolZ} = 0{,}0550 = 5{,}50\%$$

zu quantifizieren:

t_1 (für Ertragsteuern)	=	0,2982500	=	29,82500%
t_2 (für Substanzsteuern)	=	0,0008481	=	0,08481%

Im **5. Schritt** sind die betriebswirtschaftlichen Bemessungsgrundlagenteile mit dem betreffenden Teilsteuersatz zu multiplizieren. In der Summe errechnet sich eine Gesamtsteuerbelastung von 31 521 €: 21

G:	$t_1 \times 100\,000$ €	=	29,825% × 100 000 €	=	**29 825 €**
GrStW:	$t_2 \times 2\,000\,000$ €	=	0,08481% × 2 000 000 €	=	**1 696 €**

Fünfter Abschnitt

Vor- und Nachteile der beiden Berechnungsverfahren

Bei beiden Berechnungsverfahren wird die gleiche **Gesamtsteuerbelastung** ausgewiesen. Wird lediglich auf die Summe der zu zahlenden Steuern abgestellt, sind beide Verfahren in gleicher Weise geeignet. Sie unterscheiden sich aber wesentlich in den Möglichkeiten zur Analyse der Ergebnisse.[4] Bei der Veranlagungssimulation setzt sich die Gesamtsteuerbelastung aus der Summe der verschiedenen Steuerarten zusammen, der Anteil einer bestimmten betriebswirtschaftlichen Größe ist nicht erkennbar. Im Gegensatz hierzu wird bei der Teilsteuerrechnung für jeden Bemessungsgrundlagenteil die Effektivbelastung offengelegt; auf welchen Steuerarten diese beruht, wird nicht deutlich. 22

Aus **betriebswirtschaftlicher Sicht** ist die Teilsteuerrechnung prinzipiell der juristisch orientierten Veranlagungssimulation vorzuziehen. Der große Vorteil der Teilsteuerrechnung liegt darin, dass die Frage „Wie entwickelt sich die Steuerbelastung, wenn sich eine betriebswirtschaftliche Größe ändert?" nach einer Multiplikation mit dem Teilsteuersatz direkt beantwortet werden kann. Die Teilsteuerrechnung stellt unmittelbar auf die relevante Größe ab. Entscheidungen hängen nämlich weniger davon ab, auf welchen Steuerarten die (Veränderungen der) insgesamt zu zahlenden Steuern beruhen. Demgegenüber erfordern Datenvariationen bei der Veranlagungssimulation grundsätzlich eine vollständige Neuberechnung. Abgeschwächt wird der Vorteil der Teilsteuerrechnung dadurch, dass zum Teil die Bemessungsgrundlagenteile keine betriebswirtschaftlichen Größen sind, sondern nach bestimmten Kriterien ermittelte steuerrechtliche Bezugsgrößen (im Beispiel: Grundsteuerwert der Betriebsgrundstücke). 23

Bei **Variationsrechnungen** weist die Teilsteuerrechnung also gegenüber der Veranlagungssimulation eindeutig Pluspunkte auf. Durch die Entwicklung von allgemein- 24

4 Siehe hierzu auch Wotschofsky, WPg 2001, S. 652.

gültigen Berechnungsschemata und den Einsatz der EDV, zB von weitverbreiteten Tabellenkalkulationsprogrammen, lässt sich dieser systematische Nachteil der Veranlagungssimulation aber wesentlich mindern bzw vollständig beseitigen. Im Einzelfall ist der Zeitaufwand zur Entwicklung des benötigten EDV-gestützten Berechnungsschemas mit der Arbeitsbelastung zur Herleitung der Multifaktoren zu vergleichen. Je öfter Variationsrechnungen durchzuführen sind, desto eher lohnt sich die Erstellung eines Programms. Steht ein derartiges Modul zur Verfügung, fällt ein wesentlicher Vorteil der Teilsteuerrechnung weg.

25 Die Teilsteuerrechnung erleichtert das **Verständnis über die Zusammenhänge zwischen den einzelnen Steuerarten,** da sie ein Instrument darstellt, mit dem auf einfache Weise untersucht werden kann, bei welchen Steuerarten eine betriebswirtschaftliche Größe in die Bemessungsgrundlage eingeht und wie durch die Beziehungen zwischen den Steuerarten die Belastung verstärkt oder abgeschwächt wird. Von den verschiedenen Komponenten eines Teilsteuersatzes geben diejenigen, die aus nur einer Größe bestehen, die Anknüpfungsmerkmale der einzelnen Steuerarten wieder (Primärwirkungen). Die zusammengesetzten Faktoren verdeutlichen die Dependenzen und Interdependenzen unseres Steuersystems (Sekundärwirkungen). Die Doppelprodukte repräsentieren die Abzugsfähigkeit einer Steuerart bei einer anderen Steuer (negatives Vorzeichen) bzw die Belastung aus den Zuschlagsteuern (positives Vorzeichen). Die Komponenten, die aus drei Faktoren bestehen, legen die Rückwirkungen auf weitere Steuerarten offen. Solche Erkenntnisse sind nicht nur für die Lehre, sondern auch für finanzwissenschaftliche und steuerpolitische Analysen nützlich, da die gesamtwirtschaftlichen Be- und Entlastungswirkungen von steuerrechtlichen Normen gezeigt werden können.

Beispiel: Bei Betriebsgrundstücken beruht die effektive Steuerbelastung auf der Besteuerung im Rahmen der Grundsteuer (s_{GrSt}), die aufgrund der Abziehbarkeit der Grundsteuer als Betriebsausgabe durch eine Minderung der Gewerbesteuer und der Körperschaftsteuer abgeschwächt wird ($-s_{GewSt} \times s_{GrSt}$ bzw $-s_{KSt} \times s_{GrSt}$). Die Entlastung bei der Körperschaftsteuer ist zusätzlich mit einer Minderung des Solidaritätszuschlags verbunden ($-s_{SolZ} \times s_{KSt} \times s_{GrSt}$).

26 Für die Veranlagungssimulation spricht in erster Linie ihre **Anschaulichkeit**. Durch Anlehnung an die Vorgehensweise im Rahmen der Steuerveranlagung durch die Finanzverwaltung sind den in der steuerlichen Praxis Tätigen die notwendigen Rechenschritte und die auftretenden Einzelprobleme bekannt. Sie können den Aufbau des Berechnungsschemas unmittelbar nachvollziehen, während der mit der Teilsteuerrechnung noch nicht Vertraute (unter Umständen) einige Zeit der Eingewöhnung benötigt.

27 Ein weiteres Problem der Teilsteuerrechnung resultiert daraus, dass verschiedene Steuerarten an dieselbe betriebswirtschaftliche Größe in unterschiedlicher Form anknüpfen und das Steuerrecht spezifische Bewertungsverfahren kennt, wie beispielsweise bei der Bewertung von Grundstücken für die Zwecke der Grundsteuer. Die hierfür einzufügenden Modifikationen beeinträchtigen die Praktikabilität der Teilsteuerrechnung. Im vorstehenden Beispiel werden diese Schwierigkeiten dadurch umgangen, dass für Grundstücke deren steuerlich relevanter Wert (hier: Grundsteuerwert) vorgegeben wurde. Bei einer an sich nach betriebswirtschaftlichen Gesichtspunkten gebotenen Zusammenfassung zu einem Bemessungsgrundlagenteil wäre zur

Erfassung der Bewertungsdifferenzen eine substanzsteuerliche Korrekturgröße einzufügen: Aus betriebswirtschaftlicher Sicht hätte bei der Bildung der Bemessungsgrundlagenteile der Verkehrswert des Grundstücks angesetzt werden müssen. Zum Ausgleich zwischen dem Verkehrswert und dem steuerrechtlichen Wert würde innerhalb des Systems der Teilsteuerrechnung eine spezielle Modifikationsgröße eingefügt.

• betriebswirtschaftlicher Wert:	Verkehrswert		2 500 000 €
• steuerlicher Wert:	Grundsteuerwert		2 000 000 €
• substanzsteuerliche Modifikationsgröße:	Grundsteuerwert – Verkehrswert 2 000 000 € – 2 500 000 €	=	– 500 000 €
• Substanzsteuerbelastung:			
$t_2 \times$ Verkehrswert	0,08481% × 2 500 000 €	=	2 120 €
$t_2 \times$ substanzsteuerliche Modifikationsgröße	0,08481% × (–500 000 €)	=	– 424 €
insgesamt		=	1 696 €
zum Vergleich: $t_2 \times$ Grundsteuerwert	0,08481% × 2 000 000 €	=	1 696 €

Die teilsteuerlichen Modifikationen besitzen den Nachteil, dass sie die Aussagefähigkeit der Teilsteuerrechnung einschränken, da die Zusammenhänge der steuerlichen Einzelregelungen nicht mehr klar offengelegt werden.

Ein wichtiger Vorzug der Veranlagungssimulation ist, dass **nichtkonstante Tarife**, wie progressive Steuersätze, Freibeträge und Freigrenzen, problemlos verarbeitet werden können. Bei jeder Steuerart wird die juristische Bemessungsgrundlage ermittelt, auf die der Tarif anzuwenden ist. Im Gegensatz hierzu müssen bei der Teilsteuerrechnung bereits zu Beginn der Berechnungen sämtliche Steuersätze bekannt sein. Bei nichtkonstanten Tarifen hängt der Steuersatz von der Höhe der juristischen Bemessungsgrundlage ab, deren Höhe aber bei der Teilsteuerrechnung systemimmanent nicht bekannt ist. Liegen nichtkonstante Tarife vor, müssen bei der Teilsteuerrechnung die im Einzelfall zutreffenden Steuersätze vorab in einer Veranlagungssimulation ermittelt werden. Damit ist aber die Gesamtsteuerbelastung bereits bekannt, die Teilsteuerrechnung dient lediglich der Verteilung auf die betriebswirtschaftlichen Größen. Aus dem gleichen Grund scheitert auch das grundsätzliche Anliegen der Teilsteuerrechnung zur einfachen Ermittlung der steuerlichen Konsequenzen bei Variation einer betriebswirtschaftlichen Größe. Da bei nichtkonstanten Tarifen Änderungen der Daten Rückwirkungen auf den Steuersatz haben, ist der sich nach der Datenvariation ergebende Steuersatz vor jeder Berechnung erneut zu bestimmen. **28**

Für die Teilsteuerrechnung besteht zusätzlich das Problem, dass sich bei Entscheidungen, deren Effekte über mehrere Perioden zu berechnen sind, die meisten Größen in den folgenden Perioden auf andere Bemessungsgrundlagenteile auswirken. Da die absolute Höhe der juristischen Bemessungsgrundlagen nicht bekannt ist, ist es bei der Teilsteuerrechnung nicht möglich, ohne zusätzliche Rechenschritte den ertragsteuer- **29** lichen **Verlustabzug** zu erfassen. Bei der Analyse der Abziehbarkeit von Fremdkapitalaufwendungen treten diese Probleme in besonderer Weise auf, da für die Berechnung der Begrenzungen nach § 4h EStG und § 8a KStG („Zinsschranke") mehrere Werte benötigt werden, die sich aus verschiedenen Komponenten zusammensetzen, die bei der Teilsteuerrechnung nicht bekannt sind. Bei der Veranlagungssimulation treten diese Schwierigkeiten nicht auf, da durch das rechnerische Simulieren die benötigten Informationen vollständig vorliegen.

30 In dem im vorangehenden Abschnitt verwendeten Beispiel werden die beiden zuletzt genannten Kritikpunkte nicht deutlich. Durch das Abstellen auf Kapitalgesellschaften wird der progressive Einkommensteuertarif nicht benötigt. Durch die Nichtberücksichtigung von Freibeträgen und -grenzen sowie das einperiodige Berechnungsschema wurden die damit verbundenen Schwierigkeiten ausgeklammert. Bei Entscheidungssituationen, die nicht so einfach strukturiert sind, verbleiben in der Praxis zwei Möglichkeiten: näherungsweise Berechnung der für die Teilsteuerrechnung benötigten Steuersätze oder exakte Ermittlung der Gesamtsteuerbelastung mit Hilfe einer Veranlagungssimulation.

	Veranlagungssimulation	**Teilsteuerrechnung**
Vorteile	Steuerbelastung wird nach Steuerarten differenziert ausgewiesen hohe Anschaulichkeit nichtlineare Tarife, Verlustabzug und „Zinsschranke" problemlos integrierbar	Effektivbelastung für jeden Bemessungsgrundlagenteil erkennbar ermöglicht Variationsrechnungen fördert Verständnis über die Zusammenhänge zwischen einzelnen Steuerarten
Nachteile	keine Aussage über Anteil einer bestimmten betriebswirtschaftlichen Größe an der Gesamtsteuerbelastung Datenvariationen erfordern Neuberechnungen (aber: bei EDV-Einsatz weniger problematisch)	keine Aussage über Steuerarten, aus denen die Effektivbelastung resultiert Modifikationen notwendig, um steuerrechtliche Bemessungsgrundlagen in betriebswirtschaftliche Größen zu überführen nichtlineare Tarife, Verlustabzug und „Zinsschranke" nicht abbildbar

Abb. 2.3: Gegenüberstellung der Vor- und Nachteile der Veranlagungssimulation und der Teilsteuerrechnung

31 **Zusammenfassend** kann festgehalten werden, dass die Teilsteuerrechnung für betriebswirtschaftliche und finanzwirtschaftliche Analysen des Steuersystems sowie für Ausbildungszwecke hervorragend geeignet ist. Die wesentlichen Vorteile der Veranlagungssimulation liegen insbesondere in ihrer Verständlichkeit sowie der einfachen Berücksichtigung von nichtkonstanten Tarifen und von Mehrperiodenverknüpfungen. Diesen Aspekten kommt in vielen Entscheidungssituationen ein so starkes Gewicht zu, dass oft die Veranlagungssimulation als das geeignetere Berechnungsverfahren anzusehen ist. Ihr Nachteil des erhöhten Arbeitsaufwands bei Variationsrechnungen verliert dann an Bedeutung, wenn (beispielsweise mit Hilfe eines Tabellenkalkulationsprogramms) ein EDV-gestütztes Berechnungsschema entwickelt wird.

Sechster Abschnitt

Besonderheiten beim Einbezug der Kirchensteuer

A. Zeitpunkt der Verrechnung der Kirchensteuer

Bei natürlichen Personen, die kirchensteuerpflichtig sind, ist bei der Berechnung der Einkommensteuer zusätzlich die Kirchensteuer zu beachten. Als Sonderausgabe ist jeweils die Kirchensteuer abziehbar, die im Veranlagungszeitraum **gezahlt** wurde (§ 10 Abs. 1 Nr 4 EStG, Abflussprinzip nach § 11 Abs. 2 EStG). Die im Laufe eines Veranlagungszeitraums gezahlte Kirchensteuer stimmt regelmäßig nicht mit der Kirchensteuer überein, die durch in diesem Jahr erwirtschaftete Einkünfte **verursacht** ist. Für Steuerbelastungsrechnungen stehen zur Erfassung der Interdependenzen zwischen der Einkommensteuer und der Kirchensteuer prinzipiell zwei Ansätze zur Verfügung: **32**

1. Bei Ermittlung des zu versteuernden Einkommens wird jeweils die Kirchensteuer des Vorjahres abgezogen.
2. Es wird ein Sofortabzug der Kirchensteuer bei der Einkommensteuer unterstellt und die Kirchensteuer gemeinsam mit der Einkommensteuer berechnet.

Beide Vorgehensweisen sind insoweit unrealistisch, als entweder keine Vorauszahlungen auf die Kirchensteuer berücksichtigt werden (erster Ansatz) oder von Vorauszahlungen in Höhe der in der Periode verursachten Kirchensteuer ausgegangen wird (zweiter Ansatz). Will man die Veranlagung uneingeschränkt in Anlehnung an das Veranlagungsverfahren simulieren, ist die Kirchensteuer im Jahr ihrer Entrichtung anzusetzen. In den einzelnen Jahren ist die Kirchensteuer abziehbar, die auf die Vorauszahlungen der Einkommensteuerschuld des laufenden Jahres entfällt, zuzüglich der Kirchensteuer auf Abschlusszahlungen für Einkommensteuer der Vorjahre bzw abzüglich im Veranlagungszeitraum erstattete Kirchensteuern. **33**

Bei der **zweiten Vorgehensweise** beschränkt sich die Ungenauigkeit auf die Differenz zwischen der wirtschaftlich verursachten Kirchensteuer und der auf die Voraus- und Abschlusszahlungen gezahlten bzw der erstatteten Kirchensteuer. Sie ist deshalb **für Planungsrechnungen besser geeignet**. Zum einen kann die bei ihr entstehende Ungenauigkeit zumeist vernachlässigt werden. Zum anderen weist sie den Vorteil auf, dass pagatorische Zahlungszufälligkeiten eliminiert werden.

B. Proportionale Steuersätze

(1) Grundsätzliche Vorgehensweise: Bei der Annahme der Übereinstimmung zwischen gezahlter und verursachter Kirchensteuer (zweiter Ansatz) erweist sich die Berechnung des kombinierten Einkommen- und Kirchensteuersatzes ($s_{ESt,KiSt}$) innerhalb der Proportionalzonen des Einkommensteuertarifs als problemlos.[5] Ausgangsgröße bildet das zu versteuernde Einkommen vor Abzug der Kirchensteuer (zvE), das mit **34**

5 Siehe hierzu auch Bob/Trinks, SteuerStud 2013, S. 697; Schneeloch, Betriebswirtschaftliche Steuerlehre, Band 2: Betriebliche Steuerpolitik, 3. Aufl., München 2009, S. 19–22; Tillich, BB 2002, S. 1515.

dem Gewinn vor Steuern (G) vermindert um die als Betriebsausgabe abziehbaren Steuerarten übereinstimmt. Die Berechnungsformeln der Einkommen- und Kirchensteuer

$$ESt = s_{ESt} \times (zvE - KiSt) \qquad KiSt = s_{KiSt} \times ESt$$

sind ineinander einzusetzen:

$$ESt = s_{ESt} \times (zvE - s_{KiSt} \times ESt) \qquad KiSt = s_{ESt} \times s_{KiSt} \times (zvE - KiSt)$$

Nach Ausklammerung

$$ESt = \frac{s_{ESt}}{1 + s_{ESt} \times s_{KiSt}} \times zvE \qquad KiSt = \frac{s_{ESt} \times s_{KiSt}}{1 + s_{ESt} \times s_{KiSt}} \times zvE$$

und Addition der beiden Gleichungen kann die Summe aus Einkommen- und Kirchensteuer unmittelbar aus dem zu versteuernden Einkommen vor Abzug der Kirchensteuer bestimmt werden:

$$ESt + KiSt = \frac{s_{ESt} \times (1 + s_{KiSt})}{1 + s_{ESt} \times s_{KiSt}} \times zvE = S_{ESt,\,KiSt} \times zvE$$

Bei einem zusätzlichen Einbezug des Solidaritätszuschlags ist die vorstehende Gleichung zu erweitern:

$$ESt + SolZ + KiSt = \frac{s_{ESt} \times (1 + s_{SolZ} + s_{KiSt})}{1 + s_{ESt} \times s_{KiSt}} \times zvE = s_{ESt,SolZ,KiSt} \times zvE$$

Bei einem Solidaritätszuschlagsatz von 5,5% und einem Kirchensteuersatz von 8% bzw 9% ergeben sich bei einem Einkommensteuersatz von 42% bzw beim Spitzensteuersatz der Einkommensteuer von 45% folgende kombinierte Steuersätze ($s_{ESt,SolZ,KiSt}$):

s_{ESt}	s_{SolZ}	s_{KiSt}	$s_{ESt,SolZ,KiSt}$
42%	5,5%	8%	46,12%
42%	5,5%	9%	46,34%
45%	5,5%	8%	49,30%
45%	5,5%	9%	49,52%

Abb. 2.4: Zusammenfassung von Einkommensteuer, Solidaritätszuschlag und Kirchensteuer in den Proportionalzonen des Einkommensteuertarifs

35 *(2) Besonderheiten bei der Abgeltungsteuer:* Bei den Einkünften aus Kapitalvermögen wird die Einkommensteuer in Form der 25%igen Abgeltungsteuer erhoben (Sondersteuersatz nach § 32d EStG). Diese Einkünfte unterliegen zusätzlich der Kirchensteuer (§ 51a Abs. 2b EStG). Die Abzugsfähigkeit der Kirchensteuer als Sonderausgabe wird in pauschalierender Form berücksichtigt (§ 51a Abs. 2b iVm § 43, § 43a EStG). Der Abgeltungsteuersatz (dh die Einkommensteuer) reduziert sich nach folgender Formel (§ 32d Abs. 1 S. 4 EStG):

Einkommensteuer = Einkünfte aus Kapitalvermögen / (4 + Kirchensteuersatz in %)

Bei Einkünften von 100 und einem Kirchensteuersatz von 8% errechnet sich eine Einkommensteuer von 24,51 (= 100 / [4 + 8%]) und eine Kirchensteuer von 1,96 (= 24,51 × 8%). Bei einem Kirchensteuersatz von 9% beläuft sich die Einkommensteuer auf 24,45 (= 100 / [4 + 9%]) und die Kirchensteuer auf 2,20 (= 24,45 × 9%).

Bezieht man den Solidaritätszuschlag mit ein, ergibt sich für Einkünfte aus Kapitalvermögen, die in den Anwendungsbereich der Abgeltungsteuer fallen, folgende Gesamtbelastung:

ohne Kirchensteuer	26,38%	=	25,00% + 5,5%×25,00%
Kirchensteuersatz 8%	27,82%	=	24,51% + 5,5%×24,51% + 8%×24,51%
Kirchensteuersatz 9%	28,06%	=	24,45% + 5,5%×24,45% + 9%×24,45%

Abb. 2.5: Zusammenfassung von Einkommensteuer, Solidaritätszuschlag und Kirchensteuer bei Einkünften, die der Abgeltungsteuer unterliegen

C. Progressive Steuersätze

Im Progressionsbereich des Einkommensteuertarifs sind die Berechnungen aufwendi- **36**
ger. Zur Ableitung des kombinierten Einkommen- und Kirchensteuersatzes sind die Veränderungen der Steuerzahlungen aufgrund der getroffenen Entscheidung durch die Änderung des zu versteuernden Einkommens zu dividieren **(Differenzsteuersatz)**:[6]

- Um die Einkommen- und Kirchensteuer, die auf die analysierte Handlungsalternative entfällt, von den Steuerzahlungen auf die weiteren Einkünfte des Steuerpflichtigen zu trennen, sind im ersten Schritt die Einkommen- und Kirchensteuer zu ermitteln, die sich aus der Summe der weiteren Einkünfte und der Veränderung der Bemessungsgrundlage durch die betrachtete Entscheidung ergeben.
- Im zweiten Schritt sind als Bemessungsgrundlage ausschließlich die weiteren Einkünfte einzubeziehen und die daraus resultierende Einkommen- und Kirchensteuer zu berechnen.
- Die Steuerzahlungen aus dem ersten Schritt abzüglich des Ergebnisses des zweiten Schritts entsprechen der Einkommen- und Kirchensteuermehrbelastung oder -minderbelastung, die durch die betreffende Handlungsalternative ausgelöst wird.

Beispiel: Ein Steuerpflichtiger erzielt aus der zu beurteilenden Investition einen Gewinn von 20 000 €. Aus seinen sonstigen Aktivitäten erwirtschaftet er steuerpflichtige Einkünfte von 30 000 €. Die Einkommensteuer wird nach dem Normaltarif 2020 berechnet.

Im ersten Schritt sind der Gewinn der zu beurteilenden Investition und die weiteren Einkünfte zusammenzurechnen. Bei einem zu versteuernden Einkommen von 50 000 € ergibt sich eine Einkommensteuer von 12 142 €.

6 Siehe hierzu auch Heinhold, Unternehmensbesteuerung, Band 3: Investition und Finanzierung, Stuttgart 1996, S. 34–37.

Im zweiten Schritt ist die Einkommensteuer zu berechnen, die anfallen würde, wenn nur die weiteren Einkünfte von 30 000 € anfallen würden: 5 188 €.

Im dritten Schritt erhält man die Einkommensteuer, die auf die zu beurteilende Investition entfällt, indem man die im ersten Schritt berechnete Einkommensteuer (Gesamteinkommen) um die im zweiten Schritt ausgewiesene Einkommensteuer (weitere Einkünfte) vermindert: 6 954 € = 12 142 € – 5 188 €.

Der Differenzsteuersatz entspricht der Einkommensteuer, die auf die zu beurteilende Investition entfällt, dividiert durch den Gewinn der zu beurteilenden Investition: 34,77% = 6 954 €/20 000 €.

Die Interdependenzen zwischen Einkommen- und Kirchensteuer lassen sich in der Progressionszone des Einkommensteuertarifs am einfachsten durch ein **Iterationsverfahren** erfassen, bei dem die Kirchensteuer zunächst näherungsweise vorzugeben ist. Anschließend sind die Einkommensteuer und die sich daraus ergebende Kirchensteuer zu ermitteln. Die Berechnungen sind so oft zu wiederholen, bis die vorgegebene mit der sich aus der Berechnungsformel abzuleitenden Kirchensteuer übereinstimmt:

vorläufige Kirchensteuer **(1) = (4) aus Vorzeile**	**zu versteuerndes Einkommen nach Abzug der Kirchensteuer** **(2) = zvE – (1)**	**Einkommensteuer** **(3)**	**Kirchensteuer** **(4) = (3) × 8%**	**Differenz zur vorläufigen Kirchensteuer** **(5) = (4) – (1)**
0 €	50 000 €	12 142 €	971 €	+ 971 €
971 €	49 029 €	11 765 €	941 €	– 30 €
941 €	49 059 €	11 776 €	942 €	+ 1 €
942 €	49 058 €	11 776 €	942 €	± 0 €

Abb. 2.6: Iterationsverfahren zur Berechnung der Kirchensteuer

Bei einem zu versteuernden Einkommen von 50 000 € errechnet sich ohne Berücksichtigung der Kirchensteuer eine Einkommensteuer von 12 142 €. Hieraus ergibt sich eine vorläufige Kirchensteuer von 971 € (= 12 142 € × 8%). Mit dieser vorläufigen Kirchensteuer ist die Berechnung zu wiederholen. Nach der zweiten Berechnung reduziert sich die Differenz zwischen der eingesetzten Kirchensteuer (Spalte 1) und der sich hieraus ergebenden Kirchensteuer (Spalte 4) bereits auf –30 €. Nach drei Berechnungsschritten steht fest, dass die Einkommensteuer 11 776 € und die Kirchensteuer 942 € (= 11 776 € × 8%) beträgt.

Dritter Teil

Einfluss der Besteuerung auf die Rechtsformwahl

Erster Abschnitt

Bedeutung der zivilrechtlichen Rechtsform für die Besteuerung von Unternehmen

Ein wesentliches Kennzeichen des deutschen Steuersystems bildet die Anknüpfung an zivilrechtliche Wertungen. Da die im deutschen Gesellschaftsrecht vorgesehenen Unternehmensformen in unterschiedlicher Weise mit einer eigenständigen Rechtsfähigkeit ausgestattet sind, ist die zivilrechtliche Beurteilung einer Rechtsform für die steuerliche Behandlung von grundlegender Bedeutung. Die Rechtsform eines Unternehmens wirkt sich insbesondere auf die eigenständige Steuerpflicht des Unternehmens und die Besteuerung der Vertragsbeziehungen zwischen dem Unternehmen und den beteiligten natürlichen und juristischen Personen aus.[1] 37

Die beiden Eckpunkte der zivilrechtlichen Rechtsfähigkeit und damit der Unternehmensbesteuerung bilden **Einzelunternehmen** und Kapitalgesellschaften. Aufgrund der fehlenden zivilrechtlichen Verselbständigung eines Einzelunternehmens knüpft die Besteuerung unmittelbar beim Inhaber, dh beim Einzelunternehmer, an. Schuldrechtliche Vertragsbeziehungen zwischen dem Einzelunternehmen und seinem Inhaber sind weder zivil- noch steuerrechtlich möglich **(Einheitsprinzip)**. 38

Im Gegensatz hierzu ist bei einer **Kapitalgesellschaft** strikt zwischen der Ebene der Kapitalgesellschaft und der Ebene der Gesellschafter zu unterscheiden **(Trennungsprinzip)**. Die Kapitalgesellschaft ist als juristische Person selbständig steuerpflichtig. Darüber hinaus sind die Gesellschafter (als natürliche oder als juristische Personen) steuerpflichtig. Die Besteuerung auf den beiden Ebenen erfolgt grundsätzlich unabhängig voneinander. Schuldrechtliche Vertragsbeziehungen (zB Arbeits- oder Kaufverträge) zwischen den beiden Rechtssubjekten werden zivil- und steuerrechtlich grundsätzlich wie Verträge zwischen fremden Dritten behandelt. 39

Personengesellschaften lassen sich zwischen diese beiden Eckpunkten der Unternehmensbesteuerung einordnen. Die Personengesellschaft ist zivilrechtlich nicht vollständig, sondern nur relativ rechtsfähig. Relative Rechtsfähigkeit bedeutet, dass die Personengesellschaft insoweit verselbständigt ist, als sie ein eigenes Gesellschaftsvermögen (Gesamthandsvermögen) haben kann, das rechtlich von der Vermögenssphäre der Anteilseigner abgegrenzt ist, im eigenen Namen Rechtsgeschäfte abschließen und als Gesellschaft klagen und verklagt werden kann (§ 124 HGB). Zu den zivil- 40

1 Zur Grundstruktur der Besteuerung von Unternehmen in Abhängigkeit von ihrer Rechtsform siehe einführend Jacobs/Scheffler/Spengel, Unternehmensbesteuerung und Rechtsform, 5. Aufl., München 2015, S. 99–108.

rechtlich möglichen Rechtsgeschäften, die die Personengesellschaft tätigen kann, gehören auch schuldrechtliche Verträge mit ihren Gesellschaftern. Insoweit besteht eine Vergleichbarkeit mit einer Kapitalgesellschaft. Da die Gesellschafter aber als Träger der Personengesellschaft gelten und für die Zahlungsverpflichtungen der Personengesellschaft haften, besteht andererseits eine starke Parallele zum Einzelunternehmer.

41 Der Gesetzgeber stand vor der Wahl, sich bei der Besteuerung von Personengesellschaften eher an die Besteuerungskonzeption für Kapitalgesellschaften oder an die für Einzelunternehmen anzulehnen. Auch wenn sich der Gesetzgeber nicht bei allen Steuerarten in gleicher Weise entschieden hat, besteht eine weitgehende Vergleichbarkeit mit einem Einzelunternehmen, da bei den für die unternehmerische Tätigkeit bedeutsamsten Steuerarten – Einkommen- und Gewerbesteuer – die Steuerbelastung mit der von Einzelunternehmen vergleichbar ist. Erreicht wird die belastungsmäßige Gleichstellung zwischen einem Einzelunternehmer und einem Gesellschafter einer Personengesellschaft durch eine zweistufige Gewinnermittlung (§ 15 Abs. 1 S. 1 Nr 2 EStG):

- **1. Stufe:** Eine Personengesellschaft wird weder bei der Einkommen- noch bei der Körperschaftsteuer als eigenständiges Steuersubjekt behandelt. Einkommensteuerpflichtig sind vielmehr die Gesellschafter (Mitunternehmer) mit den auf sie entfallenden Anteilen am Gewinn der Personengesellschaft **(Transparenzprinzip)**.
- **2. Stufe:** Um die gewünschte Gleichstellung der Besteuerung der Gesellschafter (Mitunternehmer) einer Personengesellschaft mit der Besteuerung eines Einzelunternehmers zu erreichen, werden die Vergütungen aus schuldrechtlichen Verträgen zwischen der Personengesellschaft und ihren Gesellschaftern den Einkünften aus Gewerbebetrieb zugerechnet (Sondervergütungen: **Mitunternehmerkonzeption**).

42 Auf der ersten Stufe werden wie im Zivilrecht und analog zur Besteuerung von Kapitalgesellschaften auch bei Personengesellschaften die Gesellschaft-Gesellschafter-Verträge wie der Leistungsaustausch mit Außenstehenden behandelt. Die vom Gesellschafter empfangenen Vergütungen mindern den Gewinn der Personengesellschaft und damit entsprechend dem vereinbarten Gewinnverteilungsschlüssel den auf die einzelnen Anteilseigner entfallenden Gewinnanteil. Auf der zweiten Stufe werden die Vergütungen aus den schuldrechtlichen Verträgen (zB Gehälter, Zinsen, Mieten) beim begünstigten Gesellschafter seinem Anteil am Gewinn der Personengesellschaft hinzugerechnet. Diese Sondervergütungen werden nicht nach den allgemeinen Abgrenzungskriterien einer der sieben Einkunftsarten zugeordnet, sondern gelten generell als Einkünfte aus Gewerbebetrieb. Durch die Zusammenfassung der beiden Stufen beeinflussen die Gesellschaft-Gesellschafter-Verträge nicht die Summe der auf die Gesellschafter zu verteilenden gewerblichen Einkünfte, sondern lediglich deren Aufteilung zwischen den Beteiligten. Durch die Zuordnung der Sondervergütungen zum gewerblichen Bereich werden alle Einkünfte, die der Gesellschafter einer Personengesellschaft aus seiner unternehmerischen Tätigkeit erzielt, als Einkünfte aus Gewerbebetrieb erfasst. Auf diese Weise wird das gleiche Ergebnis erreicht wie beim Einzelunternehmer, der mit seinem Unternehmen keine schuldrechtlichen Leistungsbeziehungen eingehen kann und damit aus dieser Tätigkeit gleichfalls ausschließlich Einkünfte aus Gewerbebetrieb bezieht.

	Gesellschaftsebene	**Gesellschafterebene**
1. Stufe (§ 15 Abs. 1 S. 1 Nr 2, HS 1 EStG)	Ermittlung des Gewinns der Personengesellschaft (Gesamthandsbilanz)	anteilige Zurechnung des Gewinns der Personengesellschaft auf die Mitunternehmer (**Gewinnanteil**)
2. Stufe (§ 15 Abs. 1 S. 1 Nr 2, HS 2 EStG)		+ **Sondervergütungen**/Sonderbetriebseinnahmen des Gesellschafters – Sonderbetriebsausgaben des Gesellschafters (Sonderbilanzen)
Zusammenfassung	= Gesamterfolg der Mitunternehmerschaft = Summe der gewerblichen Einkünfte der Mitunternehmer	= **Einkünfte aus Gewerbebetrieb des Mitunternehmers**
daran anknüpfende Steuerarten	Gewerbesteuer	Einkommen- bzw Körperschaftsteuer Zuschlagsteuern

Abb. 3.1: Konzeption zur Besteuerung einer Personengesellschaft

Zweiter Abschnitt

Einflussfaktoren und Methoden zur Berechnung der Gesamtsteuerbelastung

Die Belastung eines Unternehmens mit Ertragsteuern hängt von mehreren **Einflussfaktoren** ab. Die Wichtigsten sind in der folgenden Auflistung zusammengestellt:[2] 43

- **Rechtsform des Unternehmens**
  - Einzelunternehmen und Personengesellschaften
  - Kapitalgesellschaften
- **Gewinnverwendung**
  - Entnahme bzw Ausschüttung der Gewinne
  - Einbehaltung der Gewinne (Gewinnthesaurierung)
- bei **Einzelunternehmen und Personengesellschaften** zusätzlich
  - Besteuerung nach den allgemeinen Grundsätzen (Regelbesteuerung)
  - Begünstigung der nicht entnommenen Gewinne nach § 34a EStG (Thesaurierungsbegünstigung)
- bei **Kapitalgesellschaften** zusätzlich Erfassung von **schuldrechtlichen Leistungsbeziehungen** zwischen dem Unternehmen und seinen Inhabern (insbeson-

2 Siehe hierzu und zu weiteren Einflussfaktoren Jacobs/Scheffler/Spengel, Unternehmensbesteuerung und Rechtsform, 5. Aufl., München 2015, S. 569–572.

dere Geschäftsführungs-, Darlehens-, Miet- bzw Pachtverträge und Kaufverträge).

44 Die Berechnungen werden zum einen in Form einer **(kasuistischen) Veranlagungssimulation** durchgeführt. Durch die formelmäßige Darstellung wird zum anderen die Steuerbelastung durch Steuerbelastungsfaktoren wiedergegeben, dh es werden die bei der **Teilsteuerrechnung** für die Belastung von Gewinnen mit Ertragsteuern benötigten Teilsteuersätze berechnet.

45 Die Analysen konzentrieren sich auf einen **Grundfall**. Betrachtet wird ausschließlich ein gewinnerzielendes Unternehmen. Die Behandlung von Verlusten in Abhängigkeit von der Rechtsform des Unternehmens wird nicht untersucht. Von den zwischen einem Unternehmen und seinem Gesellschafter möglichen schuldrechtlichen Verträgen wird ausschließlich ein Geschäftsführungsvertrag (Dienstvertrag) einbezogen.[3] Bei der Rechtsform „Kapitalgesellschaft" wird davon ausgegangen, dass der Gesellschafter eine natürliche Person ist, die ihre Anteile im Privatvermögen hält. Bei der Gewerbesteuer wird mit einem Hebesatz von 400% gerechnet. Die Grundsteuer sowie die Kirchensteuer bleiben zur Vereinfachung der Berechnung ausgeklammert.[4]

Zunächst wird die Besteuerung der Grundformen „Einzelunternehmen und Personengesellschaften (Regelbesteuerung)" und „Kapitalgesellschaften" vorgestellt. Im Anschluss werden die Besonderheiten erläutert, die bei Einzelunternehmen und Personengesellschaften auftreten, wenn die Thesaurierungsbegünstigung nach § 34a EStG beantragt wird. Durch die Thesaurierungsbegünstigung wird bei Personenunternehmen zwar das Transparenzprinzip beibehalten, aber dennoch versucht, durch eine zweistufige Vorgehensweise die Besteuerung von Einzelunternehmen bzw Personengesellschaften an die Besteuerung von Kapitalgesellschaften anzunähern. Die in Deutschland geltenden Besteuerungskonzeptionen haben zur Folge, dass beim Rechtsformvergleich aus steuerlicher Sicht zwischen dem Ausschüttungsfall und dem Thesaurierungsfall zu differenzieren ist und dass bei Kapitalgesellschaften zusätzlich die Wirkungen von Gesellschaft-Gesellschafter-Verträgen (hier nur Geschäftsführungsverträge analysiert) zu beachten sind.

---

3 Die Gewährung eines Darlehens durch einen Gesellschafter einer Kapitalgesellschaft (Gesellschafterdarlehen) wird beim Einfluss der Besteuerung auf Finanzierungsentscheidungen (insbesondere Fünfter Teil, Erster Abschnitt, Kapitel H., Rn 343) angesprochen.

4 Zu den folgenden Berechnungen siehe insbesondere Lühn/Lühn, StuB 2007, S. 253. Diese Berechnungen sind weiterhin aktuell, da es seit der Unternehmensteuerreform 2008 keine wesentlichen Änderungen gegeben hat. Zu einem Rechtsformvergleich aus steuerlicher Sicht siehe auch Endres/Spengel/Reister, WPg 2007, S. 478; Homburg/Houben/Maiterth, WPg 2007, S. 376; Kaminski/Hofmann/Kaminskaite, Stbg 2007, S. 161, S. 210; Neubert/Plenk, SteuerStud 2008, S. 37; Schiffers, GmbHR 2007, S. 505; Schreiber, Besteuerung der Unternehmen, 4. Aufl., Wiesbaden 2017, S. 355–370. Ein ausführlicher Rechtsformvergleich im Rahmen der laufenden Besteuerung wird vorgenommen von Jacobs/Scheffler/Spengel, Unternehmensbesteuerung und Rechtsform, 5. Aufl., München 2015, S. 573–707. Zum Einfluss der Kirchensteuer auf die Gesamtsteuerbelastung siehe Hüsing/Kinne, WiSt 2017, S. 15.

Dritter Abschnitt

Einzelunternehmen und Personengesellschaften (Regelbesteuerung)

Die Gewinne eines **Einzelunternehmens** werden dem Inhaber direkt zugerechnet (Einheitsprinzip, § 1 EStG). Bei einer gewerblichen Tätigkeit unterliegen die Gewinne auf Ebene des Inhabers als Einkünfte aus Gewerbebetrieb der Einkommensteuer (§ 15 Abs. 1 S. 1 Nr 1 EStG). Als Zuschlagsteuer knüpft der Solidaritätszuschlag an die Einkommensteuer an (§ 1 SolZG). Das Objekt „Gewerbebetrieb" bildet das Anknüpfungsmerkmal der Gewerbesteuer (§ 2 Abs. 1 GewStG), sodass auf den gewerblichen Einkünften auch Gewerbesteuer lastet. Steuerschuldner für die Gewerbesteuer ist der Inhaber des Einzelunternehmens (§ 5 Abs. 1 S. 1, 2 GewStG). Die Gewerbesteuer wird allerdings durch die Steuerermäßigung nach § 35 EStG in pauschalierender Weise weitgehend kompensiert. 46

Die auf Ebene der **Personengesellschaft** erwirtschafteten Gewinne werden von den gleichen Steuerarten erfasst wie die über ein Einzelunternehmen erzielten gewerblichen Einkünfte: Der Erfolg der Personengesellschaft wird nach dem im Gesellschaftsvertrag vereinbarten Gewinn- und Verlustverteilungsschlüssel auf die Gesellschafter verteilt. Auf Gesellschafterebene sind die Gewinnanteile als Einkünfte aus Gewerbebetrieb einkommensteuerpflichtig (Transparenzprinzip, § 1 iVm § 15 Abs. 1 S. 1 Nr 2 EStG). Die darauf entfallende Einkommensteuer bildet die Bemessungsgrundlage für den Solidaritätszuschlag (§ 1 iVm § 3 Abs. 1 Nr 1 SolZG). 47

	Gewinn vor Steuern		100,00
–	Gewerbesteuer (Hebesatz zB 400%) = Gewinn × Steuermesszahl × Hebesatz = Gewinn × 3,5% × 400%	s_{GewSt}	– 14,00
–	tarifliche Einkommensteuer (zB Spitzensteuersatz 45%)	s_{ESt}	– 45,00
+	Steuerermäßigung nach § 35 EStG = 3,8 × Steuermessbetrag, maximal gezahlte Gewerbesteuer = 3,8 × Gewinn × 3,5%	$s_{\S\ 35EStG}$	+ 13,30
–	Solidaritätszuschlag = festgesetzte Einkommensteuer × 5,5% = (45,00 – 13,30) × 5,5%	$(s_{ESt} - s_{\S\ 35EStG}) \times s_{SolZ}$	– 1,74
=	Gewinn nach Steuern		52,56
Gesamtsteuerbelastung		$\mathbf{s_{GewSt}}$ $\mathbf{- s_{\S\ 35EStG} \times (1+s_{SolZ})}$ $\mathbf{+ s_{ESt} \times (1+s_{SolZ})}$	**47,44**

Abb. 3.2: Ertragsteuerbelastung bei Einzelunternehmen und Personengesellschaften (Regelbesteuerung)

48 Für die Ermittlung der Gewerbesteuer ist von der Summe der Einkünfte aus Gewerbebetrieb der Gesellschafter auszugehen. Die Gewerbesteuer ist zwar von der Personengesellschaft zu entrichten (§ 5 Abs. 1 S. 3 GewStG). Insoweit kommt es zu einer Abweichung gegenüber der Einkommensteuer. Die Gesellschafter haben die Gewerbesteuer aber wirtschaftlich zu tragen, da die Gewerbesteuer den von der Personengesellschaft (nach dem im Gesellschaftsvertrag vereinbarten Gewinnverteilungsschlüssel) verteilbaren Gewinn mindert. Die Steuerermäßigung nach § 35 EStG zur Kompensation der von der Personengesellschaft gezahlten Gewerbesteuer wird den Gesellschaftern jeweils anteilig gewährt.

49 Bei Steuerpflichtigen, die ihre Einkünfte mit dem Spitzensteuersatz der Einkommensteuer zu versteuern haben, und die einem Hebesatz der Gewerbesteuer von 400% unterliegen, errechnet sich bei Einzelunternehmen und Personengesellschaften eine Gesamtsteuerbelastung von 47,44% (Abb. 3.2).

50 Durch die in Abb. 3.2 in der letzten Zeile vorgenommene Umformung wird in den ersten beiden Komponenten die effektive Gewerbesteuerbelastung erkennbar. Bei einem Hebesatz von 400% ergibt sich durch die Gewerbesteuer per Saldo eine Entlastung von 0,03% = 14,00% – 13,30%×(1+5,5%).[5] In der dritten Komponente wird die Belastung der Gewinne mit Einkommensteuer und Solidaritätszuschlag ausgewiesen. Im Beispiel ergeben sich 47,48% = 45%×(1+5,5%). Es wird deutlich, dass bei Personenunternehmen (Einzelunternehmen, Personengesellschaften) die Gesamtsteuerbelastung umso höher ausfällt, je höher der Einkommensteuersatz des Einzelunternehmers bzw des Gesellschafters einer Personengesellschaft ist:[6]

Einkommensteuersatz	Gesamtsteuerbelastung
0,00%	0,00%
10,00%	10,55%
20,00%	21,07%
25,00%	26,34%
28,25%	29,77%
30,00%	31,62%
40,00%	42,17%
42,00%	44,28%
45,00%	47,44%

Abb. 3.3: Ertragsteuerbelastung bei Einzelunternehmen und Personengesellschaften (Regelbesteuerung) in Abhängigkeit vom Einkommensteuersatz

5 Zu einer Analyse der effektiven Gewerbesteuerbelastung siehe ausführlich Siebter Teil, Zweiter Abschnitt, Kapitel C., Rn 491.

6 Beim einem Einkommensteuersatz von 0% bzw 10% wurde angenommen, dass aufgrund des Freibetrags nach § 11 Abs. 1 GewStG von 24 500 € keine Gewerbesteuer anfällt. Damit entfaltet auch die Steuerermäßigung nach § 35 EStG keine Wirkung. Der Gewerbesteuerhebesatz wird mit 400% angenommen.

Vierter Abschnitt

Kapitalgesellschaften

Bei Kapitalgesellschaften ist aufgrund des Trennungsprinzips zwischen der Besteuerung der Gewinne auf Ebene der Kapitalgesellschaft und der Besteuerung der Dividenden auf Ebene des Gesellschafters zu unterscheiden. 51

Eine **Kapitalgesellschaft** entrichtet auf die von ihr erzielten Gewinne als juristische Person Körperschaftsteuer sowie Solidaritätszuschlag (§ 1 KStG, § 1 SolZG) und als Gewerbebetrieb kraft Rechtsform Gewerbesteuer (§ 2 Abs. 2, § 5 Abs. 1 S. 1, 2 GewStG). Aus dem Körperschaftsteuersatz von 15%, dem 5,5%igen Solidaritätszuschlag und einem Hebesatz der Gewerbesteuer von 400% errechnet sich auf Ebene der Kapitalgesellschaft eine Steuerbelastung von 29,83%. Diese Steuerbelastung ist unabhängig davon, ob die Gewinne bei der Kapitalgesellschaft verbleiben (Thesaurierungsfall) oder an die Gesellschafter weitergeleitet werden (Ausschüttungsfall).

Werden die Gewinne von der Kapitalgesellschaft **thesauriert**, fließen dem **Gesellschafter** keine Einkünfte zu. Damit fallen auf Ebene des Gesellschafters keine Steuern an. **Ausgeschüttete Gewinne** unterliegen nicht nur auf Ebene der Kapitalgesellschaft der Körperschaftsteuer (zuzüglich Solidaritätszuschlag) und der Gewerbesteuer. Die Gewinnausschüttungen unterliegen des Weiteren auf Ebene des Gesellschafters der Besteuerung. Handelt es sich bei dem Anteilseigner um eine natürliche Person, deren Anteile ertragsteuerlich dem Privatvermögen zugerechnet werden, führen die Dividenden zu Einkünften aus Kapitalvermögen (§ 20 Abs. 1 Nr 1 EStG).[7] Die Dividende von 70,17 stimmt mit dem Gewinn der Kapitalgesellschaft vor Steuern (= 100,00) vermindert um die von der Kapitalgesellschaft zu zahlenden Steuern (= 29,83) überein. Gehören die Anteile ertragsteuerlich zum Privatvermögen einer natürlichen Person, gilt für die Einkommensteuer grundsätzlich ein Sondersteuersatz von 25% (Abgeltungsteuer, § 32d EStG).[8] Die Abgeltungsteuer ist gleichzeitig die Bemessungsgrundlage für den Solidaritätszuschlag. Die auf die Dividenden vom Ge- 52

7 Es wird auf den Grundfall abgestellt, nach dem die Dividenden der Abgeltungsteuer unterliegen. Die Besonderheiten bei unternehmerischen Beteiligungen bleiben ausgeklammert. Eine unternehmerische Beteiligung liegt vor, wenn der Gesellschafter zu mindestens 25% an der Kapitalgesellschaft beteiligt ist *oder* wenn er zu mindestens 1% an der Kapitalgesellschaft beteiligt und er gleichzeitig durch eine berufliche Tätigkeit bei dieser Kapitalgesellschaft einen maßgeblichen unternehmerischen Einfluss auf deren wirtschaftliche Tätigkeit nehmen kann (zB als Gesellschafter-Geschäftsführer). Der unternehmerisch beteiligte Gesellschafter kann beantragen, die Dividenden nach dem Teileinkünfteverfahren zu versteuern (§ 32d Abs. 2 Nr 3 EStG). Nach dem Teileinkünfteverfahren unterliegen lediglich 60% der Besteuerung (40%ige Steuerbefreiung nach § 3 Nr 40 EStG). Auf diese geminderte Bemessungsgrundlage wird nicht die Abgeltungsteuer angewandt, sondern der Normaltarif der Einkommensteuer (§ 32a EStG).

8 Bei Auszahlung der Dividenden wird eine Kapitalertragsteuer von 25% erhoben (§ 43, § 43a EStG). Da die Kapitalertragsteuer mit dem Sondersteuersatz für Einkünfte aus Kapitalvermögen übereinstimmt (Abgeltungsteuer, § 32d EStG), können die Dividenden bei der Veranlagung des Gesellschafters grundsätzlich außer Ansatz bleiben.

sellschafter zu zahlenden Steuern summieren sich auf 18,50 = 70,17 × 25% × (1+5,5%). Im Ausschüttungsfall beläuft sich die Gesamtsteuerbelastung damit auf 48,33 = 29,83 (Ertragsteuern der Kapitalgesellschaft) + 18,50 (Steuern auf Ebene des Gesellschafters):[9]

Ebene der Kapitalgesellschaft			
	Gewinn vor Steuern		100,00
–	Gewerbesteuer (Hebesatz zB 400%) = Gewinn × Steuermesszahl × Hebesatz = Gewinn × 3,5% × 400%	s_{GewSt}	– 14,00
–	Körperschaftsteuer	s_{KSt}	– 15,00
–	Solidaritätszuschlag = Körperschaftsteuer × 5,5% = 15,00 × 5,5%	$s_{KSt} \times s_{SolZ}$	– 0,83
=	Gewinn nach Steuern		70,17
	Steuerbelastung auf Ebene der Kapitalgesellschaft **(= Steuerbelastung bei Thesaurierung** **= Steuerbelastung vor Ausschüttung)**	$s_{KapGes} =$ $s_{GewSt} + s_{KSt} \times (1+s_{SolZ})$	29,83
	Dividende (= Gewinn der Kapitalgesellschaft nach Steuern)	$(1 - s_{KapGes})$	70,17
Ebene des Gesellschafters (nur bei Ausschüttung)			
–	Einkommensteuer in Form der Abgeltungsteuer = Dividende × 25% = 70,17 × 25%	$(1-s_{KapGes}) \times s_{AbgSt}$	– 17,54
–	Solidaritätszuschlag = Abgeltungsteuer × 5,5% = 17,54 × 5,5%	$(1-s_{KapGes}) \times s_{AbgSt}$ $\times s_{SolZ}$	– 0,96
=	Dividende nach Steuern		51,67
	Steuerbelastung auf Ebene des Gesellschafters bei Ausschüttung der Gewinne	$(1-s_{KapGes})$ $\times s_{AbgSt} \times (1+s_{SolZ})$	18,50
Gesamtsteuerbelastung **(= Steuerbelastung bei Ausschüttung)**		$\mathbf{s_{KapGes}}$ $\mathbf{+ (1-s_{KapGes})}$ $\mathbf{\times s_{AbgSt} \times (1+s_{SolZ})}$	**48,33**

Abb. 3.4: Ertragsteuerbelastung bei Kapitalgesellschaften

53 Die Abgeltungsteuer ist grundsätzlich unabhängig vom persönlichen Einkommensteuersatz des Gesellschafters. Im Rahmen der Günstigerprüfung kann aber der per-

9 Da in diesem Belastungsschema ausschließlich auf Steuersatzeffekte abgestellt wird, bleiben der Zeitpunkt der Ausschüttung und damit die Zeiteffekte unberücksichtigt. Auf den Einbezug der Kapitalertragsteuer wird aus Vereinfachungsgründen verzichtet.

sönliche Einkommensteuersatz angesetzt werden, wenn dieser niedriger als 25% ist (§ 32d Abs. 6 EStG):[10]

Einkommensteuersatz	Gesamtsteuerbelastung
0,00%	29,83%
10,00%	37,23%
20,00%	44,63%
25,00% oder höher	48,33%

Abb. 3.5: Ertragsteuerbelastung bei Kapitalgesellschaften in Abhängigkeit vom Einkommensteuersatz

Fünfter Abschnitt

Einzelunternehmen und Personengesellschaften (Thesaurierungsbegünstigung)

Bei Einzelunternehmen und Personengesellschaften hat die Entscheidung über die Gewinnverwendung grundsätzlich keinen Einfluss auf die Höhe der Einkommensteuer. Die Gewinne werden dem Inhaber bzw den Gesellschaftern unabhängig davon als steuerpflichtige Einkünfte zugerechnet, ob die Gewinne entnommen werden oder im Unternehmen verbleiben. Diese Grundaussage wird durch die Begünstigung der nicht entnommenen Gewinne nach § 34a EStG eingeschränkt. Bei der Thesaurierungsbegünstigung bleibt zwar das Einheits- bzw Transparenzprinzip bestehen, dh die Gewinne werden weiterhin dem Einzelunternehmer bzw den Gesellschaftern einer Personengesellschaft zugerechnet. Durch die Sonderbehandlung von Gewinnen, die (zunächst) auf Ebene des Einzelunternehmens bzw der Personengesellschaft thesauriert werden, wird jedoch die Besteuerung so durchgeführt, dass sie im Ergebnis der Besteuerung von Kapitalgesellschaften angenähert wird.[11] **54**

Beantragt ein Einzelunternehmer oder ein Gesellschafter einer Personengesellschaft **55**
die Begünstigung der nicht entnommenen Gewinne, ist bei der Berechnung der Einkommensteuer danach zu differenzieren, für welchen Teil des Gewinns die Thesaurierungsbegünstigung in Anspruch genommen wird und welcher Teil der Regelbe-

10 Liegt der Einkommensteuersatz unter 25%, wird im Rahmen der Günstigerprüfung der persönliche Einkommensteuersatz angesetzt. Bei einem persönlichen Einkommensteuersatz von 25% und höher wurde mit dem Abgeltungsteuersatz von 25% gerechnet. Die Steuerbelastung setzt sich aus den von der Kapitalgesellschaft zu zahlenden Steuern (= 29,83) sowie der Einkommensteuer zuzüglich Solidaritätszuschlag des Gesellschafters auf die Dividende von 70,17 zusammen. Bei der Gewerbesteuer wird mit einem Hebesatz von 400% gerechnet.

11 Zu den Voraussetzungen und den grundsätzlichen Wirkungen der Thesaurierungsbegünstigung siehe Band I: Ertrag-, Substanz- und Verkehrsteuern, Zweiter Teil, Zweiter Abschnitt, Kapitel F. VI.

steuerung unterliegt: Auf den **Teil der Gewinne, der thesauriert wird**, wird ein **Sondersteuersatz von 28,25%** angewandt. Dieser Sondersteuersatz ist unabhängig von der Höhe der Gewinne (§ 34a EStG). Zusätzlich ist der Solidaritätszuschlag zu entrichten. Für den Teil der Gewinne, der sofort entnommen wird, gilt nach dem Konzept der Regelbesteuerung der Normaltarif (§ 32a EStG).

56 Die Gewerbesteuer und die Einkommensteuer sind keine Betriebsausgaben, dh sie mindern die steuerpflichtigen Einkünfte nicht. Da diese Steuerzahlungen abfließen, können sie auf Ebene des Unternehmens nicht thesauriert werden. Damit die Inhaber bzw die Gesellschafter einer Personengesellschaft diese Steuerzahlungen finanzieren können, müssen sie in dem Umfang Entnahmen aus dem Einzelunternehmen bzw der Personengesellschaft tätigen, in dem es für die Bezahlung der Gewerbesteuer und der Einkommensteuer erforderlich ist. Da diese Beträge nicht im Unternehmen verbleiben, unterliegen die **Gewinne, soweit sie zur Finanzierung der Ertragsteuern benötigt werden**, der **Regelbesteuerung**. Diese Vorgehensweise wurde gewählt, um eine Vergleichbarkeit mit Kapitalgesellschaften herzustellen. Im Thesaurierungsfall verändert sich damit bei beiden Rechtsformen auf Ebene des Gesellschafters das verfügbare Einkommen nicht. Die Ertragsteuern werden über das betriebliche Konto finanziert (Einzelunternehmen, Personengesellschaften) bzw von der Kapitalgesellschaft (nicht vom Gesellschafter) bezahlt.

57 Die maximale Thesaurierungsquote (T_{max}) entspricht dem Anteil am Gewinn, für den die Thesaurierungsbegünstigung in Anspruch genommen werden kann, damit der Inhaber des Einzelunternehmens bzw der Gesellschafter einer Personengesellschaft in der Lage ist, die anfallenden Ertragsteuern zu bezahlen. Auf Ebene des Inhabers bzw Gesellschafters verändert sich sein Zahlungssaldo nicht. Er entnimmt genau den Betrag, der für die Einkommen- und Gewerbesteuer benötigt wird. Da die Thesaurierungsbegünstigung wiederum beeinflusst, welcher Teil des Gewinns entnommen werden muss, damit auf Ebene des Inhabers bzw Gesellschafters weder Liquiditätsunterdeckungen noch Liquiditätsüberschüsse entstehen, gilt folgender Zusammenhang:

	Gewinn des Unternehmens (G)
–	Effektivbelastung der Gewerbesteuer = $s_{GewSt} - s_{\S\ 35EStG} \times (1+s_{SolZ})$
–	28,25% auf den thesaurierten Betrag zuzüglich Solidaritätszuschlag
	$= T_{max} \times s_{ESt}^{Thes} \times (1+s_{SolZ})$
–	Regelbesteuerung auf den Teil des Gewinns, der nicht thesauriert wird
	$(G-T_{max}) \times s_{ESt} \times (1+s_{SolZ})$
=	Teil des Gewinns, der maximal thesauriert werden kann (T_{max})

In Abhängigkeit vom persönlichen Einkommensteuersatz des (Mit-)Unternehmers errechnet sich die maximale Thesaurierungsquote wie folgt:

$$T_{max} = G \times \frac{[1 - \text{Effektivbelastung der GewSt} - \text{Steuerbelastung bei Regelbesteuerung}]}{[1 + \text{Steuersatz bei Thesaurierungsbegünstigung} - \text{Steuerbelastung bei Regelbesteuerung}]}$$

oder

$$T_{max} = G \times \frac{[1 - s_{GewSt} + s_{\S\ 35EStG} \times (1+s_{SolZ}) - s_{ESt} \times (1+s_{SolZ})]}{[1 + s_{ESt}^{Thes} \times (1+s_{SolZ}) - s_{ESt} \times (1+s_{SolZ})]}$$

Bei einem Gewerbesteuerhebesatz von 400% ergibt sich in Abhängigkeit vom persönlichen Einkommensteuersatz des Unternehmers folgende maximale Thesaurierungsquote:

Einkommensteuersatz	maximale Thesaurierungsquote
28,25%	70,23%
30,00%	69,67%
40,00%	66,01%
42,00%	65,18%
45,00%	63,84%

Abb. 3.6: Maximale Thesaurierungsquote in Abhängigkeit vom Einkommensteuersatz

Bei Inanspruchnahme der Thesaurierungsbegünstigung nach § 34a EStG setzt sich die Einkommensteuerbelastung der Gewinne aus zwei Komponenten zusammen: **58**

- Der Teil des Gewinns, der thesauriert wird, wird mit dem (einheitlichen) Sondersteuersatz von 28,25% belastet.
- Der Teil des Gewinns, der für die Bezahlung der Einkommen- und Gewerbesteuer entnommen werden muss, unterliegt der (progressiven) Regelbesteuerung.

	Gewinn vor Steuern		100,00
–	Gewerbesteuer (Hebesatz zB 400%) = Gewinn × Steuermesszahl × Hebesatz = Gewinn × 3,5% × 400%	s_{GewSt}	– 14,00
–	Einkommensteuer auf den begünstigten Gewinn (Sondersteuersatz von 28,25%) = T_{max} × 28,25% = 63,84 × 28,25%	$T_{max} \times s_{ESt}^{Thes}$	– 18,03
–	Einkommensteuer auf den nicht begünstigten Gewinn (zB Spitzensteuersatz) = $(G - T_{max}) \times 45\%$ = 36,16 × 45,00%	$(1 - T_{max}) \times s_{ESt}$	– 16,27
+	Steuerermäßigung nach § 35 EStG = 3,8 × Steuermessbetrag, maximal gezahlte Gewerbesteuer = 3,8 × G × 3,5%	$s_{§ 35EStG}$	+ 13,30
–	Solidaritätszuschlag = festgesetzte Einkommensteuer × 5,5% = (18,03 + 16,27 – 13,30) × 5,5%	$(T_{max} \times s_{ESt}^{Thes}$ $+ [1-T_{max}] \times s_{ESt}$ $- s_{§ 35EStG})$ $\times s_{SolZ}$	– 1,16
=	Gewinn nach Steuern (= T_{max})		63,84

Steuerbelastung bei Thesaurierung	$s_{EU/PersGes(Thes)}$ $= s_{GewSt}$ $+ (T_{max} \times s_{ESt}^{Thes}$ $+ [1-T_{max}] \times s_{ESt}$ $- s_{\S\ 35EStG})$ $\times (1+s_{SolZ})$	**36,16**

Abb. 3.7: Ertragsteuerbelastung bei Einzelunternehmen und Personengesellschaften (Thesaurierungsbegünstigung)

59 Bei einem Einkommensteuersatz von 45% ergibt sich eine maximale Thesaurierungsquote von 63,84%. Damit beläuft sich die Einkommensteuer auf 34,31 (= 63,84×28,25% + (100–63,84)×45%). Bezieht man zusätzlich die Gewerbesteuer, den Solidaritätszuschlag und die Entlastung aus der Steuerermäßigung nach § 35 EStG ein, beläuft sich die Gesamtbelastung in dem Jahr, in dem der Gewinn entsteht, auf 36,16 (Abb. 3.7).

60 Wird der Teil der Einkünfte, für den der Sondersteuersatz nach § 34a EStG in Anspruch genommen wurde, in späteren Jahren entnommen, kommt es zu einer **Nachversteuerung** von 25% des Entnahmebetrags. Zusätzlich wird der Solidaritätszuschlag erhoben. Für den Teil der Einkünfte, der der Regelbesteuerung unterlag, entfällt eine Nachversteuerung. Die Nachversteuerung mit 25% auf den Teil der Gewinne, der der begünstigten Besteuerung nach § 34a EStG unterlag, ist konzeptionell mit der Besteuerung von Dividenden auf Ebene des Gesellschafters mit der 25%igen Abgeltungsteuer vergleichbar.

Nachversteuerung bei Entnahme			
	Thesaurierungsbetrag (= Gewinn des Einzelunternehmens bzw der Personengesellschaft nach Steuern)	$(1 - s_{EU/PersGes(Thes)})$	63,84
–	Einkommensteuer auf den Nachversteuerungsbetrag a) Nachversteuerungsbetrag = begünstigter Gewinn – darauf entfallende Einkommensteuer – darauf entfallender Solidaritätszuschlag = 63,84 – 63,84×28,25% – 63,84×28,25%×5,5% = 44,81 b) darauf Einkommensteuer = 44,81 × 25,00%	$T_{max} \times (1 - s_{ESt}^{Thes} \times [1+s_{SolZ}]) \times s_{ESt}^{Nach}$	– 11,20
–	Solidaritätszuschlag = Einkommensteuer auf den Nachversteuerungsbetrag × 5,5% = 11,20 × 5,5%	$T_{max} \times (1 - s_{ESt}^{Thes} \times [1+s_{SolZ}]) \times s_{ESt}^{Nach} \times s_{SolZ}$	– 0,62
=	Gewinn nach Entnahme		52,02
	Nachversteuerung bei Entnahme	$T_{max} \times (1 - s_{ESt}^{Thes} \times [1+s_{SolZ}]) \times s_{ESt}^{Nach} \times (1+s_{SolZ})$	11,82

Gesamtsteuerbelastung nach Entnahme	$s_{EU/PersGes(Thes)} + T_{max} \times (1 - s_{ESt}^{Thes} \times [1 + s_{SolZ}]) \times s_{ESt}^{Nach} \times (1 + s_{SolZ})$	**47,98**

Abb. 3.8: Ertragsteuerbelastung bei Einzelunternehmen und Personengesellschaften (Thesaurierungsbegünstigung nach Entnahme)

Der nachversteuerungspflichtige Gewinn entspricht dem Gewinn, der der begünstigten Besteuerung unterliegt (T_{max}), vermindert um die darauf entfallende Einkommensteuer und den Solidaritätszuschlag: 44,81 = 63,84 × (1 – 28,25% – 28,25%×5,5%). Die Steuerbelastung auf den Nachversteuerungsbetrag ergibt sich aus der 25%igen Nachversteuerung mit Einkommensteuer zuzüglich Solidaritätszuschlag auf diese Einkommensteuer: 11,82 = 44,81 × (25% + 25%×5,5%). Bei vollständiger Entnahme der Gewinne erhöht sich die Steuerbelastung auf 47,98 = 36,16 (im Zeitpunkt der Thesaurierung) + 11,82 (Nachversteuerung im Zeitpunkt der Entnahme).[12] **61**

Da die Belastung des Teils der Gewinne, die nach § 34a EStG besteuert werden, sowohl bei Thesaurierung als auch bei Entnahme unabhängig vom persönlichen Einkommensteuersatz des Einzelunternehmers bzw Gesellschafters der Personengesellschaft ist, wirken sich die individuellen Verhältnisse nur auf den Teil des Gewinns aus, der der Regelbesteuerung unterliegt, dh auf den Anteil am Gewinn, der zur Finanzierung der Ertragsteuern entnommen werden muss:

Einkommensteuersatz	Gesamtsteuerbelastung bei Thesaurierung	Gesamtsteuerbelastung nach Entnahme
unter 28,25%	nicht zu empfehlen	nicht zu empfehlen
28,25%	29,77%	42,77%
30,00%	30,33%	43,23%
40,00%	33,99%	46,21%
42,00%	34,82%	46,89%
45,00%	36,16%	47,98%

Abb. 3.9: Ertragsteuerbelastung bei Einzelunternehmen und Personengesellschaften (Thesaurierungsbegünstigung) in Abhängigkeit vom Einkommensteuersatz

12 Da in diesem Belastungsschema ausschließlich auf Steuersatzeffekte abgestellt wird, bleiben der Zeitpunkt der Entnahme und damit der Zeiteffekt unberücksichtigt.

Sechster Abschnitt

Vergleich der Rechtsformen

A. Ausschüttungsfall

62 *(1) Gegenüberstellung der Besteuerungskonzeption:* Bei Personenunternehmen (Einzelunternehmen und Personengesellschaften) kommt es grundsätzlich zu einer einmaligen Besteuerung mit Einkommensteuer und Gewerbesteuer, wobei die Gewerbesteuerbelastung durch die Steuerermäßigung nach § 35 EStG weitgehend kompensiert wird (Regelbesteuerung: Einheitsprinzip bzw Transparenzprinzip). Bei Kapitalgesellschaften knüpft die Besteuerung aufgrund des Trennungsprinzips sowohl auf Ebene der Kapitalgesellschaft (Körperschaftsteuer und Gewerbesteuer auf die Gewinne) als auch auf Ebene der Gesellschafter (ermäßigte Einkommensteuer in Form der Abgeltungsteuer auf die Dividenden) an. Bei Personenunternehmen, die sich für die Thesaurierungsbegünstigung nach § 34a EStG entscheiden, kommt es wie bei Kapitalgesellschaften zu einer zweistufigen Besteuerung. Abgesehen von der Aufteilung der Einkommensteuer in einen Sondersteuersatz von 28,25% auf thesaurierte Gewinne und eine Nachversteuerung von entnommenen Beträgen mit 25% bleibt es allerdings bei der transparenten Besteuerung.

<table>
<tr><th>Rechtsform</th><th colspan="2">Besteuerungskonzept</th></tr>
<tr><td>Einzelunternehmen,
Personengesellschaften:
Regelbesteuerung</td><td colspan="2">einstufige transparente Besteuerung
• Einkommensteuer (Normaltarif)
• Gewerbesteuer, abgeschwächt durch Steuerermäßigung nach § 35 EStG</td></tr>
<tr><td>Einzelunternehmen,
Personengesellschaften:
Thesaurierungsbegünstigung</td><td>zweistufige transparente Besteuerung
• Einkommensteuer (Sondersteuersatz von 28,25%)
• Gewerbesteuer, abgeschwächt durch Steuerermäßigung nach § 35 EStG</td><td>Nachversteuerung der Entnahme mit 25%</td></tr>
<tr><td>Kapitalgesellschaften</td><td>Trennungsprinzip
• Körperschaftsteuer
• Gewerbesteuer</td><td>Abgeltungsteuer auf die Ausschüttung von 25% (Grundsatz)</td></tr>
</table>

Abb. 3.10: Vergleich der Besteuerungskonzepte im Ausschüttungsfall

63 *(2) Belastungsvergleich:* Werden die Gewinne entnommen, sind Einzelunternehmen und Personengesellschaften (Personenunternehmen) gegenüber Kapitalgesellschaften vorzuziehen (Abb. 3.11).[13] Diese Aussage gilt unabhängig davon, wie hoch der persönliche Einkommensteuersatz des Steuerpflichtigen ist. Bei höheren Einkünf-

13 In der nachstehenden Tabelle (Abb. 3.11) ist die jeweils vorteilhafte Rechtsform durch eine graue Schattierung hervorgehoben. Für die Berechnung wird von einem Gewerbesteuerhebesatz von 400% ausgegangen.

ten fällt allerdings der Vorteil von Personenunternehmen geringer aus: Bei Einzelunternehmern und Gesellschaftern einer Personengesellschaft entsteht bei niedrigen Einkünften keine oder nur eine geringe Steuerbelastung. Bei Kapitalgesellschaften fällt unabhängig von der Höhe der Gewinne zumindest die Steuerbelastung auf Ebene der Gesellschaft von 29,83% an. Bei Ausschüttung wird zusätzlich auf die Dividenden Abgeltungsteuer (ermäßigte Einkommensteuer) erhoben. Im Rahmen der Günstigerprüfung kann diese allerdings bei einem geringeren persönlichen Einkommensteuersatz des Gesellschafters auf unter 25% reduziert werden (§ 32d Abs. 6 EStG).

Nach Entnahme der Gewinne ist bei Einzelunternehmen und Personengesellschaften die Regelbesteuerung mit einer geringeren Belastung verbunden als die Summe aus Thesaurierungsbelastung nach § 34a EStG und Nachversteuerung bei Entnahme. Werden die Gewinne entnommen, entsteht bei Inanspruchnahme des Sondersteuersatzes nach § 34a EStG gegenüber der Regelbesteuerung also generell ein Steuersatznachteil. Da auf thesaurierte Gewinne die Vorbelastung mindestens 28,25% zuzüglich Solidaritätszuschlag beträgt und bei Entnahme eine Nachversteuerung von 25% zuzüglich Solidaritätszuschlag des nach Abzug der Vorbelastung verbleibenden Betrags erhoben wird, ist die Regelbesteuerung insbesondere bei geringen Einkünften vorzuziehen. Bei höheren Einkünften wird der Vorteil der Regelbesteuerung lediglich abgeschwächt. Bezogen auf den Steuersatzeffekt ist die Regelbesteuerung allerdings der Thesaurierungsbegünstigung immer vorzuziehen. 64

Einkommensteuer-satz	Einzelunternehmen, Personengesell-schaften (Regelbesteuerung)	Einzelunternehmen, Personengesell-schaften (Thesaurie-rungsbegünstigung)	Kapital-gesellschaften (Gesellschafter: Abgeltungsteuer)
0,00%	0,00%	nicht zu empfehlen	29,83%
10,00%	10,55%	nicht zu empfehlen	37,23%
20,00%	21,07%	nicht zu empfehlen	44,63%
25,00%	26,34%	nicht zu empfehlen	48,33%
28,25%	29,77%	42,77%	48,33%
30,00%	31,62%	43,23%	48,33%
40,00%	42,17%	46,21%	48,33%
42,00%	44,28%	46,89%	48,33%
45,00%	47,44%	47,98%	48,33%

Abb. 3.11: Rechtsformvergleich bei Ausschüttung

B. Thesaurierungsfall

(1) Gegenüberstellung der Besteuerungskonzeption: Werden die Gewinne im Unternehmen thesauriert, ergeben sich gegenüber dem Ausschüttungsfall für Personenunternehmen, die der Regelbesteuerung unterliegen, keine Abweichungen. Bei Kapitalgesellschaften und Personenunternehmen, die die Thesaurierungsbegünstigung 65

nach § 34a EStG beantragen, entfällt die Besteuerung der Dividenden mit der 25%igen Abgeltungsteuer (Kapitalgesellschaften) bzw die Besteuerung der Entnahmen mit der 25%igen Nachversteuerung (Personenunternehmen):

Rechtsform	Besteuerungskonzept	
Einzelunternehmen, Personengesellschaften: Regelbesteuerung	einstufige transparente Besteuerung • Einkommensteuer (Normaltarif) • Gewerbesteuer, abgeschwächt durch Steuerermäßigung nach § 35 EStG	
Einzelunternehmen, Personengesellschaften: Thesaurierungsbegünstigung	zweistufige transparente Besteuerung • Einkommensteuer (Sondersteuersatz von 28,25%) • Gewerbesteuer, abgeschwächt durch Steuerermäßigung nach § 35 EStG	Nachversteuerung mit 25% entfällt, da (noch) keine Entnahme
Kapitalgesellschaften	Trennungsprinzip • Körperschaftsteuer • Gewerbesteuer	Besteuerung auf Ebene des Gesellschafters entfällt, da (noch) keine Ausschüttung

Abb. 3.12: Vergleich der Besteuerungskonzepte im Thesaurierungsfall

66 *(2) Belastungsvergleich:* Werden die Gewinne auf Ebene des Unternehmens in vollem Umfang thesauriert, sind bei niedrigen Einkünften Einzelunternehmen und Personengesellschaften (Regelbesteuerung) die aus steuerlicher Sicht vorteilhafte Rechtsform. Bei höheren Einkommensteuersätzen ist die Rechtsform „Kapitalgesellschaft" zu empfehlen (Abb. 3.13).[14]

Personenunternehmen, die die Begünstigung nicht entnommener Gewinne nach § 34a EStG beantragen, nehmen im Regelfall eine Mittelposition ein.

- Bei hohen Gewinnen liegt die Steuerbelastung von Kapitalgesellschaften mit 29,83% niedriger als bei Einzelunternehmen und Personengesellschaften, die die Thesaurierungsbegünstigung wählen. Dies liegt im Wesentlichen daran, dass der Sondersteuersatz von 28,25% nur auf die thesaurierten Gewinne angewandt wird. Der Teil des Gewinns, der für die Begleichung der Einkommen- und Gewerbesteuer sowie für den Solidaritätszuschlag entnommen wird, unterliegt der (höheren) Regelbesteuerung.
- Bei niedrigen Gewinnen ist die Regelbesteuerung wesentlich günstiger als die Thesaurierungsbegünstigung, da bei dieser die Einkommensteuer nicht unter den Sondersteuersatz von 28,25% sinken kann.

14 In der nachstehenden Tabelle (Abb. 3.13) ist die jeweils vorteilhafte Rechtsform durch eine graue Schattierung hervorgehoben. Den Berechnungen liegt ein Gewerbesteuerhebesatz von 400% zugrunde. Bei einem Einkommensteuersatz von 0% bzw 10% wird angenommen, dass aufgrund des Freibetrags nach § 11 Abs. 1 GewStG von 24 500 € keine Gewerbesteuer anfällt. Damit entfaltet auch die Steuerermäßigung nach § 35 EStG keine Wirkung.

Einkommensteuersatz	Einzelunternehmen, Personengesellschaften (Regelbesteuerung)	Einzelunternehmen, Personengesellschaften (Thesaurierungsbegünstigung)	Kapitalgesellschaften
0,00%	0,00%	nicht zu empfehlen	29,83%
10,00%	10,55%	nicht zu empfehlen	29,83%
20,00%	21,07%	nicht zu empfehlen	29,83%
25,00%	26,34%	nicht zu empfehlen	29,83%
28,25%	29,77%	29,77%	29,83%
28,30%	29,83%	29,79%	29,83%
28,42%	29,95%	29,83%	29,83%
30,00%	31,62%	30,33%	29,83%
40,00%	42,17%	33,99%	29,83%
42,00%	44,28%	34,82%	29,83%
45,00%	47,44%	36,16%	29,83%

Abb. 3.13: Rechtsformvergleich bei Thesaurierung

Bei Einzelunternehmen und Personengesellschaften zeigt der Vergleich zwischen Regelbesteuerung und Thesaurierungsbegünstigung, dass sich die Thesaurierungsbegünstigung nur dann empfiehlt, wenn der persönliche Steuersatz des Steuerpflichtigen über 28,25% liegt. Diese auf der Grundlage einer Ein-Periodenbetrachtung getroffene Aussage ist aber nur dann zutreffend, wenn die thesaurierten Gewinne niemals entnommen werden. Realistischer ist allerdings, dass die Gewinne zumindest nach einigen Jahren vom Inhaber bzw dem Gesellschafter für private Zwecke verwendet werden oder dass die unternehmerische Aktivität durch Verkauf des Unternehmens bzw des Gesellschaftsanteils beendet wird (Mehr-Periodenbetrachtung). Werden die Gewinne zunächst thesauriert und erst nach einigen Jahren ausgeschüttet, weisen Personenunternehmen, bei denen die Gewinne der Regelbesteuerung unterliegen, den Nachteil auf, dass die gesamte Ertragsteuerbelastung in dem Jahr anfällt, in dem die Gewinne entstehen. Demgegenüber kann sowohl bei Personenunternehmen, die sich für die Thesaurierungsbegünstigung entscheiden, als auch bei Kapitalgesellschaften die 25%ige Nachversteuerung von Entnahmen bzw die 25%ige Abgeltungsteuer auf Dividenden vorübergehend vermieden werden. Für die aus steuerlicher Sicht vorteilhafte Gewinnverwendungsentscheidung sind also der Steuersatznachteil der Thesaurierungsbegünstigung bzw von Kapitalgesellschaften im Ausschüttungsfall gegenüber der Regelbesteuerung mit dem positiven Zeiteffekt der verzögerten Besteuerung von zunächst einbehaltenen Gewinnen zu vergleichen.[15] **67**

15 Zum Einfluss der Besteuerung auf die Entscheidung über die Verwendung des Gewinns siehe Fünfter Teil, Dritter Abschnitt, Rn. 439.

Siebter Abschnitt

Veränderung der Gesamtsteuerbelastung durch Abschluss eines Gesellschafter-Geschäftsführungsvertrags

A. Steuerplanerische Zielsetzung

68 Bei den Vergütungen aus einem Geschäftsführungsvertrag (Dienstvertrag) handelt es sich um eine **spezielle Form der Gewinnverteilung**:[16]

- Bestehen keine Gesellschaft-Gesellschafter-Verträge, erhalten die Anteilseigner ausschließlich Gewinnanteile bzw Dividenden.
- Bei Abschluss eines Geschäftsführungsvertrags mit einem der Gesellschafter wird diesem für seine Tätigkeit ein Gehalt gezahlt. An die Gesellschafter kann nur der um die Geschäftsführungsvergütung geschmälerte Gewinn verteilt werden. Vor Steuern entspricht die Summe aus Gehalt und der nach Abzug der Vergütungen aus Geschäftsführungsverträgen verbleibende „Restgewinn" dem Gewinn, der in dem Fall zur Verfügung steht, in dem zwischen dem Unternehmen und seinen Gesellschaftern keine schuldrechtlichen Leistungsbeziehungen bestehen.
  Die Auswirkungen von Geschäftsführungsverträgen werden deshalb daran gemessen, welche steuerlichen Folgen alternativ bei einer Leistungserbringung auf gesellschaftsrechtlicher Basis, dh bei einem Verzicht auf eine gesonderte Geschäftsführungsvergütung, entstehen. Da bei beiden Alternativen vor Steuern die Summe der Einkünfte identisch ist, kann die Entscheidung anhand der insgesamt zu zahlenden Steuern getroffen werden (relative Steuerminimierung).[17]

69 **Vergleichsobjekt** für die Analyse der Auswirkungen von Gesellschaft-Gesellschafter-Verträgen bildet der **Ausschüttungsfall**. Dies ist aus Vergleichbarkeitsgründen erforderlich. Bei Abschluss eines Geschäftsführungsvertrags wird an den Gesellschafter ein Gehalt ausbezahlt. Hinsichtlich der Liquidität des Gesellschafters ist nur dann mit dem Fall, in dem kein Gesellschaft-Gesellschafter-Vertrag besteht, Übereinstimmung gegeben, wenn die auf Ebene des Unternehmens erzielten Gewinne an die Gesellschafter verteilt werden. Damit ist bei Einzelunternehmen und Personengesellschaften nur die Regelbesteuerung zu betrachten. Im Thesaurierungsfall ist die Vergleichbarkeit nicht gegeben. Werden die Gewinne einbehalten, verbleiben die Einzahlungsüberschüsse aus Leistungsbeziehungen mit Außenstehenden auf Ebene des Unternehmens. Demgegenüber werden bei Abschluss eines Geschäftsführungsvertrags die Erfolge über das vereinbarte Gehalt insoweit an die Anteilseigner transferiert.

16 Die Gewährung eines Darlehens durch einen Gesellschafter (Gesellschafterdarlehen) wird beim Einfluss der Besteuerung auf Finanzierungsentscheidungen (insbesondere Fünfter Teil, Erster Abschnitt, Kapitel H., Rn. 343) angesprochen.

17 Zur Zielgröße der Steuerplanung siehe Erster Teil, Erster Abschnitt, Rn. 1.

B. Gegenüberstellung der Besteuerungskonzeption

(1) Einzelunternehmen: Da Einzelunternehmen keine eigenständige Rechtsfähigkeit besitzen, können zwischen dem Einzelunternehmen und seinem Inhaber keine schuldrechtlichen Verträge abgeschlossen werden. Aufgrund des **Einheitsprinzips** ergeben sich keine Ansatzpunkte zur Beeinflussung der Steuerbelastung durch Gesellschaft-Gesellschafter-Verträge. 70

	Einkommen- und Körperschaftsteuer	**Gewerbesteuer**
Einzelunternehmen	keine Veränderung: schuldrechtlicher Vertrag zwischen einem Einzelunternehmen und seinem Inhaber nicht möglich (Einheitsprinzip) • Einkommensteuer (Normaltarif) • Gewerbesteuer, abgeschwächt durch Steuerermäßigung nach § 35 EStG	
Personengesellschaft	grundsätzlich keine Veränderung: Vergütung wird den Einkünften aus Gewerbebetrieb zugerechnet (Mitunternehmerkonzeption) • Einkommensteuer (Normaltarif) • Gewerbesteuer, abgeschwächt durch Steuerermäßigung nach § 35 EStG	
Kapitalgesellschaft	Trennungsprinzip • Einkommensteuer (Normaltarif) ± Einkommensteuer anstatt Nebeneinander von Körperschaftsteuer und Abgeltungsteuer $s_{ESt} < 36,04\%$: Entlastung $s_{ESt} = 36,04\%$: keine Veränderung $s_{ESt} > 36,04\%$: Mehrbelastung	+ keine Gewerbesteuer
Legende:	+ Vorteil (Minderung der Gesamtsteuerbelastung) ± Auswirkung auf die Gesamtsteuerbelastung unbestimmt s_{ESt} Einkommensteuersatz	
Vergleichsbasis:	Leistungen werden auf gesellschaftsrechtlicher Grundlage erbracht (Ausschüttungsfall)	

Abb. 3.14: Besteuerung eines Gesellschafter-Geschäftsführungsvertrags in Abhängigkeit von der Rechtsform des Unternehmens [18]

(2) Personengesellschaften: Bei Personengesellschaften werden die schuldrechtlichen Vertragsbeziehungen zwischen dem Unternehmen und den Gesellschaftern auf der ersten Stufe (Gesellschaftsebene) wie Verträge zwischen der Personengesellschaft und fremden Dritten anerkannt. Auf der zweiten Stufe der Gewinnermittlung (Gesellschafterebene) werden allerdings die von der Personengesellschaft an ihre Ge- 71

18 Bei der Einkommen- und Körperschaftsteuer sind zusätzlich die beiden Zuschlagsteuern zu berücksichtigen. Um die Übersichtlichkeit zu erhöhen, werden der Solidaritätszuschlag und die Kirchensteuer nicht getrennt ausgewiesen.

sellschafter gezahlten Vergütungen dem gewerblichen Bereich zugerechnet (§ 15 Abs. 1 S. 1 Nr 2 EStG). Aufgrund der **Mitunternehmerkonzeption** können bei Personengesellschaften durch Gesellschaft-Gesellschafter-Verträge weder im Bereich der Einkommensteuer noch bei der Gewerbesteuer Steuerersparnisse erzielt werden. Durch Gesellschaft-Gesellschafter-Verträge ändert sich lediglich die Verteilung der Gewinne zwischen dem Gesamthandsbereich (gesellschaftsrechtliche Beziehungen) und dem Sonderbetriebsvermögen (schuldrechtliche Leistungsbeziehungen). Die Summe der Einkünfte aus Gewerbebetrieb der Gesellschafter bleibt unverändert. Insoweit kommt es zu einer Gleichbehandlung mit Einzelunternehmen, bei denen schuldrechtliche Verträge zwischen dem Einzelunternehmen und seinem Inhaber nicht abgeschlossen werden können. Für steuerplanerische Zwecke bedeutet dies, dass die aufgrund eines Geschäftsführungsvertrags an den Gesellschafter gezahlten Vergütungen wie die Beteiligung am Gewinn der Personengesellschaft besteuert werden. Gegenüber der Regelbesteuerung kommt es zu keiner Veränderung.[19]

72 *(3) Kapitalgesellschaften:* Bei Kapitalgesellschaften stellen Gesellschaft-Gesellschafter-Verträge ein bedeutsames Instrument der Steuerplanung dar. Soweit die schuldrechtlichen Vertragsbeziehungen zwischen der Kapitalgesellschaft und ihren Gesellschaftern wie zwischen fremden Dritten abgewickelt werden, mindern die an die Gesellschafter entrichteten Entgelte den Gewinn der Kapitalgesellschaft **(Trennungsprinzip)**. Auf Ebene der Gesellschafter werden die empfangenen Vergütungen nach den allgemeinen Abgrenzungskriterien einer der sieben Einkunftsarten zugeordnet. Diese Grundsatzentscheidung führt dazu, dass bei der Rechtsform „Kapitalgesellschaft" insbesondere Geschäftsführungsverträge dazu eingesetzt werden können, um Ertragsteuerersparnisse zu erzielen.

73 Bei der Analyse, ob sich durch den **Abschluss eines Geschäftsführungsvertrags mit einem Gesellschafter** die **Gesamtsteuerbelastung der Rechtsform „Kapitalgesellschaft" reduzieren** lässt, sind zwei Effekte miteinander zu vergleichen:

- Die Belastung mit **Körperschaftsteuer** (Gewinn der Kapitalgesellschaft) und ermäßigter **Einkommensteuer** (Abgeltungsteuer auf die Dividenden des Gesellschafters) wird durch die persönliche Einkommensteuer des Gesellschafter-Geschäftsführers (Normaltarif) ersetzt. Bei niedrigen Einkommensteuersätzen ergeben sich hieraus bei Abschluss eines Geschäftsführungsvertrags Entlastungen. Bei einem persönlichen Einkommensteuersatz von über 36,04% steigt die Steuerbelastung.

gesellschaftsrechtlicher Bereich		**Geschäftsführungsvertrag**
$s_{KSt} \times (1+s_{SolZ}) + (1-s_{KSt} \times [1+s_{SolZ}]) \times s_{AbgSt} \times (1+s_{SolZ})$	=	$s_{ESt} \times (1+s_{SolZ})$
bei $s_{KSt} = 15\%$; $s_{SolZ} = 5{,}5\%$ und $s_{AbgSt} = 25\%$ gilt		
$0{,}15 \times 1{,}055 + (1-0{,}15 \times 1{,}055) \times 0{,}25 \times 1{,}055$	=	$s_{ESt} \times 1{,}055$
$0{,}15 + (1-0{,}15 \times 1{,}055) \times 0{,}25$	=	s_{ESt}
$0{,}15 + 0{,}84175 \times 0{,}25$	=	s_{ESt}

19 Da das Geschäftsführungsgehalt an den Gesellschafter ausgezahlt wird, entfällt für diese Einkünfte die Voraussetzung für die Inanspruchnahme der Thesaurierungsbegünstigung nach § 34a EStG.

gesellschaftsrechtlicher Bereich		**Geschäftsführungs-vertrag**
0,3604	=	s_{ESt}
36,04%	=	s_{ESt}

- Das von der Kapitalgesellschaft gezahlte Gehalt mindert die gewerbesteuerliche Belastung. Dieser Vorteil ist definitiv, weil auf Ebene des Gesellschafters das Gehalt nicht der **Gewerbesteuer** unterliegt.

In der Höhe, in der eine Geschäftsführungsvergütung bezahlt wird, entfallen auf Ebene der Kapitalgesellschaft die Körperschaftsteuer, der Solidaritätszuschlag und die Gewerbesteuer. Auf Ebene des Gesellschafters summiert sich die Belastung des Gehalts mit Einkommensteuer (Normaltarif) und Solidaritätszuschlag auf 47,48%, sofern für den Gesellschafter der Spitzensteuersatz von 45% gilt: 74

Ebene der Kapitalgesellschaft			
	Gewinn vor Geschäftsführungsvergütung und vor Steuern		100,00
–	Geschäftsführungsvergütung		– 100,00
=	Gewinn vor Steuern		0,00
–	Gewerbesteuer (keine Hinzurechnung des Gehalts)	s_{GewSt}	0,00
–	Körperschaftsteuer	s_{KSt}	0,00
–	Solidaritätszuschlag = Körperschaftsteuer × 5,5%	$s_{KSt} \times s_{SolZ}$	0,00
=	Gewinn nach Steuern		0,00
	Steuerbelastung auf Ebene der Kapitalgesellschaft	$s_{KapGes} = s_{GewSt} + s_{KSt} \times (1+s_{SolZ})$	0,00
	Dividende (= Gewinn der Kapitalgesellschaft nach Steuern)		0,00
Ebene des Gesellschafters			
	Dividende		0,00
	Geschäftsführungsvergütung		100,00
–	tarifliche Einkommensteuer (zB Spitzensteuersatz) = Geschäftsführungsvergütung × 45% = 100,00 × 45%	s_{ESt}	– 45,00
–	Solidaritätszuschlag = festgesetzte Einkommensteuer × 5,5% = 45,00 × 5,5%	$s_{ESt} \times s_{SolZ}$	– 2,48
=	Einkünfte nach Steuern		52,52
	Steuerbelastung auf Ebene des Gesellschafters auf die Geschäftsführungsvergütung	$s_{ESt} \times (1+s_{SolZ})$	47,48
Gesamtsteuerbelastung		$s_{ESt} \times (1+s_{SolZ})$	**47,48**

Abb. 3.15: Ertragsteuerbelastung eines Geschäftsführungsvertrags bei Kapitalgesellschaften

75 Im Zahlenbeispiel stimmen die Geschäftsführungsvergütung und die aus Leistungsbeziehungen mit Außenstehenden erzielten Gewinne betragsmäßig überein. Eine derartige Gehaltsvereinbarung würde als verdeckte Gewinnausschüttung angesehen werden.[20] Der gewählte Berechnungsansatz gibt also insoweit eine unrealistische Konstellation wieder. Der Ansatz einer geringeren Vergütung würde hinsichtlich der Vorteilhaftigkeitsaussage die gleichen Ergebnisse liefern, allerdings könnten die Effekte des Abschlusses eines Gesellschafter-Geschäftsführungsvertrags nicht mehr so deutlich herausgearbeitet werden, weil nebeneinander die Besteuerung der Geschäftsführungsvergütung und des Gewinns der Kapitalgesellschaft berechnet werden würde. Die vorstehenden Berechnungen sind also wie folgt zu **interpretieren**:

- Ergeben die Berechnungen, dass das Geschäftsführungsgehalt geringer belastet wird als die von einer Kapitalgesellschaft erzielten Gewinne, ist die Vergütung möglichst hoch anzusetzen. Bei der Festsetzung der Obergrenze sind die Kriterien einer verdeckten Gewinnausschüttung zu beachten.
- Ist die Besteuerung des Geschäftsführungsgehalts höher als die von einer Kapitalgesellschaft erzielten Gewinne, ist der Abschluss eines Geschäftsführungsvertrags nicht zu empfehlen.

C. Belastungsvergleich

76 *(1) Rechtsformvergleich:* Für die Analyse wird die Gesamtsteuerbelastung eines Geschäftsführungsvertrags bei einer Variation des Einkommensteuersatzes zwischen 0 und 45% berechnet und mit der Situation verglichen, in der kein Geschäftsführungsvertrag abgeschlossen wird. Eine Auswertung der Abb. 3.16 von links nach rechts zeigt, dass das an den Gesellschafter gezahlte Geschäftsführungsgehalt bei Personengesellschaften und Kapitalgesellschaften nahezu gleich besteuert wird. Rechtsformabhängige Unterschiede ergeben sich nur insoweit, als bei Personengesellschaften eine effektive Gewerbesteuerbelastung bzw -entlastung auftritt. Die bei Kapitalgesellschaften durch den Abschluss eines Geschäftsführungsvertrags erreichte Gewerbesteuerersparnis ist also für den Rechtsformvergleich kaum relevant. Bei Personengesellschaften unterliegt zwar das Geschäftsführungsgehalt der Gewerbesteuer. Diese Gewerbesteuer wird jedoch durch die Steuerermäßigung nach § 35 EStG weitgehend neutralisiert. Da bei Einzelunternehmen keine schuldrechtlichen Beziehungen zwischen dem Unternehmen und seinem Inhaber bestehen können, gelten für die Rechtsform „Einzelunternehmen“ die gleichen Aussagen wie für Personengesellschaften.

	Belastung des Geschäftsführergehalts
Einzelunternehmen, Personengesellschaften	$s_{GewSt} - s_{\S\,35EStG} \times (1+s_{SolZ}) + s_{ESt} \times (1+s_{SolZ})$
Kapitalgesellschaften	$s_{ESt} \times (1+s_{SolZ})$

20 Zu den Voraussetzungen und zur steuerlichen Behandlung von verdeckten Gewinnausschüttungen siehe Band I: Ertrag-, Substanz- und Verkehrsteuern, Zweiter Teil, Dritter Abschnitt, Kapitel G. I.

77 Bei einem Gewerbesteuerhebesatz von 400% ergibt sich für Personenunternehmen gegenüber Kapitalgesellschaften ein geringfügiger Vorteil von 0,04 Prozentpunkten. Die Belastung des Gehalts mit Einkommensteuer und Solidaritätszuschlag ist rechtsformunabhängig: $s_{ESt} \times (1+s_{SolZ})$. Bei Personenunternehmen ergibt sich bei einem Hebesatz von 400% eine geringfügig effektive Gewerbesteuerentlastung:
$s_{GewSt} - s_{\S\ 35EStG} \times (1+s_{SolZ}) = 3{,}5\% \times 400\% - 3{,}5\% \times 3{,}8 \times (1+5{,}5\%)$.

	Einzelunternehmen, Personengesellschaft (1)	**Kapitalgesellschaft (2)**	**Rechtsformdifferenz (3) = (2) – (1)**
Vergleichsbasis: gesellschaftsrechtlicher Bereich (Ausschüttungsfall)	0,00% bis 47,44%	29,83% bis 48,33%	+29,83% bis +0,89%
Geschäftsführungsvertrag	0,00% bis 47,44%	0,00% bis 47,48%	±0,00% bis +0,04%
Veränderung durch Geschäftsführungsvertrag	± 0,00%	– 29,83% bis – 0,85%	– 29,83% bis – 0,85%
Legende zu Spalte 3:	+ Vorteil von Personenunternehmen – Vorteil von Kapitalgesellschaften ± kein Unterschied zwischen den Rechtsformen		

Abb. 3.16: Steuersatzeffekte von Geschäftsführungsverträgen in Abhängigkeit vom Einkommensteuersatz

78 *(2) Veränderung der Gesamtsteuerbelastung bei der Rechtsform „Kapitalgesellschaft“:* Bei Einzelunternehmen sind keine schuldrechtlichen Leistungsbeziehungen mit dem Inhaber möglich, sodass sich insoweit keine Ansätze für steuerplanerische Überlegungen ergeben. Bei Personengesellschaften wird das Geschäftsführungsgehalt dem gewerblichen Bereich zugerechnet. Das Gehalt wird damit in gleicher Weise besteuert wie der Gewinnanteil, dh die Gesamtsteuerbelastung verändert sich nicht.

79 Wird das Unternehmen als Kapitalgesellschaft geführt, empfiehlt es sich insbesondere bei niedrigen Einkünften, einen Geschäftsführungsvertrag abzuschließen (Abb. 3.16 von oben nach unten ausgewertet). Die gewerbesteuerlichen Vorteile werden durch den positiven Steuersatzeffekt bei der Körperschaftsteuer und Einkommensteuer verstärkt. Je höher der persönliche Einkommensteuersatz ist, umso mehr geht der Steuersatzvorteil im Rahmen der Körperschaft- und Einkommensteuer zurück. Ab einem persönlichen Einkommensteuersatz von 36,04% ist die Belastung des Geschäftsführungsgehalts mit Einkommensteuer höher als die Belastung von Gewinnen einer Kapitalgesellschaft mit Körperschaftsteuer und der Dividenden mit der 25%igen Abgeltungsteuer.

	Einfluss auf die Steuerbelastung bei Kapitalgesellschaften
ausgeschüttete Gewinne	$s_{GewSt} + s_{KSt} \times (1+s_{SolZ}) + (1-s_{GewSt}-s_{KSt} \times [1+s_{SolZ}]) \times s_{AbgSt} \times (1+s_{SolZ})$
Geschäftsführungsvertrag	$s_{ESt} \times (1+s_{SolZ})$

80 Unter Einbezug der Gewerbesteuer kann bei Kapitalgesellschaften durch den Abschluss eines Geschäftsführungsvertrags häufig eine Minderung der Gesamtsteuerbelastung erreicht werden. Der Steuersatzvorteil geht zwar mit einem Anstieg des Einkommensteuersatzes zurück. Beim Spitzensteuersatz von 45% ist der Abschluss eines Geschäftsführungsvertrags jedoch vorteilhaft, wenn der Gewerbesteuerhebesatz mindestens 367% beträgt:

ausgeschüttete Gewinne	=	**Geschäftsführungsvertrag**
$s_{GewSt} + s_{KSt} \times (1+s_{SolZ}) + (1-s_{GewSt} - s_{KSt} \times [1+s_{SolZ}]) \times s_{AbgSt} \times (1+s_{SolZ})$	=	$s_{ESt} \times (1+s_{SolZ})$
bei einem Körperschaftsteuersatz von 15%, einem Solidaritätszuschlagsatz von 5,5% und einer Abgeltungsteuer von 25% gilt		
$s_{GewSt} + 0{,}15825 + (1-s_{GewSt} - 0{,}15825) \times 0{,}26375$	=	$s_{ESt} \times 1{,}055$
$0{,}73625 \times s_{GewSt} + 0{,}3802616$	=	$s_{ESt} \times 1{,}055$
s_{GewSt}	=	$s_{ESt} \times 1{,}4329566 - 0{,}5164843$
da s_{GewSt} = Hebesatz×Steuermesszahl, ergibt sich bei einer Steuermesszahl von 3,5%		
Hebesatz	=	$(s_{ESt} \times 1{,}4329566 - 0{,}5164843)/0{,}035$
Hebesatz	=	$s_{ESt} \times 40{,}941617 - 14{,}7566694$
bei s_{ESt}=45% gilt		
Hebesatz	=	3,6670587
Hebesatz	≥	367%

81 Bei einem Einkommensteuersatz von 42% ist der Abschluss eines Geschäftsführungsvertrags bereits ab einem Gewerbesteuerhebesatz von 244% zu empfehlen.[21] Da der Gewerbesteuerhebesatz auf mindestens 200% festzusetzen ist, ist bei einem Einkommensteuersatz von 40% oder weniger die Gesamtsteuerbelastung bei einem Geschäftsführungsvertrag generell niedriger als bei Gewinnausschüttungen, dh der Situation ohne Geschäftsführungsvertrag.

21 Optiert der Gesellschafter bei der Besteuerung von Dividenden zur Anwendung des Teileinkünfteverfahrens (unternehmerische Beteiligung, § 32d Abs. 2 Nr 3 EStG), liegt der Grenzwert, ab dem Geschäftsführungsverträge vorteilhaft werden, bei 307% (Einkommensteuersatz 45%) bzw bei 238% (Einkommensteuersatz 42%).

Vierter Teil

Einfluss der Besteuerung auf Investitionsentscheidungen

Erster Abschnitt

Gewinnbegriff und Bedeutung der Zeitpräferenz

(1) Definition des Begriffs „Gewinn“: In Wirtschaftlichkeitsvergleichen steht das Gewinnstreben im Mittelpunkt. Der **Gewinnbegriff** ist in der Betriebswirtschaftslehre **nicht eindeutig** definiert. Er ist jeweils in Abhängigkeit von der Zwecksetzung festzulegen. Bei der Beurteilung der finanziellen Vorteilhaftigkeit einer Einzelinvestition bilden die Konsumwünsche des Entscheidungsträgers den Ausgangspunkt. Bedürfnisbefriedigung kann aber nur mit erheblichen Schwierigkeiten an den erworbenen Gütern gemessen werden. Zur Vereinfachung wird deshalb in Wirtschaftlichkeitsvergleichen unmittelbar an die Zahlungsströme zwischen dem Unternehmen und seinem Inhaber angeknüpft. Da sowohl das Streben nach Konsumentnahmen als auch der Besitz von Vermögensgegenständen der Bedürfnisbefriedigung dient, ist zwischen drei Ausprägungen des Gewinnbegriffs zu unterscheiden: Wohlstandsstreben, Einkommens- bzw Entnahmestreben und Vermögensstreben.[1] 82

Beim **Wohlstandsstreben** wünscht der Unternehmer, sein Einkommen und sein Vermögen gemeinsam zu optimieren. Entscheidungsträger sind jedoch nur selten in der Lage, für die einzelnen Jahre eine Austauschregel zwischen den Entnahmen und dem Wert des Vermögens anzugeben. Aufgrund der häufig problematischen Quantifizierbarkeit der Zeitpräferenz des Investors ist dieser umfassende Gewinnbegriff nur wenig praktikabel. Um eine Entscheidung treffen zu können, muss vereinfacht werden: In Wirtschaftlichkeitsvergleichen erfolgt dies dadurch, dass die Struktur der Entnahmen vom Entscheidungsträger vorzugeben ist. Er muss festlegen, ob er im Zeitablauf konstante, steigende oder fallende Entnahmen wünscht und um welchen Betrag sich die Entnahmen im Zeitablauf ändern sollen. Diese Einschränkung ist zwar theoretisch wenig befriedigend, aber für die Durchführbarkeit von Vorteilhaftigkeitsanalysen unvermeidlich. 83

Beim **Einkommensstreben** (Entnahmemaximierung) werden der Wert des Vermögens am Ende des Berechnungszeitraums und die zeitliche Struktur der Entnahmen vorgegeben. Das Ziel besteht darin, das Niveau der jährlichen Entnahmen zu maximieren. 84

1 Vgl Schneider, Investition, Finanzierung und Besteuerung, 7. Aufl., Wiesbaden 1992, S. 65–67. Siehe hierzu auch Blohm/Lüder/Schaefer, Investition, 10. Aufl., München 2012, S. 269–270; Kruschwitz, Investitionsrechnung, 13. Aufl., München 2011, S. 10–13; Scheffler, Leasing im Vergleich zum (Kredit-)Kauf – ein EDV-gestützter Wirtschaftlichkeitsvergleich, Gelsenkirchen 1984, S. 76–79; Scheffler, WISU 1991, S. 449; Schmidt/Terberger, Grundzüge der Investitions- und Finanzierungstheorie, 4. Aufl., Wiesbaden 1997, S. 40–42, S. 46–51.

Beispiele: Investor A wünscht in jedem Jahr den gleichen Entnahmebetrag. Investor B möchte, dass sich die Entnahmen gegenüber dem Vorjahr jeweils um 5% erhöhen. Beide geben an, dass am Ende des Berechnungszeitraums das Vermögen mit dem eingesetzten Kapital von 200 000 € übereinstimmen soll. Gesucht wird die Alternative mit dem größten konstanten Entnahmebetrag (Investor A) bzw dem höchsten Wert der ersten Entnahme (Investor B).

85 **Vermögensstreben** (Endwertmaximierung) bedeutet, dass der Investor die Struktur und das Niveau der periodischen Entnahmen festzulegen hat. Gesucht wird die Handlungsalternative, bei der der Wert des Vermögens am Ende des Berechnungszeitraums am höchsten ist.

Beispiele: Investor A will in jeder Periode Entnahmen von 5 000 € tätigen. Investor B gibt folgende Entnahmereihe vor: 4 000 €, 4 400 €, 4 800 €, 5 200 €. Als vorteilhaft gilt die Alternative, die am Ende des Berechnungszeitraums das höchste Vermögen aufweist.

86 Ob einem **Wirtschaftlichkeitsvergleich** Entnahme- oder Vermögensstreben zugrunde liegt, bestimmt sich nach der Zielsetzung des Investors und nach der Art der Entscheidung. Im Regelfall hängt der Betrag, der für private Zwecke aus dem Unternehmen entnommen wird, nicht von den Zahlungswirkungen einer einzelnen Investition ab. Hat eine Entscheidung keinen Einfluss auf die Höhe der Entnahmen, brauchen sie zur Beurteilung der finanziellen Vorteilhaftigkeit einer Einzelinvestition nicht einbezogen werden. Aus dieser Differenzbetrachtung leiten sich zwei Konsequenzen ab:

- Die Vorteilhaftigkeit einer Einzelinvestition wird zumeist anhand des Vermögensstrebens beurteilt.
- Die Entnahmen werden in einem Wirtschaftlichkeitsvergleich im Regelfall mit dem Wert „Null" angesetzt.
  Der Wert „Null" bedeutet nicht, dass der Investor keine Entnahmen tätigt, sondern lediglich, dass sich durch die betrachtete Entscheidung die Höhe seiner Konsumausgaben nicht ändert.

Nur bei Entscheidungen, die wirtschaftlich so bedeutsam sind, dass sie den Entnahmestrom zwischen Unternehmen und Inhaber verändern, ist es notwendig, entweder Entnahmen einzubeziehen oder bei den Berechnungen Einkommensstreben zugrunde zu legen.

87 *(2) Zur Notwendigkeit, für Wirtschaftlichkeitsvergleiche eine Zeitpräferenz vorzugeben:* Die Bedeutung der Zeitpräferenz kann anhand einer sehr einfach strukturierten Entscheidungssituation verdeutlicht werden:[2] Zu vergleichen ist die Investition A, die im Jahr 01 einen Zufluss von 100 ermöglicht, mit der Investition B, die im Jahr 02 Einzahlungsüberschüsse von 109 aufweist:

	Jahr 01	**Jahr 02**
Investition A	100	0
Investition B	0	109

2 Vgl Sieben/Schildbach, Betriebswirtschaftliche Entscheidungstheorie, 4. Aufl., Düsseldorf 1994, S. 103–110. Zur Bedeutung der Zeitpräferenz in Investitionsrechnungen siehe grundlegend Fisher, The theory of interest, New York 1930, S. 66–98.

Die Investition B ist zu wählen, wenn der Entscheidungsträger die Zunahme des Geldzuflusses um 9 höher gewichtet als die Verzögerung der Einzahlungsüberschüsse um ein Jahr. Umgekehrt ist die Investition A vorteilhaft, wenn der frühere Geldzufluss höher gewichtet wird als der zwar um 9 höhere Geldzufluss, der aber erst ein Jahr später verwirklicht wird.

Stimmen Soll- und Habenzinssatz überein, lassen sich die beiden Alternativen durch Aufzinsen (Anlage von Liquiditätsüberschüssen zum Habenzinssatz) oder Abzinsen (Ausgleich von Liquiditätsunterdeckungen zum Sollzinssatz) vergleichbar machen. Auf diese Weise wird aus der Mehr-Zeitpunktentscheidung eine Ein-Zeitpunktentscheidung. Damit **entfällt die Notwendigkeit, eine Zeitpräferenz festzulegen**: Die externe Austauschrate ermöglicht es dem Entscheidungsträger, sich ohne Festlegung seiner internen Austauschrate (Zeitpräferenz) zu entscheiden. Beträgt beispielsweise der einheitliche Zinssatz 8%, ist die Investition B der Investition A vorzuziehen: **88**

- Strebt der Entscheidungsträger einen Geldfluss im Jahr 01 an, fließen ihm bei der Investition A 100 zu. Bei der Investition B kann er einen Kredit von 100,93 aufnehmen. Die Zahlungszuflüsse von 109 reichen aus, um im Jahr 02 den Kredit zu tilgen und die darauf entfallenden Zinsen zu begleichen: 109 = 100,93 + 8%×100,93.
- Will der Entscheidungsträger über die finanziellen Mittel erst im Jahr 02 verfügen, kann er bei der Investition A die 100 für ein Jahr anlegen. Die Rückzahlung und die dafür gezahlten Zinsen von in der Summe 108 (= 100 + 8%×100) liegen unter dem bei der Investition B erzielten Geldzufluss von 109.

Bei gespaltenen Zinssätzen **(Sollzinssatz ungleich Habenzinssatz)** wird eine **Zeitpräferenz benötigt**, dh in dieser Situation ist der Zinssatz, zu dem Liquiditätsüberschüsse angelegt oder Liquiditätsunterdeckungen finanziert werden können, kein Ersatz für die Zeitpräferenz des Entscheidungsträgers. Beträgt beispielsweise der Habenzinssatz 8% und der Sollzinssatz 10%, hängt die Entscheidung von der Zeitpräferenz des Entscheidungsträgers ab: **89**

Fall a: Wünscht der Entscheidungsträger den Zufluss im Jahr 01, ist die Investition A zu wählen:

Fall a	**Jahr 01**	**Jahr 02**
Investition A	**100,00**	0,00
Investition B und Kreditaufnahme im Jahr 01	99,09	0,00 = –99,09×1,10 + 109,00

Fall b: Möchte der Entscheidungsträger über die finanziellen Mittel erst im Jahr 02 verfügen, ist die Investition B vorzuziehen:

Fall b	**Jahr 01**	**Jahr 02**
Investition A und Finanzanlage im Jahr 01	0,00 = 100,00 – 100,00	108,00 = 100,00×1,08
Investition B	0,00	**109,00**

Fall c: Will der Entscheidungsträger im Jahr 01 über finanzielle Mittel von 50 und über den Rest im Jahr 02 verfügen, sind die beiden Investitionsalternativen gleichwertig:

Fall c	**Jahr 01**	**Jahr 02**
Investition A und Finanzanlage von 50 im Jahr 01	**50,00** = 100,00 – 50,00	**54,00** = 50,00×1,08
Investition B und Kredit von 50 im Jahr 01	**50,00**	**54,00** = 109,00 – 50,00×1,10

Da der Sollzinssatz den Habenzinssatz übersteigt, können aus den vorstehenden Berechnungen weitere Vorteilhaftigkeitsaussagen abgeleitet werden:

- Wenn der Investor im Jahr 01 finanzielle Mittel von weniger als 50 wünscht, ist die Investition B vorzuziehen.
- Will der Entscheidungsträger im Jahr 01 über finanzielle Mittel von mehr als 50 verfügen, ist die Investition A vorteilhaft.

90 *(3) Erfassung der Zeitpräferenz in der Investitionsrechnung:* Die dynamischen Verfahren der Investitionsrechnung lassen sich wie folgt einteilen:

- Zu den vermögensbezogenen Vorteilhaftigkeitsmethoden **(Vermögensstreben)** gehören die Kapitalwertmethode, die Endwertmethode sowie die Vermögensendwertmethode.
- Das **Einkommensstreben** (Entnahmemaximierung) kann mit den entnahmebezogenen Vorteilhaftigkeitsverfahren Annuitätenmethode sowie Entnahmemethode beurteilt werden.

Zweiter Abschnitt

Vermögensbezogene Vorteilhaftigkeitsmethoden

91 In diesem Abschnitt werden die Berechnungsweisen der drei vermögensbezogenen dynamischen Investitionsrechnungsverfahren (Kapitalwertmethode, Endwertmethode und Vermögensendwertmethode) vorgestellt und ihre ökonomischen Aussagen erläutert. Bei den Analysen wird davon ausgegangen, dass der Investor über die zum Erwerb der Investition benötigten liquiden Mittel verfügt (Eigenfinanzierung).[3]

3 Siehe hierzu Blohm/Lüder/Schaefer, Investition, 10. Aufl., München 2012, S. 42–80; Breithecker, Einführung in die Betriebswirtschaftliche Steuerlehre, 17. Aufl., Berlin 2016, S. 124–142; Grob, Einführung in die Investitionsrechnung, 5. Aufl., München 2006, S. 50–216; Heinhold, Unternehmensbesteuerung, Band 3: Investition und Finanzierung, Stuttgart 1996, S. 14–24, S. 29–103; König/Wosnitza, Betriebswirtschaftliche Steuerplanungs- und Steuerwirkungslehre, Heidelberg 2004, S. 9–105; Kruschwitz, Investitionsrechnung, 13. Aufl., München 2011, S. 29–102; Mellwig, Investition und Besteuerung, Wiesbaden 1985, S. 69–152; Schneeloch, Betriebswirtschaftliche Steuerlehre, Band 2: Betriebliche Steuerpolitik, 3. Aufl., München 2009, S. 67–105, S. 188–218; Wagner/Dirrigl, Die Steuerplanung der Unternehmung, Stuttgart/New York 1980, S. 23–42.

A. Kapitalwertmethode

Zur Ermittlung des Kapitalwerts werden alle mit der betrachteten Einzelinvestition zusammenhängenden Ein- und Auszahlungen mit dem Kalkulationszinssatz auf den Beginn des Berechnungszeitraums (t_0) abgezinst: **92**

$$C_0 = -I_0 + \sum_{t=1}^{N} \frac{EZÜ_t}{(1+i)^t}$$

mit I_0 = Investitionsauszahlung in t_0; C_0 = Kapitalwert; $EZÜ_t$ = Einzahlungsüberschuss in Periode t; i = Kalkulationszinssatz (dezimal); N = Berechnungszeitraum in Jahren; t = Periodenindex.

Eine Investition ist **vorteilhaft**, wenn ihr Kapitalwert positiv ist: $C_0 > 0$. Bei zwei oder mehreren Alternativen ist diejenige mit dem höchsten Kapitalwert vorzuziehen: $C_0 \rightarrow$ max unter der Nebenbedingung, dass der Kapitalwert positiv ist.

Dem **Kalkulationszinssatz** kommt eine **Doppelfunktion** zu: **93**

- Zum einen gibt er die Verzinsung zwischenzeitlicher Zahlungssalden wieder, dh die Erträge und Aufwendungen aus Differenzinvestitionen und -krediten **(Differenzanlagen)**.
- Zum zweiten repräsentiert der Kalkulationszinssatz bei eigenfinanzierten Investitionen die Verzinsung einer anderweitigen Verwendung der verfügbaren finanziellen Mittel **(Alternativanlage)**.

Üblicherweise wird sowohl für die Differenz- als auch die Alternativanlage eine Anlage am Kapitalmarkt unterstellt. In diesem Fall können beide Aufgaben im Kalkulationszinssatz zusammengefasst werden.

Stimmen Soll- und Habenzinssatz überein, muss die Zeitpräferenz, dh die Angaben zur Höhe der gewünschten Entnahmen, nicht explizit betrachtet werden (Separationstheorem). Dies hat den Vorteil, dass Investitionsentscheidungen und Konsumentscheidungen (rechentechnisch) voneinander getrennt werden können.[4]

Die **steuerlichen Auswirkungen** werden für die zu beurteilende Investition einerseits und die Differenz- bzw Alternativanlage andererseits getrennt erfasst: **94**

- Die Steuerwirkungen, die auf der **zu beurteilenden Investition** beruhen, werden in ihre Zahlungsreihe einbezogen. Rechentechnisch wird die Besteuerung der zu beurteilenden Investition in der Formel zur Berechnung des Kapitalwerts im Zähler berücksichtigt.
- Die Besteuerung der **Differenz- bzw Alternativanlage** führt zu einer Kürzung des Kalkulationszinssatzes um einen Steuerfaktor (Nettomethode): $i_s = i \times (1-s)$. Die Besteuerung der Differenz- bzw Alternativanlage wirkt sich also im Nenner aus.

Unter Berücksichtigung der Besteuerung stellt sich die Berechnungsformel der Kapitalwertmethode wie folgt dar:

4 Siehe hierzu Erster Abschnitt, Unterabschnitt (2), Rn. 87.

$$C_{0,S} = -I_0 + \sum_{t=1}^{N} \frac{EZÜ_t - S_t}{(1+i_s)^t}$$

mit I_0 = Investitionsauszahlung in t_0; $C_{0,S}$ = Kapitalwert nach Steuern; $EZÜ_t$ = Einzahlungsüberschuss in Periode t; S_t = Steuerzahlungen in Periode t, soweit sie auf die zu beurteilende Investition entfallen; i_s = Kalkulationszinssatz nach Steuern (dezimal); s = Ertragsteuersatz; $i_s = i - i \times s = i \times (1-s)$; N = Berechnungszeitraum in Jahren; t = Periodenindex.

95 Die Vorteilhaftigkeitsaussage ändert sich gegenüber der Situation, in der keine steuerlichen Effekte einbezogen werden, nicht. Eine Investition ist auch bei Berücksichtigung der Besteuerung **vorteilhaft**, wenn sie einen positiven Kapitalwert aufweist: $C_{0,S} > 0$. Bei der Entscheidung zwischen zwei oder mehreren Alternativen ist diejenige zu empfehlen, die den höchsten (positiven) Kapitalwert hat: $C_{0,S} \rightarrow$ max unter der Nebenbedingung $C_{0,S} > 0$.

Beispiel: Ein Investor verfügt über Zahlungsmittel in Höhe von 200 000 €. Er hat die Wahl zwischen zwei Sachinvestitionen, die vor Steuern folgende Zahlungsreihen aufweisen:

Jahr	Investition A	Investition B
0	– 200 000 €	– 180 000 €
1	+ 70 000 €	+ 72 000 €
2	+ 70 000 €	+ 96 000 €
3	+ 70 000 €	+ 72 000 €
4	+ 70 000 €	

weitere Daten: Aus einem Kalkulationszinssatz vor Steuern von 10% und einem (proportionalen) Ertragsteuersatz von 40% errechnet sich ein Kalkulationszinssatz nach Steuern von 6% = 10% × (1–40%). Die Abschreibungen werden linear über die Nutzungsdauer von vier (Investition A) bzw drei Jahren (Investition B) verrechnet.

96 Die Berechnung des Kapitalwerts für die **Investition A** erfolgt nach folgendem Schema:[5]

Investition A	t_0	t_1	t_2	t_3	t_4
Zahlungsreihe vor Steuern	– 200 000	70 000	70 000	70 000	70 000
– Steuern	–.–	8 000	8 000	8 000	8 000
= Zahlungsreihe nach Steuern	– 200 000	62 000	62 000	62 000	62 000
/ Abzinsungsfaktor	$1{,}06^0$	$1{,}06^1$	$1{,}06^2$	$1{,}06^3$	$1{,}06^4$
= Barwert	– 200 000	58 491	55 180	52 056	49 110
Kapitalwert (= Summe der Barwerte)	**14 837**				

5 Diese Berechnungen wurden – wie die anderen Berechnungen in diesem Buch – mit Hilfe eines Tabellenkalkulationsprogramms durchgeführt. Beim Ausweis der einzelnen Werte wurde auf zwei Nachkommastellen gerundet. Abweichungen beruhen auf Rundungsdifferenzen.

zur Berechnung der Steuern

	Zahlungsreihe vor Steuern	erfolgsneutraler Anschaffungsvorgang	70 000	70 000	70 000	70 000
–	Abschreibungen, linear über vier Jahre (= 200 000 / 4)		50 000	50 000	50 000	50 000
=	Bemessungsgrundlage		20 000	20 000	20 000	20 000
×	Steuersatz		40%	40%	40%	40%
=	Steuerzahlung		8 000	8 000	8 000	8 000

Die Berechnung des Kapitalwerts für die **Investition B** erfolgt analog: 97

Investition B		t_0	t_1	t_2	t_3
	Zahlungsreihe vor Steuern	– 180 000	72 000	96 000	72 000
–	Steuern	–.–	4 800	14 400	4 800
=	Zahlungsreihe nach Steuern	– 180 000	67 200	81 600	67 200
/	Abzinsungsfaktor	$1{,}06^0$	$1{,}06^1$	$1{,}06^2$	$1{,}06^3$
=	Barwert	– 180 000	63 396	72 624	56 422
Kapitalwert (= Summe der Barwerte)		**12 442**			

zur Berechnung der Steuern

	Zahlungsreihe vor Steuern	erfolgsneutraler Anschaffungsvorgang	72 000	96 000	72 000
–	Abschreibungen, linear über drei Jahre (= 180 000 / 3)		60 000	60 000	60 000
=	Bemessungsgrundlage		12 000	36 000	12 000
×	Steuersatz		40%	40%	40%
=	Steuerzahlung		4 800	14 400	4 800

Bei beiden Investitionen ist der Kapitalwert positiv. Damit sind sie für sich betrachtet 98
vorteilhaft. Im Alternativenvergleich ist die Investition A vorzuziehen, da ihr Kapitalwert mit 14 837 € höher ist als der Kapitalwert der Investition B (= 12 442 €).

Bei der Investition B kann die Differenz zwischen dem verfügbaren Eigenkapital (= 200 000 €) und den Anfangsausgaben für die Investition (= 180 000 €) unberücksichtigt bleiben, da der Kapitalwert dieses Differenzbetrages sich auf null beläuft.[6]

6 Der Differenzbetrag von 20 000 € (= 200 000 € – 180 000 €) kann angelegt werden. Die Verzinsung des Differenzbetrags mit dem Kalkulationszinssatz und die Diskontierung mit dem Kalkulationszinssatz gleichen sich – auch unter Einbezug der Besteuerung – aus.

B. Endwertmethode

99 Bei der Endwertmethode sind die Einzahlungen und Auszahlungen eines Jahres auf das Ende des Berechnungszeitraums (t_N) aufzuzinsen. Bei einem Alternativenvergleich stimmt der Berechnungszeitraum (N) mit dem überein, der sich für die Investition mit der längsten Nutzungsdauer ergibt. Dies ist deshalb notwendig, weil die Endwerte nur dann miteinander verglichen werden können, wenn diese für den gleichen Zeitpunkt berechnet werden. Bei der Kapitalwertmethode ist diese Vergleichbarkeitsbedingung immer erfüllt, weil als einheitlicher Bezugspunkt der Beginn des Berechnungszeitraums (t_0) herangezogen wird.

100 Unter Berücksichtigung der Besteuerung stellt sich die Berechnungsformel der Endwertmethode wie folgt dar:

$$C_{N,S} = -I_0 \times (1 + i_s)^N + \sum_{t=1}^{N} (EZÜ_t - S_t) \times (1 + i_s)^{N-t}$$

mit I_0 = Investitionsauszahlung in t_0; $C_{N,S}$ = Endwert nach Steuern; $EZÜ_t$ = Einzahlungsüberschuss in Periode t; S_t = Steuerzahlungen in Periode t, soweit sie auf die zu beurteilende Investition entfallen; i_s = Kalkulationszinssatz nach Steuern (dezimal); s = Ertragsteuersatz; $i_s = i - i \times s = i \times (1-s)$; N = Berechnungszeitraum in Jahren (= längste Nutzungsdauer der zu beurteilenden Investitionen); t = Periodenindex.

Die Entscheidungsregeln bei der Endwertmethode sind mit den Vorteilhaftigkeitsaussagen der Kapitalwertmethode vergleichbar. Isoliert betrachtet ist eine Alternative **vorteilhaft**, wenn ihr Endwert positiv ist: $C_{N,S} > 0$. Beim Alternativenvergleich ist diejenige Investition mit dem höchsten Endwert zu wählen: $C_{N,S} \rightarrow$ max, sofern dieser Endwert positiv ist.

101 Ausgehend von der für die Kapitalwertmethode berechneten Zahlungsreihe nach Steuern sind zur Berechnung des Endwerts der Investition A folgende Rechenschritte durchzuführen:

Investition A	t_0	t_1	t_2	t_3	t_4
= Zahlungsreihe nach Steuern	– 200 000	62 000	62 000	62 000	62 000
× Aufzinsungsfaktor	$1{,}06^4$	$1{,}06^3$	$1{,}06^2$	$1{,}06^1$	$1{,}06^0$
= aufgezinst	– 252 495	73 843	69 663	65 720	62 000
Endwert (= Summe der aufgezinsten Einzelwerte)					**18 731**

102 Für den Endwert der Investition B gilt:

Investition B	t_0	t_1	t_2	t_3	t_4
= Zahlungsreihe nach Steuern	– 180 000	67 200	81 600	67 200	0
× Aufzinsungsfaktor	$1{,}06^4$	$1{,}06^3$	$1{,}06^2$	$1{,}06^1$	$1{,}06^0$
= aufgezinst	– 227 246	80 036	91 686	71 232	0
Endwert (= Summe der aufgezinsten Einzelwerte)					**15 708**

Da bei beiden Investitionen der Endwert positiv ist, sind isoliert betrachtet sowohl die Investition A als auch die Investition B vorteilhaft. Im Alternativenvergleich ist die Investition A zu empfehlen, da ihr Endwert mit 18 731 € den Endwert der Investition B von 15 708 € übersteigt. **103**

C. Vermögensendwertmethode

Die Vermögensendwertmethode erfordert formal die Aufstellung eines (partiellen) **Finanzplans**, in den alle direkt mit der zu beurteilenden Investitionsalternative zusammenhängenden Ein- und Auszahlungen einzubeziehen sind **(Primärwirkungen)**. Um die aus zwischenzeitlichen Zahlungsüberschüssen bzw -unterdeckungen resultierenden Folgeeffekte **(Sekundärwirkungen)** zu erfassen, werden Zahlungssalden am Ende der Periode durch Differenzinvestitionen oder -kredite ausgeglichen. Die mit den Differenzanlagen verbundenen Zinswirkungen beeinflussen in der nächsten Periode gleichfalls den Zahlungssaldo. Haben die Differenzinvestitionen bzw -kredite jeweils eine Laufzeit von einem Jahr, sind für die einzelnen Jahre folgende Berechnungen auszuführen: **104**

	Zahlungssaldo zu Beginn der Periode (= Zahlungssaldo am Ende der Vorperiode bzw in der ersten Periode: eingesetzte liquide Mittel)
+ –	mit der Investitionsalternative zusammenhängende Einzahlungen mit der Investitionsalternative zusammenhängende Auszahlungen **(primäre Zahlungswirkungen)**
+ –	Erträge aus Differenzinvestitionen oder Aufwendungen aus Differenzkrediten **(sekundäre Zahlungswirkungen)**
– +	Steuerbelastungen bzw Steuerersparnisse/Steuererstattungen **(durch Zusammenfassung der primären und der sekundären Zahlungswirkungen abgeleitet)**
–	Entnahmen (bei Partialentscheidungen: idR null) **(als Teil der Zeitpräferenz)**
=	Zahlungssaldo am Ende der Periode (= Zahlungssaldo zu Beginn der nächsten Periode bzw in der letzten Periode: Vermögensendwert)

Zielgröße bildet der Zahlungssaldo am Ende des Berechnungszeitraums. Dieser Zahlungssaldo wird als Vermögensendwert bezeichnet. Vorteilhaft ist die Investitionsalternative mit dem größten positiven Zahlungssaldo am Ende des Berechnungszeitraums (relative Betrachtung). Um die Vorteilhaftigkeit gegenüber einer Anlage der verfügbaren liquiden Mittel beurteilen zu können, muss zusätzlich der Vermögensendwert für diese alternative Verwendung der Zahlungsmittel (zB Anlage am Kapitalmarkt) berechnet werden. Nur wenn die zu beurteilende Investition einen höheren Vermögensendwert als diese Alternativanlage hat, ist sie zu empfehlen (absolute Betrachtung). **105**

106 Um Vermögensendwerte verschiedener Investitionsalternativen miteinander vergleichen zu können, sind diese auf den gleichen Zeitpunkt zu beziehen. Im Alternativenvergleich stimmt deshalb für jede Investition der Berechnungszeitraum mit der längsten Nutzungsdauer der zu beurteilenden Investitionen überein.

107 Für die Investition A ist das Berechnungsschema zur Ermittlung des Vermögensendwerts wie folgt aufgebaut:

Investition A	t_0	t_1	t_2	t_3	t_4
Zahlungssaldo zu Beginn der Periode	200 000	0	62 000	127 720	197 383
+ Zahlungsreihe der zu beurteilenden Investition vor Steuern	– 200 000	70 000	70 000	70 000	70 000
+ Zinserträge aus Differenzinvestitionen (= Zahlungssaldo zu Beginn der Periode × Zinssatz, ab Periode 1)	–.–	0	6 200	12 772	19 738
– Steuern	–.–	8 000	10 480	13 109	15 895
= Zahlungssaldo am Ende der Periode	0	62 000	127 720	197 383	271 226
Vermögensendwert					**271 226**

zur Berechnung der Steuern

Zahlungsreihe der zu beurteilenden Investition vor Steuern	erfolgsneutraler Anschaffungsvorgang	70 000	70 000	70 000	70 000
+ Zinserträge aus Differenzinvestitionen		0	6 200	12 772	19 738
– Abschreibungen, linear über vier Jahre (= 200 000 / 4)		50 000	50 000	50 000	50 000
= Bemessungsgrundlage		20 000	26 200	32 772	39 738
× Steuersatz		40%	40%	40%	40%
= Steuerzahlung		8 000	10 480	13 109	15 895

108 Der Vermögensendwert der Investition B errechnet sich analog. Zu beachten ist, dass die Berechnungen über vier Jahre durchzuführen sind, obwohl die Investition B nur eine Nutzungsdauer von drei Jahren hat. Um eine Vergleichbarkeit zu erreichen, muss der Berechnungszeitraum mit der (längeren) Nutzungsdauer der Investition A von vier Jahren übereinstimmen. Da die Anfangsauszahlung der Investition B geringer ist als die verfügbaren Mittel, können zu Beginn des Betrachtungszeitraums Differenzinvestitionen in Höhe des übersteigenden Betrags getätigt werden. Beurteilungsmaßstab bildet der Vermögensendwert am Ende der längsten Nutzungsdauer der in den Wirtschaftlichkeitsvergleich einbezogenen Alternativen:

Investition B	t_0	t_1	t_2	t_3	t_4
Zahlungssaldo zu Beginn der Periode	200 000	20 000	88 400	175 304	253 022
+ Zahlungsreihe der zu beurteilenden Investition vor Steuern	– 180 000	72 000	96 000	72 000	0
+ Zinserträge aus Differenzinvestitionen (= Zahlungssaldo zu Beginn der Periode × Zinssatz, ab Periode 1)	–.–	2 000	8 840	17 530	25 302
– Steuern	–.–	5 600	17 936	11 812	10 121
= Zahlungssaldo am Ende der Periode	20 000	88 400	175 304	253 022	268 204
Vermögensendwert					**268 204**

zur Berechnung der Steuern

Zahlungsreihe der zu beurteilenden Investition vor Steuern	erfolgsneutraler Anschaffungsvorgang	72 000	96 000	72 000	0
+ Zinserträge aus Differenzinvestitionen		2 000	8 840	17 530	25 302
– Abschreibungen, linear über drei Jahre (= 180 000 / 3)		60 000	60 000	60 000	0
= Bemessungsgrundlage		14 000	44 840	29 530	25 302
× Steuersatz		40%	40%	40%	40%
= Steuerzahlung		5 600	17 936	11 812	10 121

Der Vermögensendwert der Investition A beträgt 271 226 €, bei der Investition B nur 109
268 204 €. Damit weist der Wirtschaftlichkeitsvergleich die Investition A gegenüber der Investition B als vorteilhaft aus. Ob die Investition A oder B für sich betrachtet zu empfehlen ist, kann erst beurteilt werden, wenn der Vermögensendwert berechnet wird, der sich bei einer alternativen Anlage der verfügbaren Zahlungsmittel ergibt.

Fortsetzung des Beispiels: Legt der Investor seine liquiden Mittel in Höhe von 200 000 € am Kapitalmarkt zu 10% an, erhöht sich unter Berücksichtigung der Steuerpflicht der Zinserträge sein Vermögen bis zum Ablauf der vierten Periode auf 252 495 €. Bei den Berechnungen wird davon ausgegangen, dass die finanziellen Mittel im betrieblichen Bereich (Betriebsvermögen) angelegt werden. Damit unterliegen die Zinsen nach den allgemeinen Kriterien der Besteuerung. Die 25%ige Abgeltungsteuer gilt nur für Zinsen, die zu Einkünften aus Kapitalvermögen führen (§ 32d EStG), dh für Kapitalanlagen, die dem Privatvermögen zugeordnet werden.[7]

7 Bei proportionalen Steuersätzen und im Zeitablauf konstanten Zinssätzen lässt sich der Vermögensendwert einer Anlage am Kapitalmarkt vereinfacht wie folgt berechnen: Vermögensendwert = Vermögen am Anfang des Betrachtungszeitraums × $(1+i_s)^N$
252 495 € = 200 000 € × $1{,}06^4$.

Finanzanlage	t_0	t_1	t_2	t_3	t_4
Zahlungssaldo zu Beginn der Periode	200 000	0	12 000	24 720	38 203
+ Zahlungsreihe der Finanzanlage vor Steuern *davon steuerpflichtig (Zinsen)*	– 200 000 *0*	20 000 *20 000*	20 000 *20 000*	20 000 *20 000*	220 000 *20 000*
+ Zinserträge aus Differenzinvestitionen (= Zahlungssaldo zu Beginn der Periode × Zinssatz, ab Periode 1)	–.–	0	1 200	2 472	3 820
– Steuern	–.–	8 000	8 480	8 989	9 528
= Zahlungssaldo am Ende der Periode	0	12 000	24 720	38 203	252 495
Vermögensendwert					**252 495**

zur Berechnung der Steuern

Zahlungsreihe der Finanzanlage vor Steuern (soweit steuerpflichtig)	erfolgsneutraler Anschaffungsvorgang	20 000	20 000	20 000	20 000
+ Zinserträge aus Differenzinvestitionen		0	1 200	2 472	3 820
– Abschreibungen		–.–	–.–	–.–	–.–
= Bemessungsgrundlage		20 000	21 200	22 472	23 820
× Steuersatz		40%	40%	40%	40%
= Steuerzahlung		8 000	8 480	8 989	9 528

110 Da die Vermögensendwerte der Investitionen A und B mit 271 226 € bzw 268 204 € um 18 731 € bzw 15 709 € höher sind als der Zahlungssaldo der Finanzanlage am Ende des Berechnungszeitraums (= 252 495 €), sind isoliert betrachtet beide Sachinvestitionen vorteilhaft (absolute Betrachtung). Im Alternativenvergleich ist die Investition A zu wählen. Bei ihr übersteigt der Wert des Vermögens am Ende des Berechnungszeitraums den Vermögensendwert der Investition B um 3 023 € = 271 226 € – 268 204 € (relative Betrachtung).

D. Interpretation der Vorteilhaftigkeitskriterien

111 Der **Vermögensendwert** ist ein **absolutes Vorteilhaftigkeitskriterium.** Er entspricht dem Wert des Vermögens am Ende des Berechnungszeitraums. Die finanzielle Vorteilhaftigkeit einer Investition kann nur durch Vergleich mit einer anderen Alternative beurteilt werden. Die Gegenüberstellung der Vermögensendwerte von meh-

reren Investitionsalternativen gibt lediglich deren Reihung wieder. Ob die betrachtete Investition gegenüber einer alternativen Anlage (zB Anlage der verfügbaren Zahlungsmittel am Kapitalmarkt) vorteilhaft ist, kann nicht unmittelbar ersehen werden. Dies ist erst möglich, wenn der Vermögensendwert der alternativen Finanzanlage bekannt ist.[8]

Die Differenz der Vermögensendwerte der Sach- und Finanzinvestitionen ist ökonomisch einfach zu interpretieren. Sie entspricht dem Unterschied des Werts des Vermögens am Ende des Berechnungszeitraums, wobei das Endvermögen bei Partialentscheidungen mit dem Bestand an liquiden Mitteln übereinstimmt.

Der **Kapitalwert** ist eine **relative Vorteilhaftigkeitsgröße**. Er zeigt – bezogen auf den Beginn des Berechnungszeitraums (t_0) – die Vermögensdifferenz der zu beurteilenden Investition gegenüber einer Anlage des Eigenkapitals zum Kalkulationszinssatz: **112**

	Vermögensendwert der zu beurteilenden Investition
–	Vermögensendwert der Anlage zum Kalkulationszinssatz
=	Vermögensdifferenz am Ende des Berechnungszeitraums
/	$(1 + i_s)^N$ (Abzinsung)
=	Kapitalwert der zu beurteilenden Investition

Fortsetzung des Beispiels: Die Differenz zwischen dem Vermögensendwert der Investition A und dem Vermögensendwert einer Anlage zum Kalkulationszinssatz beläuft sich auf 18 731 € = 271 226 € – 252 495 €. Wird dieser Wert über vier Jahre mit dem Kalkulationszinssatz nach Steuern auf den Beginn des Betrachtungszeitraums abgezinst, erhält man den Kapitalwert der Investition A von 14 837 € = 18 731 €/$(1{,}06)^4$. Analog gilt für die Investition B: 268 204 € – 252 495 € = 15 708 €. Diese Vermögensdifferenz am Ende des vierten Jahres auf den Beginn des Betrachtungszeitraums abgezinst, ergibt den Kapitalwert von 12 442 € = 15 708 €/$(1{,}06)^4$.

Der Kapitalwert einer Anlage zum Kalkulationszinssatz beträgt immer null.

Finanzanlage	t_0	t_1	t_2	t_3	t_4
Zahlungsreihe vor Steuern	– 200 000	20 000	20 000	20 000	220 000
– Steuern auf die Zinsen (Steuersatz 40%)	–.–	8 000	8 000	8 000	8 000
= Zahlungsreihe nach Steuern	– 200 000	12 000	12 000	12 000	212 000
/ Abzinsungsfaktor	$1{,}06^0$	$1{,}06^1$	$1{,}06^2$	$1{,}06^3$	$1{,}06^4$
= Barwert	– 200 000	11 321	10 680	10 075	167 924
Kapitalwert (= Summe der Barwerte)	**0**				

8 Bei einer vollständigen Fremdfinanzierung ist eine Investition vorteilhaft, wenn ihr Vermögensendwert positiv ist. Verfügt der Investor zu Beginn des Berechnungszeitraums über keine finanziellen Mittel, scheidet eine Anlage am Kapitalmarkt aus. Rechnerisch entspricht dies einem Vermögensendwert von Null.

113 Der Kapitalwert sagt Folgendes aus:

- Eine Anlage in Höhe des *positiven* Kapitalwerts zum Kalkulationszinssatz erhöht sich bis zum Ende des Berechnungszeitraums auf die positive Vermögensdifferenz gegenüber einer alternativen Anlage zum Kalkulationszinssatz.
  Wird der positive Kapitalwert zu Beginn des Berechnungszeitraums konsumiert, ergibt sich am Ende des Berechnungszeitraums der gleiche Zahlungssaldo wie bei der Finanzanlage.
- Die Verbindlichkeit aus der Finanzierung eines *negativen* Kapitalwerts zum Kalkulationszinssatz entspricht unter Berücksichtigung des Zinseszinseffekts am Ende des Berechnungszeitraums der negativen Vermögensdifferenz gegenüber einer Anlage zum Kalkulationszinssatz.
  Werden zu Beginn des Berechnungszeitraums die Konsumausgaben in Höhe des negativen Kapitalwerts reduziert, stimmt am Ende des Berechnungszeitraums der Zahlungssaldo der zu beurteilenden Investition mit dem der Finanzanlage überein.

114 Vergleichbare Aussagen gelten für die **Endwertmethode.** Die Endwertmethode unterscheidet sich gegenüber der Kapitalwertmethode nur dadurch, dass die Zahlungsreihe der zu beurteilenden Investition nicht auf den Beginn des Berechnungszeitraums (t_0) diskontiert, sondern auf das Ende des Berechnungszeitraums (t_N) aufgezinst wird. In Anlehnung an die Kapitalwertmethode ist der Endwert als Differenz zwischen dem Vermögen der zu beurteilenden Investition am Ende des Berechnungszeitraums gegenüber dem Vermögen bei einer alternativen Anlage zum Kalkulationszinssatz zu interpretieren:

	Vermögensendwert der zu beurteilenden Investition
–	Vermögensendwert der Anlage zum Kalkulationszinssatz
=	Endwert der zu beurteilenden Investition

Fortsetzung des Beispiels: Für die Investition A errechnet sich ein Endwert von 18 731 €, für die Investition B von 15 708 € und für die Finanzanlage von 0 €. Die Endwerte der Sachinvestitionen stimmen mit der Differenz aus dem Vermögensendwert der zu beurteilenden Investition (= 271 226 € bzw 268 204 €) und dem Endwert einer Anlage zum Kalkulationszinssatz (= 252 495 €) überein.

Die Zusammenhänge zwischen den vermögensorientierten Methoden stellen sich zusammenfassend für die beiden zu beurteilenden Investitionen A und B wie folgt dar:

	Investition A	Investition B	Finanzanlage
Vermögensendwert	271 226 €	268 204 €	252 495 €
Endwert = Vermögensdifferenz am Ende des Berechnungszeitraums im Vergleich zur Finanzanlage	18 731 €	15 708 €	0 €
Kapitalwert = Endwert abgezinst auf den Beginn des Berechnungszeitraums mit dem Nettokalkulationszinssatz = Endwert/$1{,}06^4$	14 837 €	12 442 €	0 €

Im Vergleich zwischen den beiden Sachinvestitionen gilt:

	Vermögensendwert der Investition A	271 226 €
–	Vermögensendwert der Investition B	268 204 €
=	Vermögensdifferenz am Ende des Berechnungszeitraums	3 023 €
=	Endwert der Investition A – Endwert der Investition B	
=	18 731 € – 15 708 €	
abgezinst mit dem Nettokalkulationszinssatz		$/(1+6\%)^4$
=	Vermögensdifferenz zu Beginn des Berechnungszeitraums	2 395 €
=	Kapitalwert der Investition A – Kapitalwert der Investition B	
=	14 837 € – 12 442 €	

E. Vor- und Nachteile der drei Investitionsrechnungsverfahren

Im Mittelpunkt steht die Gegenüberstellung von Vermögensendwertmethode und Kapitalwertmethode. Die Pro- und Contra-Argumente zur Kapitalwertmethode lassen sich auf die Endwertmethode übertragen. **115**

(1) Verständlichkeit: Für die Vermögensendwertmethode spricht in erster Linie ihre **Anschaulichkeit**. Sie legt die Annahmen über den Ausgleich von zwischenzeitlichen Zahlungssalden und die als Vergleich dienende Alternativanlage unmissverständlich offen:

- Die Art der Differenzinvestitionen und die daraus fließenden Erträge sowie die Ausgestaltung der Differenzkredite zum Ausgleich von Zahlungsunterdeckungen sind unmittelbar ersichtlich. Durch den expliziten Einbezug der Differenzanlagen sind die Prämissen des Wirtschaftlichkeitsvergleichs leicht nachvollziehbar. Die Kapitalwertmethode erfasst dagegen die Differenzanlagen implizit im Kalkulationszinssatz.
- Für die Alternativanlage ist bei der Vermögensendwertmethode gleichfalls der Zahlungsmittelbestand am Ende des Berechnungszeitraums zu ermitteln. Aus dem dafür erforderlichen Finanzplan ist klar erkennbar, mit welcher alternativen Verwendung des eingesetzten Eigenkapitals die zu beurteilende Investition verglichen wird. Bei der Kapitalwertmethode wird die Alternativanlage indirekt durch die Festsetzung des Kalkulationszinssatzes vorgegeben.

Bei der Vermögensendwertmethode wird der Investor gezwungen, sich über die zum Vergleich herangezogene Alternativinvestition und über die Form der Differenzanlagen Gedanken zu machen. Bei der Kapitalwertmethode werden zwar (indirekt) über den Kalkulationszinssatz die **gleichen Annahmen** getroffen. Durch die Zusammenfassung der Alternativ- und Differenzanlage im Kalkulationszinssatz besteht aber die Gefahr, dass der Investor die Funktionen des Kalkulationszinssatzes nicht korrekt erfasst und er seinen Berechnungen unzutreffende Prämissen zugrunde legt. Die Vermögensendwertmethode setzt also aufgrund ihrer Transparenz und leichten Verständlichkeit weniger Wissen über die investitionstheoretischen Zusammenhänge voraus. **116**

117 *(2) Arbeitsaufwand:* Nachteil der Vermögensendwertmethode ist, dass sie keine isolierte Entscheidung über die Vorteilhaftigkeit einer einzelnen Alternative erlaubt. Demgegenüber wird bei der Kapitalwertmethode die zu beurteilende Investition gleichzeitig mit einer Alternative verglichen, die sich zum Kalkulationszinssatz verzinst. Die Vermögensendwertmethode verursacht also einen höheren Arbeitsaufwand als die Kapitalwertmethode. Bei Beurteilung einer einzelnen Investition wird dies besonders deutlich, da neben dem Finanzplan für die zu beurteilende Investition zusätzlich ein Finanzplan für die Anlage der eingesetzten finanziellen Mittel zum Kalkulationszinssatz zu erstellen ist. Bei der Kapitalwertmethode reicht ein Abzinsen der Zahlungsreihe der zu beurteilenden Investition. Bei proportionalen Steuersätzen und im Zeitablauf konstanten Zinssätzen fällt allerdings dieser Nachteil des Vermögensendwerts kaum ins Gewicht. Unter diesen Bedingungen lässt sich der Vermögensendwert einer Anlage am Kapitalmarkt auch vereinfacht aus der Formel „Vermögen am Anfang des Betrachtungszeitraums $\times$ $(1+i_s)^N$“ berechnen. Insoweit ist die Aufstellung eines Finanzplans für die alternative Anlage der finanziellen Mittel am Kapitalmarkt entbehrlich.

Dem Nachteil der Vermögensendwertmethode eines (leicht) erhöhten Arbeitsaufwands steht jedoch ein gewichtiger Vorteil gegenüber. Durch die Trennung der Aufgaben „Vergleich mit einer Alternativanlage“ und „Verzinsung von zwischenzeitlichen Zahlungssalden“ ist sichergestellt, dass der Entscheidungsträger die Alternativanlagen und die Differenzanlagen entsprechend den tatsächlichen Gegebenheiten auswählt.

118 *(3) Methodische Einordnung der Ergebnisse:* Die unterschiedliche rechnerische Verarbeitung der Alternativ- und Differenzanlage hat auch Auswirkungen auf die **ökonomische Interpretation** der Ergebnisse. Die Aufstellung eines Finanzplans zeigt, dass bei Einzelinvestitionen der Vermögensendwert dem Bestand der Zahlungsmittel am Ende des Berechnungszeitraums entspricht. Dieses Investitionsrechnungsverfahren knüpft unmittelbar an die Zielsetzung des Entscheidungsträgers an, soweit es sich im Gewinnziel in seiner Ausprägung Vermögensstreben niederschlägt.[9] Demgegenüber stellt das Vorteilhaftigkeitskriterium Kapitalwert eine reine Rechengröße dar.

Diese Aussage bezieht sich ausschließlich auf die Interpretation der berechneten Vorteilhaftigkeitskriterien. Geht man von proportionalen Steuersätzen und einer Übereinstimmung von Soll- und Habenzinssatz aus, ergeben sich bei beiden Methoden aus dem Wirtschaftlichkeitsvergleich die gleichen Empfehlungen.[10]

119 Bei der Vermögensendwertmethode legt der Entscheidungsträger seine **Zeitpräferenz** über die Vorgabe der Entnahmereihe offen. Bei der Kapitalwertmethode wird die Zeitpräferenz im Kalkulationszinssatz wiedergegeben. Der Vorteil der Vermögensendwertmethode ist darin zu sehen, dass die drei Funktionen

- Vergleich mit einer Alternativanlage,
- Verzinsung von zwischenzeitlichen Zahlungssalden und
- Zeitpräferenz des Investors

9 Zum Gewinnbegriff siehe Erster Abschnitt, Unterabschnitt (1), Rn. 82.
10 Zur Begründung siehe das vorangehende Kapitel D., Rn. 111.

in nachvollziehbarer Weise voneinander getrennt werden, während sie bei der Kapitalwertmethode im Kalkulationszinssatz integriert werden. Probleme entstehen, wenn dem Anwender der Investitionsrechnung die Aufgabenvielfalt des Kalkulationszinssatzes nicht bekannt ist. Es ist nämlich nicht immer gesichert, dass für jede der Funktionen der gleiche Zinssatz anzusetzen ist. Dies ist aber Voraussetzung dafür, dass sie im Kalkulationszinssatz zusammengefasst werden können.

(4) Umfang der Erfassung von Liquiditätswirkungen: Da das Berechnungsschema der Vermögensendwertmethode nicht nur die unmittelbar mit der betrachteten Investition zusammenhängenden (primären) Zahlungsströme beinhaltet, sondern über die Differenzanlagen zusätzlich die daraus resultierenden Sekundäreffekte, entsteht ein weiterer Vorteil: Der projektbezogene Liquiditätsüberschuss oder -fehlbestand ist zu jedem Zeitpunkt erkennbar. Damit können Alternativen ausgeschlossen werden, die wegen Verletzung der **Nebenbedingung „Aufrechterhaltung der Liquidität zu jedem Zeitpunkt“** nicht realisierbar sind. Mit der Kapitalwertmethode ist lediglich eine Beurteilung anhand des Gewinnziels möglich. Der Liquiditätssaldo, der sich aus der Zahlungsreihe der zu beurteilenden Investition und den Erträgen bzw Aufwendungen der Differenzanlagen zusammensetzt, ist aufgrund der Art und Weise der Berechnungen nicht bekannt. **120**

(5) Erweiterungsmöglichkeiten: Durch den expliziten Einbezug der Differenzanlagen ist es bei der Vermögensendwertmethode ohne methodische Probleme möglich, den **Berechnungsaufbau** zu **erweitern**, indem zB Sachinvestitionen, Kredite mit längerer Laufzeit oder vom Anlage- bzw Kreditumfang abhängige Renditen einbezogen werden. Die Grenzen der Modellverfeinerung sind erst erreicht, wenn die benötigten Informationen nicht mehr mit vertretbarem Aufwand beschafft und verarbeitet werden können. Bei der Kapitalwertmethode lassen sich die angeführten Erweiterungen nicht oder nur mit erheblichem Aufwand über eine Modifikation des Kalkulationszinssatzes vornehmen. **121**

(6) Steuerrechtliche Detailregelungen: Da bei der Vermögensendwertmethode für jede Steuerart die Auswirkungen der zu beurteilenden Alternative und der Differenzanlagen in die Bemessungsgrundlage eingehen, können die aus **122**

- **progressiven Steuersätzen**,
- dem (interperiodischen) **Verlustabzug**,
- den Beschränkungen beim Abzug von Fremdkapitalaufwendungen („Zinsschranke“) sowie
- Freibeträgen und Freigrenzen

resultierenden Steuerfolgen ohne methodische Probleme verarbeitet werden. Bei der Kapitalwertmethode beschränkt sich die Berechnung der Zahlungsreihe nach Steuern auf die unmittelbar mit der zu beurteilenden Investition verbundenen steuerlichen Effekte. Die Differenzanlagen werden einschließlich ihrer Besteuerung im Kalkulationszinssatz erfasst. Dies erfordert, dass zur Erfassung der genannten steuerlichen Regelungen die Steuerbelastung der Erträge oder Aufwendungen aus den Differenzanlagen vorab in einer Nebenrechnung zu bestimmen ist. Der für sie relevante Steuersatz steht nämlich zu Beginn der Berechnungen nicht fest. Die absolute Höhe der Erträge und der Aufwendungen aus den Differenzanlagen bestimmt bei progressiven Steuersätzen die anzuwendende Tarifstufe, in welchem Umfang Verluste vor- bzw zurückgetragen werden können, inwieweit die Begrenzungen beim Abzug von Fremdkapitalaufwendungen nach § 4h EStG und § 8a KStG zu beachten sind und ob bei Freibeträgen und Freigrenzen der entsprechende Grenzwert überschritten ist. Diese steuerlichen Vorschriften können bei der Berechnung des Kapitalwerts nur insoweit erfasst werden, als sie die Zahlungsreihe der zu beurteilenden Investition betreffen. Für die Differenzanlagen scheidet eine exakte Berechnung aus. Da der Betrag der Differenzanlagen unbekannt ist, kann ihre Steuerbelastung bei Festlegung des Kalkulationszinssatzes nach Steuern lediglich näherungsweise berücksichtigt werden.

123 **Beispiel:** Ein Investor verfügt über Zahlungsmittel in Höhe von 200 000 €. Er steht vor der Wahl, entweder die Sachinvestition C mit der Zahlungsreihe –200 000 €, –10 000 €, +100 000 €, +100 000 €, +100 000 € und einer Nutzungsdauer von vier Jahren zu tätigen oder eine (betriebliche) Finanzanlage mit einer jährlichen Verzinsung von 10% und einer Laufzeit von vier Jahren zu erwerben.

Zwischenzeitliche Zahlungsüberschüsse können zu 8% angelegt werden. Liquiditätsunterdeckungen werden mit Krediten gedeckt, die mit 12% zu verzinsen sind. Die Einkommensteuer ist nach dem Normaltarif 2020 zu berechnen.

Investition C		t_0	t_1	t_2	t_3	t_4
	Zahlungssaldo zu Beginn der Periode	200 000	0	– 10 000	88 800	185 325
+	Zahlungsreihe der zu beurteilenden Investition vor Steuern	– 200 000	– 10 000	100 000	100 000	100 000
+	Zinserträge aus Differenzinvestitionen (wenn positiver Zahlungssaldo zu Beginn der Periode, dann: Zahlungssaldo zu Beginn der Periode × Habenzinssatz)	–.–	0	0	7 104	14 826
–	Zinsaufwendungen aus Differenzkrediten (wenn negativer Zahlungssaldo zu Beginn der Periode, dann: Zahlungssaldo zu Beginn der Periode × Sollzinssatz)	–.–	0	– 1 200	0	0
–	Steuern	–.–	0	0	10 579	18 263
=	Zahlungssaldo am Ende der Periode	0	– 10 000	88 800	185 325	281 887
Vermögensendwert						**281 887**

zur Berechnung der Steuern

Zahlungsreihe der zu beurteilenden Investition vor Steuern	erfolgsneutraler Anschaffungsvorgang	– 10 000	100 000	100 000	100 000
+ Zinserträge aus Differenzinvestitionen		0	0	7 104	14 826
– Zinsaufwendungen aus Differenzkrediten		0	– 1 200	0	0
– Abschreibungen, linear über vier Jahre (= 200 000 / 4)		50 000	50 000	50 000	50 000
– Verlustabzug		0	48 800	11 200	0
= Bemessungsgrundlage		– 60 000	0	45 904	64 826
Steuerzahlung (Normaltarif 2020)		0	0	10 579	18 263
verbleibender vortragsfähiger Verlust		60 000	11 200	0	0

124

Finanzanlage	t_0	t_1	t_2	t_3	t_4
Zahlungssaldo zu Beginn der Periode	200 000	0	17 653	36 343	56 121
+ Zahlungsreihe der Finanzanlage vor Steuern *davon steuerpflichtig (Zinsen)*	– 200 000 *0*	20 000 *20 000*	20 000 *20 000*	20 000 *20 000*	220 000 *20 000*
+ Zinserträge aus Differenzinvestitionen (= Zahlungssaldo zu Beginn der Periode × Habenzinssatz, ab Periode 1)	–.–	0	1 412	2 907	4 490
– Steuern	–.–	2 347	2 722	3 129	3 570
= Zahlungssaldo am Ende der Periode	0	17 653	36 343	56 121	277 041
Vermögensendwert					**277 041**

zur Berechnung der Steuern

Zahlungsreihe der Finanzanlage vor Steuern (soweit steuerpflichtig)	erfolgsneutraler Anschaffungsvorgang	20 000	20 000	20 000	20 000
+ Zinserträge aus Differenzinvestitionen		0	1 412	2 907	4 490
– Abschreibungen		–.–	–.–	–.–	–.–
= Bemessungsgrundlage		20 000	21 412	22 907	24 490
Steuerzahlung (Normaltarif 2020)		2 347	2 722	3 129	3 570

Unter Berücksichtigung der Steuerpflicht der Erträge aus der Finanzanlage und der Zinseinnahmen aus den zwischenzeitlichen Differenzanlagen verfügt der Investor bei der Finanzinvestition am Ende des vierjährigen Berechnungszeitraums über Zahlungsmittel in Höhe von 277 041 €. Die Sachinvestition C ist deshalb im Vergleich mit der Finanzanlage vorteilhaft, da ihr Vermögensendwert mit 281 887 € um 4 846 € höher ist.

125 Das Beispiel verdeutlicht, dass der progressive Einkommensteuertarif, der Verlustabzug nach § 10d EStG sowie Unterschiede zwischen Soll- und Habenzinssatz bei der Vermögensendwertmethode rechnerisch einfach verarbeitet werden können, da nicht nur die Zahlungsreihe sowohl die Zahlungen der zu beurteilenden Investition als auch die Differenzanlagen umfasst, sondern beide Größen auch in die steuerrechtlichen Bemessungsgrundlagen eingehen. Bei der Kapitalwertmethode wird nur die Zahlungsreihe der zu beurteilenden Investition direkt ausgewiesen. Es ist nicht bekannt, wie hoch die Erträge bzw Aufwendungen aus der Differenzanlage sind, sodass nicht angegeben werden kann, ob unter Berücksichtigung der Verzinsung der Differenzanlagen Zahlungsüberschüsse oder -unterdeckungen bestehen, mit welchem Steuersatz diese besteuert werden und welche Beträge in den Verlustvortrag bzw -rücktrag eingehen. Diese Effekte können bei der Berechnung des Kapitalwerts nur insoweit erfasst werden, als sie die Zahlungsreihe der zu beurteilenden Investition betreffen. Für die Differenzanlagen scheidet eine betragsmäßig exakte Berechnung aus, sie können bei Festlegung des Kalkulationszinssatzes nach Steuern lediglich näherungsweise berücksichtigt werden.

Fortsetzung des Beispiels: Welche Schwierigkeiten sich bei der Erfassung der steuerlichen Effekte der Differenzanlagen ergeben können, zeigt sich darin, dass sich unter Berücksichtigung des Verlustabzugs und der Abweichungen zwischen Soll- und Habenzinssatz bei den Differenzanlagen, die bei der Sachinvestition C auftreten, die Steuerbelastung der Erfolge aus den Differenzanlagen in den Jahren 2 bis 4 auf 0%, 35,8% und 41,3% beläuft.[11] Bei der Finanzanlage steigt die Einkommensteuerbelastung der Differenzanlagen zwischen dem zweiten und vierten Jahr von 26,6% über 26,9% auf 27,2%.

126 *(7) Unterschiede zwischen Soll- und Habenzinssatz:* Die Entscheidung darüber, ob der Soll- oder der Habenzinssatz anzusetzen ist, ist nicht nur deshalb bedeutsam, weil Zahlungsunterdeckungen und -überschüsse unterschiedlich verzinst werden (Unterschiede zwischen Soll- und Habenzinssatz **vor Steuern**), sondern auch deshalb, weil Zinserträge und Zinsaufwendungen unterschiedlich besteuert werden (Unterschiede zwischen Soll- und Habenzinssatz **durch die Besteuerung**). Beispielsweise unterliegen im gewerblichen Bereich Zinseinnahmen der Einkommen- bzw Körperschaftsteuer und der Gewerbesteuer. Zinsaufwendungen mindern zwar in vollem Umfang die Bemessungsgrundlage der Einkommen- bzw Körperschaftsteuer. Aufgrund der

11 Die Berechnung des Differenzsteuersatzes wird beispielhaft für den letzten Wert verdeutlicht. Bei der zu beurteilenden Investition ergeben sich im vierten Jahr Zinserträge aus der Differenzinvestition von 14 826 €. Wird die Einkommensteuer ohne diese Differenzerträge ermittelt, beläuft sich die Bemessungsgrundlage auf 50 000 € (= Zahlungsreihe der zu beurteilenden Investition vermindert um die Abschreibungen), hieraus ergibt sich eine Einkommensteuer von 12 142 €. Bei Einbezug der Zinserträge aus der Differenzinvestition erhöht sich die Bemessungsgrundlage auf 64 826 € und die Einkommensteuer auf 18 263 €. Die Erhöhung der Einkommensteuer um 6 121 € (= 18 263 € – 12 142 €) bezogen auf die Zinserträge aus der Differenzinvestition von 14 826 € ergibt einen Differenzsteuersatz von 41,3%.

25%igen Hinzurechnung nach § 8 Nr 1 Buchst. a GewStG reduzieren sie aber den Gewerbeertrag nur zu 75%.[12]

Der Umfang der Differenzanlagen und die damit verbundenen Zahlungswirkungen entscheiden darüber, ob die zu beurteilende Investition unter Berücksichtigung ihrer Primär- und Sekundärwirkungen Zahlungsüberschüsse oder -unterdeckungen verursacht. Da die benötigten Informationen bei der Vermögensendwertmethode vorliegen, sind Abweichungen zwischen Soll- und Habenzinssatz leicht in das Berechnungsschema zu integrieren. Bei der Kapitalwertmethode ist dies nicht ohne weiteres möglich, da nur die Zahlungsreihe der zu beurteilenden Investition bekannt ist. 127

(8) Bedeutung für Wirtschaftlichkeitsvergleiche: Als Ergebnis lässt sich formulieren, dass lediglich mit der Vermögensendwertmethode die steuerlichen Auswirkungen der Differenzanlagen eindeutig berechnet werden können und entschieden werden kann, ob der Soll- oder der Habenzinssatz zur Anwendung kommt. Bei der **Beurteilung von Einzelinvestitionen** ist aber der **Vorteil der Vermögensendwertmethode** hinsichtlich der Zinssatzproblematik **zu relativieren**. Wird die finanzielle Situation des gesamten Unternehmens mit in die Betrachtung einbezogen, ist es bei Einzelinvestitionen vielfach nicht zweckmäßig, innerhalb eines Wirtschaftlichkeitsvergleichs projektbezogene Annahmen über unterschiedliche Möglichkeiten der Differenzinvestitionen und -kredite festzulegen. Im Regelfall werden die Liquiditätsüberschüsse und -unterdeckungen der zu beurteilenden Investition nur die Höhe des Zahlungssaldos des Gesamtunternehmens verändern. In diesem Fall kann regelmäßig eindeutig angegeben werden, ob für die Differenzanlagen der Soll- oder der Habenzinssatz gilt. Mit zunehmender Bedeutung der Partialentscheidung erhöht sich aber die Notwendigkeit, die unterschiedliche Verzinsung von Zahlungsüberschüssen und -unterdeckungen zu berücksichtigen. 128

Sind die **Nachteile** der **Kapitalwertmethode** 129

- Nichterkennung der Zielsetzung „Aufrechterhaltung der Liquidität zu jedem Zeitpunkt",
- fehlende Möglichkeit, Unterschiede zwischen Soll- und Habenzinssatz zu erfassen,
- Probleme bei der Erweiterung des Berechnungsschemas zur Berücksichtigung von Details bei den Formen der Differenzanlagen und deren Besteuerung sowie
- Schwierigkeiten bei der Erfassung von speziellen steuerlichen Regelungen, wie progressive Steuertarife, Verlustvortrag und -rücktrag, Beschränkungen beim Abzug von Fremdkapitalaufwendungen („Zinsschranke"), Freibeträge und Freigrenzen,

nicht relevant, weist dieses Investitionsrechnungsverfahren gegenüber der Vermögensendwertmethode mehrere **Vorteile** auf:

- Die Kapitalwertmethode erfordert einen geringeren Arbeitsaufwand.
- Sie ist methodisch anspruchsvoller.
- Bei der Kapitalwertmethode ist es leichter, die auf die Vorteilhaftigkeit einer zu beurteilenden Investition relevanten Einflussfaktoren zu erkennen. Zurückzufüh-

12 Siehe hierzu im Einzelnen das nachfolgende Kapitel F., Rn. 130.

ren sind diese Vorteile darauf, dass die Effekte der Differenzanlagen und der Alternativanlage im Kalkulationszinssatz einschließlich deren Besteuerung im (Netto-)Kalkulationszinssatz zusammengefasst sind.

Ergebnis: Die Vor- und Nachteile der Vermögensendwertmethode und der Kapitalwertmethode sind spiegelbildlich. Die **Entscheidung zwischen** diesen beiden **Investitionsrechnungsverfahren** hängt davon ab, welchem der Aspekte ein größeres Gewicht beizumessen ist. Es ist deshalb möglich, dass in einem Fall die Vermögensendwertmethode vorgezogen wird, während in einer anderen Entscheidungssituation die Kapitalwertmethode angewendet wird. Ausschlaggebend sind (neben subjektiven Überlegungen) insbesondere der Anspruch an die Genauigkeit sowie die relative Bedeutung der betrachteten Investitionsentscheidung.

F. Modellerweiterungen: Einbezug von Substanzsteuern sowie der gewerbesteuerlichen Hinzurechnung von Fremdkapitalaufwendungen

130 *(1) Berücksichtigung von Substanzsteuern:* Bei der Kapitalwertmethode werden die **Substanzsteuern,** die auf die zu beurteilende Investition entfallen (zB die zurzeit nicht erhobene Vermögensteuer), wie bei den Ertragsteuern bei der Berechnung der Zahlungsreihe nach Steuern einbezogen. Die Substanzsteuern, die durch die Alternativanlage ausgelöst werden, werden durch eine Kürzung des Kalkulationszinssatzes um den Steuersatz der Substanzsteuern berücksichtigt:[13]

$$i_s = i \times (1 - s_{\text{Ertragsteuern}}) - s_{\text{Substanzsteuern}}$$

Bei der Vermögensendwertmethode gehen in die Bemessungsgrundlage für die Ertragsteuern und die Substanzsteuern jeweils die Erträge und das Vermögen der zu beurteilenden Investition sowie die Verzinsung und der Bestand der Differenzanlagen ein. Die sich aus den Differenzanlagen ergebenden Zinserträge bzw -aufwendungen werden weiterhin aus dem Bruttozinssatz errechnet.

131 *(2) Einbezug der gewerbesteuerlichen Hinzurechnung von Fremdkapitalaufwendungen:* Werden die Alternativanlage bzw die Differenzanlage durch (betriebliche) Kapitalanlagen repräsentiert, ergeben sich beim Einbezug der **Gewerbesteuer** keine Besonderheiten, sofern Zinserträge anfallen. Bei der Kapitalwertmethode ist zur Berechnung des Nettokalkulationszinssatzes lediglich der Ertragsteuersatz durch eine Kombination von Einkommen- bzw Körperschaftsteuersatz zuzüglich Solidaritätszuschlag und Gewerbesteuersatz wiederzugeben. Für die Berechnung des kombinierten Ertragsteuersatzes kann auf die Teilsteuerrechnung zurückgegriffen werden:

$$i_s = i \times (1 - s_{\text{Ertragsteuern}}).$$ [14]

---

13 Siehe hierzu Wagner/Dirrigl, Die Steuerplanung der Unternehmung, Stuttgart/New York 1980, S. 59–66.

14 Siehe hierzu Dritter Teil, Dritter und Vierter Abschnitt, Rn. 46.

Kapitalgesellschaften:

$$s_{Ertragsteuern} = s_{GewSt} + s_{KSt} \times (1+s_{SolZ})$$

Personengesellschaften:

$$s_{Ertragsteuern} = s_{GewSt} + (s_{ESt} - s_{\S\ 35EStG}) \times (1+s_{SolZ})$$
$$= s_{GewSt} - s_{\S\ 35EStG} \times (1+s_{SolZ}) + s_{ESt} \times (1+s_{SolZ})$$

Wird bei der Kapitalwertmethode die Abzinsung mit dem Sollzinssatz vorgenommen, führt die 25%ige Hinzurechnung von Fremdkapitalaufwendungen nach § 8 Nr 1 Buchst. a GewStG dazu, dass Schuldzinsen die gewerbesteuerliche Bemessungsgrundlage nur zu 75% mindern. Bei Kapitalgesellschaften sind die Ertragsteuern damit für die Berechnung des Nettokalkulationszinssatzes wie folgt anzusetzen: **132**

$$s_{Ertragsteuern} = s_{GewSt} \times 75\% + s_{KSt} \times (1+s_{SolZ}).$$

Bei Personenunternehmen errechnet sich der Nettokalkulationszinssatz, in dem für Zinsaufwendungen folgende Ertragsteuerentlastung abgezogen wird: **133**

$$s_{Ertragsteuern} = s_{GewSt} \times 75\% + (s_{ESt} - s_{\S\ 35EStG} \times 75\%) \times (1+s_{SolZ})$$
$$= [s_{GewSt} - s_{\S\ 35EStG} \times (1+s_{SolZ})] \times 75\% + s_{ESt} \times (1+s_{SolZ}).$$

Bei der Vermögensendwertmethode sind die Erträge aus der zu beurteilenden Investition sowie die Zinserträge bzw Zinsaufwendungen aus den Differenzanlagen bei der Ermittlung der Bemessungsgrundlage für die Einkommen- bzw Körperschaftsteuer und die Gewerbesteuer zusammenzufassen. Die 25%ige Hinzurechnung der aus dem Bruttozinssatz errechneten Zinsaufwendungen aus Differenzkrediten kann bei der Berechnung des Gewerbeertrags auf einfache Weise einbezogen werden. **134**

G. Umrechnung der absoluten Werte in Renditekennziffern

Der Vermögensendwert lässt sich dadurch in eine Renditegröße umrechnen, dass dieser durch das zu Beginn eingesetzte Vermögen (= Eigenkapital) dividiert wird und die N-te Wurzel gezogen wird, wobei N die Länge des Berechnungszeitraums wiedergibt. Formelmäßig lässt sich die **Baldwin-Verzinsung** wie folgt ausdrücken:[15] **135**

$$\left\{ \sqrt[N]{\frac{\textit{Vermögen am Ende des Berechnungszeitraums (=Vermögensendwert)}}{\textit{Vermögen am Anfang des Berechnungszeitraums}}} - 1 \right\} \times 100$$

Die **interne Rendite** entspricht dem Zinssatz, bei dem sich für die zu beurteilende Investition ein Kapitalwert von Null ergibt: **136**

15 Vgl Baldwin, HBR 1959, Ausgabe 3, S. 98. Siehe hierzu auch Blohm/Lüder/Schaefer, Investition, 10. Aufl., München 2012, S. 96–98.

$$-I_0 + \sum_{t=1}^{N} \frac{EZÜ_t - S_t}{(1+r_s)^t}$$, gesuchte Größe: r_s, bei der sich ein Kapitalwert von Null errechnet.

137 Die **Baldwin-Verzinsung** ist der internen Rendite **vorzuziehen**. Bei der Baldwin-Verzinsung bezieht sich die Rendite auf das *zu Beginn* des Betrachtungszeitraums eingesetzte Vermögen, während die interne Rendite die Verzinsung des *in den einzelnen Perioden* eingesetzten Kapitals, dh des jeweils gebundenen Kapitals, wiedergibt.

Baldwin-Verzinsung und interne Rendite führen nur dann zum gleichen Ergebnis,

- wenn entweder über den gesamten Betrachtungszeitraum das gebundene Kapital mit dem zu Beginn eingesetzten Kapital übereinstimmt (so bei Finanzanlagen, die am Ende des Berechnungszeitraums in einem Einmalbetrag zurückgezahlt werden) oder
- wenn die Verzinsung der Differenzanlagen mit der internen Rendite übereinstimmt.

Liegen diese Bedingungen nicht vor, sollte die Baldwin-Verzinsung der internen Rendite vorgezogen werden, weil nur so eine Fehlentscheidung vermieden werden kann: Bei der internen Rendite bezieht sich in diesem Fall die Verzinsung auf unterschiedliche Bemessungsgrundlagen, sodass eine der grundlegenden Bedingungen für eine Vergleichbarkeit des Vorteilhaftigkeitskriteriums verletzt wird oder die tatsächliche Differenzanlage von der unterstellten Differenzanlage abweicht.

Fortführung des Beispiels: Aus dem Vermögensendwert der Investition A von 271 226 € errechnet sich eine Baldwin-Verzinsung von 7,91% = $\{\sqrt[4]{271\,226\,€ / 200\,000\,€} - 1\} \times 100$. Die Baldwin-Verzinsung der Investition B beträgt 7,61% = $\{\sqrt[4]{268\,204\,€ / 200\,000\,€} - 1\} \times 100$.

Wie bei der Berechnung des Vermögensendwerts ist beim Alternativenvergleich darauf zu achten, dass für jede der zu beurteilenden Investitionen der gleiche Berechnungszeitraum angesetzt wird. Der Berechnungszeitraum stimmt mit der Laufzeit überein, die sich für die Alternative mit der längsten Nutzungsdauer ergibt. Dies bedeutet, dass auch für die Investition B der Vermögensendwert für das vierte Jahr zu ermitteln ist.[16]

	Investition A	Investition B	Finanzanlage
Vermögensendwert	271 226 €	268 204 €	252 495 €
Kapitalwert	14 837 €	12 442 €	0 €
Baldwin-Verzinsung	7,91%	7,61%	6,00%
interne Rendite	9,20%	9,69%	6,00%

138 Im Beispiel liegt die interne Rendite über der Baldwin-Verzinsung. Dieses Ergebnis beruht auf zwei Ursachen:

- Die interne Rendite bezieht sich auf das in den einzelnen Perioden jeweils gebundene Kapital und nicht – wie die Baldwin-Verzinsung – auf das zu Beginn des Berechnungszeitraums eingesetzte Kapital. Durch die regelmäßigen Rückflüsse liegt das in der zu beurteilenden Investition gebundene Kapital ab der zweiten Periode unter dem zu Beginn eingesetzten Vermögen.

16 In der Übersicht ist die jeweils vorteilhafte Investition durch eine graue Schattierung hervorgehoben.

- Die Nettoverzinsung der Differenzanlagen (im Beispiel 6% = 10% Rendite vor Steuern abzüglich 40% Ertragsteuern) ist niedriger als die interne Verzinsung der zu beurteilenden Investitionen unter Einbezug der Besteuerung (im Beispiel für Investition A 9,20% bzw für Investition B 9,69%).

Im Vergleich zwischen der Investition A und der Investition B führen diese system- **139**
immanenten Fehler der internen Rendite dazu, dass die Investition B als vorteilhaft ausgewiesen wird, obwohl der Kapitalwert (Bezugszeitpunkt: Beginn des Berechnungszeitraums) und der Vermögensendwert (Bezugszeitpunkt: Ende des vierjährigen Berechnungszeitraums) der Investition A höher ist: 14 837 € im Vergleich zu 12 442 € bzw 271 226 € im Vergleich zu 268 204 €. Bei der Finanzanlage tritt dieser Fehler nicht auf, da das eingesetzte Vermögen in jeder Periode dem gebundenen Kapital entspricht und die Nachsteuerrendite der Differenzanlagen mit der internen Rendite der Finanzanlage übereinstimmt.

Die Baldwin-Verzinsung führt immer zur gleichen Vorteilhaftigkeitsaussage wie die **140**
Vermögensendwertmethode. Sowohl bei der Division durch das eingesetzte Kapital als auch bei dem Ziehen der N-ten Wurzel wird lediglich die Maßeinheit verändert: Aus einem Absolutbetrag wird eine relative Größe (ein Prozentwert). Die Baldwin-Verzinsung hat den Vorteil, dass Renditegrößen häufig als anschaulicher beurteilt werden als absolute €-Beträge am Ende des Berechnungszeitraums. Demgegenüber weist die Vermögensendmethode den Vorzug auf, dass die Zielgröße ökonomisch einfach zu interpretieren ist: Der Vermögensendwert entspricht dem Wert des Vermögens am Ende des Betrachtungszeitraums. Dies ist bei Einzelinvestitionen im Regelfall der Zahlungssaldo.

Dritter Abschnitt

Entnahmebezogene Vorteilhaftigkeitsmethoden

Zu den entnahmebezogenen dynamischen Investitionsrechnungsverfahren gehören **141**
die Annuitätenmethode und die Entnahmemethode. Die Darstellung der Vorgehensweise dieser beiden Methoden zeigt, dass sie in weiten Bereichen mit der Kapitalwertmethode bzw mit der Vermögensendwertmethode vergleichbar sind. Es ist damit ausreichend, auf die Besonderheiten der entnahmebezogenen Investitionsrechnungsverfahren hinzuweisen. Hinsichtlich der generellen Beurteilung gelten die in dem vorangehenden Zweiten Abschnitt (insbesondere die Kapitel D. und E., Rn. 111) vorgestellten Aussagen.

A. Annuitätenmethode

Die Annuität entspricht dem Betrag von konstanten Zahlungen am Ende einer jeden **142**
Periode, deren Kapitalwert gleich dem Kapitalwert der (ungleichmäßig strukturierten) Zahlungsreihe der zu beurteilenden Investition ist. Rechnerisch erhält man die

Annuität durch Multiplikation des Kapitalwerts der zu beurteilenden Investition mit dem Annuitätenfaktor (Wiedergewinnungsfaktor):

Annuität	=	Kapitalwert	×	Annuitätenfaktor (Wiedergewinnungsfaktor)
c	=	$C_{0,S}$	×	WGF

$$\text{wobei WGF} = \frac{i_s \times (1+i_s)^N}{(1+i_s)^N - 1}$$

mit c = Annuität; $C_{0,S}$ = Kapitalwert nach Steuern; WGF = Annuitätenfaktor (Wiedergewinnungsfaktor); i_s = Kalkulationszinssatz nach Steuern (dezimal); N = Berechnungszeitraum in Jahren.

Wird eine einzelne Investition betrachtet, gilt diese als **vorteilhaft**, wenn ihre Annuität positiv ist: $c > 0$. Eine Einzelinvestition ist unvorteilhaft, wenn ihre Annuität negativ ist: $c < 0$. Im Alternativenvergleich ist die Investitionsalternative zu wählen, deren (positive) Annuität am höchsten ist: $c \rightarrow \max$ unter der Nebenbedingung $c > 0$.

Bei einem Alternativenvergleich ist zur Berechnung der Annuität jeweils der gleiche Berechnungszeitraum zu verwenden. Der Berechnungszeitraum stimmt mit der längsten Nutzungsdauer der betrachteten Investitionen überein. Dies ist deshalb notwendig, weil periodisch anfallende Werte nur dann miteinander verglichen werden können, wenn diese über den gleichen Zeitraum angesetzt werden.

143 Da bei der Annuitätenmethode lediglich der Kapitalwert um einen konstanten Faktor (den Wiedergewinnungsfaktor) modifiziert wird, gelten die gleichen Annahmen wie bei der Kapitalwertmethode. Die Vorteilhaftigkeitsaussage von Kapitalwertmethode und Annuitätenmethode stimmt konzeptionell überein.

144 **Beispiel:** Ein Investor verfügt über Zahlungsmittel in Höhe von 200 000 €. Er hat die Wahl zwischen zwei Sachinvestitionen, die vor Steuern folgende Zahlungsreihen aufweisen:

Jahr	Investition A	Investition B
0	– 200 000 €	– 180 000 €
1	+ 70 000 €	+ 72 000 €
2	+ 70 000 €	+ 96 000 €
3	+ 70 000 €	+ 72 000 €
4	+ 70 000 €	

weitere Daten: Aus einem Kalkulationszinssatz vor Steuern von 10% und einem (proportionalen) Ertragsteuersatz von 40% errechnet sich ein Kalkulationszinssatz nach Steuern von 6% = 10% × (1–40%). Die Abschreibungen werden linear über die Nutzungsdauer von vier (Investition A) bzw drei Jahren (Investition B) verrechnet.

Im Zweiten Abschnitt, Kapitel A. (Rn. 92) wurde aus diesen Daten für die Investition A ein Kapitalwert von 14 837 € und für die Investition B ein Kapitalwert von 12 442 € berechnet. Bei einem Berechnungszeitraum von vier Jahren und einem Nettokalkulationszinssatz von 6% beträgt der Wiedergewinnungsfaktor (Annuitätenfaktor)

$$0{,}28859 = \frac{6\% \times (1 + 6\%)^4}{(1 + 6\%)^4 - 1}$$

Der Kapitalwert der Investition A von 14 837 € entspricht einer Annuität von 4 282 € = 14 837 € × 0,28859. Aus dem Kapitalwert der Investition B von 12 442 € leitet sich eine Annuität von 3 591 € ab: 12 442 € × 0,28859. Da die Annuität positiv ist, sind für sich betrachtet beide Investitionen vorteilhaft. Im Alternativenvergleich ist die Investition A der Investition B vorzuziehen, da ihre Annuität mit 4 282 € die Annuität der Investition B (= 3 591 €) um 691 € übersteigt.

Würde bei der Investition B die Annuität auf drei Jahre berechnet werden, würde eine Fehlentscheidung getroffen, da ihre Annuität mit 4 655 € (= 12 442 € × 0,37411) dann höher ausgewiesen wird als die Annuität der Investition A (= 4 282 €). Bei der Investition B würde diese aber nur über drei Jahre fließen, während bei der Investition A die Annuität über vier Jahre anfällt. Werte, die sich aus unterschiedlichen Berechnungszeiträumen ergeben, sind aber nicht miteinander vergleichbar.

B. Entnahmemethode

Der formale Aufbau des Berechnungsschemas und die Annahmen, die hinsichtlich der Differenzanlagen getroffen werden, stimmen bei der Entnahmemethode und der Vermögensendwertmethode überein. Die Abweichung besteht darin, dass nicht Vermögensstreben angenommen wird, sondern auf das Entnahmestreben abgestellt wird. Zielgröße bildet nicht der Wert des Vermögens am Ende des Berechnungszeitraums, sondern die Höhe der periodisch möglichen Entnahmen. **145**

Die Zeitpräferenz wird dadurch erfasst, dass der Entscheidungsträger zum einen die Struktur der Entnahmen (dh nicht die absolute Höhe der Entnahmen) innerhalb des Betrachtungszeitraums und zum anderen den Wert des Vermögens am Ende des Berechnungszeitraums vorgibt.

Eine Einzelinvestition ist dann vorteilhaft, wenn sie eine höhere Entnahme ermöglicht als eine alternative Anlage der finanziellen Mittel am Kapitalmarkt. Bei der Entscheidung zwischen mehreren Investitionen ist diejenige vorteilhaft, die das höchste Niveau an Entnahmen ermöglicht, unter der Nebenbedingung, dass dieses Niveau über den bei einer Finanzanlage möglichen Entnahmen liegt. **146**

Die Berechnung der Entnahme stimmt weitgehend mit der Berechnung des Vermögensendwerts überein. Während zur Beurteilung von Investitionen bei der Vermögensendwertmethode häufig Entnahmen von Null angenommen werden, sind bei der Entnahmemethode die Entnahmen zu bestimmen, da sie die Zielgröße bilden. Steht die Struktur der Entnahmen, dh die zeitliche Verteilung, fest, kann die Höhe der Entnahme bestimmt werden, bei der am Ende des Berechnungszeitraums das gewünschte Endvermögen verbleibt. Ab einem Berechnungszeitraum von vier Jahren lässt sich die Suche nach dem Entnahmeniveau nicht mehr analytisch lösen. Es ist deshalb ein Iterationsverfahren anzuwenden (Abb. 4.1). Bei diesem Iterationsverfahren ist zu Beginn ein bestimmtes Entnahmeniveau vorzugeben und der Vermögensendwert zu berechnen. Weicht dieser von dem vom Entscheidungsträger gewünschten Vermögensendwert ab, sind die Entnahmen durch zielgerichtete Suche solange zu erhöhen bzw zu reduzieren, bis der Vermögensendwert der vorgegebenen Höhe entspricht. **147**

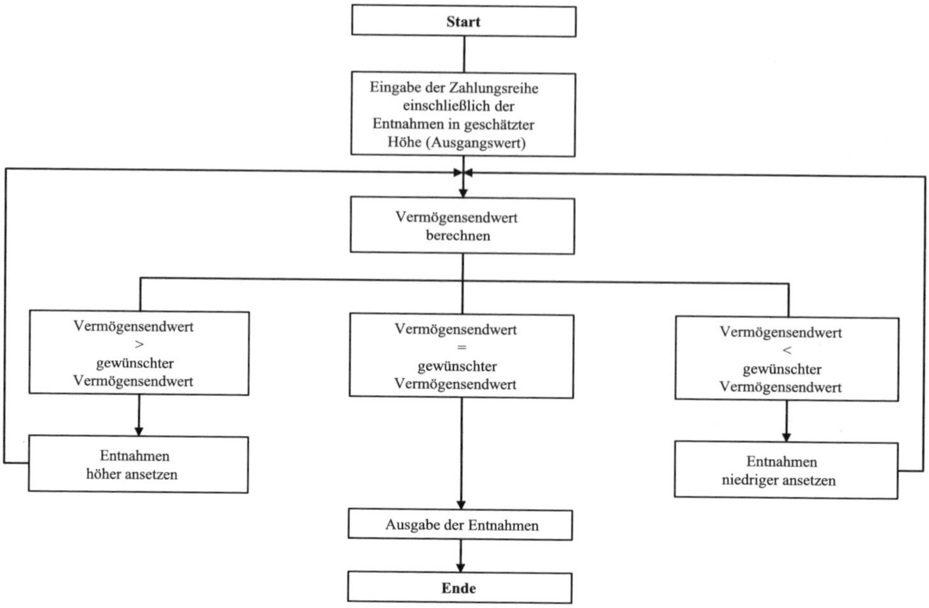

Abb. 4.1: Berechnungsansatz der Entnahmemethode

Fortführung des Beispiels: Der Entscheidungsträger konkretisiert seine Zeitpräferenz in der Form, dass er in jedem Jahr über den gleichen Betrag verfügen möchte (konstante Entnahmen) und dass das Vermögen am Ende des Berechnungszeitraums (Vermögensendwert) mit dem Anfangsvermögen von 200 000 € übereinstimmen soll.

Investition A		t_0	t_1	t_2	t_3	t_4
	Zahlungssaldo zu Beginn der Periode	200 000	0	45 718	94 180	145 549
+	Zahlungsreihe der zu beurteilenden Investition vor Steuern	– 200 000	70 000	70 000	70 000	70 000
+	Zinserträge aus Differenzinvestitionen (= Zahlungssaldo zu Beginn der Periode × Zinssatz, ab Periode 1)	–.–	0	4 572	9 418	14 555
–	Steuern	–.–	8 000	9 829	11 767	13 822
–	**Entnahme**	**–.–**	**16 282**	**16 282**	**16 282**	**16 282**
=	Zahlungssaldo am Ende der Periode	0	45 718	94 180	145 549	200 000
Vermögensendwert						200 000

zur Berechnung der Steuern

	Zahlungsreihe der zu beurteilenden Investition vor Steuern	erfolgsneutraler Anschaffungsvorgang	70 000	70 000	70 000	70 000
+	Zinserträge aus Differenzinvestitionen		0	4 572	9 418	14 555
–	Abschreibungen, linear über vier Jahre (= 200 000 / 4)		50 000	50 000	50 000	50 000
=	Bemessungsgrundlage		20 000	24 572	29 418	34 555
×	Steuersatz		40%	40%	40%	40%
=	Steuerzahlung		8 000	9 829	11 767	13 822

Für die Investition B gelten folgende Daten: 148

	Investition B	t_0	t_1	t_2	t_3	t_4
	Zahlungssaldo zu Beginn der Periode	200 000	20 000	72 809	143 187	203 388
+	Zahlungsreihe der zu beurteilenden Investition vor Steuern	– 180 000	72 000	96 000	72 000	0
+	Zinserträge aus Differenzinvestitionen (= Zahlungssaldo zu Beginn der Periode × Zinssatz, ab Periode 1)	–.–	2 000	7 281	14 319	20 339
–	Steuern	–.–	5 600	17 312	10 527	8 136
–	**Entnahme**	**–.–**	**15 591**	**15 591**	**15 591**	**15 591**
=	Zahlungssaldo am Ende der Periode	20 000	72 809	143 187	203 388	200 000
	Vermögensendwert					200 000

zur Berechnung der Steuern

	Zahlungsreihe der zu beurteilenden Investition vor Steuern	erfolgsneutraler Anschaffungsvorgang	72 000	96 000	72 000	0
+	Zinserträge aus Differenzinvestitionen		2 000	7 281	14 319	20 339
–	Abschreibungen, linear über drei Jahre (= 180 000 / 3)		60 000	60 000	60 000	0
=	Bemessungsgrundlage		14 000	43 281	26 319	20 339
×	Steuersatz		40%	40%	40%	40%
=	Steuerzahlung		5 600	17 312	10 527	8 136

Bei der Investition A kann der Investor jährlich jeweils 16 282 € entnehmen, bei der Investition B sind es 15 591 €/Jahr. Bei der Finanzanlage entspricht der Entnahmebetrag den nach Abzug der Ertragsteuern verbleibenden Zinsen von 12 000 € (= 200 000 €×10% – 200 000 €×10%×40%). Damit sind beide Sachinvestitionen für sich betrachtet vorteilhaft, da der Entnahmebetrag die bei der Finanzanlage mögliche Entnahme übersteigt. Im Alternativenvergleich ist die Investition A vorzuziehen, da bei ihr der Entnahmebetrag mit 16 282 € über der bei der Investition B möglichen Entnahme (= 15 591 €) liegt.

C. Interpretation der Vorteilhaftigkeitskriterien

149 Die **Annuität** stellt die zusätzliche periodische Entnahmemöglichkeit gegenüber einer alternativen Anlage des Anfangsvermögens zum Kalkulationszinssatz dar. Bei der Annuität handelt es sich also um ein relatives Vorteilhaftigkeitskriterium. Der Barwert der Annuitäten entspricht dem Barwert des Vermögenszuwachses gegenüber einer alternativen Anlage des Anfangsvermögens zum Kalkulationszinssatz. Diese Interpretation der Annuität verdeutlicht die formale und inhaltliche Übereinstimmung der Annuitätenmethode mit der Kapitalwertmethode.

150 Bei der Entnahmemethode wird ein absolutes Vorteilhaftigkeitskriterium verwendet. Die **Entnahme** entspricht dem €-Betrag, der in den einzelnen Jahren für Konsumausgaben entnommen werden kann und bei dem am Ende des Berechnungszeitraums das gewünschte Endvermögen (Vermögensendwert) verbleibt.

		Investition A	**Investition B**	**Finanzanlage**
	Entnahme der zu beurteilenden Investition	16 282 €	15 591 €	12 000 €
–	Entnahme bei einer Anlage am Kapitalmarkt	12 000 €	12 000 €	12 000 €
=	Annuität	4 282 €	3 591 €	0 €

Im Vergleich zwischen den beiden Investitionsalternativen gilt:

	Entnahme der Investition A	16 282 €
–	Entnahme der Investition B	15 591 €
bzw		
=	Annuität der Investition A	4 282 €
–	Annuität der Investition B	3 591 €
=	Vorteil der Investition A = Annuität der Zahlungsreihe „Investition A – Investition B“	691 €

D. Eignung der entnahmebezogenen Vorteilhaftigkeitsverfahren

Hinsichtlich des Vergleichs zwischen der Annuitäten- und der Entnahmemethode kann auf die Analysen der Vor- und Nachteile der Kapitalwert- und der Endwertmethode einerseits und der Vermögensendwertmethode andererseits im Zweiten Abschnitt, Kapitel E. (Rn. 115) verwiesen werden. Da die gleichen Annahmen verwendet werden und die Art der Berechnungen vom Ansatz übereinstimmen, ergeben sich bei der Beurteilung der entnahmebezogenen Kriterien keine anderen Aussagen wie bei der Analyse der vermögensbezogenen Investitionsrechnungsverfahren. **151**

Für die Entscheidung zwischen einer vermögensbezogenen Vorteilhaftigkeitsgröße und einer entnahmebezogenen Investitionsrechnungsmethode gelten folgende Leitlinien: **152**

- Von grundlegender Bedeutung ist die Zeitpräferenz des Investors, dh ob er Einkommens- oder Vermögensstreben verfolgt.
- Bei „kleineren" Partialentscheidungen ist regelmäßig Vermögensstreben zugrundezulegen. Sofern sich durch die zu analysierende Entscheidung die Konsumausgaben des Investors nicht verändern, können die Entnahmen innerhalb des Berechnungsschemas mit null angesetzt werden.
- Je (absolut oder relativ) bedeutsamer eine Entscheidung ist, umso eher sind die Entnahmen mit einem von Null abweichenden Wert einzubeziehen (Vermögensstreben) oder ist von einem vermögensbezogenen Vorteilhaftigkeitskriterium auf die Annuitätenmethode bzw die Entnahmemethode überzugehen (Einkommensstreben).

Vierter Abschnitt

Entscheidungsneutrale Besteuerung von Investitionen

A. Nutzen von Analysen zur Entscheidungsneutralität der Besteuerung für die Steuerplanung

(1) Entscheidungsneutralität als Bezugspunkt zur Analyse von Steuerwirkungen: **153**
Die Beschäftigung mit einem entscheidungsneutralen Steuersystem erfolgt nicht deshalb, weil davon ausgegangen wird, dass ein derartiges Konzept in absehbarer Zeit eingeführt wird. Die Begründung liegt vielmehr darin, dass aus diesen Analysen einige grundlegende Wirkungen der in Deutschland erhobenen Ertragsteuern abgeleitet werden können. Dabei wird sich zeigen, dass die Aussage, welche Regelung als „Steuervergünstigung" oder als „Steuerschlupfloch" zu beurteilen ist, nicht so einfach getroffen werden kann. Es wird deutlich werden, dass die in der Steuerpolitik häufig formulierten Behauptungen in vielen Fällen unzutreffend sind. So wirkt beispielswei-

se eine lineare Abschreibung nur in Ausnahmefällen entscheidungsneutral und dennoch wird die lineare Abschreibung regelmäßig als die Methode dargestellt, bei der Investitionsentscheidungen nicht verzerrt werden. Eine sachkundige Beurteilung der Vorschriften zur steuerlichen Gewinnermittlung kann erst dann vorgenommen werden, wenn die Voraussetzungen bekannt sind, unter denen die Ertragsteuern entscheidungsneutral sind. Besteht Klarheit über diese Leitlinie, können Abweichungen von dieser Leitlinie eingeordnet und beurteilt werden. Ein derartiges Wissen ist für Investitionsentscheidungen, die unter Einbezug der Besteuerung getroffen werden, unverzichtbar. Nur wer über derartiges Wissen verfügt, kann Fehlentscheidungen aufgrund unzutreffender Beurteilung der Auswirkungen von steuerlichen Regelungen vermeiden.

154 Die Zielsetzung der Beschäftigung mit einem entscheidungsneutralen Steuersystem ist als **Diagnosemittel** zu verstehen. Ein entscheidungsneutrales Steuersystem dient als „Eichstrich" („Messlatte", „Nullpunkt"), anhand dessen die Zahlungswirkungen eines Steuersystems gemessen werden. Auf dieser Grundlage können Unternehmer und Politiker beurteilen, ob sie diese Abweichungen aus ihrer Sicht als positiv oder als negativ einstufen.

155 *(2) Einschränkung der Analysen der Steuerwirkungen auf Steuerzahlungen:* Die Besteuerungswirkungen lassen sich vereinfachend drei Gruppen zuordnen:[17]

- Steuerzahlungen einschließlich steuerliche Nebenleistungen,
  wie Geldstrafen, Bußgelder, Zwangsgelder, Säumniszuschläge (bei verspäteter Zahlung von Steuern), Verspätungszuschläge (bei verspäteter Abgabe einer Steuererklärung) oder die Zuschläge nach § 162 Abs. 4 AO (bei Verletzung von Mitwirkungspflichten, die speziell für international tätige Unternehmen bestehen)
- Dienstleistungen,
  zB Erstellung der Steuererklärung, Buchführungspflichten, allgemeine Nachweispflichten, Errechnung und Abführung der Kapitalertragsteuer und der Lohnsteuer
- psychologische Wirkungen,
  mit der Abgabe einer Steuererklärung oder Erfüllung von Dokumentationspflichten verbundener „Ärger", Freude über eine Steuererstattung.

Von diesen drei Faktoren werden im Folgenden **nur die Steuerzahlungen betrachtet**. Die Einschränkung auf die Einflüsse der Steuerzahlung auf das Ziel der Einkommenserzielung wird damit begründet, dass sich nur Steuerzahlungen mit hinreichender Genauigkeit beobachten lassen. Die beiden anderen Effekte lassen sich nur bei starken modellmäßigen Vereinfachungen quantifizieren.

156 *(3) Begriff der Entscheidungsneutralität:* Ein Steuersystem gilt als entscheidungsneutral, wenn es bei vernünftigen Steuerpflichtigen keine Steuerausweichhandlungen verursacht. Diese Bedingung ist erfüllt, wenn es durch die Besteuerung zu keiner Veränderung der Rangfolge der Handlungsalternativen kommt, wie sie für eine Welt ohne Berücksichtigung der Steuern unter sonst gleichen Bedingungen gelten würde.[18]

17 Vgl Schneider, Investition, Finanzierung und Besteuerung, 7. Aufl., Wiesbaden 1992, S. 173; Schneider, Steuerlast und Steuerwirkung, München/Wien 2002, S. 24–30, S. 79–88.

18 Vgl Schneider, Investition, Finanzierung und Besteuerung, 7. Aufl., Wiesbaden 1992, S. 193, 206; Wagner/Dirrigl, Die Steuerplanung der Unternehmung, Stuttgart/New York 1980, S. 14.

Um die Wirkungen von Steuern auf Investitionsentscheidungen aus den Zahlungswirkungen ableiten zu können, beruhen die Untersuchungen auf folgenden grundlegenden Annahmen:[19]

- Die Besteuerung verändert die Zielgröße des Entscheidungsträgers nicht.
- Die Besteuerung verändert weder die verfügbaren Handlungsalternativen noch die Anfangsausstattung an finanziellen Mitteln.
- Die Besteuerung verändert nicht das Ausmaß der Rationalität des Entscheidungsträgers.

(4) Konzentration auf Investitionsneutralität unter Sicherheit: Bei den Auswirkungen der Zahlungswirkungen der Besteuerung auf die Vorteilhaftigkeit von Investitionen ist zwischen zwei Formen zu unterscheiden:[20] **157**

- Die Investitionsneutralität unter Sicherheit ist gegeben, wenn sich für eine bestimmte Zukunftslage die Rangfolge zwischen den Handlungsalternativen durch die Besteuerung nicht verändert.
- Bei der Investitionsneutralität unter Ungewissheit muss sich diese Rangfolgeninvarianz auch dann einstellen, wenn die Ungewissheit über die Entwicklung der mit einer Handlungsalternative verbundenen Ein- und Auszahlungen einbezogen werden.

Im Folgenden erfolgt eine Einschränkung auf **Investitionsneutralität unter Sicherheit.** Die Effekte der Besteuerung unter Einbezug der Ungewissheit[21] werden nicht betrachtet. Es wird „nur" folgende **Frage** beantwortet: Wie ist die steuerliche Bemessungsgrundlage zu wählen, wenn die Zahlungsströme der zu beurteilenden Investitionsalternativen gegeben sind und sich die Rangfolge zwischen den Investitionsalternativen durch die Besteuerung nicht ändern soll?

Die investitionsneutrale **Steuerbemessungsgrundlage** dient als Maßstab zur Analyse der Zahlungswirkungen des geltenden Steuersystems, wie sie in Investitionsrechnungen erfasst werden können. Diskutiert wird die Ausgestaltung der steuerlichen Bemessungsgrundlage. Zur Höhe des Steuersatzes wird keine Aussage getroffen. Vielmehr wird ein Besteuerungskonzept gesucht, bei dem die Höhe des Steuersatzes auf Investitionsentscheidungen keinen Einfluss ausübt. Die Höhe des Steuersatzes wird zwar sehr häufig diskutiert. Aus betriebswirtschaftlicher Sicht können allerdings zur Höhe des „angemessenen" Steuersatzes keine Aussagen getroffen werden. **158**

Den modelltheoretischen Analysen liegen folgende **Annahmen** zugrunde. Sie können als notwendige Bedingung angesehen werden, damit die Investitionsneutralität der Besteuerung vom Grundsatz erreicht werden kann: **159**

- Sicherheit, dh vollständige Kenntnis der Zahlungsströme und Beschränkung der Analyse auf *eine* Zukunftslage

19 Vgl Schneider, Steuerlast und Steuerwirkung, München/Wien 2002, S. 98. Es sei darauf hingewiesen, dass zahlreiche „Steuersparmodelle" nur deshalb erfolgreich angeboten werden können, weil die hier formulierten Prämissen nicht gelten.

20 Vgl Schneider, Investition, Finanzierung und Besteuerung, 7. Aufl., Wiesbaden 1992, S. 204–205. Zu den Zahlungswirkungen der Besteuerung gehören auch die Liquiditätsneutralität (Finanzierungsneutralität iwS) sowie die Finanzierungsvertragsneutralität (Finanzierungsneutralität ieS).

21 Siehe hierzu zB Schneider, Steuerlast und Steuerwirkung, München/Wien 2002, S. 137–162.

- Nichtüberwälzbarkeit der Steuern, dh die Einzahlungsüberschüsse vor Steuern stimmen mit den Einzahlungsüberschüssen nach Steuern überein, die einzige Abweichung besteht in den durch eine Handlungsalternative ausgelösten Steuerzahlungen
- Nichtenteignung, maW der Steuersatz ist positiv und er liegt unter 100%
- proportionaler Steuertarif, dh der Steuersatz ist unabhängig von der Höhe der Bemessungsgrundlage, es treten weder direkte noch indirekte (so bei Freibeträgen und Freigrenzen) Progressionswirkungen auf
- Konstanz des (Differenz-)Steuersatzes im Zeitablauf
- sofortige Besteuerung bzw „sofortiger Verlustausgleich", was bedeutet, dass alle Steuerzahlungen am Ende der jeweiligen Periode entrichtet werden und dass es bei negativen Bemessungsgrundlagen generell zu einer sofortigen Steuererstattung kommt. Die Wirkungen von Steuervorauszahlungen und Steuerabschlusszahlungen sowie die Einschränkungen beim ertragsteuerlichen Verlustabzug und beim Abzug von Finanzierungsaufwendungen (gewerbesteuerliche Hinzurechnung, „Zinsschranke") bleiben ausgeklammert.

160 *(5) Weitere Vorgehensweise:* Voraussetzung für eine Beurteilung einer bestimmten steuerlichen Regelung ist eine Analyse ihrer finanziellen Effekte auf der Grundlage einer Investitionsrechnung. Im ersten Schritt werden die Verzerrungen des geltenden Ertragsteuerrechts erläutert und mit Hilfe eines Zahlenbeispiels verdeutlicht (Kapitel B., Rn. 162). Im zweiten Schritt wird vorgestellt, welche Eigenschaft die steuerliche Gewinnermittlung aufweisen muss, damit bei Investitionsentscheidungen keine Verzerrungen entstehen. Es werden die Formen zur Ermittlung der steuerpflichtigen Bemessungsgrundlagen erläutert, bei denen nach Einbezug der steuerlichen Effekte die zu beurteilenden Investitionsalternativen in gleicher Weise gereiht werden wie bei einer Entscheidung anhand der Zahlungsreihe vor Steuern. In diesem Fall liegt die Investitionsneutralität unter Sicherheit vor. Da das deutsche Ertragsteuerrecht grundsätzlich von der Besteuerung des am Markt erwirtschafteten Einkommens ausgeht, bilden einkommensorientierte Besteuerungssysteme den Ausgangspunkt der Analysen (Kapitel C., Rn. 170).[22] Zusätzlich werden konsumorientierte Besteuerungskonzepte betrachtet (Kapitel D., Rn. 207), weil trotz grundsätzlicher Anerkennung der Anknüpfung an das erzielte Einkommen häufig Reformvorschläge gemacht werden, die auf einer konsumorientierten Besteuerung beruhen. Bei der Erläuterung der verschiedenen Formen von entscheidungsneutralen Besteuerungssystemen wird gleichzeitig erkennbar, aus welchen Gründen im geltenden Gewinnermittlungsrecht Verzerrungen auftreten. Die Untersuchungen werden auch zeigen, ob aus betriebswirtschaftlicher Sicht eher eine einkommensorientierte oder eher eine konsumorientierte Besteuerung erstrebenswert sein sollte.

161 Diese Erkenntnisse werden im dritten Schritt dafür nutzbar gemacht, um für ausgewählte Investitionsentscheidungen Hinweise zum Einfluss der Besteuerung abzuleiten:

- Vorteilhaftigkeit von Investitionsfördermaßnahmen (Fünfter Abschnitt, Rn. 243)

---

22 Zu den Möglichkeiten der Konkretisierung des Besteuerungsgegenstands (Einkommen, Konsum oder Vermögen) siehe Schneider, Steuerlast und Steuerwirkung, München/Wien 2002, S. 241.

- Nebeneinander von Senkung des Steuersatzes und Verschlechterung der Abschreibungsbedingungen als Beispiel für die Auswirkungen der Leitlinie von vielen steuerpolitischen Überlegungen auf der Grundlage „Senkung des Steuersatzes und Verbreiterung der Bemessungsgrundlage" (Sechster Abschnitt, Rn. 270)
- Zusammenhang zwischen Abschreibungen und Art der Veräußerungsgewinnbesteuerung bei Immobilieninvestitionen einerseits und Abgeltungsteuer auf privaten Kapitalanlagen andererseits (Siebter Abschnitt, Rn. 277)
- Einfluss des Nebeneinanders von einkommens- und konsumorientierter Besteuerung auf die Wahl der Form der Altersvorsorge (Achter Abschnitt, Rn. 291).

Bei den Analysen wird auch darauf eingegangen, welche (häufig negativen) Rückwirkungen von der Besteuerung von privaten Kapitalanlagen mit der 25%igen Abgeltungsteuer auf Investitionen im betrieblichen oder privaten Bereich ausgehen. Die Abgeltungsteuer wurde zwar in erster Linie eingeführt, um die Steuerehrlichkeit bei der Besteuerung von privaten Zinsen zu erhöhen. Es wird jedoch deutlich werden, dass die Art der Besteuerung der Alternativanlage – die Anlage am Kapitalmarkt – die Vorteilhaftigkeit von Sach- oder Finanzinvestition beeinflusst.

B. Verzerrungen durch das geltende Ertragsteuerrecht

(1) Daten und Ergebnisse von zwei Beispielsinvestitionen: Die Wirkungen der Gewinnermittlung im geltenden Steuerrecht werden anhand eines konkreten Zahlenbeispiels veranschaulicht. Betrachtet werden zwei Sachinvestitionen, die sich durch folgende Merkmale charakterisieren lassen: Die Investition D weist eine im Zeitablauf fallende Zahlungsreihe auf. Bei der Investition E liegt der zeitliche Schwerpunkt der Einzahlungsüberschüsse später, dh die Zahlungsreihe weist einen im Zeitablauf steigenden Verlauf auf. Zusätzlich entsteht bei der Investition D im letzten Jahr ein Auszahlungsüberschuss, bei der Investition E ist die Zahlungsreihe in der ersten Periode negativ. **162**

Beispiel: Ein Investor verfügt über Zahlungsmittel in Höhe von 200 000 €. Er hat die Wahl zwischen zwei Sachinvestitionen, die vor Steuern folgende Zahlungsreihen aufweisen:

Jahr	Investition D (fallende Zahlungsreihe)	Investition E (ansteigende Zahlungsreihe)
0	– 200 000 €	– 180 000 €
1	+ 110 000 €	– 30 000 €
2	+ 80 000 €	+ 80 000 €
3	+ 60 000 €	+ 180 000 €
4	– 10 000 €	

weitere Daten: Aus einem Kalkulationszinssatz vor Steuern von 10% und einem (proportionalen) Ertragsteuersatz von 40% errechnet sich ein Kalkulationszinssatz nach Steuern von 6% = 10% × (1–40%). Die Abschreibungssumme stimmt mit den Anschaffungskosten von 200 000 € überein. Die Abschreibungen werden linear verrechnet.

163 Für die Berechnung der Vorteilhaftigkeit ohne Einbezug der Besteuerung bzw bei einer Besteuerung in Anlehnung an das geltende Recht können grundsätzlich die im Zweiten Abschnitt (Rn. 92) bei der Erläuterung der Kapitalwertmethode sowie der Vermögensendwertmethode vorgestellten Berechnungsschemata herangezogen werden. Die Unterschiede ergeben sich nur daraus, dass bei den Investitionen D und E die Zahlungsreihe vor Steuern von der Zahlungsreihe vor Steuern der Investitionen A und B abweicht. Die im Einzelnen vorzunehmenden Rechenschritte können übernommen werden.[23]

	Investition D	Investition E	Vergleich D – E	Finanzanlage
vor Steuern				
• Kapitalwert	+ 4 364	– 5 920	+ 10 285	0
• Vermögensendwert	299 210	284 152	+ 15 058	292 820
nach Steuern (lineare Abschreibung, sofortiger Verlustausgleich)[24]				
• Kapitalwert	– 240	+ 570	– 810	0
• Vermögensendwert	252 192	253 215	– 1 023	252 495
Veränderung durch die Besteuerung (lineare Abschreibung, sofortiger Verlustausgleich)				
• Kapitalwert	– 4 605	+ 6 490	– 11 094	± 0
• Vermögensendwert	– 47 018	– 30 937	– 16 081	– 40 325

Abb. 4.2: Entscheidungswirkungen des geltenden Steuerrechts

164 *(2) Auswertung:* **Ohne Berücksichtigung der Besteuerung** ist die Investition D der Investition E vorzuziehen. Die Investition D weist auch gegenüber einer alternativen Anlage zum Kalkulationszinssatz Vorteile auf. Demgegenüber ist die Investition E sowohl gegenüber der Investition D als auch gegenüber einer alternativen Anlage am Kapitalmarkt nicht zu empfehlen. Diese Aussagen gelten unabhängig davon, ob die Beurteilung anhand des Kapitalwerts erfolgt oder ob die Entscheidung auf der Grundlage der Vermögensendwertmethode getroffen wird.

165 Bei einer Besteuerung in Anlehnung an das **geltende Steuerrecht** kehrt sich die Vorteilhaftigkeitsreihenfolge vollständig um. Die Investition E ist nunmehr der Investition D vorzuziehen. Gegenüber einer alternativen Anlage zum Kalkulationszinssatz verändert sich die Vorteilhaftigkeitsaussage gleichfalls. Die vor Steuern vorteilhafte Investition D weist bei Einbezug der Besteuerung einen negativen Kapitalwert auf, während bei der Investition E aus dem vor Steuern negativen Kapitalwert bei Einbe-

23 In der Ergebnisübersicht ist die jeweils vorteilhafte Investition durch eine graue Schattierung hervorgehoben.

24 Der sofortige Verlustausgleich ist dadurch gekennzeichnet, dass negative Bemessungsgrundlagen (Verluste) in dem Jahr, in dem sie entstehen, mit positiven Einkünften aus anderen Investitionen (Gewinnen) verrechnet werden können.

zug der Besteuerung ein positiver Kapitalwert wird. **Die lineare Abschreibung wirkt also nicht entscheidungsneutral.**

Bei allen drei Alternativen (Investition D, Investition E, Finanzanlage) reduziert sich der Vermögensendwert. Der Rückgang fällt allerdings bei der Investition D am stärksten aus, sodass auch bei diesem Kriterium die Investition D vom ersten auf den dritten Rangplatz zurückfällt. Relativ am geringsten geht der Vermögensendwert der Investition E zurück. Damit ist die Investition E nach Einbezug der steuerlichen Effekte nicht nur gegenüber der alternativen Anlage am Kapitalmarkt vorzuziehen, sondern auch gegenüber der Investition D. Die Investition E verbessert sich also vom dritten Rangplatz auf den ersten Platz. **166**

(3) Abweichungen zwischen nomineller und effektiver Steuerbelastung als Messgröße für die Entscheidungswirkungen der Besteuerung: Die Differenz zwischen der nominellen Steuerbelastung und der effektiven Steuerbelastung zeigt die Art und das Ausmaß der Verzerrungen an, die durch die Besteuerung ausgelöst werden. Diese beiden Kriterien zur Messung der Steuerbelastung sind wie folgt definiert: **167**

- nominelle Steuerbelastung
  = Steuersatz × steuerrechtliche Bemessungsgrundlage
- effektive Steuerbelastung
  = Steuersatz bezogen auf eine betriebswirtschaftliche Vorteilhaftigkeitsgröße

Wird die Rendite als Beurteilungsmaßstab verwendet, errechnet sich die effektive Steuerbelastung wie folgt: **168**

$$\frac{\textit{Rendite vor Steuern} - \textit{Rendite nach Steuern}}{\textit{Rendite vor Steuern}}$$

In Abhängigkeit vom Verhältnis zwischen nomineller und effektiver Steuerbelastung lassen sich die Entscheidungswirkungen eines bestimmten Steuersystems erkennen:

- Steuernachteil: nominelle Steuerbelastung $<$ effektive Steuerbelastung
- Steuerneutralität: nominelle Steuerbelastung $=$ effektive Steuerbelastung
- Steuervergünstigung: nominelle Steuerbelastung $>$ effektive Steuerbelastung

Bei der Baldwin-Verzinsung zeigt sich die steuerliche Benachteiligung der Investition D darin, dass ihre effektive Steuerbelastung mit 43,68% die nominelle Belastung von 40,00% übersteigt. Demgegenüber ist bei der Investition E eine steuerliche Begünstigung festzustellen, da die effektive Belastung mit 33,77% unter dem Ertragsteuersatz von 40,00% liegt. Bei Finanzanlagen stimmt die effektive Steuerbelastung mit der nominellen Steuerbelastung überein, dh sie werden im geltenden Recht entscheidungsneutral besteuert: **169**

	Investition D	Investition E	Finanzanlage
nominelle Steuerbelastung	40,00%	40,00%	40,00%
Rendite vor Steuern (Baldwin-Verzinsung)	10,60%	9,18%	10,00%
Rendite nach Steuern (Baldwin-Verzinsung)	5,97%	6,08%	6,00%
effektive Steuerbelastung	$\frac{10{,}60\% - 5{,}97\%}{10{,}60\%}$ = 43,68%	$\frac{9{,}18\% - 6{,}08\%}{9{,}18\%}$ = 33,77%	$\frac{10{,}00\% - 6{,}00\%}{10{,}00\%}$ = 40,00%
Entscheidungswirkung	Steuernachteil	Steuervergünstigung	Steuerneutralität

Abb. 4.3: Zusammenhang zwischen nomineller und effektiver Steuerbelastung

C. Investitionsneutralität einer Besteuerung des Einkommens

I. Methodische Grundlagen der Besteuerung des kapitaltheoretischen Gewinns

170 *(1) Bemessungsgrundlage bei der Besteuerung des kapitaltheoretischen Gewinns:* Die Grundidee der Besteuerung des kapitaltheoretischen Gewinns besteht darin, dass zur Berechnung der Bemessungsgrundlage die Einzahlungsüberschüsse einer Investition um die innerhalb der jeweiligen Periode eingetretenen Veränderungen des Ertragswerts korrigiert werden.[25] Die Veränderung des Ertragswerts wird als Ertragswertabschreibung bezeichnet. Als Ertragswert gilt der Barwert der zukünftig aus der Investition zu erwartenden Einzahlungsüberschüsse. Dieser Ertragswert ist innerhalb des Berechnungszeitraums zu Beginn einer jeden Periode zu berechnen:

	Einzahlungsüberschuss einer Investition in der betreffenden Periode		$EZÜ_t$
–	Ertragswertabschreibung	–	D_t
=	Bemessungsgrundlage bei Besteuerung des kapitaltheoretischen Gewinns	=	BMG
	wobei sich die Ertragswertabschreibung bestimmt aus		D_t
	Ertragswert zu Beginn der betrachteten Periode	=	E_{t-1}
	– Ertragswert am Ende der jeweiligen Periode	–	E_t

25 Siehe hierzu einführend Schneider, Steuerlast und Steuerwirkung, München/Wien 2002, S. 122–126; Treisch, SteuerStud 2000, S. 368; Wagner/Wissel, WiSt 1995, S. 65 sowie ausführlich Heinhold, Unternehmensbesteuerung, Band 3: Investition und Finanzierung, Stuttgart 1996, S. 125–158; König/Wosnitza, Betriebswirtschaftliche Steuerplanungs- und Steuerwirkungslehre, Heidelberg 2004, S. 139–184; Mellwig, Investition und Besteuerung, Wiesbaden 1985, S. 159–165, S. 170–175; Schreiber, Besteuerung der Unternehmen, 4. Aufl., Wiesbaden 2017, S. 690–697.

Bei einer Besteuerung des kapitaltheoretischen Gewinns kann die ertragsteuerliche Bemessungsgrundlage alternativ als Zinsen auf den zu Beginn des Jahres vorhandenen Ertragswert formuliert werden:[26]

	Einzahlungsüberschuss einer Investition in der betreffenden Periode		$EZÜ_t$
–	Ertragswertabschreibung	–	D_t
=	Ertragswert zu Beginn der Periode × Vorsteuerrendite der Investition		$E_{t-1} \times i$
	umformbar zu		
	Ertragswert zu Beginn der betrachteten Periode	=	E_{t-1}
+	Ertragswert zu Beginn der Periode × Vorsteuerrendite der Investition	+	$E_{t-1} \times i$
–	Einzahlungsüberschuss einer Investition in der betreffenden Periode	–	$EZÜ_t$
=	Ertragswert am Ende der Periode	=	E_t

Die Konsequenz einer Besteuerung des kapitaltheoretischen Gewinns ist, dass der **Kapitalwert vor Steuern mit dem Kapitalwert nach Steuern übereinstimmt**: $C_0 = C_{0,S}$. Damit kann sich – unabhängig von der Höhe des Steuersatzes – die Vorteilhaftigkeitsreihenfolge zwischen Sachinvestitionen und Finanzinvestitionen sowie zwischen verschiedenen Sachinvestitionen durch die Besteuerung nicht verändern (Entscheidungsneutralität bezogen auf Investitionsentscheidungen: **intersektorale Neutralität**). 171

Die auf einer Besteuerung des kapitaltheoretischen Gewinns beruhende Einkommensdefinition geht davon aus, dass Zinseinnahmen steuerpflichtig bzw Schuldzinsen als Betriebsausgaben abziehbar sind. Die Besteuerung des kapitaltheoretischen Gewinns **fügt sich insoweit grundsätzlich in das geltende Einkommensteuerrecht ein**. Für die Berechnung des Kapitalwerts nach Steuern bedeutet dies, dass der Kalkulationszinssatz (i), der die Alternativanlage repräsentiert bzw die zum Ausgleich von Zahlungssalden notwendigen Differenzanlagen und -kredite erfasst, um den Ertragsteuersatz zu reduzieren ist: $i_s = i \times (1-s)$.

(2) Begründung für die Übereinstimmung des Kapitalwerts nach Steuern mit dem Kapitalwert vor Steuern: Die Ursache dafür, dass bei einer Besteuerung des kapitaltheoretischen Gewinns der Kapitalwert nach Steuern ($C_{0,S}$) mit dem Kapitalwert vor Steuern (C_0) übereinstimmt, wird mit Hilfe von Berechnungsformeln abgeleitet.[27] 172

Für den Kapitalwert vor Steuern gilt:

26 Zum rechnerischen Nachweis siehe Unterabschnitt (3), Rn. 174.

27 Siehe hierzu Schneider, Investition, Finanzierung und Besteuerung, 7. Aufl., Wiesbaden 1992, S. 214–229.

$$C_0 = \underbrace{-I_0}_{\text{Anfangs-investition}} + \underbrace{\sum_{t=1}^{N} EZÜ_t \times (1+i)^{-t}}_{\text{abgezinste Zahlungsüberschüsse der Perioden}}$$

Unter Einbezug von Ertragsteuern errechnet sich der Kapitalwert wie folgt:

$$C_{0,S} = \underbrace{-I_0}_{\text{Anfangs-investition}} + \underbrace{\sum_{t=1}^{N} [EZÜ_t - s \times (EZÜ_t - AfA_t)]}_{\text{Einzahlungsüberschüsse abzüglich Steuern}} \times \underbrace{(1+i_s)^{-t}}_{\text{Diskontierungsfaktor}}$$

umgeformt zu

$$C_{0,S} = \underbrace{-I_0}_{\text{Anfangs-investition}} + \underbrace{(1-s) \times \sum_{t=1}^{N} EZÜ_t \times (1+i_s)^{-t}}_{\text{versteuerter Ertragswert der Investition}} + \underbrace{s \times \sum_{t=1}^{N} AfA_t \times (1+i_s)^{-t}}_{\text{Barwert abschreibungsbedingter Steuerminderungen}}$$

Investitionsneutralität ist gegeben, wenn die beiden Kapitalwerte gleich hoch sind:

$C_0 = C_{0,S}$

Durch einsetzen und umstellen ergibt sich

$$\underbrace{s \times \sum_{t=1}^{N} AfA_t \times (1+i_s)^{-t}}_{\text{Barwert abschreibungsbedingter Steuerminderungen}} = \underbrace{\sum_{t=1}^{N} EZÜ_t \times (1+i)^{-t}}_{\text{Ertragswert der Investition vor Steuern}} - \underbrace{(1-s) \times \sum_{t=1}^{N} EZÜ_t \times (1+i_s)^{-t}}_{\text{versteuerter Ertragswert der Investition}}$$

Nach Umformung gilt

$$\underbrace{s \times \sum_{t=1}^{N} (EZÜ_t - AfA_t) \times (1+i_s)^{-t}}_{\text{Barwert der Steuerzahlungen}} = \underbrace{\sum_{t=1}^{N} EZÜ_t \times (1+i_s)^{-t} - \sum_{t=1}^{N} EZÜ_t \times (1+i)^{-t}}_{\text{steuerbedingter Zinsminderungseffekt}}$$

173 Es treten also zwei gegenläufige Effekte auf. Die Minderung des Kapitalwerts durch den Barwert der Steuerzahlungen gibt die **Steuerbelastung der zu beurteilenden Investition** wieder. Der steuerbedingte Zinsminderungseffekt führt zu einer Erhöhung des Kapitalwerts. Bei der Berechnung des Kapitalwerts nach Steuern ist der Kalkulationszinssatz um die **Steuerbelastung der Alternativanlage** zu reduzieren. Entscheidungsneutralität liegt vor, wenn sich die beiden Effekte **ausgleichen**. Diese Bedingung ist dann erfüllt, wenn die Steuerbelastung der Investition (erster Faktor: Minderung des Kapitalwerts um den Barwert der Steuerzahlungen) mit der Steuerbelastung einer Anlage zum Kalkulationszinssatz (zweiter Faktor: Minderung des Kalkulationszinssatzes um die Steuerbelastung der Alternativanlage) übereinstimmt.

(3) Investitionsneutralität der Besteuerung des kapitaltheoretischen Gewinns: Bei einer Besteuerung des kapitaltheoretischen Gewinns stimmt der Barwert der Steuerzahlung der zu beurteilenden Investition betragsmäßig mit dem steuerbedingten Zinsminderungseffekt überein, der durch die steuerliche Belastung der Alternativanlage eintritt. **174**

Die Ableitung der Ertragswertabschreibung dient als Nachweis für die Investitionsneutralität der Besteuerung des kapitaltheoretischen Gewinns:[28]

Ertragswert vor Steuern zum Zeitpunkt t: $E_t = E_{t-1} \times (1+i) - EZÜ_t$

Ertragswertabschreibung (D_t) in Periode t:

$$D_t = E_{t-1} - E_t = E_{t-1} - [E_{t-1} \times (1+i) - EZÜ_t]$$
$$= EZÜ_t - i \times E_{t-1}$$

Ertragswert nach Steuern zum Zeitpunkt t:

$$E_{S,t} = E_{S,t-1} \times (1+i_s) - [EZÜ_t - s \times (EZÜ_t - AfA_t)]$$
$$= E_{S,t-1} \times [1 + (1-s) \times i] - [EZÜ_t - s \times (EZÜ_t - AfA_t)]$$
$$= E_{S,t-1} + (1-s) \times i \times E_{S,t-1} - [EZÜ_t - s \times (EZÜ_t - AfA_t)]$$

Setzt man den Ertragswert nach Steuern zum Zeitpunkt t gleich dem Ertragswert vor Steuern zum Zeitpunkt t, ergibt sich für $E_{S,t} = E_t = E_{t-1} \times (1+i) - EZÜ_t$

$$E_{t-1} \times (1+i) - EZÜ_t = E_{S,t-1} + (1-s) \times i \times E_{S,t-1} - [EZÜ_t - s \times (EZÜ_t - AfA_t)]$$

Bei $E_{S,t-1} = E_{t-1}$ gilt:

$$E_{t-1} + i \times E_{t-1} = E_{t-1} + i \times E_{t-1} - s \times i \times E_{t-1} + s \times EZÜ_t - s \times AfA_t$$
$$s \times AfA_t = s \times [EZÜ_t - i \times E_{t-1}]$$
$$AfA_t = EZÜ_t - i \times E_{t-1}$$
$$AfA_t = D_t$$

Die Investitionsneutralität ist unabhängig von dem in der betrachteten Periode geltenden Steuersatz gewahrt, wenn die steuerrechtliche Abschreibung (AfA_t) **in jeder Periode** der Ertragswertabschreibung (D_t) entspricht, dh wenn die steuerliche Bemessungsgrundlage in jedem Jahr mit dem kapitaltheoretischen Gewinn übereinstimmt.

Entscheidungsneutralität setzt aber nicht zwingend voraus, dass die steuerrechtliche Abschreibung in jeder Periode mit der Ertragswertabschreibung übereinstimmt. Die Voraussetzung für eine Entscheidungsneutralität lässt sich auch weniger streng formulieren. Es ist ausreichend, wenn **über den gesamten Berechnungszeitraum** betrachtet der Barwert der steuerrechtlichen Abschreibung dem Barwert der Ertragswertabschreibung entspricht: **175**

28 Siehe hierzu Schneider, Investition, Finanzierung und Besteuerung, 7. Aufl., Wiesbaden 1992, S. 214–229.

$$\sum_{t=1}^{N} AfA_t \times (1+i_s)^{-t} = \sum_{t=1}^{N} D_t \times (1+i_s)^{-t}$$

176 *(4) Vergleich zwischen Ertragswertabschreibung und steuerrechtlicher Abschreibung:* Ob der Barwert der Abschreibungen nach geltendem Recht größer oder kleiner ist als der Barwert der Ertragswertabschreibung, **hängt vom Verlauf der Ein- bzw Auszahlungsüberschüsse der zu beurteilenden Investition ab**. Der **Kapitalwert reduziert sich** beim Einbezug der Steuern bzw bei einer Erhöhung des Steuersatzes, wenn

der zeitliche Schwerpunkt der steuerrechtlichen Abschreibungen	nach	dem zeitlichen Schwerpunkt der Einzahlungsüberschüsse

liegt.

Umgekehrt **erhöht sich** der **Kapitalwert** durch den Einbezug der Steuern bzw bei einer Erhöhung des Steuersatzes, wenn

der zeitliche Schwerpunkt der steuerrechtlichen Abschreibungen	vor	dem zeitlichen Schwerpunkt der Einzahlungsüberschüsse

liegt. Dieser zweite Fall wird als **Steuerparadoxon** bezeichnet. Der Anstieg des Kapitalwerts nach Einbezug der Besteuerung kann auch dazu führen, dass eine Investition, für die sich vor Steuern ein negativer Kapitalwert ergibt und damit als unvorteilhaft gilt, nach Einbezug der Steuern einen positiven Kapitalwert aufweist und damit als vorteilhaft eingestuft wird.

II. Quantifizierung der Effekte

177 *(1) Daten:* Die mit Hilfe von Formeln abgeleiteten Aussagen werden durch ein konkretes Beispiel veranschaulicht. Dabei wird auf das gleiche Beispiel zurückgegriffen wie bei den Berechnungen der Steuerwirkungen nach geltendem Gewinnermittlungsrecht (lineare Abschreibung).

Beispiel: Ein Investor verfügt über Zahlungsmittel in Höhe von 200 000 €. Er hat die Wahl zwischen zwei Sachinvestitionen, die vor Steuern folgende Zahlungsreihen aufweisen:

Jahr	Investition D (fallende Zahlungsreihe)	Investition E (ansteigende Zahlungsreihe)
0	– 200 000 €	– 180 000 €
1	+ 110 000 €	– 30 000 €
2	+ 80 000 €	+ 80 000 €
3	+ 60 000 €	+ 180 000 €
4	– 10 000 €	

weitere Daten: Aus einem Kalkulationszinssatz vor Steuern von 10% und einem (proportionalen) Ertragsteuersatz von 40% errechnet sich ein Kalkulationszinssatz nach Steuern von 6% = 10% × (1–40%). Bei Sachinvestitionen werden die Abschreibungen entweder linear (geltendes

Recht) oder nach dem Konzept der Ertragswertabschreibung (kapitaltheoretischer Gewinn) verrechnet.

(2) Einzelberechnungen: Im ersten Schritt sind die Abschreibungen zu berechnen, dh aus der Veränderung der Ertragswerte im Zeitablauf ist die in den einzelnen Perioden zu verrechnende Ertragswertabschreibung abzuleiten. Im zweiten Schritt können auf dieser Grundlage die Kapitalwerte und die Vermögensendwerte bestimmt werden. **178**

Ausgangspunkt zur **Ermittlung der Ertragswertabschreibung** bilden die Ertragswerte der Investition. Diese Ertragswerte sind innerhalb des Berechnungszeitraums für den Beginn jeder Periode zu bestimmen. Die Berechnung des Ertragswerts erfolgt mit dem Kalkulationszinssatz **vor** Steuern, im Beispiel also mit 10%. Zu Beginn der ersten Periode sind alle zukünftigen Einzahlungsüberschüsse bzw Auszahlungsüberschüsse abzuzinsen. Da der Ertragswert zu berechnen ist, bleibt die Anfangsauszahlung (= Anschaffungskosten der Investition) unberücksichtigt. Für die Investition D ergibt sich zu Beginn der ersten Periode ein Ertragswert von 204 364 €.[29] Zu Beginn der zweiten Periode sind nur noch die Zahlungsreihen der verbleibenden Perioden 2 bis 4 heranzuziehen. Darüber hinaus ist der Abzinsungszeitraum um eine Periode zu verkürzen. Der Ertragswert zu Beginn der zweiten Periode beträgt 114 801 €. Da dieser mit dem Ertragswert zum Ende der ersten Periode übereinstimmt, ist in der ersten Periode eine Ertragswertabschreibung von 89 564 € (= 204 364 € – 114 801 €) zu verrechnen. Zu Beginn der dritten Periode sind die für die beiden letzten Perioden noch zu erwartenden Zahlungen abzuzinsen (= 46 281 €). Die Ertragswertabschreibung in der zweite Periode beläuft sich auf 68 520 € (= 114 801 € – 46 281 €). Der Ertragswert zum Ende der dritten Periode ist negativ, weil in der letzten Periode ein Auszahlungsüberschuss entsteht. Die Ertragswertabschreibung für die dritte Periode beträgt 55 372 € (= 46 281 € – [–9 091 €]). In der letzten Periode ist die Ertragswertabschreibung negativ, dh es kommt zu einer Erhöhung der steuerpflichtigen Bemessungsgrundlage: –9 091 € = –9 091 € – 0 €. In der Summe stimmen die Ertragswertabschreibungen mit dem Ertragswert zu Beginn des Berechnungszeitraums überein: 204 364 € = 89 564 € + 68 520 € + 55 372 € – 9 091 €.

Investition D	t_1	t_2	t_3	t_4
Berechnung der Ertragswerte				
Zahlungsreihe der zu beurteilenden Investition	110 000	80 000	60 000	– 10 000
Ertragswert zu Beginn der Periode t_1: 204 364	+ 100 000 = $110\,000 \times 1{,}10^{-1}$	+ 66 116 = $80\,000 \times 1{,}10^{-2}$	+ 45 079 = $60\,000 \times 1{,}10^{-3}$	– 6 830 = $-10\,000 \times 1{,}10^{-4}$
Ertragswert zu Beginn der Periode t_2: 114 801		+ 72 727 = $80\,000 \times 1{,}10^{-1}$	+ 49 587 = $60\,000 \times 1{,}10^{-2}$	– 7 513 = $-10\,000 \times 1{,}10^{-3}$
Ertragswert zu Beginn der Periode t_3: 46 281			+ 54 545 = $60\,000 \times 1{,}10^{-1}$	– 8 264 = $-10\,000 \times 1{,}10^{-2}$
Ertragswert zu Beginn der Periode t_4: –9 091				– 9 091 = $-10\,000 \times 1{,}10^{-1}$

29 Zu Beginn der ersten Periode entspricht der Ertragswert dem Kapitalwert der Investition (= 4 364 €) zuzüglich der Anfangsauszahlung (= 200 000 €).

Berechnung der Ertragswertabschreibung

Ertragswert zu Beginn der Periode	204 364	114 801	46 281	– 9 091
– Ertragswert am Ende der Periode (= Ertragswert zu Beginn der nächsten Periode)	114 801	46 281	– 9 091	0
= Ertragswertabschreibung	89 564	68 520	55 372	– 9 091

Berechnung des kapitaltheoretischen Gewinns

Zahlungsreihe der zu beurteilenden Investition vor Steuern	110 000	80 000	60 000	– 10 000
– Ertragswertabschreibung	89 564	68 520	55 372	– 9 091
= kapitaltheoretischer Gewinn = Ertragswert zu Beginn der Periode × Kalkulationszinssatz vor Steuern	20 436	11 480	4 628	– 909

179 Für die Investition E sind die Ertragswertabschreibungen analog zu ermitteln. Da in der ersten Periode die Auszahlungen die Einzahlungen übersteigen, ist in der ersten Periode die Ertragswertabschreibung negativ. Dies führt dazu, dass trotz einer negativen Zahlungsreihe vor Steuern die steuerliche Bemessungsgrundlage positiv wird:

Investition E	t_1	t_2	t_3
Berechnung der Ertragswerte			
Zahlungsreihe der zu beurteilenden Investition	– 30 000	80 000	180 000
Ertragswert zu Beginn der Periode t_1: 174 080	– 27 273 = –30 000×1,10^{-1}	+ 66 116 = 80 000×1,10^{-2}	+ 135 237 = 180 000×1,10^{-3}
Ertragswert zu Beginn der Periode t_2: 221 488		+ 72 727 = 80 000×1,10^{-1}	+ 148 760 = 180 000×1,10^{-2}
Ertragswert zu Beginn der Periode t_3: 163 636			+ 163 636 = 180 000×1,10^{-1}

Berechnung der Ertragswertabschreibung

Ertragswert zu Beginn der Periode	174 080	221 488	163 636
– Ertragswert am Ende der Periode (= Ertragswert zu Beginn der nächsten Periode)	221 488	163 636	0
= Ertragswertabschreibung	– 47 408	57 851	163 636

Berechnung des kapitaltheoretischen Gewinns

Zahlungsreihe der zu beurteilenden Investition vor Steuern	– 30 000	80 000	180 000
– Ertragswertabschreibung	– 47 408	57 851	163 636
= kapitaltheoretischer Gewinn = Ertragswert zu Beginn der Periode × Kalkulationszinssatz vor Steuern	17 408	22 149	16 364

Für die **Berechnung des Kapitalwerts** nach Steuern ist die Zahlungsreihe der zu beurteilenden Investition um die Ertragsteuern zu vermindern. Die Steuerzahlungen ergeben sich durch Multiplikation des kapitaltheoretischen Gewinns mit dem Ertragsteuersatz von im Beispiel 40%. Diese Zahlungsreihe nach Steuern ist mit dem Kalkulationszinssatz **nach** Steuern abzuzinsen. Bei der Investition D sind folgende Rechenschritte vorzunehmen: 180

Investition D	t_0	t_1	t_2	t_3	t_4
Zahlungsreihe vor Steuern	– 200 000	110 000	80 000	60 000	– 10 000
– Steuern	–.–	8 175	4 592	1 851	– 364
= Zahlungsreihe nach Steuern	– 200 000	101 825	75 408	58 149	– 9 636
/ Abzinsungsfaktor, abgeleitet aus dem Kalkulationszinssatz nach Steuern	$1{,}06^0$	$1{,}06^1$	$1{,}06^2$	$1{,}06^3$	$1{,}06^4$
= Barwert	– 200 000	96 062	67 113	48 823	– 7 633
Kapitalwert (= Summe der Barwerte)	**4 364**				

zur Berechnung der Steuern

Zahlungsreihe vor Steuern	erfolgsneutraler Anschaffungsvorgang	110 000	80 000	60 000	– 10 000
– Ertragswertabschreibung		89 564	68 520	55 372	– 9 091
= Bemessungsgrundlage		20 436	11 480	4 628	– 909
× Steuersatz		40%	40%	40%	40%
= Steuerzahlung		8 175	4 592	1 851	– 364

181 Die Berechnung des Kapitalwerts der Investition E erfolgt analog:

Investition E	t_0	t_1	t_2	t_3
Zahlungsreihe vor Steuern	– 180 000	– 30 000	80 000	180 000
– Steuern	–.–	6 963	8 860	6 545
= Zahlungsreihe nach Steuern	– 180 000	– 36 963	71 140	173 455
/ Abzinsungsfaktor, abgeleitet aus dem Kalkulationszinssatz nach Steuern	$1{,}06^0$	$1{,}06^1$	$1{,}06^2$	$1{,}06^3$
= Barwert	– 180 000	– 34 871	63 315	145 636
Kapitalwert (= Summe der Barwerte)	**– 5 920**			

zur Berechnung der Steuern

Zahlungsreihe vor Steuern	erfolgsneutraler Anschaffungsvorgang	– 30 000	80 000	180 000
– Ertragswertabschreibung		– 47 408	57 851	163 636
= Bemessungsgrundlage		17 408	22 149	16 364
× Steuersatz		40%	40%	40%
= Steuerzahlung		6 963	8 860	6 545

182 Zur **Berechnung des Vermögensendwerts** kann auf das bereits vorgestellte Berechnungsschema zurückgegriffen werden. Es ist lediglich die lineare Abschreibung durch die Ertragswertabschreibung zu ersetzen:

Investition D	t_0	t_1	t_2	t_3	t_4
Zahlungssaldo zu Beginn der Periode	200 000	0	101 825	183 343	252 492
+ Zahlungsreihe der zu beurteilenden Investition vor Steuern	– 200 000	110 000	80 000	60 000	– 10 000
+ Zinserträge aus Differenzinvestitionen (= Zahlungssaldo zu Beginn der Periode × Zinssatz, ab Periode 1)	–.–	0	10 183	18 334	25 249
– Steuern	–.–	8 175	8 665	9 185	9 736

Investition D	t_0	t_1	t_2	t_3	t_4
= Zahlungssaldo am Ende der Periode	0	101 825	183 343	252 492	258 005
Vermögensendwert					**258 005**

zur Berechnung der Steuern

Zahlungsreihe der zu beurteilenden Investition vor Steuern	–.–	110 000	80 000	60 000	– 10 000
+ Zinserträge aus Differenzinvestition	–.–	0	10 183	18 334	25 249
– Ertragswertabschreibung	0	89 564	68 520	55 372	– 9 091
= Bemessungsgrundlage	0	20 436	21 663	22 962	24 340
× Steuersatz	40%	40%	40%	40%	40%
= Steuerzahlung	0	8 175	8 665	9 185	9 736

Für die Berechnung des Vermögensendwerts der Investition E ist wie folgt vorzugehen: 183

Investition E	t_0	t_1	t_2	t_3	t_4
Zahlungssaldo zu Beginn der Periode	200 000	20 000	– 15 763	54 432	231 152
+ Zahlungsreihe der zu beurteilenden Investition vor Steuern	– 180 000	– 30 000	80 000	180 000	0
+ Zinserträge aus Differenzinvestitionen (= Zahlungssaldo zu Beginn der Periode × Zinssatz, ab Periode 1)	–.–	2 000	– 1 576	5 443	23 115
– Steuern	–.–	7 763	8 229	8 723	9 246
= Zahlungssaldo am Ende der Periode	20 000	– 15 763	54 432	231 152	245 021
Vermögensendwert					**245 021**

zur Berechnung der Steuern

Zahlungsreihe der zu beurteilenden Investition vor Steuern	erfolgsneutraler Anschaffungsvorgang	– 30 000	80 000	180 000	0
+ Zinserträge aus Differenzinvestitionen		2 000	– 1 576	5 443	23 115
– Ertragswertabschreibung		– 47 408	57 851	163 636	0
= Bemessungsgrundlage		19 408	20 572	21 807	23 115
× Steuersatz		40%	40%	40%	40%
= Steuerzahlung		7 763	8 229	8 723	9 246

184 Bei der **Finanzanlage** beläuft sich die Ertragswertabschreibung in jeder Periode auf null, sodass sich gegenüber den Berechnungen nach geltendem Steuerrecht keine Änderungen ergeben:

Finanzanlage	t_1	t_2	t_3	t_4
Berechnung der Ertragswerte				
Zahlungsreihe der zu beurteilenden Investition	20 000	20 000	20 000	220 000
Ertragswert zu Beginn der Periode t_1: 200 000	+ 18 182 = 20 000×1,10^{-1}	+ 16 529 = 20 000×1,10^{-2}	+ 15 026 = 20 000×1,10^{-3}	+ 150 263 = 220 000×1,10^{-4}
Ertragswert zu Beginn der Periode t_2: 200 000		+ 18 182 = 20 000×1,10^{-1}	+ 16 529 = 20 000×1,10^{-2}	+ 165 289 = 220 000×1,10^{-3}
Ertragswert zu Beginn der Periode t_3: 200 000			+ 18 182 = 20 000×1,10^{-1}	+ 181 818 = 220 000×1,10^{-2}
Ertragswert zu Beginn der Periode t_4: 200 000				+ 200 000 = 220 000×1,10^{-1}

Berechnung der Ertragswertabschreibung

Ertragswert zu Beginn der Periode	200 000	200 000	200 000	200 000
– Ertragswert am Ende der Periode (= Ertragswert zu Beginn der nächsten Periode)	200 000	200 000	200 000	200 000
= Ertragswertabschreibung	0	0	0	0

Berechnung des kapitaltheoretischen Gewinns

Zahlungsreihe der zu beurteilenden Investition vor Steuern	20 000	20 000	20 000	220 000
– Ertragswertabschreibung	0	0	0	0
= kapitaltheoretischer Gewinn = Ertragswert zu Beginn der Periode × Kalkulationszinssatz vor Steuern	20 000	20 000	20 000	220 000

185 *(3) Ergebnisse:* In der folgenden Übersicht sind die Kapitalwerte und Vermögensendwerte der beiden Sachinvestitionen D und E sowie der alternativen Anlage am Kapitalmarkt (Finanzinvestition) zusammengestellt. Es werden die Ergebnisse ohne Einbezug der Besteuerung sowie bei einer Besteuerung nach dem Konzept des kapitaltheoretischen Gewinns ausgewiesen und miteinander verglichen:[30]

	Investition D	**Investition E**	**Vergleich D – E**	**Finanzanlage**
vor Steuern				
Kapitalwert	+ 4 364	– 5 920	+ 10 285	0
Vermögensendwert	299 210	284 152	+ 15 058	292 820
nach Steuern (Ertragswertabschreibung: Besteuerung des kapitaltheoretischen Gewinns)				
Kapitalwert	+ 4 364	– 5 920	+ 10 285	0
Vermögensendwert	258 005	245 021	+ 12 984	252 495
Veränderung durch die Besteuerung (Ertragswertabschreibung: Besteuerung des kapitaltheoretischen Gewinns)				
Kapitalwert	± 0	± 0	± 0	± 0
Vermögensendwert	– 41 205	– 39 131	– 2 074	– 40 325

Abb. 4.4: Entscheidungswirkung der Besteuerung des kapitaltheoretischen Gewinns

(4) Auswertung: **Ohne Berücksichtigung** der Besteuerung ist die Investition D der Investition E vorzuziehen. Die Investition D weist auch gegenüber einer alternativen Anlage zum Kalkulationszinssatz Vorteile auf. Demgegenüber ist die Investition E nicht zu empfehlen. Diese Aussagen gelten sowohl für eine Beurteilung anhand des Kapitalwerts als auch für eine Entscheidung auf der Grundlage der Vermögensendwertmethode. **186**

Bei der **Besteuerung des kapitaltheoretischen Gewinns** verändert sich der Kapitalwert der beiden Investitionen nicht, dh die Vorteilhaftigkeitsreihenfolge Investition D (positiver Kapitalwert von 4 364 €), Finanzanlage (Kapitalwert von 0 €) und Investition E (negativer Kapitalwert von –5 920 €) bleibt bestehen. Die Minderung des Kapitalwerts durch die Besteuerung der zu beurteilenden Investitionen D und E stimmt betragsmäßig mit der Erhöhung des steuerbedingten Zinsminderungseffekts durch die Besteuerung der Anlage der finanziellen Mittel am Kapitalmarkt überein: **187**

Veränderung des Kapitalwerts durch	**Investition D**	**Investition E**
Barwert der Steuerzahlungen	– 13 065 €	– 19 950 €
+ steuerbedingter Zinsminderungseffekt	+ 13 065 €	+ 19 950 €
= Gesamteffekt	± 0 €	± 0 €

Da es sich beim Kapitalwert um ein relatives Vorteilhaftigkeitskriterium handelt, ist hinsichtlich der Wirkung der Besteuerung immer das Verhältnis zwischen der steuer-

30 In der Ergebnisübersicht ist die jeweils vorteilhafte Investition durch eine graue Schattierung hervorgehoben. Es wird davon ausgegangen, dass negative Bemessungsgrundlagen (Verluste) in dem Jahr, in dem sie entstehen, mit positiven Einkünften aus anderen Investitionen (Gewinnen) verrechnet werden können.

lichen Belastung der zu beurteilenden Investition und der Besteuerung der Anlage zum Kalkulationszinssatz zu betrachten. Demgegenüber stellt der Vermögensendwert ein absolutes Vorteilhaftigkeitskriterium dar. Durch die Besteuerung vermindert sich bei allen Alternativen, dh sowohl bei den zu beurteilenden Sachinvestitionen als auch bei der als Alternativanlage herangezogenen Finanzinvestition, der am Ende des Berechnungszeitraums vorhandene Bestand an liquiden Mitteln. Bezogen auf die Reihung ergeben sich die gleichen Aussagen wie bei der Kapitalwertmethode. Ohne Berücksichtigung der steuerlichen Effekte ist die Investition D die beste Alternative. Die Investition E ist bereits für sich betrachtet unvorteilhaft, dh die Anlage am Kapitalmarkt liegt auf dem zweiten Platz, während die Investition E den dritten Rangplatz einnimmt. Durch die Besteuerung verringert sich lediglich die absolute Differenz zwischen den drei Alternativen.

188 Bei einer Besteuerung in Anlehnung an das **geltende Steuerrecht** kehrt sich die Vorteilhaftigkeitsreihenfolge um. Für die Investition D fällt bei einer linearen Abschreibung der Kapitalwert im Vergleich zu einer Besteuerung des kapitaltheoretischen Gewinns um 4 605 € niedriger aus. Dies ist darauf zurückzuführen, dass bei linearer Abschreibung der Barwert der Steuerzahlungen mit 17 670 € um diesen Betrag höher ausfällt als bei einer Ertragswertabschreibung, bei der sich der Barwert der Steuerzahlungen nur auf 13 065 € beläuft.[31] Umgekehrt reduziert sich bei der Investition E bei einer linearen Abschreibung anstelle einer Ertragswertabschreibung der Barwert der zu zahlenden Steuern von 19 950 € auf 13 459 €, sodass der Kapitalwert um 6 490 € höher ausfällt:

Veränderung des Kapitalwerts durch	**Investition D**	**Investition E**
Barwert der Steuerzahlungen	– 17 670 €	– 13 459 €
+ steuerbedingter Zinsminderungseffekt	+ 13 065 €	+ 19 950 €
= Gesamteffekt	– 4 605 €	+ 6 490 €
oder		
Kapitalwert nach Steuern	– 240 €	+ 570 €
– Kapitalwert vor Steuern	4 364 €	– 5 920 €
= Veränderung des Kapitalwerts durch die Besteuerung	– 4 605 €	+ 6 490 €

189 Diese Veränderungen lassen sich auf einen Zeiteffekt und einen Bemessungsgrundlageneffekt zurückführen. Der zeitliche Verlauf der Einzahlungsüberschüsse beeinflusst die zeitliche Entwicklung der Ertragswertabschreibung. Aus der Art und Weise der Verteilung der Abschreibungen innerhalb des Betrachtungszeitraums entsteht ein **Zeiteffekt**. Bei im Zeitablauf fallenden Zahlungsreihen (so bei der Sachinvestition D) müssten die Abschreibungen degressiv verlaufen, dh die Anfangsausgaben müssten früher verrechnet werden als bei einer linearen Abschreibung. Umgekehrt gilt für im Zeitablauf steigende Zahlungsreihen (so bei der Sachinvestition E), dass die Abschreibungen progressiv verlaufen müssten. Die lineare Abschreibung führt also für die Investition D zu einem Nachteil gegenüber der Anlage am Kapitalmarkt, während

31 Der steuerbedingte Zinsminderungseffekt ist unabhängig davon, wie die Zahlungsreihe der zu beurteilende Investition verläuft, da er die Besteuerung der Alternativanlage wiedergibt.

bei der Investition E die lineare Abschreibung im Vergleich zur Ertragswertabschreibung zu einer früheren Aufwandsverrechnung führt. Der Nachteil der Investition D bzw der Vorteil der Investition E zeigt sich auch bei einer Gegenüberstellung der Minderung des Kapitalwerts durch die Besteuerung der zu beurteilenden Investition und der Erhöhung des steuerbedingten Zinsminderungseffekts durch die Besteuerung der Anlage der finanziellen Mittel am Kapitalmarkt.

Der **Bemessungsgrundlageneffekt** beruht darauf, dass bei der Besteuerung des kapi- 190
taltheoretischen Gewinns die Summe der Abschreibungen mit dem Ertragswert der Einzahlungsüberschüsse zu Beginn des Berechnungszeitraums übereinstimmt. In Abhängigkeit von der Höhe des Kapitalwerts einer Investition ergibt sich ein positiver oder negativer Bemessungsgrundlageneffekt:

- Ist der Kapitalwert einer Investition positiv, werden bei einer Besteuerung des kapitaltheoretischen Gewinns mehr Abschreibungen verrechnet als im geltenden Steuerrecht, bei dem die Abschreibungssumme mit den Anschaffungs- oder Herstellungskosten der Investition übereinstimmt.
- Umgekehrt werden bei Investitionen mit einem negativen Kapitalwert bei einer Besteuerung des kapitaltheoretischen Gewinns weniger Aufwendungen verrechnet als die Anfangsauszahlung.

Bei den beiden Investitionen D und E wirken die Zeit- und Bemessungsgrundlagenef- 191
fekte in die gleiche Richtung. Dies bedeutet, dass sich im Beispiel der Zeiteffekt und der Bemessungsgrundlageneffekt gegenseitig verstärken. In den Zeilen, in denen die Differenzen zwischen einer linearen Abschreibung und der Ertragswertabschreibung ausgewiesen werden, verdeutlicht die Entwicklung während des vierjährigen Berechnungszeitraums den Zeiteffekt. Ein negatives Vorzeichen repräsentiert den negativen Zeiteffekt des geltenden Steuerrechts. Dementsprechend zeigt ein positives Vorzeichen den im geltenden Recht auftretenden positiven Zeiteffekt an. Durch die Summenbildung wird der Bemessungsgrundlageneffekt erkennbar:

	t_1	t_2	t_3	t_4	**Summe**
Investition D					
lineare Abschreibung	50 000	50 000	50 000	50 000	200 000
Ertragswertabschreibung	89 564	68 520	55 372	– 9 091	204 364
lineare Abschreibung im Vergleich zur Ertragswertabschreibung	– 39 564	– 18 520	– 5 372	+ 59 091	**– 4 364**
Differenz, kumuliert	– 39 564	– 58 083	– 63 455	**– 4 364**	
Investition E					
lineare Abschreibung	60 000	60 000	60 000	–.–	180 000
Ertragswertabschreibung	– 47 408	57 851	163 636	–.–	174 080
lineare Abschreibung im Vergleich zur Ertragswertabschreibung	+ 107 408	+ 2 149	– 103 636	–.–	**+ 5 920**
Differenz, kumuliert	+ 107 408	+ 109 557	**+ 5 920**	–.–	

192 In allgemeiner Form gelten für den Zeit- und Bemessungsgrundlageneffekt einer linearen Abschreibung im Vergleich zur Ertragswertabschreibung folgende Zusammenhänge:

	Vorteil der linearen Abschreibung		**Nachteil der linearen Abschreibung**	
Zeiteffekt	Einzahlungsüberschüsse im Zeitablauf steigend	lineare Abschreibungen führen zu einer *früheren* Aufwandsverrechnung	Einzahlungsüberschüsse im Zeitablauf fallend	lineare Abschreibungen führen zu einer *späteren* Aufwandsverrechnung
	hier: Investition E		hier: Investition D	
Bemessungsgrundlageneffekt	Kapitalwert ist negativ	bei der linearen Abschreibung werden *mehr* Aufwendungen verrechnet	Kapitalwert ist positiv	bei der linearen Abschreibung werden *weniger* Aufwendungen verrechnet
	hier: Investition E		hier: Investition D	

Abb. 4.5: Lineare Abschreibung im Vergleich zur Ertragswertabschreibung

193 Die Wirkungen der steuerrechtlichen Abschreibungen auf die Vorteilhaftigkeit können also erst dann ersehen werden, wenn die Zahlungsreihe der zu beurteilenden Investition bekannt ist. Es kann deshalb nicht allgemein angegeben werden, ob die lineare Abschreibung neutral wirkt. In Abhängigkeit vom Verlauf der Zahlungsreihe vor Steuern und der Höhe des Kapitalwerts ohne Berücksichtigung der Besteuerung kann die lineare Abschreibung den Kapitalwert einer Investition erhöhen, unverändert lassen oder mindern. Bei Investitionen, die vor Steuern in jedem Jahr den gleichen Einzahlungsüberschuss erwirtschaften, stellt die lineare Abschreibung im Vergleich zu einer Ertragswertabschreibung eine Steuervergünstigung dar:

Beispiel: Ein Investor verfügt über Zahlungsmittel in Höhe von 200 000 €. Er hat eine Investition F zu beurteilen, die eine Nutzungsdauer von vier Jahren hat und bei der jährlich gleichbleibende Einzahlungsüberschüsse von 63 094,16 € erzielt werden.

Aus einem Kalkulationszinssatz vor Steuern von 10% und einem (proportionalen) Ertragsteuersatz von 40% errechnet sich ein Kalkulationszinssatz nach Steuern von 6% = 10% × (1–40%). Bei der Sachinvestition F werden die Abschreibungen entweder linear (geltendes Recht) oder nach dem Konzept der Ertragswertabschreibung (kapitaltheoretischer Gewinn) verrechnet.

Ohne Berücksichtigung der Steuern weist die Investition F einen Kapitalwert von 0 € auf. Unter Berücksichtigung der Ertragsteuern von 40% und einer linearen Abschreibung beläuft sich der Kapitalwert nach Steuern auf +479 €. Durch die Ertragsteuern ist also der Kapitalwert der Investition F gestiegen. Die Ursache liegt darin, dass bei konstanten Einzahlungsüberschüssen vor Steuern die investitionsneutrale Abschreibung (leicht) progressiv verläuft. Durch die lineare Abschreibung werden die Abschreibungen (etwas) früher verrechnet als bei der Ertragswertabschreibung. Bei einem Kapitalwert vor Steuern von Null wirkt nur der Zeiteffekt. Ein Bemessungsgrundlageneffekt tritt nicht auf, da nach beiden Abschreibungskonzepten die Abschreibungssumme mit den Anschaffungs- oder Herstellungskosten der Investition übereinstimmt.

	t_1	t_2	t_3	t_4	Summe
Investition F					
lineare Abschreibung	50 000	50 000	50 000	50 000	200 000
Ertragswertabschreibung	43 094	47 404	52 144	57 358	200 000
lineare Abschreibung im Vergleich zur Ertragswertabschreibung	+ 6 906	+ 2 596	– 2 144	– 7 358	± 0
Differenz, kumuliert	+ 6 906	+ 9 502	+ 7 358	± 0	

(5) Probleme der Besteuerung des kapitaltheoretischen Gewinns: Die Minderung der Einzahlungsüberschüsse um die Ertragswertabschreibung führt zwar zu einer entscheidungsneutralen Besteuerung von Investitionen. Bei der Anwendung des kapitaltheoretischen Gewinns treten allerdings mehrere Probleme auf. Diese sind so gravierend, dass dieses Besteuerungskonzept für die praktische Anwendung nicht empfohlen werden kann.[32] 194

Durch die Abschreibung des Ertragswerts werden nicht die Anfangsauszahlungen (Anschaffungs- bzw Herstellungskosten) von der Besteuerung freigestellt, sondern der Ertragswert der Investition. Der Ertragswert entspricht dem Barwert der Einzahlungsüberschüsse einer Investition. Damit werden insgesamt **Abschreibungen** in Höhe der Summe aus **Anschaffungs- bzw Herstellungskosten zuzüglich Kapitalwert** verrechnet. Bei einem positiven Kapitalwert liegt die Abschreibungssumme in Höhe des Kapitalwerts über der Anfangsauszahlung. Bei einem negativen Kapitalwert liegt die Abschreibungssumme dementsprechend unter der Anfangsauszahlung. Bei der Besteuerung des kapitaltheoretischen Gewinns wird also eine Kapitalerhaltung in Höhe des Ertragswerts angestrebt. Damit **hängt** die Summe der zu versteuernden Einkünfte **von der Ertragsfähigkeit der Investition ab**. Je erfolgreicher eine Investition ist, umso höher ist der Ertragswert und umso höher ist die gewinnmindernd verrechenbare Ertragswertabschreibung. Diese Wirkung einer Besteuerung des kapitaltheoretischen Gewinns widerspricht dem bei den anderen Einkunftsarten geltenden Prinzip, wonach ein Gewinn vorliegt, wenn die Vermögensmehrung das eingesetzte Kapital, dh die Anschaffungs- bzw Herstellungskosten, übersteigt (nominelle Kapitalerhaltung). Umgekehrt werden bei Investitionen mit einem negativen Kapitalwert in der Summe Abschreibungen verrechnet, die unter den Anschaffungs- oder Herstellungskosten der Investitionen liegen. Der Investor kann also nicht die gesamte Investitionssumme gewinnmindernd verrechnen. 195

Eine weitere subjektabhängige Besteuerung ergibt sich dadurch, dass der Kalkulationszinssatz von den Investitionsalternativen abhängt, die dem Entscheidungsträger zur Verfügung stehen. Je höher deren Rendite ist, umso geringer ist der Kapitalwert der zu beurteilenden Investition. Dies bedeutet, dass bei einer Besteuerung nach dem Konzept des kapitaltheoretischen Gewinns Steuerpflichtige umso geringere Abschreibungen verrechnen können, je höher die Rendite ihrer Alternativanlage ausfällt. Umgekehrt gilt, dass ein Investor umso höhere Abschreibungen verrechnen darf, je niedriger die Rendite der ihm zur Verfügung stehenden Alternativanlagen ist. 196

32 Siehe hierzu auch Diller/Grottke/Lorenz, WiSt 2015, S. 606.

197 Die **zeitliche Verteilung der Abschreibungen** innerhalb der Nutzungsdauer einer Investition hängt beim Konzept der Besteuerung des kapitaltheoretischen Gewinns vom Verlauf der Einzahlungsüberschüsse ab. In Abhängigkeit von der Entwicklung der Zahlungsreihe vor Steuern sind degressive (fallende) oder progressive (steigende) Abschreibungsverläufe möglich. Weist die Zahlungsreihe in mindestens einer Periode Auszahlungsüberschüsse auf, können auch Zuschreibungen notwendig werden. Durch diese Zuschreibungen kann der Buchwert vorübergehend über der Anfangsauszahlung liegen (Auszahlungsüberschuss zu Beginn der Nutzungsdauer: Investition E) oder negativ werden (Auszahlungsüberschuss gegen Ende der Nutzungsdauer: Investition D).[33]

Bei im Zeitablauf steigenden Zahlungsreihen können für den Steuerpflichtigen erhebliche Liquiditätsbelastungen entstehen. Es kann sogar der Fall eintreten, dass zwar vor Steuern Verluste entstehen, aber durch die Zuschreibungen (negative Ertragswertabschreibungen) eine positive Steuerbemessungsgrundlage ausgewiesen wird. Die dadurch ausgelösten Steuerbelastungen führen dazu, dass sich die bereits vor Steuern bestehenden Liquiditätsunterdeckungen weiter erhöhen. Dieser Effekt ist bei der Investition E im ersten Jahr feststellbar.

198 Bei der Umsetzung des Konzepts des kapitaltheoretischen Gewinns stellt sich das Problem, dass zur Berechnung der Ertragswertabschreibung eine Schätzung der durch die Investition ausgelösten zukünftigen Zahlungsüberschüsse erforderlich ist. Diese Schätzung lässt sich nicht in einer praktisch handhabbaren Form umsetzen. Es ist nämlich nicht auszuschließen, dass die Investitionsrechnungen, die der Steuerpflichtige seinen Entscheidungen zugrunde legt, von den Planungsrechnungen abweichen, die er den Finanzbehörden vorlegt. Da die Finanzbehörden die Planungsrechnungen nicht vorab überprüfen können, ist bei einer Besteuerung des kapitaltheoretischen Gewinns der **Grundsatz der Rechtssicherheit** (Tatbestandsmäßigkeit und Tatbestandsbestimmtheit) **nicht gewahrt**.

III. Benachteiligung von Sachinvestitionen bei einer Abgeltungsteuer auf Finanzanlagen

199 Bei Einkünften aus Kapitalvermögen, die eine natürliche Person erwirtschaftet, wird die Einkommensteuer grundsätzlich durch die Abgeltungsteuer erhoben. Damit unterliegen Zinsen grundsätzlich einem Sondersteuersatz von 25% (§ 32d EStG): Unter Berücksichtigung des Solidaritätszuschlags erhöht sich die Steuerbelastung von privaten Kapitalanlagen auf 26,375% = 25,00% + 25,00%×5,50%.[34] Wird die Vorteilhaftigkeit einer Sachinvestition an einer Alternativanlage am Kapitalmarkt gemessen, führt die Abgeltungsteuer zu einer Benachteiligung von Sachinvestitionen, sofern die Alternativanlage im Privatvermögen durchgeführt wird und die Belastung von unternehmerischen Gewinnen mit Ertragsteuern höher ist als die Belastung von privaten Kapitalanlagen mit der Abgeltungsteuer.

33 In diesem Fall übersteigt die Summe der bislang verrechneten Ertragswertabschreibungen (vorübergehend) die Abschreibungssumme.

34 Bei kirchensteuerpflichtigen (natürlichen) Personen wird zusätzlich Kirchensteuer erhoben.

Eine Investition mit einer Anfangsauszahlung von 200 000 €, einer Nutzungsdauer von vier Jahren und konstanten Einzahlungsüberschüssen von 62 864 € / Periode weist bei einem Ertragsteuersatz von 40%[35] einen Kapitalwert von Null auf, sofern sich die Vorsteuerrendite der Alternativanlage auf 10% beläuft und diese mit dem gleichen Steuersatz wie die zu beurteilende Investition besteuert wird. Bei einer Kapitalanlage im betrieblichen Bereich beträgt der Nettokalkulationszinssatz damit 6% = 10% × (1–40%): **200**

		t_0	t_1	t_2	t_3	t_4
	Zahlungsreihe vor Steuern	**– 200 000**	**62 864**	**62 864**	**62 864**	**62 864**
–	Steuern	–.–	5 146	5 146	5 146	5 146
=	Zahlungsreihe nach Steuern	– 200 000	57 718	57 718	57 718	57 718
/	Abzinsungsfaktor, abgeleitet aus dem Kalkulationszinssatz nach Steuern (= 10% × [1–40%])	$1{,}06^0$	$1{,}06^1$	$1{,}06^2$	$1{,}06^3$	$1{,}06^4$
=	Barwert	– 200 000	54 451	51 369	48 461	45 718
	Kapitalwert (= Summe der Barwerte)	**0**				

zur Berechnung der Steuern

	Zahlungsreihe vor Steuern	erfolgsneutraler Anschaffungsvorgang	62 864	62 864	62 864	62 864
–	Abschreibungen, linear über vier Jahre (= 200 000 / 4)		50 000	50 000	50 000	50 000
=	Bemessungsgrundlage		12 864	12 864	12 864	12 864
×	Steuersatz		40%	40%	40%	40%
=	Steuerzahlung		5 146	5 146	5 146	5 146

Unterliegt die Alternativanlage dem Konzept der Abgeltungsteuer, ergibt sich ein Nachsteuerzinssatz von 7,3625% = 10,00% × (1–25%×[1+5,5%]). Damit die Sachinvestition nicht unvorteilhaft wird, müssen in jedem Jahr jeweils Einzahlungsüberschüsse von mindestens 65 883 € erzielt werden. Bei Einzahlungsüberschüssen zwischen 62 864 € und 65 883 € führt die Abgeltungsteuer dazu, dass Sachinvestitionen unvorteilhaft werden. Die Begründung liegt darin, dass der im Vergleich zur Besteuerung nach dem Normaltarif niedrigere Sondersteuersatz für private Kapitalanlagen dazu führt, dass sich die Belastung der Alternativanlage reduziert. Dieser Vorteil für private Kapitalanlagen ist gleichzeitig mit einer relativen Benachteiligung von Sachinvestitionen verbunden. Rechentechnisch kommt dies dadurch zum Ausdruck, dass sich bei einer Kapitalanlage im privaten Bereich der Nettokalkulationszinssatz von 6,00% auf 7,3625% erhöht. Der bei Anwendung des Konzepts der Abgeltungsteuer

35 In diesem kombinierten Steuersatz sind alle Ertragsteuern berücksichtigt, dh auch der Solidaritätszuschlag.

für die Alternativanlage höhere Nettokalkulationszinssatz führt dazu, dass bei der Sachinvestition der steuerbedingte Zinsminderungseffekt geringer ausfällt:

	t_0	t_1	t_2	t_3	t_4
Zahlungsreihe vor Steuern	**– 200 000**	**65 883**	**65 883**	**65 883**	**65 883**
– Steuern	–.–	6 353	6 353	6 353	6 353
= Zahlungsreihe nach Steuern	– 200 000	59 530	59 530	59 530	59 530
/ Abzinsungsfaktor, abgeleitet aus dem Kalkulationszinssatz nach Abgeltungsteuer (= 10% × [1–26,375%])	$1{,}073625^0$	$1{,}073625^1$	$1{,}073625^2$	$1{,}073625^3$	$1{,}073625^4$
= Barwert	– 200 000	55 447	51 645	48 103	44 805
Kapitalwert (= Summe der Barwerte)	**0**				

zur Berechnung der Steuern

Zahlungsreihe vor Steuern	erfolgsneutraler Anschaffungsvorgang	65 883	65 883	65 883	65 883
– Abschreibungen, linear über vier Jahre (= 200 000 / 4)		50 000	50 000	50 000	50 000
= Bemessungsgrundlage		15 883	15 883	15 883	15 883
× Steuersatz		40%	40%	40%	40%
= Steuerzahlung		6 353	6 353	6 353	6 353

201 Die Besteuerung von Erträgen aus einer Finanzanlage mit Abgeltungsteuer führt nicht nur dazu, dass sich bei vorteilhaften Sachinvestitionen der Kapitalwert verringert (Reduzierung der relativen Vorteilhaftigkeit), sondern auch dazu, dass sich die Anzahl der Sachinvestitionen mit einem positiven Kapitalwert reduziert (Verlust der absoluten Vorteilhaftigkeit). Die Benachteiligung von Sachinvestitionen fällt umso höher aus, je mehr die Ertragsteuerbelastung von unternehmerischen Gewinnen über der Belastung von privaten Kapitalanlagen mit dem 25%igen Sondersteuersatz nach § 32d EStG liegt.

IV. Abweichungen zwischen der Besteuerung des kapitaltheoretischen Gewinns und den geltenden steuerlichen Gewinnermittlungsvorschriften

202 Die Besteuerung des kapitaltheoretischen Gewinns weicht prinzipiell vom geltenden Steuerrecht ab. Damit wird deutlich, dass die steuerliche Gewinnermittlung bereits im Ansatz nicht entscheidungsneutral sein kann. Dennoch ist die Analyse der Wirkungen einer Besteuerung des kapitaltheoretischen Gewinns sinnvoll. Sie zeigt nämlich, wie begrenzt Aussagen zu Steuerwirkungen sind. Diese Einschränkungen sollten bei einer

Beurteilung des geltenden Rechts immer beachtet werden. Nur wer die Grenzen modelltheoretischer Untersuchungen kennt, vermeidet vorschnelle Aussagen zum geltenden Ertragsteuerrecht:

- Die Besteuerung sollte zur Objektivierung (Grundsatz der Rechtssicherheit) anhand von verwirklichten Größen erfolgen (ex-post-Größen). Demgegenüber werden Entscheidungen anhand von erwarteten Einzahlungsüberschüssen getroffen, dh anhand von Planungsgrößen (ex-ante-Größen).
- Wird die (unrealistische) Annahme eines vollkommenen Kapitalmarktes aufgehoben, kann der Kalkulationszinssatz nicht mehr als Verzinsung einer Finanzanlage interpretiert werden, vielmehr ist als Kalkulationszinssatz die Rendite der besten, gerade nicht mehr durchgeführten Alternative heranzuziehen. Dabei muss die Besteuerung dieser Sachinvestition (Grenzinvestition) im Kalkulationszinssatz erfasst werden. Dies führt nicht nur zu einer Erhöhung der rechentechnischen Schwierigkeiten, sondern auch dazu, dass der Kalkulationszinssatz nicht mehr in allgemeiner Form angegeben werden kann, sondern für jeden Steuerpflichtigen anders ausfällt.
- Die Besteuerung des kapitaltheoretischen Gewinns geht von folgenden Annahmen aus, die im geltenden Steuerrecht (zumindest teilweise) nicht erfüllt sind: (1) Die Forderung nach einem sofortigen Verlustausgleich widerspricht den Einschränkungen des Verlustrücktrags und des Verlustvortrags. Vergleichbare Aussagen gelten für die Begrenzungen des Abzugs von Fremdkapitalaufwendungen durch die gewerbesteuerliche Hinzurechnung nach § 8 Nr 1 GewStG oder im Rahmen der „Zinsschranke" nach § 4h EStG, § 8a KStG. (2) Die Annahme von im Zeitablauf konstanten Steuersätzen gilt nach Tarifänderungen nicht. (3) Die Prämisse von proportionalen Steuertarifen ist bei progressiven Tarifen (direkte Progression bei der Einkommensteuer bzw indirekte Progression bei der Gewerbesteuer durch den Freibetrag für Personenunternehmen) nicht erfüllt.

Gewerbetreibende ermitteln ihre Einkünfte aus Gewerbebetrieb im Regelfall durch **203**
einen Betriebsvermögensvergleich (Steuerbilanz). Damit bestimmt sich die steuerrechtliche Bemessungsgrundlage nicht als Differenz zwischen Ein- und Auszahlungen, sondern auf der Grundlage von periodisierten Zahlungen, nämlich von Erträgen und Aufwendungen. Bei der Besteuerung des kapitaltheoretischen Gewinns wird demgegenüber grundsätzlich keine Periodisierung von Ein- und Auszahlungen vorgenommen. Die einzige Ausnahme stellt die Verrechnung der Ertragswertabschreibung dar. Es ist deshalb nicht möglich, in allgemeiner Form anzugeben, ob das geltende Steuerbilanzrecht zu einer Bemessungsgrundlage führt, die Sachinvestitionen begünstigt oder benachteiligt. Zusätzlich zu den Unterschieden zwischen dem Zeitpunkt der Zahlung und dem Zeitpunkt der Erfolgswirksamkeit treten durch die Steuerbefreiungen von Einnahmen und die Einschränkungen beim Abzug von Betriebsausgaben weitere Verzerrungen auf. Diese Regelungen führen dazu, dass sich die Bemessungsgrundlage von der Summe der Einzahlungsüberschüsse unterscheidet, es kommt zu einem positiven oder negativen Bemessungsgrundlageneffekt.

Die Zusammenstellung in Abb. 4.6 zeigt, dass die Abweichungen zwischen dem gel- **204**
tenden Gewinnermittlungsrecht und der Besteuerung des kapitaltheoretischen Gewinns im Regelfall einen Zeiteffekt auslösen. Nur in einigen wenigen Fällen entsteht

ein Bemessungsgrundlageneffekt. Der Zeit- und der Bemessungsgrundlageneffekt wirken in folgender Weise auf die Vorteilhaftigkeit einer Sachinvestition:[36]

- Zeiteffekt: vorübergehende Differenzen
  Konsequenz: zinslose Kreditgewährung des Staats an den Steuerpflichtigen oder zinslose Kreditaufnahme des Staats beim Steuerpflichtigen
- Bemessungsgrundlageneffekt: zeitlich unbefristete Differenzen
  Konsequenz: endgültige Minderung bzw definitive Erhöhung der Steuerschuld.

Steuervergünstigung	**steuerlicher Nachteil**
Einzahlungen eines Jahres sind höher bzw fallen früher an als die steuerrechtliche Gewinnerhöhung in Form von Betriebseinnahmen **Beispiele:** • Kundenanzahlungen, insbesondere bei langfristiger Fertigung • Übertragung von Veräußerungsgewinnen auf ein Ersatzwirtschaftsgut nach § 6b EStG • Neutralisation von Gewinnen durch die Bildung von steuerfreien Rücklagen • passive Rechnungsabgrenzungsposten • steuerfreie Einnahmen, insbesondere Investitionszulagen (Bemessungsgrundlageneffekt)	Einzahlungen eines Jahres sind niedriger bzw fallen später an als die steuerrechtliche Gewinnerhöhung in Form von Betriebseinnahmen **Beispiele:** • Verkäufe auf Ziel • Aktivierung von unfertigen und fertigen Erzeugnissen sowie von selbst erstellten Anlagen (Herstellung)
Auszahlungen eines Jahres sind niedriger bzw fallen später an als die steuerrechtliche Gewinnminderung durch den Abzug als Betriebsausgabe **Beispiele:** • Verbrauch von Roh-, Hilfs- und Betriebsstoffen, die erst in späteren Jahren bezahlt werden • Teilwertabschreibungen[37] • Aufwandsrückstellungen • Verbindlichkeitsrückstellungen, sofern der Abzinsungsfaktor niedriger ist als der Nettokalkulationszinssatz oder sofern „überhöhte" Beträge angesetzt werden	Auszahlungen eines Jahres sind höher bzw fallen früher an als die steuerrechtliche Gewinnminderung durch den Abzug als Betriebsausgabe **Beispiele:** • Kauf von Roh-, Hilfs- und Betriebsstoffen, die erst in späteren Jahren verbraucht werden • Kauf von Waren, die erst in späteren Jahren veräußert werden • Aktivierung von Renovierungsmaßnahmen als Herstellungsaufwand • aktive Rechnungsabgrenzungsposten • nicht abziehbare Betriebsausgaben (Bemessungsgrundlageneffekt) • Verbindlichkeitsrückstellungen, sofern der Abzinsungsfaktor höher ist als der Nettokalkulationszinssatz

36 In der Abb. 4.6 werden Steuersatzeffekte nicht betrachtet, dh es wird von einem im Zeitablauf konstanten Steuersatz und einem proportionalen Steuertarif ausgegangen.

37 Rückstellungen für drohende Verluste aus schwebenden Geschäften entfalten die gleichen Wirkungen wie Teilwertabschreibungen. Da für Drohverlustrückstellungen in der Steuerbilanz ein Passivierungsverbot besteht (§ 5 Abs. 4a EStG), werden sie in dieser Tabelle nicht ausgewiesen.

Steuervergünstigung	steuerlicher Nachteil
steuerrechtliche Periodisierung (abhängig von den Anschaffungs- oder Herstellungskosten) ist günstiger als die Ertragswertabschreibung (abhängig von der Entwicklung der Einzahlungsüberschüsse) **Beispiele:**[38] • lineare Abschreibung bei im Zeitablauf steigender oder konstanter Zahlungsreihe • Nichtberücksichtigung eines Restwerts bei der Berechnung der Abschreibungen • Sonderabschreibungen, erhöhte Absetzungen (Grundsatz) • Investitionsabzugsbetrag nach § 7g Abs. 1–4 EStG	steuerrechtliche Periodisierung (abhängig von den Anschaffungs- oder Herstellungskosten) ist ungünstiger als die Ertragswertabschreibung (abhängig von der Entwicklung der Einzahlungsüberschüsse) **Beispiele:** • lineare Abschreibung bei im Zeitablauf fallenden Einzahlungsüberschüssen • Investitionen mit positivem Kapitalwert (Bemessungsgrundlageneffekt)
–.–	begünstigte Besteuerung der Alternativanlage: Einnahmen aus Finanzanlagen unterliegen der Abgeltungsteuer bei der zu beurteilenden Investition sind Fremdkapitalaufwendungen zum Teil nicht abziehbar (25%ige Hinzurechnung bei der Gewerbesteuer nach § 8 Nr 1 GewStG, Einschränkungen im Rahmen der „Zinsschranke" nach § 4h EStG, § 8a KStG)
Hinweis: Sofern ein Bemessungsgrundlageneffekt entsteht, wird dies explizit vermerkt. Fehlt eine derartige Kennzeichnung, tritt ein Zeiteffekt auf.	

Abb. 4.6: Abweichungen zwischen der Besteuerung des kapitaltheoretischen Gewinns und den geltenden steuerlichen Gewinnermittlungsvorschriften[39]

Da die Bedeutung der einzelnen Geschäftsvorgänge von der Art der ausgeübten Ge- **205**
schäftstätigkeit bestimmt wird, lassen sich aus den Abweichungen gegenüber einer entscheidungsneutralen Besteuerung in Abhängigkeit von der Branche, in der ein Unternehmen tätig ist, beispielsweise folgende Verzerrungen feststellen:[40]

- **Vorteil durch Nichtaktivierung von Investitionen**
  Steuerpflichtige, die immaterielle Wirtschaftsgüter des Anlagevermögens erstellen, können die anfallenden Aufwendungen sofort als Betriebsausgabe geltend machen, während bei Steuerpflichtigen, die materielle Wirtschaftsgüter produzieren, die Aufwendungen den Gewinn erst zu dem Zeitpunkt reduzieren, zu dem die

38 Investitionen mit einem negativen Kapitalwert gehören systematisch zu dieser Gruppe. Da derartige Investitionen aber regelmäßig nicht durchgeführt werden, wird dieser negative Bemessungsgrundlageneffekt (Ertragswertabschreibung < steuerrechtliche Abschreibung) nicht in die Tabelle aufgenommen.

39 In Anlehnung an Schneider, Investition, Finanzierung und Besteuerung, 7. Aufl., Wiesbaden 1992, S. 253–258.

40 Vgl Wagner, in: Becker/Klook/Schmidt/Wäscher (Hrsg.), Unternehmen im Wandel und Umbruch, Stuttgart 1998, S. 60.

Wirtschaftsgüter veräußert werden, bzw in dem Zeitraum, in dem sie im Unternehmen genutzt werden. Durch das Aktivierungsverbot für selbst erstellte immaterielle Wirtschaftsgüter des Anlagevermögens nach § 5 Abs. 2 EStG werden forschungsintensive Branchen (zB Chemie, Pharma, Software) gegenüber den materielle Wirtschaftsgüter produzierenden Unternehmen (zB Maschinenbau, Konsumgüter) begünstigt.

- **geringerer Nachteil bei Eigenherstellung**
  Unternehmen, die die Produkte, die sie veräußern, selbst herstellen, stellen sich besser als Unternehmen, die als Wiederverkäufer tätig sind. Beispielsweise kann über die Konkretisierung des Verteilungsmodus für die Gemeinkosten die Höhe der Herstellungskosten beeinflusst werden. Steuerpflichtigen, die ihre Vorprodukte einkaufen (zB Handelsunternehmen), stehen bei der Ermittlung der Anschaffungskosten wesentlich weniger steuerbilanzpolitisch nutzbare Ermessensspielräume zur Verfügung.
- **Vorteil bei Renovierung von vorhandenen Wirtschaftsgütern gegenüber Ersatz- und Erweiterungsinvestitionen**
  Unternehmen, die vorhandene Anlagen oder Gebäude renovieren, können die angefallenen Ausgaben grundsätzlich als Erhaltungsaufwand sofort als Betriebsausgabe verrechnen, während bei Steuerpflichtigen, die neue Wirtschaftsgüter beschaffen, die für Ersatz- oder Erweiterungsinvestitionen getätigten Ausgaben erst in zukünftigen Perioden in Form von Absetzungen für Abnutzungen aufwandswirksam werden.
- **Vorteil bei Liquiditätszufluss vor Ertragsausweis**
  Unternehmen, deren Fertigung sich über mehrere Jahre erstreckt, müssen den Gewinn erst in dem Jahr versteuern, in dem der Auftrag endgültig abgerechnet wird. Durch die starke Betonung rechtlicher Kriterien bei der Interpretation des Realisationsprinzips können Unternehmen des Anlagenbaus sowie Unternehmen, die größere Bauprojekte durchführen, die Ertragsteuerbelastung in die Periode verlagern, in der das Projekt abgeschlossen wird. Der Vorteil der langfristigen Fertigung beruht darauf, dass bei der Vereinbarung von Anzahlungen die Einzahlungsüberschüsse zeitlich (lange) vor dem Ausweis der damit verbundenen Umsatzerlöse in der steuerrechtlichen Gewinnermittlung anfallen.
  Vergleichbare Effekte ergeben sich bei Unternehmen, die zeitabhängige Leistungen erbringen und die ihre Entgelte im Voraus vereinnahmen. Hierzu gehören beispielsweise Versicherungsunternehmen, die mit ihren Kunden vereinbaren, dass die Prämien (jährlich) im Voraus zu entrichten sind.
- **Vorteil bei Aufwandsverrechnung vor Liquiditätsabfluss**
  Durch die Bildung von Rückstellungen werden die Betriebsausgaben vor dem Zeitpunkt verrechnet, zu dem die Auszahlungen anfallen. Je länger der Zeitraum zwischen Aufwandsverrechnung und Zahlung ist, umso höher fällt der damit verbundene Zeiteffekt aus. Die Rückstellungsbildung begünstigt zum einen über die Bildung von Pensionsrückstellungen personalintensive Unternehmen (insbesondere bei Dienstleistungs- und Beratungsunternehmen). Zum anderen können in Teilbereichen kapitalintensive Unternehmen profitieren (zB Rückstellungen im Zusammenhang mit Kernkraftwerken).
  Unternehmen, die Rückstellungen für ungewisse Verbindlichkeiten bilden oder bei der Bewertung von Forderungen Zahlungsrisiken zu berücksichtigen haben

(zB Banken, Unternehmen mit hohen Außenständen), verfügen darüber hinaus aufgrund der Unbestimmtheit des Wertmaßstabs „Teilwert" über Ermessensspielräume, bei denen nicht ausgeschlossen werden kann, dass sie zur Bildung stiller Reserven genutzt werden.

Diese Ungleichbehandlung von Unternehmen unterschiedlicher Branchen tritt nicht **206**
nur in Deutschland auf. Vielmehr ist auch in anderen Ländern festzustellen, dass die steuerliche Gewinnermittlung nicht investitionsneutral ausgestaltet ist. Internationale Steuerbelastungsvergleiche zeigen, dass die Verzerrungen der Besteuerung bei den verschiedenen Investitionsformen grundsätzlich in vergleichbarer Weise auftreten. Hinsichtlich der effektiven Steuerbelastung lässt sich im internationalen Vergleich allgemein folgende Reihenfolge aufstellen:[41] Am geringsten belastet werden Investitionen in immaterielle Wirtschaftsgüter, dann folgen Investitionen in Ausrüstungsgegenstände (insbesondere maschinelle Anlagen), in Gebäude und in Vorratsvermögen. Am höchsten belastet werden Investitionen in Finanzanlagen. Diese im Rahmen der steuerlichen Gewinnermittlung auftretenden Verzerrungen bedeuten, dass die Regeln zur Bestimmung der Bemessungsgrundlage insoweit für Standortentscheidungen weniger bedeutsam sind, sie beeinflussen aber, welche Art von Investitionen durchgeführt werden. Da sich das Verhältnis, in dem Unternehmen die verschiedenen Investitionsformen einsetzen, zwischen den Branchen unterscheidet, hängt die Höhe der Steuerbelastung gleichzeitig in jedem Land davon ab, in welcher Branche ein Unternehmen tätig ist.

D. Investitionsneutralität einer konsumorientierten Besteuerung

I. Methodische Grundlagen der Cash-Flow-Besteuerung

(1) Merkmal und Formen einer konsumorientierten Besteuerung: Eine konsumori- **207**
entierte Besteuerung ist dadurch gekennzeichnet, dass nicht die Einkommenserzielung besteuert wird, sondern die Einkommensverwendung.

Der Marktzinssatz ist der Maßstab, anhand dem die Zeitpräferenz des Investors gemessen wird. Die Zeitpräferenz gibt die Verzinsung wieder, die mindestens erforderlich ist, damit ein Investor bereit ist, seinen Konsum von dieser Periode in eine zukünftige Periode zu verschieben. Damit die Entscheidung zwischen heutigem Konsum und zukünftigem Konsum nicht verzerrt wird, darf der Marktzinssatz durch die Besteuerung nicht reduziert werden, maW die Erträge aus Finanzanlagen (Zinsen) sind steuerfrei zu stellen. Dies bedeutet, dass innerhalb eines konsumneutralen Steuersystems bei Finanzanlagen die Vorsteuerrendite mit der Nachsteuerrendite übereinstimmen sollte: $i_s = i$.

41 Vgl Europäische Kommission vom 23.10.2001, Arbeitsdokument der Dienststellen der Kommission, Unternehmensbesteuerung im Binnenmarkt {COM(2001)582 endg.}, SEK(2001)1681, S. 91–126; Jacobs, Internationale Unternehmensbesteuerung, 8. Aufl., München 2016, S. 158–170 sowie ausführlich Spengel/Bräutigam/Dutt/Fischer/Stutzenberger, The Impact of the CCTB on the Effective Tax Burden of Corporations: results from the Tax Analyzer Model – Final report, European Commission Taxation Papers, Working Paper No. 75–2019.

208 Die Besteuerung des Konsums kann durch die in Abb. 4.7 gezeigten Konzepte erreicht werden. Eine Konsumsteuer unterscheidet sich gegenüber der Einkommensteuer in erster Linie dadurch, dass die Teile Einkommen, die gespart werden, (noch) nicht besteuert werden. Die Besteuerung setzt erst ein, wenn die gesparten Einkommensteile konsumiert („entspart") werden. Eine konsumorientierte Besteuerung wird idealtypisch durch die sparbereinigte Einkommensteuer umgesetzt. Diese auf den Privatbereich bezogene Überlegung führt auf Unternehmensebene zur Cash-Flow-Besteuerung: Die Abziehbarkeit der Ersparnisse vom erzielten Einkommen im privaten Bereich entspricht im unternehmerischen Bereich der Abziehbarkeit von Investitionsausgaben von der steuerpflichtigen Bemessungsgrundlage. Die „Sofortabschreibung" der Investitionsausgaben ist mit der Nichtbesteuerung von Einkommensteilen, die gespart werden, vergleichbar. Unterschiede ergeben sich insoweit, als auf Unternehmensebene üblicherweise Sachinvestitionen getätigt werden, während im Privatbereich Finanzinvestitionen (Kapitalanlagen) überwiegen.[42]

direkte Konsumbesteuerung			**indirekte Konsumbesteuerung**	
direkte Ermittlung der Konsumausgaben	**indirekte Ermittlung der Konsumausgaben**	**ohne Ermittlung der Konsumausgaben**		
1. Merkmale				
Aufzeichnung der persönlichen Konsumausgaben	Einkommen – Ersparnisse + Auflösungen von Ersparnissen für Konsumzwecke = Konsum mit Steuerbefreiung von Zinseinnahmen und Nichtabziehbarkeit von Schuldzinsen	• Abziehbarkeit von Schuldzinsen • Zinsbereinigung: (1) Steuerbefreiung der Rendite von Sachinvestitionen, die mit Eigenkapital finanziert sind, soweit sie der marktüblichen Verzinsung entspricht, und (2) Steuerbefreiung von Einnahmen aus Finanzanlagen	Besteuerung des Konsums durch eine Verbrauchsteuer, die grundsätzlich alle Konsumausgaben erfasst	Verbrauchsteuern, die nur ausgewählte Konsumausgaben erfassen
2. Umsetzung des Besteuerungskonzepts				
Konsumausgabensteuer	sparbereinigte Einkommensteuer = Besteuerung des Cash-Flows	zinsbereinigte Einkommensteuer	Umsatzsteuer	spezielle Verbrauchsteuern, wie Energie- oder Tabaksteuer

Abb. 4.7: Formen einer Konsumbesteuerung

42 Der Erwerb von Wirtschaftsgütern mindert im Zeitpunkt der Zahlung die steuerpflichtige Bemessungsgrundlage. Es kommt also zu keiner Aktivierung und damit logischerweise auch nicht zur Verrechnung von Abschreibungen. Die Nichtaktivierung führt zum gleichen Ergebnis wie bei Aktivierung und vollständiger aufwandswirksamer Verrechnung der Erwerbsaufwendungen in dem Zeitpunkt, in dem ein Wirtschaftsgut angeschafft oder hergestellt wird. Der Begriff „Sofortabschreibung" wird verwendet, weil er demjenigen, der das geltende Bilanzsteuerrecht kennt, möglicherweise vertrauter klingt.

Im Folgenden wird zunächst die Cash-Flow-Besteuerung betrachtet. Auf die Besonderheiten der sparbereinigten Einkommensteuer und der zinsbereinigten Einkommensteuer wird anschließend im Kapitel D. VI. (Rn. 231) eingegangen.[43]

(2) Investitionsneutralität der Cash-Flow-Besteuerung: Bei der Cash-Flow-Besteuerung stimmt die Bemessungsgrundlage mit den Zahlungsüberschüssen einer Investition überein. Nach dem Grundkonzept der Cash-Flow-Besteuerung werden steuerlich lediglich leistungswirtschaftliche Zahlungsvorgänge erfasst. Der Finanzbereich (Schuldzinsen und Zinseinnahmen) bleibt bei der Ermittlung der steuerpflichtigen Einkünfte ausgeklammert, dh Schuldzinsen sind nicht abziehbar und Zinseinnahmen werden nicht besteuert. **209**

Für den Kapitalwert vor Steuern gilt: **210**

$$C_0 = -I_0 + \sum_{t=1}^{N} EZÜ_t \times (1+i)^{-t}$$

Bei Einbezug von Ertragsteuern werden keine planmäßigen Abschreibungen verrechnet, vielmehr kann die Investitionsauszahlung (I_0) sofort gewinnmindernd verrechnet werden. Werden Zinsen steuerlich nicht erfasst, stimmt bei Ermittlung des Kapitalwerts nach Steuern der Kalkulationszinssatz mit dem Vorsteuerzinssatz überein: $i_s = i$: **211**

$$C_{0,s} = -(1-s) \times I_0 + (1-s) \times \sum_{t=1}^{N} EZÜ_t \times (1+i)^{-t}$$

Die Cash-Flow-Besteuerung stellt Investitionsneutralität dadurch her, dass der Kapitalwert vor Steuern um den Steuerfaktor gekürzt wird. Die Begründung für diese Aussage ist unmittelbar nachzuvollziehen. Bei der Cash-Flow-Besteuerung verändert jede Einzahlung und jede Auszahlung in dem Zeitpunkt, in dem sie anfällt, in gleicher Höhe die steuerpflichtige Bemessungsgrundlage. Dies gilt nicht nur für die Ein- oder Auszahlungsüberschüsse während der Nutzungsdauer der Investition, sondern auch für die Anfangsauszahlung, dh der erforderliche Kapitaleinsatz reduziert sich proportional um den Ertragsteuersatz. Da Zinsen nicht besteuert werden, wird auch bei Einbezug von Ertragsteuern die Abzinsung mit dem Vorsteuerzinssatz vorgenommen:

$$C_{0,s} = (1-s) \times C_0$$

(3) Vergleich zwischen „Sofortabschreibung“ und steuerrechtlicher Abschreibung: Der Vergleich zwischen der Cash-Flow-Besteuerung und der steuerrechtlichen Abschreibung ist einfach. Bei der Cash-Flow-Besteuerung kann die Anfangsauszahlung sofort gewinnmindernd verrechnet werden, während im geltenden Ertragsteuerrecht die Anschaffungs- oder Herstellungskosten über die Absetzungen für Abnutzung erst im Verlauf der Nutzungsdauer einer Investition als Betriebsausgaben wirksam werden. Bezogen auf die Abschreibungen löst das geltende Recht gegenüber der Cash- **212**

43 Siehe hierzu einführend Treisch, SteuerStud 2000, S. 368; Wagner/Wissel, WiSt 1995, S. 65 sowie ausführlich Heinhold, Unternehmensbesteuerung, Band 3: Investition und Finanzierung, Stuttgart 1996, S. 125–158; König/Wosnitza, Betriebswirtschaftliche Steuerplanungs- und Steuerwirkungslehre, Heidelberg 2004, S. 156–163; Schreiber, Besteuerung der Unternehmen, 4. Aufl., Wiesbaden 2017, S. 697–704.

Flow-Besteuerung generell einen negativen Zeiteffekt aus. Durch Sonderabschreibungen und erhöhte Absetzungen sowie andere Formen der Abschreibungen, bei denen die Abschreibungen den tatsächlichen Werteverzehr übersteigen, und durch Teilwertabschreibungen kann dieser Nachteil einer Gewinnermittlung, die auf einem Betriebsvermögensvergleich beruht, gegenüber der Cash-Flow-Besteuerung lediglich abgeschwächt, aber niemals vollständig kompensiert werden.

Ein Bemessungsgrundlageneffekt tritt nicht auf, da der Abzug der Anfangsauszahlungen bei der Cash-Flow-Besteuerung mit der Abschreibungssumme (= Anschaffungs- oder Herstellungskosten) im geltenden Ertragsteuerrecht übereinstimmt.

II. Quantifizierung der Effekte

213 *(1) Daten:* Zur Verdeutlichung der Auswirkungen der Cash-Flow-Besteuerung werden die gleichen Investitionsalternativen betrachtet wie bei der Berechnung der Steuerwirkungen des geltenden Gewinnermittlungsrechts sowie der Besteuerung des kapitaltheoretischen Gewinns:

Beispiel: Ein Investor verfügt über Zahlungsmittel in Höhe von 200 000 €. Er hat die Wahl zwischen zwei Sachinvestitionen, die vor Steuern folgende Zahlungsreihen aufweisen:

Jahr	Investition D (fallende Zahlungsreihe)	Investition E (ansteigende Zahlungsreihe)
0	– 200 000 €	– 180 000 €
1	+ 110 000 €	– 30 000 €
2	+ 80 000 €	+ 80 000 €
3	+ 60 000 €	+ 180 000 €
4	– 10 000 €	

weitere Daten: Der Kalkulationszinssatz vor Steuern beträgt 10%. Sachinvestitionen werden mit Ertragsteuern von 40% besteuert. Für das geltende Steuerrecht wird von linearen Abschreibungen ausgegangen. Bei der Cash-Flow-Besteuerung kann die Anfangsauszahlung zu Beginn des Berechnungszeitraums in vollem Umfang gewinnmindernd verrechnet werden.

214 *(2) Einzelberechnungen:* Bei der Cash-Flow-Besteuerung ist zur **Berechnung des Kapitalwerts** nach Steuern die Zahlungsreihe der zu beurteilenden Investition um die Ertragsteuern zu vermindern. Die Bemessungsgrundlage stimmt auch im Investitionszeitpunkt mit der Zahlungsreihe vor Steuern überein, da die Anfangsauszahlung bereits im Zahlungszeitpunkt (vollständig) gewinnmindernd verrechnet werden kann. Die um die Steuerzahlungen reduzierte Zahlungsreihe ist mit dem Kalkulationszinssatz vor Steuern auf den Beginn des Berechnungszeitraums abzuzinsen:

Investition D	t_0	t_1	t_2	t_3	t_4
Zahlungsreihe vor Steuern	– 200 000	110 000	80 000	60 000	– 10 000
– Steuern	– 80 000	44 000	32 000	24 000	– 4 000
= Zahlungsreihe nach Steuern	– 120 000	66 000	48 000	36 000	– 6 000
/ Abzinsungsfaktor, abgeleitet aus dem Kalkulationszinssatz vor Steuern	$1{,}10^0$	$1{,}10^1$	$1{,}10^2$	$1{,}10^3$	$1{,}10^4$
= Barwert	– 120 000	60 000	39 669	27 047	– 4 098
Kapitalwert (= Summe der Barwerte)	**+ 2 619**				

zur Berechnung der Steuern

Zahlungsreihe vor Steuern (einschließlich sofortiger Verrechnung der Anfangsauszahlung) = Bemessungsgrundlage	– 200 000	110 000	80 000	60 000	– 10 000
× Steuersatz	40%	40%	40%	40%	40%
= Steuerzahlung	– 80 000	44 000	32 000	24 000	– 4 000

Die Berechnung des Kapitalwerts der Investition E erfolgt nach dem gleichen Schema: **215**

Investition E	t_0	t_1	t_2	t_3
Zahlungsreihe vor Steuern	– 180 000	– 30 000	80 000	180 000
– Steuern	– 72 000	– 12 000	32 000	72 000
= Zahlungsreihe nach Steuern	– 108 000	– 18 000	48 000	108 000
/ Abzinsungsfaktor, abgeleitet aus dem Kalkulationszinssatz vor Steuern	$1{,}10^0$	$1{,}10^1$	$1{,}10^2$	$1{,}10^3$
= Barwert	– 108 000	– 16 364	39 669	81 142
Kapitalwert (= Summe der Barwerte)	**– 3 552**			

zur Berechnung der Steuern

Zahlungsreihe vor Steuern (einschließlich sofortiger Verrechnung der Anfangsauszahlung) = Bemessungsgrundlage	– 180 000	– 30 000	80 000	180 000
× Steuersatz	40%	40%	40%	40%
= Steuerzahlung	– 72 000	– 12 000	32 000	72 000

216 Bei der Cash-Flow-Besteuerung ist bei der **Berechnung des Vermögensendwerts** darauf zu achten, dass die Anfangsauszahlung bereits zu Beginn des Berechnungszeitraums in vollem Umfang als Betriebsausgabe abgezogen werden kann und dass die Erträge aus der Anlage von Liquiditätsüberschüssen bzw aus der Finanzierung von Liquiditätsunterdeckungen nicht in die ertragsteuerliche Bemessungsgrundlage eingehen:

Investition D		t_0	t_1	t_2	t_3	t_4
	Zahlungssaldo zu Beginn der Periode	200 000	80 000	154 000	217 400	275 140
+	Zahlungsreihe der zu beurteilenden Investition vor Steuern (einschließlich sofortiger Verrechnung der Anfangsauszahlung)	– 200 000	110 000	80 000	60 000	– 10 000
+	Zinserträge aus Differenzinvestitionen (= Zahlungssaldo zu Beginn der Periode × Zinssatz, ab Periode 1)	–.–	8 000	15 400	21 740	27 514
–	Steuern	– 80 000	44 000	32 000	24 000	– 4 000
=	Zahlungssaldo am Ende der Periode	80 000	154 000	217 400	275 140	296 654
Vermögensendwert						**296 654**

zur Berechnung der Steuern

	Zahlungsreihe der zu beurteilenden Investition vor Steuern (einschließlich sofortiger Verrechnung der Anfangsauszahlung)	– 200 000	110 000	80 000	60 000	– 10 000
+	Zinserträge aus Differenzinvestitionen	steuerlich nicht relevant				
=	Bemessungsgrundlage	– 200 000	110 000	80 000	60 000	– 10 000
×	Steuersatz	40%	40%	40%	40%	40%
=	Steuerzahlung	– 80 000	44 000	32 000	24 000	– 4 000

217 Der Vermögensendwert der Investition E berechnet sich wie folgt:

Investition E		t_0	t_1	t_2	t_3	t_4
	Zahlungssaldo zu Beginn der Periode	200 000	92 000	83 200	139 520	261 472
+	Zahlungsreihe der zu beurteilenden Investition vor Steuern (einschließlich sofortiger Verrechnung der Anfangsauszahlung)	– 180 000	– 30 000	80 000	180 000	0

Investition E	t_0	t_1	t_2	t_3	t_4
+ Zinserträge aus Differenzinvestitionen (= Zahlungssaldo zu Beginn der Periode × Zinssatz, ab Periode 1)	–.–	9 200	8 320	13 952	26 147
– Steuern	– 72 000	– 12 000	32 000	72 000	0
= Zahlungssaldo am Ende der Periode	92 000	83 200	139 520	261 472	287 619
Vermögensendwert					**287 619**

zur Berechnung der Steuern

Zahlungsreihe der zu beurteilenden Investition vor Steuern (einschließlich sofortiger Verrechnung der Anfangsauszahlung)	– 180 000	– 30 000	80 000	180 000	0
+ Zinserträge aus Differenzinvestitionen	steuerlich nicht relevant				
= Bemessungsgrundlage	– 180 000	– 30 000	80 000	180 000	0
× Steuersatz	40%	40%	40%	40%	40%
= Steuerzahlung	– 72 000	– 12 000	32 000	72 000	0

(3) Ergebnisse: In der folgenden Übersicht sind die Kapitalwerte und Vermögensendwerte der beiden Sachinvestitionen D und E sowie der alternativen Anlage am Kapitalmarkt zusammengestellt. Es werden die Ergebnisse ohne Einbezug der Besteuerung, bei der Cash-Flow-Besteuerung sowie die durch die Cash-Flow-Besteuerung ausgelösten Veränderungen ausgewiesen:[44] 218

	Investition D	**Investition E**	**Vergleich D – E**	**Finanzanlage**
vor Steuern				
Kapitalwert	+ 4 364	– 5 920	+ 10 285	0
Vermögensendwert	299 210	284 152	+ 15 058	292 820
nach Steuern („Sofortabschreibung“: Cash-Flow-Besteuerung)				
Kapitalwert	+ 2 619	– 3 552	+ 6 171	0
Vermögensendwert	296 654	287 619	+ 9 035	292 820

44 In der Ergebnisübersicht ist die jeweils vorteilhafte Investition durch eine graue Schattierung hervorgehoben. Es wird davon ausgegangen, dass negative Bemessungsgrundlagen (Verluste) in dem Jahr, in dem sie entstehen, mit positiven Einkünften aus anderen Investitionen (Gewinnen) verrechnet werden können.

	Investition D	Investition E	Vergleich D – E	Finanzanlage
Veränderung durch die Besteuerung („Sofortabschreibung“: Cash-Flow-Besteuerung)				
Kapitalwert	– 1 745	+ 2 368	– 4 113	± 0
Vermögensendwert	– 2 556	+ 3 467	– 6 023	± 0

Abb. 4.8: Entscheidungswirkungen der Cash-Flow-Besteuerung

219 *(4) Auswertung:* Die Cash-Flow-Besteuerung verändert die Vorteilhaftigkeitsreihenfolge zwischen den zu beurteilenden Sachinvestitionen sowie die Entscheidung zwischen einer Sachinvestition und einer Finanzinvestition nicht. Weil bei der Cash-Flow-Besteuerung (unabhängig vom Vorzeichen) jeder Zahlungsvorgang unmittelbar in die steuerliche Bemessungsgrundlage eingeht, wird der vor Steuern berechnete **Kapitalwert** um den Steuersatzfaktor gekürzt:

		Investition D	Investition E
	Kapitalwert vor Steuern	+ 4 364 €	– 5 920 €
–	Kapitalwert vor Steuern × Ertragsteuersatz	+ 4 364 € × 40%	– 5 920 € × 40%
=	Kapitalwert nach Steuern = Kapitalwert vor Steuern × (1–Ertragsteuersatz)	+ 2 619 € + 4 364 €×(1–40%)	– 3 552 € – 5 920 €×(1–40%)

220 Bei der Cash-Flow-Besteuerung hat eine Finanzanlage nach Steuern den gleichen **Vermögensendwert** wie vor Steuern. Dies ist offensichtlich, da bei der Cash-Flow-Besteuerung Zinseinnahmen nicht dem steuerbaren Bereich zugerechnet werden. Bei den Sachinvestitionen sind die Veränderungen relativ gering, da sich im Beispiel die Vorteile aus der sofortigen Verrechnung der Anfangsauszahlung („Sofortabschreibung“) und die fehlende Besteuerung von zwischenzeitlichen Zahlungsüberschüssen auf der einen Seite und die Belastung aus der Besteuerung der vor Steuern erwirtschafteten Zahlungsüberschüsse auf der anderen Seite weitgehend ausgleichen. Bei vor Einbezug der Besteuerung gegenüber Finanzanlagen vorteilhaften Sachinvestition ergibt sich durch die Besteuerung der „Mehrerträge“ gegenüber einer Anlage zum Kalkulationszinssatz eine Minderung des Vermögensendwerts (Investition D). Analog ist bei vor Steuern gegenüber Finanzanlagen ungünstigen Investitionen durch die Cash-Flow-Besteuerung eine geringfügige Erhöhung des Vermögensendwerts festzustellen. Diese Effekte der Cash-Flow-Besteuerung reduzieren aber lediglich den absoluten Abstand zwischen den drei Investitionsalternativen. Die Vorteilhaftigkeitsreihenfolge „Sachinvestition D – Finanzanlage – Sachinvestition E“ bleibt bestehen.

Aufgrund der unmittelbaren Anknüpfung an Zahlungsströme sind die tendenziellen Wirkungen der Cash-Flow-Besteuerung unabhängig vom Verlauf der Zahlungsströme, dh ob diese in jedem Jahr gleich hoch sind, ob sie im Zeitablauf ansteigen oder fallen.

III. Begünstigung von Sachinvestitionen bei einer Abgeltungsteuer auf Finanzanlagen

Bleiben Erträge aus Finanzanlagen unbesteuert, weist eine Investition mit einer Anfangsauszahlung von 200 000 €, einer Nutzungsdauer von vier Jahren und konstanten Einzahlungsüberschüssen von 63 094 €/Periode bei einem Ertragsteuersatz von 40% einen Kapitalwert von Null auf, sofern die Alternativanlage eine Vorsteuerrendite von 10% aufweist: **221**

		t_0	t_1	t_2	t_3	t_4
	Zahlungsreihe vor Steuern	**– 200 000**	**63 094**	**63 094**	**63 094**	**63 094**
–	Steuern (Steuersatz 40%)	– 80 000	25 238	25 238	25 238	25 238
=	Zahlungsreihe nach Steuern	– 120 000	37 856	37 856	37 856	37 856
/	Abzinsungsfaktor, abgeleitet aus dem Kalkulationszinssatz vor Steuern[45]	$1{,}10^0$	$1{,}10^1$	$1{,}10^2$	$1{,}10^3$	$1{,}10^4$
=	Barwert	– 120 000	34 415	31 286	28 442	25 856
Kapitalwert (= Summe der Barwerte)		**0**				

Unterliegt die Alternativanlage dem Konzept der Abgeltungsteuer (Sondersteuersatz von 25%, § 32d EStG), ergibt sich ein Nachsteuerzinssatz von 7,3625% = 10,00% × (1–25%×[1+5,5%]).[46] Damit die Sachinvestition vorteilhaft wird, reichen in dieser Situation bereits Einzahlungsüberschüsse von 59 530 €/Periode aus. Liegen die Einzahlungsüberschüsse der Sachinvestition zwischen 59 530 € und 63 094 €, führt die Abgeltungsteuer dazu, dass derartige Investitionen vorteilhaft werden: Die Besteuerung von Erträgen aus einer Finanzanlage mit Abgeltungsteuer führt im Vergleich zum Grundkonzept der Cash-Flow-Steuer zum einen dazu, dass bei vorteilhaften Sachinvestitionen der Kapitalwert ansteigt (Erhöhung der relativen Vorteilhaftigkeit von Sachinvestitionen) und zum anderen dazu, dass die Anzahl der Sachinvestitionen zunimmt, die einen positiven Kapitalwert haben (Entstehen einer absoluten Vorteilhaftigkeit). Die relative Begünstigung von Sachinvestitionen fällt umso höher aus, je höher die steuerliche Belastung von privaten Kapitalanlagen ist: **222**

		t_0	t_1	t_2	t_3	t_4
	Zahlungsreihe vor Steuern	**– 200 000**	**59 530**	**59 530**	**59 530**	**59 530**
–	Steuern (Steuersatz 40%)	– 80 000	23 812	23 812	23 812	23 812
=	Zahlungsreihe nach Steuern	– 120 000	35 718	35 718	35 718	35 718

45 Da Erträge aus Finanzanlagen nicht besteuert werden, sind die Einzahlungsüberschüsse der zu beurteilenden (Sach-)Investition mit dem Kalkulationszinssatz vor Steuern abzuzinsen.

46 Unter Berücksichtigung des Solidaritätszuschlags erhöht sich die Steuerbelastung von privaten Kapitalanlagen auf 26,375% = 25,00% + 25,00%×5,50%. Bei kirchensteuerpflichtigen (natürlichen) Personen wird zusätzlich Kirchensteuer erhoben.

	t_0	t_1	t_2	t_3	t_4
/ Abzinsungsfaktor, abgeleitet aus dem Kalkulationszinssatz nach Abgeltungsteuer (= 10% × [1–26,375%])	$1{,}073625^0$	$1{,}073625^1$	$1{,}073625^2$	$1{,}073625^3$	$1{,}073625^4$
= Barwert	– 120 000	33 268	30 987	28 862	26 883
Kapitalwert (= Summe der Barwerte)	**0**				

223 Bei der Besteuerung des kapitaltheoretischen Gewinns führt die Besteuerung von Einkünften aus Kapitalvermögen mit dem 25%igen Sondersteuersatz zu einer Benachteiligung von Sachinvestitionen. Demgegenüber löst bei der Cash-Flow-Besteuerung die Erfassung von Einkünften aus Finanzanlagen mit der Abgeltungsteuer für Sachinvestitionen einen positiven Effekt aus. Damit wird deutlich, dass die **Beurteilung der Abgeltungsteuer** für Einkünfte aus Kapitalvermögen von dem angestrebten Besteuerungskonzept abhängt:

- Der Besteuerung des kapitaltheoretischen Gewinns liegt ein einkommensorientiertes Besteuerungskonzept zugrunde. Dies bedeutet, dass Zinsen steuerpflichtig sein müssen. Die Abgeltungsteuer stellt insoweit eine Begünstigung von privaten Kapitalanlagen dar, als der Steuersatz der Abgeltungsteuer unter dem Steuersatz liegt, der sich für den Steuerpflichtigen aus dem Normaltarif ergibt. Daraus resultiert indirekt eine Schlechterstellung von Sachinvestitionen.
- Die Cash-Flow-Besteuerung gehört zu den konsumorientierten Besteuerungssystemen, deren Merkmal darin besteht, dass Zinsen nicht besteuert werden. Die Erhebung einer 25%igen Abgeltungsteuer auf Einkünfte aus Kapitalvermögen stellt innerhalb dieses Konzepts im Vergleich zu unternehmerischen Investitionen eine Zusatzbelastung dar.

IV. Vergleich zwischen einer einkommens- und einer konsumorientierten Besteuerung

224 Die wichtigsten Unterschiede zwischen der Besteuerung des kapitaltheoretischen Gewinns und der Cash-Flow-Besteuerung sind in der nachstehenden Übersicht zusammengestellt:

	Besteuerung des kapitaltheoretischen Gewinns	**Cash-Flow-Besteuerung**
Besteuerungskonzept	einkommensorientiert	konsumorientiert
Kapitalerhaltungskonzept	Ertragswert zu Beginn des Betrachtungszeitraums	Kassenvermögen zu Beginn des Betrachtungszeitraums
Periodisierung	im Zeitpunkt der Erkennbarkeit einer zukünftigen Einzahlungs- bzw Auszahlungsänderung (zB Kenntnis einer Geschäftsidee, Erteilung eines Auftrags)	Zahlungswirksamkeit (Zufluss bzw Abfluss von liquiden Mitteln)

	Besteuerung des kapitaltheoretischen Gewinns	**Cash-Flow-Besteuerung**
steuerliche Bemessungsgrundlage	Ertragswert zu Beginn der Periode × Vorsteuerzinssatz alternativ Einzahlungsüberschuss ± Ertragswertabschreibung	Einzahlungsüberschuss
Abschreibungen	Ertragswertabschreibung (Veränderung des Ertragswerts) = Ertragswert zu Beginn der betrachteten Periode – Ertragswert am Ende der betrachteten Periode	„Sofortabschreibung“
Umsetzung in die Besteuerungspraxis: Objektivierung (Grundsatz der Rechtssicherheit)	nicht gewährleistet	gewährleistet
Besteuerung von Differenzanlagen/Anlagen am Kapitalmarkt	ja (Zinseinnahmen sind steuerpflichtig, Zinsausgaben sind abziehbar)	nein (Zinseinnahmen werden nicht besteuert, Zinsausgaben sind nicht abziehbar)
Abzinsungsfaktor (Kalkulationszinssatz) bei der Kapitalwertmethode	Nachsteuerzinssatz (i_s)	Vorsteuerzinssatz (i)
Auswirkungen auf den Kapitalwert	Kapitalwert nach Steuern = Kapitalwert vor Steuern	Kapitalwert nach Steuern = Kapitalwert vor Steuern × (1–Steuersatz)
Investitionsneutralität (intersektorale Neutralität)	ja, Niveauinvarianz • Neutralität zwischen verschiedenen Sachinvestitionen • Neutralität zwischen Sachinvestitionen und Finanzinvestitionen	ja, Rangfolgeinvarianz • Neutralität zwischen verschiedenen Sachinvestitionen • Neutralität zwischen Sachinvestitionen und Finanzinvestitionen nur bei Grenzinvestitionen[47]
Konsumneutralität (intertemporale Neutralität)	nein • die Besteuerung von Zinsen löst eine Tendenz zum Vorziehen von Konsumausgaben aus • Konsequenz: Sparen wird benachteiligt	ja • da Zinsen nicht besteuert werden, besteht steuerlich kein Anreiz zum Vorziehen von Konsumausgaben • Konsequenz: keine Benachteiligung des Sparens

47 Grenzinvestitionen sind dadurch gekennzeichnet, dass ihre Rendite mit der Rendite der Alternativanlage übereinstimmt, maW der Kapitalwert von Grenzinvestitionen beträgt null.

	Besteuerung des kapitaltheoretischen Gewinns	Cash-Flow-Besteuerung
politische Durchsetzbarkeit	denkbar	Freistellung von Zinseinnahmen und Nichtabziehbarkeit von Schuldzinsen vermutlich politisch nicht durchsetzbar

Abb. 4.9: Vergleich zwischen einer einkommens- und einer konsumorientierten Besteuerung

225 Eine Besteuerung nach dem Konzept der Cash-Flow-Besteuerung weist mehrere **Vorteile** auf: Da es bei der Cash-Flow-Besteuerung ausreicht, die betrieblich veranlassten Ein- und Auszahlungen, die in der abgelaufenen Periode angefallen sind, einander gegenüberzustellen, ist dieses Konzept in der Besteuerungspraxis **einfach** durchzuführen. Bei der Cash-Flow-Besteuerung ist eine Kassenrechnung ausreichend. Periodisierungsregeln, wie Absetzungen für Abnutzung, Rückstellungen, Rechnungsabgrenzungsposten oder Teilwertabschreibungen, werden nicht benötigt. Da die steuerpflichtigen Einkünfte mit dem Einzahlungsüberschuss übereinstimmen, treten generell keine Bewertungsfragen auf. Ein weiterer großer Vorteil der Cash-Flow-Besteuerung ist, dass an den Einzahlungsüberschuss angeknüpft wird, dh an in der abgelaufenen Periode verwirklichte Werte. Im Gegensatz zur Besteuerung des kapitaltheoretischen Gewinns muss nicht (über die Berechnung der Ertragswertabschreibung) auf erwartete Einzahlungsüberschüsse abgestellt werden. Bei der Cash-Flow-Besteuerung ist die **Bemessungsgrundlage eindeutig definiert**, sodass der Grundsatz der Rechtssicherheit erfüllt wird.

226 Die Cash-Flow-Besteuerung wahrt **Investitionsneutralität**. Damit kommt es zu einer Gleichbehandlung verschiedener Sachinvestitionen sowie zur Gleichbehandlung von Sach- und Finanzinvestitionen: Jede Einzahlung wird um den Steuersatz gekürzt. Bei Auszahlungen wird die Belastung dadurch abgeschwächt, dass sie in Höhe des Steuersatzes zu einer Minderung der Ertragsteuerschuld führen. Eine Investitionsalternative, die vor Steuern einen positiven Kapitalwert aufweist, ist auch unter Berücksichtigung von Ertragsteuern vorteilhaft. Handlungsalternativen mit einem negativen Kapitalwert können durch die Ertragsteuern nicht vorteilhaft werden. Da bei jeder Investition der Kapitalwert um den Steuersatz gekürzt wird, kann durch die Besteuerung die Vorteilhaftigkeitsreihenfolge zwischen verschiedenen Handlungsalternativen nicht wechseln. Die Besteuerung des kapitaltheoretischen Gewinns führt gleichfalls zu einer investitionsneutralen Besteuerung. Bei diesem einkommensorientierten Besteuerungskonzept unterliegen Zinsen der Besteuerung. Konsequenz ist, dass bei der Besteuerung des kapitaltheoretischen Gewinns der Kapitalwert nach Steuern mit dem Kapitalwert vor Steuern übereinstimmt. Die Besteuerung von Zinsen führt zu einer entsprechenden Minderung des Abzinsungsfaktors.

227 Investitionsneutralität kann also sowohl innerhalb eines einkommensorientierten Besteuerungskonzepts (Besteuerung des kapitaltheoretischen Gewinns) als auch innerhalb einer konsumorientierten Besteuerung (Cash-Flow-Besteuerung) erreicht werden. **Konsumneutralität** wird aber nur bei der Cash-Flow-Besteuerung verwirklicht. Die Nichterfassung des Finanzbereichs (Nichtbesteuerung von Zinseinnahmen bzw Nichtabziehbarkeit von Schuldzinsen) bedeutet, dass der Zeitpunkt des Konsums bzw der Umfang des Sparens durch die Besteuerung nicht beeinflusst wird. Durch eine Konsumbesteuerung werden – im Gegensatz zu einem einkommensorientierten Besteuerungskonzept – keine Anreize zum Vorziehen von Konsumausgaben gesetzt. Werden – wie bei einkommensorientierten Besteuerungskonzepten – Zinsen besteuert, löst diese Besteuerung eine Tendenz zur Vorverlagerung von Konsumausgaben aus. Die Besteuerung von Zinsen führt zu einer Benachteiligung des Sparens. Gibt der Marktzinssatz die Zeitpräferenz des Entscheidungsträgers wieder, dh die Verzinsung, die mindestens erforderlich ist, damit er bereit ist, seinen Konsum von dieser Periode in eine zukünftige Periode zu verschieben, führt die Besteuerung von Zinsen dazu, dass sich die Erträge aus Finanzanlagen entsprechend reduzieren. Für den Entscheidungsträger stellt sich damit Sparen als weniger vorteilhaft dar.

Die in den letzten Jahren häufig erhobene Forderung nach Reduzierung der steuerlichen Belastung von thesaurierten Gewinnen ist vom Ansatz her mit einem konsumorientierten Besteuerungskonzept vereinbar. Die Cash-Flow-Besteuerung ist aber konsequenter, da die Reinvestition von erzielten Gewinnen in vollem Umfang „steuerfrei" bleibt. Demgegenüber werden im geltenden Steuerrecht die einbehaltenen Gewinne „nur" mit einer niedrigeren Besteuerung belastet: **228**

- ausschließlich Besteuerung auf Ebene der Kapitalgesellschaft (Vorteil einer Thesaurierung: noch keine Besteuerung der Dividenden auf Ebene des Anteilseigners in Höhe der 25%igen Abgeltungsteuer)
- Thesaurierungsbegünstigung nach § 34a EStG bei Einzelunternehmen und Personengesellschaften (Vorteil einer Thesaurierung: erst bei Entnahme 25%ige Nachversteuerung).

V. Abweichungen zwischen der Cash-Flow-Besteuerung und den geltenden steuerlichen Gewinnermittlungsvorschriften

Gewerbetreibende ermitteln ihre Einkünfte aus Gewerbebetrieb im Regelfall durch einen Betriebsvermögensvergleich (Steuerbilanz). Damit bestimmt sich die steuerrechtliche Bemessungsgrundlage nicht als Differenz zwischen Ein- und Auszahlungen, sondern auf der Grundlage von periodisierten Zahlungen, nämlich von Erträgen und Aufwendungen. Bei der Cash-Flow-Besteuerung wird grundsätzlich keine Periodisierung von Ein- und Auszahlungen vorgenommen. In der folgenden Übersicht sind die Abweichungen zwischen dem geltenden Steuerbilanzrecht und der Cash-Flow-Besteuerung zusammengestellt. Diese Liste stimmt in weiten Bereichen mit der überein, die für den Vergleich zwischen der steuerrechtlichen Gewinnermittlung und der Besteuerung des kapitaltheoretischen Gewinns präsentiert wurde. Die wichtigsten Unterschiede sind in Abb. 4.10 grau markiert. Sie betreffen folgende Bereiche: **229**

- **Abschreibungen.** Bei der Cash-Flow-Besteuerung ist die Anfangsauszahlung sofort als Betriebsausgabe abziehbar. Damit löst jede Verteilung der Anschaffungs- oder Herstellungskosten über die Nutzungsdauer der Investition einen negativen Zeiteffekt aus. Dieser Nachteil wird durch Sonderabschreibungen und erhöhte Absetzungen sowie andere Formen der Abschreibungen, bei denen die Abschreibungen den tatsächlichen Werteverzehr übersteigen, und durch Teilwertabschreibungen lediglich abgeschwächt. Er kann allerdings innerhalb des geltenden Rechts auf keinen Fall vollständig neutralisiert werden.

- **Zinseinnahmen und Zinsausgaben.** Soweit bei der zu beurteilenden Investition Zinseinnahmen steuerpflichtig und Zinsaufwendungen abziehbar sind, weicht das geltende Recht von der Cash-Flow-Besteuerung konzeptionell ab. Diesen Effekten steht gegenüber, dass auch die mit einer Finanzanlage erwirtschafteten Erträge im geltenden Recht der Besteuerung unterliegen.

Die Abweichungen zwischen dem geltenden Steuerbilanzrecht und der Cash-Flow-Besteuerung führen zumeist zu einem (positiven oder negativen) Zeiteffekt. Sofern ein Bemessungsgrundlageneffekt auftritt, wird in Abb. 4.10 explizit darauf verwiesen. Fehlt eine derartige Kennzeichnung, tritt ein Zeiteffekt auf.

Steuervergünstigung	**steuerlicher Nachteil**
Einzahlungen eines Jahres sind höher bzw fallen früher an als die steuerrechtliche Gewinnerhöhung in Form von Betriebseinnahmen **Beispiele:** • Kundenanzahlungen, insbesondere bei langfristiger Fertigung • Übertragung von Veräußerungsgewinnen auf ein Ersatzwirtschaftsgut nach § 6b EStG • Neutralisation von Gewinnen durch die Bildung von steuerfreien Rücklagen • passive Rechnungsabgrenzungsposten • steuerfreie Einnahmen, insbesondere Investitionszulagen (Bemessungsgrundlageneffekt)	Einzahlungen eines Jahres sind niedriger bzw fallen später an als die steuerrechtliche Gewinnerhöhung in Form von Betriebseinnahmen **Beispiele:** • Verkäufe auf Ziel • Aktivierung von unfertigen und fertigen Erzeugnissen sowie von selbst erstellten Anlagen (Herstellung)
Auszahlungen eines Jahres sind niedriger bzw fallen später an als die steuerrechtliche Gewinnminderung durch den Abzug als Betriebsausgabe	Auszahlungen eines Jahres sind höher bzw fallen früher an als die steuerrechtliche Gewinnminderung durch den Abzug als Betriebsausgabe
Beispiele: • Verbrauch von Roh-, Hilfs- und Betriebsstoffen, die erst in späteren Jahren bezahlt werden • Aufwandsrückstellungen • Verbindlichkeitsrückstellungen, sofern der Abzinsungsfaktor niedriger ist als der **Zinssatz vor Steuern** oder sofern „überhöhte" Beträge angesetzt werden	**Beispiele:** • Kauf von Roh-, Hilfs- und Betriebsstoffen, die erst in späteren Jahren verbraucht werden • Kauf von Waren, die erst in späteren Jahren veräußert werden • aktive Rechnungsabgrenzungsposten • nicht abziehbare Betriebsausgaben (Bemessungsgrundlageneffekt) • Verbindlichkeitsrückstellungen, sofern der Abzinsungsfaktor höher ist als der **Zinssatz vor Steuern**

Steuervergünstigung	**steuerlicher Nachteil**
steuerrechtliche Periodisierung (abhängig von den Anschaffungs- oder Herstellungskosten) ist günstiger als die „Sofortabschreibung" der Anfangsauszahlung einer Sachinvestition **Beispiel:** • Investitionsabzugsbetrag nach § 7g Abs. 1–4 EStG	steuerrechtliche Periodisierung (abhängig von den Anschaffungs- oder Herstellungskosten) ist ungünstiger als die „Sofortabschreibung" der Anfangsauszahlung einer Sachinvestition **Beispiele:** • jede Form der Verteilung von Aufwendungen nach dem Zeitpunkt, zu dem die Auszahlung anfällt (einschließlich Aktivierung von Renovierungsmaßnahmen als Herstellungsaufwand, abgeschwächt durch Nichtberücksichtigung eines Restwerts bei der Berechnung der Abschreibungen, Sonderabschreibungen, erhöhten Absetzungen, Teilwertabschreibungen)
bei der zu beurteilenden Investition sind Fremdkapitalaufwendungen grundsätzlich abziehbar (Ausnahmen: 25%ige Hinzurechnung bei der Gewerbesteuer nach § 8 Nr 1 GewStG, Einschränkungen im Rahmen der „Zinsschranke" nach § 4h EStG, § 8a KStG) Besteuerung der Alternativanlage: Einnahmen aus Finanzanlagen unterliegen der Abgeltungsteuer	bei der zu beurteilenden Investition sind Zinseinnahmen steuerpflichtig

Abb. 4.10: Abweichungen zwischen der Cash-Flow-Besteuerung und den geltenden steuerlichen Gewinnermittlungsvorschriften[48]

Im Vergleich zwischen dem geltenden Steuerbilanzrecht und der Cash-Flow-Besteuerung ergeben sich für ausgewählte Geschäftsvorfälle folgende Abweichungen: **230**

- Nachteil durch Aktivierung von Investitionen (sowohl bei Sachanlagen als auch beim Vorratsvermögen)
  Dieser grundlegende Nachteil des geltenden Steuerbilanzrechts gegenüber der Cash-Flow-Besteuerung wird durch die Aufwandsverrechnung in Form von überhöhten Abschreibungen oder durch die Verrechnung von Teilwertabschreibungen zum Teil abgeschwächt. Bei einer Eigenherstellung tritt dieser negative Zeiteffekt insoweit nicht auf, als die bei der Herstellung anfallenden Auszahlungen nicht durch die Aktivierung als Herstellungskosten neutralisiert werden (so insbesondere bei immateriellen Wirtschaftsgütern des Anlagevermögens). Bei der Renovierung von vorhandenen Wirtschaftsgütern kann dieser Nachteil vermieden werden, sofern die anfallenden Auszahlungen als Erhaltungsaufwand angesehen werden, dh wenn sie nicht als Herstellungsaufwand zu aktivieren sind.

48 In Anlehnung an Schneider, Investition, Finanzierung und Besteuerung, 7. Aufl., Wiesbaden 1992, S. 253–258.

- Vorteil bei Liquiditätszufluss vor Ertragsausweis (Vorauszahlung von zeitabhängigen Leistungen, zB Versicherungsprämien) bzw Nachteil bei Liquiditätszufluss nach Ertragsausweis (nachschüssige Zahlung von zeitabhängigen Leistungen, wie Darlehenszinsen)
- Vorteil durch vorgezogene Aufwandsverrechnung durch Aufwandsrückstellungen und überhöhte Verbindlichkeitsrückstellungen.

VI. Weitere Formen einer konsumorientierten Besteuerung

231 Zu den weiteren Formen einer konsumorientierten Besteuerung gehören die sparbereinigte Einkommensteuer und die zinsbereinigte Einkommensteuer.

232 *(1) Sparbereinigte Einkommensteuer:* Bei der sparbereinigten Einkommensteuer erhält man die Bemessungsgrundlage dadurch, dass das im abgelaufenen Jahr erzielte Einkommen (Einkommensteuer) um die Veränderung der Ersparnisse korrigiert wird (Sparbereinigung):

	Einkommen
–	Erhöhung der Ersparnisse
+	Auflösung der Ersparnisse
=	Bemessungsgrundlage der sparbereinigten Einkommensteuer

Bei der sparbereinigten Einkommensteuer werden die Konsumausgaben indirekt gemessen, indem von der Überlegung ausgegangen wird, dass die Teile des erzielten Einkommens, die gespart werden, nicht konsumiert werden können. Der Konsum erfolgt erst zu dem Zeitpunkt, zu dem die Ersparnisse („Sparguthaben") wieder aufgelöst werden. Die sparbereinigte Einkommensteuer ist insoweit mit der Cash-Flow-Besteuerung vergleichbar, als der sofortigen Abzugsfähigkeit von Investitionsausgaben im betrieblichen Bereich (Cash-Flow-Besteuerung) ein Abzug der Ersparnisse von der steuerlichen Bemessungsgrundlage bzw einer Hinzurechnung von aufgelösten Sparguthaben im privaten Bereich gegenübersteht (sparbereinigte Einkommensteuer).

233 *(2) Zinsbereinigte Einkommensteuer:* Eine denkbare Lösung der Diskussion um eine einkommensorientierte oder konsumorientierte Besteuerung könnte in der zinsbereinigten Einkommensteuer bestehen. Charakteristisches Merkmal der zinsbereinigten Einkommensteuer ist, dass der mit Hilfe einer Steuerbilanz ermittelte Gewinn (Einkommen) um die Verzinsung des Eigenkapitals gekürzt wird (Zinsabschlag: Zinsbereinigung). Der Zinsabschlag entspricht dem Produkt aus bilanziellem Eigenkapital zu Beginn der Periode und dem Marktzins von Finanzanlagen. Der Zinsabschlag führt dazu, dass lediglich das Einkommen der Besteuerung unterliegt, das die marktübliche Verzinsung des bilanziellen Eigenkapitals übersteigt:

	Einkommen
–	Zinsabschlag (= bilanzielles Eigenkapital zu Beginn der Periode × Marktzinssatz)
=	Bemessungsgrundlage der zinsbereinigten Einkommensteuer

Die zinsbereinigte Einkommensteuer kann von den Befürwortern einer konsumorientierten Besteuerung deshalb akzeptiert werden, weil die Zinsbereinigung materiell zum gleichen Ergebnis führt wie die Cash-Flow-Besteuerung bzw die sparbereinigte Einkommensteuer. Bei der zinsbereinigten Einkommensteuer wird durch eine kapitalwertgleiche Umformung der gleiche Besteuerungseffekt erreicht wie bei einem Abzug von Investitionsausgaben bzw von Ersparnissen von der steuerpflichtigen Bemessungsgrundlage. Die zinsbereinigte Einkommensteuer lässt sich leichter in das bekannte Einkommensteuerkonzept einordnen, während bei der Cash-Flow-Besteuerung beispielsweise der sofortige Abzug von Ausgaben für Sachinvestitionen („Sofortabschreibung") in der steuerpolitischen Diskussion vermutlich auf Akzeptanzprobleme stoßen würde. **234**

Die Übereinstimmung des Kapitalwerts einer Investition bei einer Cash-Flow-Besteuerung

$$C_{0,s} = -(1-s) \times I_0 + (1-s) \times \sum_{t=1}^{N} EZÜ_t \times (1+i)^{-t}$$

mit dem Kapitalwert einer Investition bei einer zinsbereinigten Einkommensteuer

$$C_{0,s} = -I_0 + \sum_{t=1}^{N} [EZÜ_t - s \times (EZÜ_t - AfA_t - ZB_t)] \times (1+i)^{-t}$$

wird bei einer Umformung deutlich

$$-(1-s) \times I_0 + (1-s) \times \sum_{t=1}^{N} EZÜ_t \times (1+i)^{-t}$$

$$= -I_0 + (1-s) \times \sum_{t=1}^{N} EZÜ_t \times (1+i)^{-t} - s \times \sum_{t=1}^{N} (-AfA_t - ZB_t) \times (1+i)^{-t}$$

Nach Kürzung um den Ausdruck $(1-s) \times \sum_{t=1}^{N} EZÜ_t \times (1+i)^{-t}$ ergibt sich

$$-(1-s) \times I_0 = -I_0 - s \times \sum_{t=1}^{N} (-AfA_t - ZB_t) \times (1+i)^{-t}$$

bzw

$$I_0 = \sum_{t=1}^{N} AfA_t \times (1+i)^{-t} + \sum_{t=1}^{N} ZB_t \times (1+i)^{-t}$$

Eine Besteuerung nach dem Konzept der zinsbereinigten Einkommensteuer führt deshalb zum gleichen Ergebnis wie eine Cash-Flow-Besteuerung, weil die Summe aus dem Barwert aus der Verrechnung der Abschreibungen und dem Barwert aus der Zinsbereinigung mit der Anfangsausgabe für die Investition übereinstimmt. Die Steuerersparnisse aus den Abschreibungen und dem Zinsabzug ergeben den gleichen Barwert wie die bei der Cash-Flow-Besteuerung mögliche sofortige Abziehbarkeit der Investitionsausgabe: **235**

Beispiel: Bei einer Investition mit einer Anfangsauszahlung von 200 000 € und einer Nutzungsdauer von vier Jahren werden bei einer linearen Abschreibung jährlich Abschreibungen von 50 000 € verrechnet. Der Marktzinssatz beträgt 10%. Dieser Zinssatz bildet gleichzeitig die Grundlage für die Zinsbereinigung. Der Buchwert der Investition zu Beginn der Periode bildet jeweils die Bemessungsgrundlage für die Zinsbereinigung. Im ersten Jahr sind 10% der An- **236**

fangsauszahlung abziehbar. Der Zinsabschlag geht entsprechend der Minderung des Buchwerts der Investition in jedem Jahr um das Produkt aus Abschreibungen und Zinssatz für die Zinsbereinigung zurück. Der Rückgang beträgt jeweils 5 000 € (= 50 000 € × 10%). Bei einer Abzinsung der Abschreibungen und des Zinsabschlags mit dem Vorsteuerzinssatz zeigt sich die Übereinstimmung des Barwerts der beiden Werte mit der Investitionssumme.

Jahr	Abschreibungen	Zinsabschlag	Barwert der Abschreibungen	Barwert des Zinsabschlags
1	50 000	20 000	45 455	18 182
2	50 000	15 000	41 322	12 397
3	50 000	10 000	37 566	7 513
4	50 000	5 000	34 151	3 415
Summe	**200 000**	**50 000**	**158 493**	**41 507**
			200 000 (= Investitionssumme)	

237 Nach dem Konzept der zinsbereinigten Einkommensteuer berechnet sich die Bemessungsgrundlage aus der Zahlungsreihe der Investition vermindert um die planmäßigen Abschreibungen und den Zinsabschlag. Der Zinsabschlag entspricht dem bilanziellen Eigenkapital zu Beginn der betrachteten Periode multipliziert mit dem Kalkulationszinssatz vor Steuern. Das bilanzielle Eigenkapital erhält man im Beispiel aus dem steuerbilanziellen Buchwert der Investition zu Beginn der Periode. Da Erträge in dem Umfang nicht besteuert werden, in dem sie die marktübliche Rendite nicht übersteigen, bleiben Zinsen aus Finanzanlagen im Ergebnis steuerfrei. Dies bedeutet, dass die Zahlungsreihe nach Steuern der zu beurteilenden Investition mit dem Kalkulationszinssatz vor Steuern abzuzinsen ist.

238 **Beispiel:** Ein Investor verfügt über Zahlungsmittel in Höhe von 200 000 €. Er hat die Wahl zwischen zwei Sachinvestitionen, die vor Steuern folgende Zahlungsreihen aufweisen:

Jahr	Investition D (fallende Zahlungsreihe)	Investition E (ansteigende Zahlungsreihe)
0	– 200 000 €	– 180 000 €
1	+ 110 000 €	– 30 000 €
2	+ 80 000 €	+ 80 000 €
3	+ 60 000 €	+ 180 000 €
4	– 10 000 €	

weitere Daten: Der Kalkulationszinssatz vor Steuern beträgt 10%. Sachinvestitionen werden mit Ertragsteuern von 40% besteuert. Für das geltende Steuerrecht wird von linearen Abschreibungen ausgegangen. Beim Konzept der zinsbereinigten Einkommensteuer müssen bei Ermittlung der steuerlichen Bemessungsgrundlage zusätzlich zu den planmäßigen Abschreibungen ein Zinsabschlag berücksichtigt werden:

Investition D	t_0	t_1	t_2	t_3	t_4
Zahlungsreihe vor Steuern	– 200 000	110 000	80 000	60 000	– 10 000
– Steuern	0	16 000	6 000	0	– 26 000
= Zahlungsreihe nach Steuern	– 200 000	94 000	74 000	60 000	16 000
/ Abzinsungsfaktor, abgeleitet aus dem Kalkulationszinssatz vor Steuern	$1{,}10^0$	$1{,}10^1$	$1{,}10^2$	$1{,}10^3$	$1{,}10^4$
= Barwert	– 200 000	85 455	61 157	45 079	10 928
Kapitalwert (= Summe der Barwerte)	**+ 2 619**				

zur Berechnung der Steuern

Buchwert zu Beginn der Periode		200 000	150 000	100 000	50 000
– Abschreibungen, linear über vier Jahre (= 200 000 / 4)		50 000	50 000	50 000	50 000
= Buchwert am Ende der Periode		150 000	100 000	50 000	0
Zahlungsreihe vor Steuern	erfolgsneutraler Anschaffungsvorgang	110 000	80 000	60 000	– 10 000
– Abschreibungen		50 000	50 000	50 000	50 000
– Zinsbereinigung (= Buchwert zu Beginn der Periode × Kalkulationszinssatz vor Steuern)		20 000	15 000	10 000	5 000
= Bemessungsgrundlage		40 000	15 000	0	– 65 000
× Steuersatz		40%	40%	40%	40%
= Steuerzahlung		16 000	6 000	0	– 26 000

Für die Investition E ist analog vorzugehen: **239**

Investition E	t_0	t_1	t_2	t_3
Zahlungsreihe vor Steuern	– 180 000	– 30 000	80 000	180 000
– Steuern	0	– 43 200	3 200	45 600
= Zahlungsreihe nach Steuern	– 180 000	13 200	76 800	134 400
/ Abzinsungsfaktor, abgeleitet aus dem Kalkulationszinssatz vor Steuern	$1{,}10^0$	$1{,}10^1$	$1{,}10^2$	$1{,}10^3$
= Barwert	– 180 000	12 000	63 471	100 977
Kapitalwert (= Summe der Barwerte)	**– 3 552**			

zur Berechnung der Steuern

	Buchwert zu Beginn der Periode	erfolgsneutraler Anschaffungsvorgang	180 000	120 000	60 000
–	Abschreibungen, linear über drei Jahre (= 180 000 / 3)		60 000	60 000	60 000
=	Buchwert am Ende der Periode		120 000	60 000	0
	Zahlungsreihe vor Steuern		– 30 000	80 000	180 000
–	Abschreibungen		60 000	60 000	60 000
–	Zinsbereinigung (= Buchwert zu Beginn der Periode × Kalkulationszinssatz vor Steuern)		18 000	12 000	6 000
=	Bemessungsgrundlage		– 108 000	8 000	114 000
×	Steuersatz		40%	40%	40%
=	Steuerzahlung		– 43 200	3 200	45 600

Der Vergleich der Kapitalwerte bei einer Besteuerung nach dem Konzept der zinsbereinigten Einkommensteuer bestätigt, dass diese mit denen übereinstimmen, die sich bei der Cash-Flow-Steuer ergeben (Rn. 207).

240 Ein **gewichtiger Vorteil der zinsbereinigten Einkommensteuer** ist, dass die bilanziellen Vorschriften zum Ansatz und zur Bewertung von Wirtschaftsgütern die Vorteilhaftigkeit von Sachinvestitionen nicht beeinflussen.[49] Werden die Gewinne durch den Einsatz von bilanzpolitischen Instrumenten in spätere Jahre verlagert, reduziert sich das bilanzielle Eigenkapital. Damit geht gleichzeitig die Bemessungsgrundlage für die Zinsbereinigung zurück. Der Vorteil aus dem positiven Zeiteffekt durch die Vorverlagerung von Aufwendungen bzw die verzögerte Besteuerung von Erträgen (Primäreffekt) wird durch eine gegenläufige Minderung des Zinsabschlags exakt ausgeglichen (Sekundäreffekt). Umgekehrt führen Regelungen, die mit einem früheren Gewinnausweis verbunden sind, dazu, dass dem dadurch ausgelösten negativen Zeiteffekt (Primäreffekt) eine Erhöhung des Zinsabschlags gegenübersteht (Sekundäreffekt). Per Saldo werden die Auswirkungen aus der zeitlichen Verlagerung der Bemessungsgrundlage durch eine gegenläufige Veränderung der Zinsbereinigung vollständig neutralisiert.

241 Diese Aussage wird anhand von zwei Situationen verdeutlicht, die die Eckpunkte möglicher Abschreibungen repräsentieren:

- Sofortabschreibung, zu dem Zeitpunkt, zu dem die Investition getätigt wird
- Abschreibung erst am Ende der Nutzungsdauer der Investition.

Bei beiden Abschreibungsformen stimmen der Kapitalwert und der Vermögensendwert mit denen überein, die sich bei linearer Abschreibung ergeben. Die Unabhängigkeit von den steuerbilanziellen Ansatz- und Bewertungsregeln führt nicht nur dazu, dass die Steuerbilanzpolitik keinen Einfluss auf die Steuerbelastung von Sachinvestitionen hat. Sie bedeutet gleichzeitig, dass der Staat – nach Einführung der zinsberei-

49 Zu einem Vergleich der zinsbereinigten Einkommensteuer mit der Cash-Flow-Besteuerung siehe Schanz, SteuerStud 2011, S. 239.

nigten Einkommensteuer – die Ausgestaltung der Vorschriften zur Ermittlung der steuerlichen Bemessungsgrundlage nicht mehr als Instrument zur Investitionslenkung einsetzen kann.

Beispiel: Unabhängig davon, ob bei der Investition D die Abschreibungen nach der linearen Methode verrechnet werden (so in den vorangehenden Berechnungen) oder bereits vollständig zu dem Zeitpunkt, zu dem eine Investition getätigt wird (nächstes Berechnungsschema) oder erst am Ende der Nutzungsdauer der Investition (übernächstes Berechnungsschema), verrechnet wurden, ergibt sich jeweils ein Kapitalwert von 2 619 €. Das Vorziehen bzw die Verlagerung von Abschreibungen wird durch eine Minderung bzw Erhöhung des Zinsabschlags jeweils ausgeglichen. Der Barwert der Abschreibungen und der Barwert des Zinsabschlags stimmen jeweils mit der Investitionssumme überein. 242

Fall 1: Sofortabschreibung, zu dem Zeitpunkt, zu dem die Investition getätigt wird

	Investition D	t_0	t_1	t_2	t_3	t_4
	Zahlungsreihe vor Steuern	– 200 000	110 000	80 000	60 000	– 10 000
–	Steuern	– 80 000	44 000	32 000	24 000	– 4 000
=	Zahlungsreihe nach Steuern	– 120 000	66 000	48 000	36 000	– 6 000
/	Abzinsungsfaktor, abgeleitet aus dem Kalkulationszinssatz vor Steuern	$1{,}10^0$	$1{,}10^1$	$1{,}10^2$	$1{,}10^3$	$1{,}10^4$
=	Barwert	– 120 000	60 000	39 669	27 048	– 4 098
	Kapitalwert (= Summe der Barwerte)	**+ 2 619**				

zur Berechnung der Steuern

	Buchwert zu Beginn der Periode	0	0	0	0	0
–	Investitionsausgabe	200 000	–.–	–.–	–.–	–.–
–	Abschreibungen (vollständig im Investitionszeitpunkt)	200 000	0	0	0	0
=	Buchwert am Ende der Periode	0	0	0	0	0
	Zahlungsreihe vor Steuern	0	110 000	80 000	60 000	– 10 000
–	Abschreibungen	200 000	0	0	0	0
–	Zinsbereinigung (= Buchwert zu Beginn der Periode × Kalkulationszinssatz vor Steuern)	0	0	0	0	0
=	Bemessungsgrundlage	– 200 000	110 000	80 000	60 000	– 10 000
×	Steuersatz	40%	40%	40%	40%	40%
=	Steuerzahlung	– 80 000	44 000	32 000	24 000	– 4 000

Fall 2: Abschreibung am Ende der Nutzungsdauer der Investition

Investition D		t_0	t_1	t_2	t_3	t_4
	Zahlungsreihe vor Steuern	– 200 000	110 000	80 000	60 000	– 10 000
–	Steuern	0	36 000	24 000	16 000	– 92 000
=	Zahlungsreihe nach Steuern	– 200 000	74 000	56 000	44 000	82 000
/	Abzinsungsfaktor, abgeleitet aus dem Kalkulationszinssatz vor Steuern	$1{,}10^0$	$1{,}10^1$	$1{,}10^2$	$1{,}10^3$	$1{,}10^4$
=	Barwert	– 200 000	67 273	46 281	33 058	56 007
Kapitalwert (= Summe der Barwerte)		**+ 2 619**				

zur Berechnung der Steuern

	Buchwert zu Beginn der Periode	erfolgsneutraler Anschaffungsvorgang	200 000	200 000	200 000	200 000
–	Abschreibungen (vollständig am Ende der Nutzungsdauer)		0	0	0	200 000
=	Buchwert am Ende der Periode		200 000	200 000	200 000	0
	Zahlungsreihe vor Steuern		110 000	80 000	60 000	– 10 000
–	Abschreibungen		0	0	0	200 000
–	Zinsbereinigung (= Buchwert zu Beginn der Periode × Kalkulationszinssatz vor Steuern)		20 000	20 000	20 000	20 000
=	Bemessungsgrundlage		90 000	60 000	40 000	– 230 000
×	Steuersatz		40%	40%	40%	40%
=	Steuerzahlung		36 000	24 000	16 000	– 92 000

Fünfter Abschnitt

Investitionsfördermaßnahmen

A. Überblick über die Investitionsfördermaßnahmen

243 Ein Steuersystem enthält neben Fiskalzwecknormen auch Sozialzwecknormen. Zu den Sozialzwecknormen gehören unter anderem die Maßnahmen, mit denen der Staat die Investitionstätigkeit von Unternehmen fördern möchte. Die damit verbundenen Zielsetzungen sind sehr vielfältig. Angestrebt werden allgemeine wirtschaftspoliti-

sche Ziele, wie Konjunkturförderung, Förderung von bestimmten Wirtschaftsräumen (zB neue Bundesländer), die Unterstützung von ausgewählten Wirtschaftszweigen (zB Berg- und Schiffbau, Landwirtschaft) und die Förderung mittelständischer Unternehmen oder der Forschung und Entwicklung. Zusätzlich werden gesellschaftspolitische Ziele verfolgt, wie die Förderung des Wohnungsbaus oder gemeinnütziger Einrichtungen.[50]

Bei Investitionsfördermaßnahmen handelt es sich um einen **bewussten Verstoß gegen eine entscheidungsneutrale Besteuerung**. Ob der Staat über steuerliche Regelungen Investitionsförderung betreiben soll, ist sehr umstritten. Da die Antwort nicht mit betriebswirtschaftlichen Überlegungen gegeben werden kann, wird diese Frage in diesem Abschnitt nicht diskutiert. Die folgenden Untersuchungen sollen lediglich verdeutlichen, welchen Effekt die einzelnen Investitionsfördermaßnahmen haben. Es soll ein Gefühl dafür vermittelt werden, welches Gewicht den einzelnen Maßnahmen zukommt, dh in welchem Umfang sie die Vorteilhaftigkeit einer Investition beeinflussen. Dieses Wissen ist sowohl für die Unternehmen als auch für den Staat bedeutsam: (1) Derjenige, der eine Investitionsentscheidung zu treffen hat, muss den finanziellen Effekt einer Investitionsfördermaßnahme kennen, damit er sachgerecht entscheiden kann, ob er die betrachtete Investition tätigt und die zur Verfügung gestellten Förderinstrumente in Anspruch nehmen soll. (2) Die Steuerpolitik kann ihre Lenkungsziele nur erreichen, wenn sie Instrumente einsetzt, die die Vorteilhaftigkeit von Investitionen so beeinflussen, dass sich die Unternehmen dafür entscheiden, Sachinvestitionen zu tätigen. Im Idealfall verstößt die betrachtete steuerpolitische Maßnahme so stark gegen eine entscheidungsneutrale Besteuerung, dass eine ohne Betrachtung von Steuern unvorteilhafte Maßnahme durch die gewählte Form der Investitionsförderung vorteilhaft wird.[51] **244**

Für die Förderung von unternehmerischen Investitionen stehen beispielsweise folgende Ansatzpunkte zur Verfügung: **245**

- Investitionszulage
- Investitionszuschuss
- Sonderabschreibungen und erhöhte Absetzungen
- Investitionsabzugsbetrag.

B. Investitionszulage

(1) Grundsätzliche Wirkung: Wird eine Investitionszulage gewährt, erhält der Investor einen bestimmten Prozentsatz der Anschaffungs- oder Herstellungskosten ausbezahlt. Investitionszulagen werden regelmäßig für den Erwerb von neuen abnutzba- **246**

50 Steuerliche Fördermaßnahmen (indirekte Subventionen) sind von direkten Subventionen (Finanzhilfen, Zweckzuwendungen) abzugrenzen. Direkte Subventionen sind Teil des Wirtschaftsverwaltungsrechts, sie werden auf Antrag des Berechtigten durch einen besonderen Verwaltungsakt von der zuständigen Verwaltungsbehörde festgesetzt (zB Landratsamt). Ihre Zielsetzung ergibt sich aus dem Rechtsgebiet, in dem sie geregelt sind. Als Rechtsgrundlage dient der Haushaltsplan des gewährenden Gemeinwesens (zB Bund, Land, Kreis, Gemeinde).

51 Siehe hierzu grundlegend Wagner, FA 1986, S. 32; Wagner, DB 1991, S. 1.

ren beweglichen Wirtschaftsgütern des Anlagevermögens gewährt. Gefördert werden also Sachinvestitionen.[52]

247 Im Rahmen der steuerlichen Gewinnermittlung gelten Investitionszulagen als steuerfreie Betriebseinnahmen. Sie mindern auch nicht die Anschaffungs- bzw Herstellungskosten des erworbenen materiellen Wirtschaftsguts (zB § 13 InvZulG 2010, für Investitionen bis zum Jahr 2013). Investitionszulagen wirken sich damit weder unmittelbar noch mittelbar auf die Höhe der steuerpflichtigen Einkünfte aus (erfolgsneutrale Behandlung).

Im Rahmen der Investitionsrechnung wird der finanzielle Vorteil einer Investitionszulage in der Erhöhung des Kapitalwerts um den ausbezahlten Betrag erkennbar. Zu beachten ist aber, dass zum Teil der Antrag auf Gewährung einer Investitionszulage nicht sofort gestellt werden kann, sondern erst nach Ablauf des Jahres, in dem die Investition getätigt wurde. Erfolgt die Auszahlung der Investitionszulage beispielsweise ein Jahr nach Abschluss der Investition, beläuft sich – bezogen auf die Anschaffungs- oder Herstellungskosten der Investition – der Vorteil einer Investitionszulage auf:

$$Vorteil_{Investitionszulage} = Zulagensatz \times \frac{AHK}{(1 + i_s)^1}$$

Beispiel: Bei einem Zulagensatz von 10%, einem Vorsteuerzinssatz von 10% und einem Ertragsteuersatz von 40% errechnet sich der Vorteil der Investitionszulage mit 9,43% der Anschaffungs- oder Herstellungskosten des Wirtschaftsguts:

$$9{,}43\% \times AHK = 10{,}00\% \times \frac{AHK}{(1 + 10\% \times [1 - 40\%])^1}.$$

248 Der Vorteil einer Investitionszulage ist umso höher,

- je höher der Zulagensatz ist,
  umso höher ist der absolute Vorteil der Investitionsförderung
- je früher die Investitionszulage ausbezahlt wird und
  umso geringer ist der negative Zeiteffekt, wenn die Zulage erst nach Durchführung der Investition ausbezahlt wird
- je niedriger der Nettokalkulationszinssatz ist.
  umso geringer wird der negative Zeiteffekt aus der zeitverzögerten Auszahlung gewichtet.

Haupteinflussfaktor ist die Höhe des Zulagensatzes. Die beiden anderen Faktoren (Zeitraum der Bearbeitung des Antrags, Zinssatz) sind lediglich Nebeneinflussfaktoren.

249 *(2) Investitionsprämien als Sonderform von Investitionszulagen:* Eine ähnliche Wirkung wie Investitionszulagen entfalten Investitionsprämien. Der Unterschied gegenüber Investitionszulagen besteht darin, dass Investitionsprämien als Abzug von der Steuerschuld gewährt werden, während Investitionszulagen in einem gesonderten

52 Demgegenüber ergibt sich bei der ab dem Jahr 2020 gewährten Forschungszulage die Bemessungsgrundlage aus den Personalaufwendungen für die Mitarbeiter, die mit Forschungs- und Entwicklungstätigkeiten betraut sind (§ 3 FZulG). Siehe hierzu zB Bärsch/Barbu, DB 2020, S. 70; Dreßler/Schwechel, Ubg 2020, S. 6; Meyering/Hintzen/Reiter, DB 2020, S. 65.

Verfahren (dh außerhalb der jährlichen Veranlagung) festgesetzt werden. Hieraus ergeben sich sowohl Vorteile als auch Nachteile:

- Bei gewinnerzielenden Unternehmen kann bei Investitionsprämien über die Anpassung der Vorauszahlungen die Liquiditätswirkung möglicherweise zeitlich früher realisiert werden als bei Investitionszulagen. Werden die Ertragsteuervorauszahlungen nicht angepasst, wird die Investitionsprämie erst im Rahmen der Veranlagung zur Gewerbesteuer sowie zur Einkommen- bzw Körperschaftsteuer bei Festsetzung der Abschlusszahlung verrechnet. Dies kann dazu führen, dass sich die positiven Liquiditätswirkungen um zwei oder drei Jahre verzögern können.
- Da Investitionsprämien Steuerermäßigungen darstellen, ist ihre Höhe auf die in diesem Jahr geschuldete Steuer begrenzt. Damit werden Investitionsprämien typischerweise nur gewährt, wenn ein Unternehmen Gewinne erzielt. Möglicherweise ist im Verlustfall ein Vortrag des Anspruchs auf die Investitionsprämie möglich, sodass die Investitionsprämie mit den Ertragsteuern zukünftiger Jahre verrechnet werden kann. Da das Motiv der Investitionsförderung darin besteht, Investitionen anzuregen, die ansonsten nicht getätigt werden, sind unter diesem Gesichtspunkt Investitionszulagen gegenüber Investitionsprämien vorzuziehen.

C. Investitionszuschuss

(1) Alternativen zur ertragsteuerlichen Behandlung eines Investitionszuschusses: **250**
Wird ein Wirtschaftsgut des Anlagevermögens mit einem Zuschuss aus öffentlichen oder privaten Mitteln angeschafft oder hergestellt, gewährt die Finanzverwaltung dem Steuerpflichtigen die Möglichkeit, den Investitionszuschuss entweder mit den Anschaffungs- oder Herstellungskosten des erworbenen Wirtschaftsgutes zu verrechnen oder sofort als Betriebseinnahme zu verbuchen (R 6.5 Abs. 2 EStR). Investitionszuschüsse sind nach beiden Vorgehensweisen erfolgswirksam. Der Unterschied besteht darin, zu welchem Zeitpunkt der Investitionszuschuss den Gewinn des Zuschussempfängers erhöht:

- **sofortige Besteuerung.** Wird der Investitionszuschuss in dem Jahr, in dem der Anspruch entsteht, als Betriebseinnahme verbucht, erhöht er bereits zu diesem Zeitpunkt den steuerpflichtigen Gewinn des Unternehmens. Der Investitionszuschuss mindert in diesem Fall die Anschaffungs- bzw Herstellungskosten des Wirtschaftsguts nicht, sodass die Abschreibungen nach den allgemeinen Grundsätzen berechnet werden.
- **Verrechnung mit den Anschaffungs- oder Herstellungskosten.** Wird der Investitionszuschuss mit den Anschaffungs- oder Herstellungskosten der Investition verrechnet, ist er in dem Zeitpunkt, in dem der Investitionszuschuss gewährt wird, erfolgsneutral. Bei einer Verrechnung des Investitionszuschusses mit den Anschaffungs- oder Herstellungskosten ist das Wirtschaftsgut nur mit den Ausgaben zu bewerten, die der Steuerpflichtige nach Abzug des Zuschusses selbst zu tragen hat. Durch diesen Bewertungsabschlag reduziert sich die Abschreibungssumme des Wirtschaftsguts. Die Gewinnwirkung des Investitionszuschusses ergibt sich daraus, dass in den Folgejahren entweder die planmäßigen Abschreibungen niedriger ausfallen oder sich der Veräußerungsgewinn erhöht.

251 Da ein Investitionszuschuss häufig bereits vor Beginn der Investition zu beantragen ist, wird aus Vereinfachungsgründen die Annahme getroffen, dass der Investitionszuschuss bereits im Investitionszeitpunkt ausbezahlt wird und nicht wie bei Investitionszulagen mit einer zeitlichen Verzögerung.

252 *(2) Sofortige Besteuerung als Betriebseinnahme:* Wird der Investitionszuschuss sofort als Betriebseinnahme versteuert, ergibt sich bezogen auf die Anschaffungs- oder Herstellungskosten der Investition eine Erhöhung des Kapitalwerts um:

$$Vorteil_{Investitionszuschuss, Sofortbesteuerung} = Zuschusssatz \times AHK \times (1 - s)$$

Beispiel: Bei einem Zuschusssatz von 20% der Investitionssumme und einem Ertragsteuersatz von 40% beläuft sich der Vorteil dieses Investitionszuschusses auf 12% der Anschaffungs- oder Herstellungskosten: 12% × *AHK* = 20% × *AHK* × (1 – 40%).

253 Der Vorteil eines Investitionszuschusses, der sofort als Betriebseinnahme versteuert wird, fällt umso höher aus,

- je höher der Zuschusssatz ist und
  umso höher ist der absolute Vorteil der Investitionsförderung
- je niedriger der Ertragsteuersatz ist.
  umso weniger wird der Vorteil des Investitionszuschusses durch die Besteuerung reduziert.

254 *(3) Verrechnung mit den Anschaffungs- oder Herstellungskosten:* Wird der Investitionszuschuss mit den Anschaffungs- oder Herstellungskosten verrechnet, erhöht sich zu Beginn des Berechnungszeitraums der Kapitalwert der zu beurteilenden Investition um den ausbezahlten Investitionszuschuss. Während der Nutzungsdauer der Investition mindern sich die planmäßigen Abschreibungen. Wird von einer linearen Abschreibung ausgegangen, fallen die jährlich verrechneten Abschreibungen um den Betrag „Investitionszuschuss dividiert durch Nutzungsdauer der Investition" geringer aus:

$$Vorteil_{Investitionszuschuss,\ Verrechnung} = Zuschusssatz \times AHK \sum_{t=1}^{N} \frac{\frac{Zuschusssatz \times AHK}{N} \times s}{(1+i_s)^t}$$

Beispiel: Bei einem Zuschusssatz von 20% der Investitionssumme, einem Ertragsteuersatz von 40% und einem Vorsteuerzinssatz von 10% beläuft sich bei einer Investition mit einer Nutzungsdauer von fünf Jahren der Vorteil dieses Investitionszuschusses auf 13,26% der Anschaffungs- oder Herstellungskosten:

$$13{,}26\,\% \times AHK = 20\% \times AHK - \sum_{t=1}^{5} \frac{\frac{20\,\% \times AHK}{5} \times 40\,\%}{(1 + 10\,\% \times [1 - 40\,\%])^t}$$

Bei einer Nutzungsdauer von drei Jahren sind es nur 12,87% der Anschaffungs- oder Herstellungskosten. Bei einer Nutzungsdauer von zehn Jahren erhöht sich der Vorteil eines 20%igen Investitionszuschusses auf 14,11% und bei einer Nutzungsdauer von 20 Jahren auf 15,41%.

255 Bei Verrechnung eines Investitionszuschusses mit den Anschaffungs- oder Herstellungskosten erhöht sich der Kapitalwert einer Investition umso mehr,

- je höher der Zuschusssatz ist,
  umso höher ist der absolute Vorteil der Investitionsförderung
- je niedriger der Ertragsteuersatz ist,
  umso weniger wird der Vorteil des Investitionszuschusses durch die Besteuerung reduziert
- je länger die Nutzungsdauer der Investition ist und
  umso länger ist der Zeitraum, über den die Versteuerung des Investitionszuschusses verteilt wird
- je höher der Nettokalkulationszinssatz ist.
  umso stärker wird der positive Zeiteffekt aus der zeitverzögerten Besteuerung gewichtet.

Die ersten beiden Einflussfaktoren sind unabhängig von der ertragsteuerlichen Behandlung des Investitionszuschusses. Die beiden weiteren Einflussfaktoren wirken nur bei einer Verrechnung des Investitionszuschusses mit der Investitionssumme. Aus ihnen leitet sich der positive Zeiteffekt einer Verrechnung des Investitionszuschusses mit den Anschaffungs- oder Herstellungskosten gegenüber seiner sofortigen Besteuerung ab. Der Haupteffekt geht von der Höhe des Zuschusssatzes aus. Der Ertragsteuersatz ist ein anderer wichtiger Einflussfaktor. Die Nutzungsdauer und der Zinssatz bestimmen, in welchem Umfang der Vorteil eines Investitionszuschusses durch einen positiven Zeiteffekt verstärkt wird. In dem vorstehenden Beispiel wird der nach Ertragsteuern verbleibende Vorteil des Investitionszuschusses von 12,00% der Anschaffungs- oder Herstellungskosten bei einer fünfjährigen Nutzungsdauer um 1,26 Prozentpunkte auf 13,26% der Anschaffungs- oder Herstellungskosten erhöht.

D. Sonderabschreibungen und erhöhte Absetzungen

Sonderabschreibungen sind Abschreibungen, die *zusätzlich* zur planmäßigen Ab- **256**
schreibung (Absetzung für Abnutzung, AfA) verrechnet werden dürfen, während erhöhte Absetzungen *an die Stelle* der AfA treten (§ 7a Abs. 3, 4 EStG). Das gemeinsame Merkmal von Sonderabschreibungen und erhöhten Absetzungen besteht darin, dass durch sie Aufwendungen verrechnet werden, die über den tatsächlichen Wertverzehr hinausgehen. Die steuerlichen Sondervorschriften, die Sonderabschreibungen (zB § 7g Abs. 5, 6 EStG) oder erhöhte Absetzungen (zB § 7h, § 7i EStG) vorsehen, können unter dem Begriff „überhöhte Abschreibungen" zusammengefasst werden.

Dem Vorteil von überhöhten Abschreibungen, dass im Jahr der Inanspruchnahme **257**
mehr Aufwendungen verrechnet werden, als sich aus den Periodisierungsgrundsätzen ergeben, steht der Nachteil gegenüber, dass in den Folgeperioden geringere Aufwendungen anfallen. Die Ursache dafür liegt darin, dass im Rahmen der steuerlichen Gewinnermittlung die Abschreibungssumme mit den Anschaffungs- oder Herstellungskosten des Wirtschaftsguts übereinstimmt. Aufgrund des Grundsatzes der Zahlungsverrechnung ergibt sich aus Sonderabschreibungen oder erhöhten Absetzungen kein Bemessungsgrundlageneffekt. Durch Sonderabschreibungen und erhöhte Absetzungen entsteht im Vergleich zur Situation ohne überhöhte Abschreibungen ein **positiver Zeiteffekt**. Dieser lässt sich in einen Liquiditätsvorteil und in einen Zinsvorteil aufspalten: In dem Jahr, in dem die überhöhten Abschreibungen verrechnet werden, sinkt

die Ertragsteuerzahllast (Liquiditätsvorteil). Der dadurch (relativ) höhere Bestand an Zahlungsmitteln kann dazu genutzt werden, um entweder ertragbringend angelegt zu werden oder um Fremdkapital zu tilgen (Zinsvorteil).

258 Der Vorteil einer Mehrabschreibung im ersten Nutzungsjahr ist also den Minderungen der Abschreibungen ab der zweiten Periode gegenüberzustellen.[53] **Sonderabschreibungen** wirken sich wie folgt auf den Kapitalwert einer Investition aus:

$$Vorteil_{Sonderabschreibung} = \frac{Sonder \times AHK \times s}{(1+i_s)^1} - \sum_{t=2}^{N} \frac{\frac{Sonder \times AHK}{(N-1)} \times s}{(1+i_s)^t}$$

Für **erhöhte Absetzungen** gilt analog:

$$Vorteil_{erhöhte\ Absetzung} = \frac{\left(erhöht - \frac{100}{N}\right) \times AHK \times s}{(1+i_s)^1} - \sum_{t=2}^{N} \frac{\left(erhöht - \frac{100}{N}\right) + \frac{AHK}{(N-1)} \times s}{(1+i_s)^t}$$

259 **Beispiel:** Bei einer Sonderabschreibung von 50% der Anschaffungs- oder Herstellungskosten, einem Ertragsteuersatz von 40% und einem Vorsteuerzinssatz von 10% beläuft sich bei einer Investition mit einer Nutzungsdauer von fünf Jahren der Vorteil einer 50%igen Sonderabschreibung auf 2,52% der Anschaffungs- oder Herstellungskosten:

$$2{,}52\,\% \times AHK = \frac{50\,\% \times AHK \times 40\%}{(1+10\,\% \times [1-40\,\%])^1} - \sum_{t=2}^{5} \frac{\frac{50\% \times AHK}{(5-1)} \times 40\%}{(1+10\,\% \times [1-40\,\%])^t}.$$

Das gleiche Ergebnis tritt ein, wenn in der ersten Periode – anstelle der planmäßigen Abschreibungen – erhöhte Absetzungen von 70% verrechnet werden können: 50% Sonderabschreibung und 20% (= 100 / 5) lineare Abschreibung summieren sich gleichfalls auf 70%.

Bei einer Nutzungsdauer von drei Jahren geht der Vorteil einer 50%igen Sonderabschreibung auf 1,57% der Anschaffungs- oder Herstellungskosten zurück. Bei einer Nutzungsdauer von zehn Jahren beläuft sich der positive Zeiteffekt einer derartigen Sonderabschreibung auf 4,61% der Anschaffungs- oder Herstellungskosten. Bei einer Nutzungsdauer von 20 Jahren (50 Jahren) sind es 7,79% (12,82%). Der Wert von 10% der Anschaffungs- oder Herstellungskosten wird bei einer Nutzungsdauer von 30 Jahren überschritten.

260 Insgesamt betrachtet ist der ökonomische Vorteil von überhöhten Abschreibungen relativ gering.[54] Der positive Zeiteffekt einer Sonderabschreibung oder von erhöhten Absetzungen ist nur dann von größerer Bedeutung, wenn es sich um Wirtschaftsgüter mit einer langen Nutzungsdauer handelt. Der Steuerstundungseffekt (der positive

---

53 Zur Vereinfachung der Berechnungen wird angenommen, dass die überhöhten Abschreibungen nur im ersten Jahr in Anspruch genommen werden können. Es wird also von einem Begünstigungszeitraum von einem Jahr ausgegangen.

54 Der Vorteil reduziert sich weiter, wenn man Verluste sowie die Progressionswirkung der Einkommensteuer mit in die Analyse einbezieht. Siehe hierzu die Analysen von Jacob/Pasedag, DB 2009, S. 1829.

Zeiteffekt) von Sonderabschreibungen und erhöhten Absetzungen fällt umso höher aus,[55]

- je höher die überhöhten Abschreibungen sind,
  umso höher ist der absolute Vorteil der Investitionsförderung (Liquiditätsvorteil)
- je höher der Ertragsteuersatz ist,
  umso höher ist die Steuerersparnis im ersten Jahr aus der vorgezogenen Aufwandsverrechnung (Liquiditätsvorteil)
- je länger die Nutzungsdauer der Investition ist und
  umso länger ist der Zeitraum, über den der Vorteil aus dem ersten Jahr wieder kompensiert wird (Zinsvorteil)
- je höher der Nettokalkulationszinssatz ist.
  umso geringer ist der Barwert der Ertragsteuerbelastung, die sich aus den ab dem zweiten Jahr niedrigeren Abschreibungen ergibt (Zinsvorteil).

E. Investitionsabzugsbetrag

(1) Grundsätzliche Wirkung: Die Anschaffungs- oder Herstellungskosten eines abnutzbaren Wirtschaftsguts des Anlagevermögens sind üblicherweise über die betriebsgewöhnliche Nutzungsdauer zu verrechnen. Die mit der Verrechnung von Abschreibungen verbundene Minderung der Ertragsteuern tritt in den Jahren ein, in denen das Wirtschaftsgut genutzt wird. Sie kommt deshalb nur den Steuerpflichtigen zugute, die in vergangenen Jahren Investitionen durchgeführt haben. Um die Investitionstätigkeit anzuregen, ist es unter bestimmten Voraussetzungen möglich, den steuerpflichtigen **Gewinn bereits vor dem Zeitpunkt zu reduzieren, zu dem ein Wirtschaftsgut erworben wird** (Investitionsabzugsbetrag). Erreicht wird der Steuerstundungseffekt des Investitionsabzugsbetrags durch einen gewinnmindernden Abzug vom in der Buchführung ausgewiesenen Gewinn (§ 7g Abs. 1–4 EStG).[56] **261**

Der Investitionsabzugsbetrag kann bis zu drei Perioden vor der Anschaffung oder Herstellung eines Wirtschaftsguts gewinnmindernd abgezogen werden. Der Investitionsabzugsbetrag kann bis zu 40% der geplanten Investitionssumme betragen (§ 7g Abs. 1 EStG).[57] In dem Jahr, in dem das Wirtschaftsgut erworben wird, ist der in Anspruch genommene Investitionsabzugsbetrag in Höhe von 40% der tatsächlichen Anschaffungs- oder Herstellungskosten des erworbenen Wirtschaftsguts gewinnerhöhend aufzulösen (§ 7g Abs. 2 S. 1 EStG). **262**

Der Investitionsabzugsbetrag löst also einen **positiven Zeiteffekt** aus. Drei Jahre, bevor die Investition getätigt wird, werden Aufwendungen verrechnet, die zu Ertragsteuerersparnissen führen, obwohl noch keine Auszahlungen angefallen sind. Die dadurch erreichte Verbesserung der Liquiditätssituation wirkt sich dadurch aus, dass entweder Erträge erwirtschaftet oder Fremdkapitalaufwendungen erspart werden: **263**

55 Zur Vorteilhaftigkeit von Sonderabschreibungen siehe auch Hüsing, DB 2018, S. 1417.
56 Zu den Voraussetzungen des Investitionsabzugsbetrags und zur technischen Umsetzung siehe BMF-Schreiben vom 20.3.2017, BStBl. 2017 I, S. 423 sowie Band II: Steuerbilanz, Erster Teil, Fünfter Abschnitt, Kapitel H.
57 Der Höhe nach ist der Investitionsabzugsbetrag für jeden Betrieb auf 200 000 € begrenzt.

$$Vorteil_{Investitionsabzug,allein} = InvestAbzug \times AHK \times s \times (1 + i_s)^3 - InvestAbzug \times AHK \times s$$
$$= InvestAbzug \times AHK \times s \times [(1 + i_s)^3 - 1]$$

Beispiel: Bei dem maximal möglichen Abzug von 40% der geplanten Investitionssumme errechnet sich bei einem Ertragsteuersatz von 40% und einem Vorsteuerzinssatz von 10% ein positiver Zinseffekt von 3,06% der Anschaffungs- oder Herstellungskosten:

3,06% × AHK = 40% × AHK × 40% × (1 + 10% × [1 – 40%]³) – 40% × AHK × 40% = 19,06% – 16,00%.

264 *(2) Verstärkung des positiven Zeiteffekts bei Übertragung des Investitionsabzugsbetrags:* Der Steuerstundungseffekt des Investitionsabzugsbetrags verstärkt sich, wenn in dem Jahr, in dem die Investition durchgeführt wird, die Anschaffungs- oder Herstellungskosten des erworbenen Wirtschaftsguts um 40% der Investitionssumme gekürzt werden (§ 7g Abs. 2 S. 2 EStG). Nimmt der Steuerpflichtige dieses Wahlrecht in Anspruch, gleichen sich in dem Jahr, in dem die Investition durchgeführt wird, die Auflösung des Investitionsabzugsbetrags und der Bewertungsabschlag bei dem erworbenen Wirtschaftsgut aus. Damit ist der Erwerb des Wirtschaftsguts insoweit erfolgsneutral. Die im Jahr des Abzugs des Investitionsabzugsbetrags vorgenommene Minderung der steuerpflichtigen Einkünfte wird dadurch kompensiert, dass sich aufgrund des Bewertungsabschlags die Bemessungsgrundlage für die planmäßigen Abschreibungen des erworbenen Wirtschaftsguts verringert, sodass sich insoweit in den Folgejahren der steuerpflichtige Gewinn erhöht.

265 Bei einer Übertragung des Investitionsabzugsbetrags verstärkt sich also der positive Zeiteffekt des Investitionsabzugsbetrags dadurch, dass die Versteuerung auf die Nutzungsdauer des erworbenen Wirtschaftsguts verteilt werden kann:

$$Vorteil_{Investitionsabzug,\ Übertrag}$$
$$= InvestAbzug \times AHK \times s \times (1 + i_s)^3 - \sum_{t=1}^{N} \frac{\frac{InvestAbzug \times AHK}{N} \times s}{(1 + i_s)^t}$$

Beispiel: Bei dem maximal möglichen Abzug von 40% der geplanten Investitionssumme errechnet sich bei einem Ertragsteuersatz von 40% und einem Vorsteuerzinssatz von 10% aus dem Abzug des Investitionsabzugsbetrags bis zu dem Zeitpunkt, zu dem das Wirtschaftsgut erworben wird, unter Berücksichtigung der Verzinsung über drei Jahre ein positiver Liquiditätseffekt von 19,06% der Anschaffungs- oder Herstellungskosten: 40% × AHK × 40% × (1 + 10% × [1 – 40%])³. Dieser Wert ist unabhängig von der Nutzungsdauer des erworbenen Wirtschaftsguts.

Über welchen Zeitraum sich der Bewertungsabschlag auswirkt, hängt von der Nutzungsdauer der Investition ab. Bei einer Nutzungsdauer von fünf Jahren beträgt der Barwert der durch die Minderabschreibung ausgelösten höheren Steuerzahlung 13,48% der Anschaffungs- oder Herstellungskosten:

$$13{,}48\,\% \times AHK = \sum_{t=1}^{5} \frac{\frac{40\,\% \times AHK}{5} \times 40\,\%}{(1 + 10\,\% \times [1 - 40\,\%])^t}.$$

Insgesamt beläuft sich bei einer Übertragung auf das erworbene Wirtschaftsgut der Vorteil des Investitionsabzugsbetrags auf 5,58% der Investitionssumme (= 19,06% – 13,48%). Dies sind 2,52 Prozentpunkte (= 5,58% – 3,06%) mehr als ohne Übertragung auf das erworbene Wirtschaftsgut.

Bei einer Übertragung auf ein Wirtschaftsgut mit einer Nutzungsdauer von drei Jahren beträgt der Vorteil des Investitionsabzugsbetrags nur 4,80%. Bei einer Nutzungsdauer von zehn Jahren erhöht er sich auf 7,28% und bei einer Nutzungsdauer von 20 Jahren (50 Jahren) auf 9,88% (14,01%) der Anschaffungs- oder Herstellungskosten des Wirtschaftsguts.

Der durch den Investitionsabzugsbetrag mit anschließender Übertragung auf das erworbene Wirtschaftsgut ausgelöste positive Zeiteffekt macht sich umso mehr bemerkbar, **266**

- je höher der Investitionsabzugsbetrag ist,
  umso höher ist der absolute Vorteil der Investitionsförderung (Liquiditätsvorteil)
- je höher der Ertragsteuersatz ist,
  umso höher ist die Steuerersparnis im Jahr der Inanspruchnahme des Investitionsabzugsbetrags aus der vorgezogenen Aufwandsverrechnung (Liquiditätsvorteil)
- je früher der Investitionsabzugsbetrag in Anspruch genommen wird,
  umso höher ist der Zinsvorteil aus der vorgezogenen Aufwandsverrechnung (Erhöhung des Liquiditätsvorteils)
- je länger die Nutzungsdauer der Investition ist und
  umso länger ist der Zeitraum über den die Versteuerung des Investitionsabzugsbetrags verteilt wird (Zinsvorteil)
- je höher der Nettokalkulationszinssatz ist.
  umso stärker wird der positive Zeiteffekt aus der zeitverzögerten Besteuerung gewichtet (Zinsvorteil).

(3) Weitere Verstärkung des Effekts bei zusätzlicher Inanspruchnahme einer Sonderabschreibung: Kleinere und mittlere Unternehmen können für abnutzbare bewegliche Wirtschaftsgüter des Anlagevermögens eine Sonderabschreibung von 20% in Anspruch nehmen (§ 7g Abs. 5, 6 EStG). Diese Sonderabschreibungen können unabhängig davon beantragt werden, ob zuvor ein Investitionsabzugsbetrag verrechnet wurde (§ 7g Abs. 1–4 EStG). Werden beide Regelungen miteinander kombiniert, können im Jahr der Anschaffung oder Herstellung eines Wirtschaftsguts zusätzlich zur linearen Abschreibung bis zu 52% der Anschaffungs- oder Herstellungskosten verrechnet werden: **267**

	40%	Investitionsabzugsbetrag
+	12% = 20% × (100–40)	Sonderabschreibung auf die um den Investitionsabzugsbetrag geminderten Anschaffungs- oder Herstellungskosten

1. Teileffekt: Investitionsabzugsbetrag und dessen Übertragung auf das erworbene Wirtschaftsgut (übernommen aus dem vorangehenden Unterabschnitt, Rn. 264):

$$Vorteil_{Investitionsabzug,\ Übertrag}$$

$$= InvestAbzug \times AHK \times s \times (1+i_s)^3 - \sum_{t=1}^{N} \frac{\frac{InvestAbzug \times AHK}{N} \times s}{(1+i_s)^t}$$

2. Teileffekt: Sonderabschreibung, soweit nach Verrechnung des Investitionsabzugsbetrags noch möglich (in Anlehnung an Kapitel D., Rn. 256):

$$Vorteil_{Sonderabschreibung}$$

$$= \frac{Sonder \times AHK \times (1 - InvestAbzug) \times s}{(1+i_s)^1} - \sum_{t=2}^{N} \frac{\frac{Sonder \times AHK \times (1 - InvestAbzug)}{(N-1)} \times s}{(1+i_s)^t}$$

268 Gesamteffekt aus Investitionsabzugsbetrag mit Übertragung und zusätzlich Sonderabschreibung:

$$Vorteil_{Investitionsabzug,\ Übertrag,\ Sonderabschreibung}$$

$$= \underbrace{InvestAbzug \times AHK \times s \times (1+i_s)^3}_{①} + \underbrace{\frac{Sonder \times AHK \times (1 - InvestAbzug) \times s}{(1+i_s)^1}}_{②}$$

$$- \underbrace{\sum_{t=1}^{N} \frac{InvestAbzug \times \frac{AHK}{N} \times s}{(1+i_s)^t}}_{③} - \underbrace{\sum_{t=2}^{N} \frac{\frac{Sonder \times AHK \times (1 - InvestAbzug)}{(N-1)} \times s}{(1+i_s)^t}}_{④}$$

Im ersten Term ist der Vorteil aus der Inanspruchnahme des Investitionsabzugsbetrags drei Jahre vor der Investition ausgewiesen ①. Durch die Verrechnung des Investitionsabzugsbetrags mit den Anschaffungs- oder Herstellungskosten des Wirtschaftsguts ist die Auflösung des Investitionsabzugsbetrags in dem Jahr, in dem der Erwerb durchgeführt wird, erfolgsneutral. Die Ertragsteuerersparnisse aus der Sonderabschreibung, die nach der Verrechnung des Investitionsabzugsbetrags noch möglich sind, sind im zweiten Term wiedergegeben ②. Diesen positiven Effekten steht gegenüber, dass aufgrund der Verrechnung des Investitionsabzugsbetrags ③ bzw der Sonderabschreibungen ④ während der Nutzungsdauer des Wirtschaftsguts die planmäßigen Abschreibungen niedriger ausfallen.

269 **Beispiel:** Nimmt der Steuerpflichtige das Wahlrecht zur Übertragung auf das erworbene Wirtschaftsgut und die 20%ige Sonderabschreibung in Anspruch, ergibt sich aus dem Investitionsabzugsbetrag bei einem Ertragsteuersatz von 40% und einem Vorsteuerzinssatz von 10% – bezogen auf die Anschaffungs- oder Herstellungskosten – folgender Gesamteffekt:

Nutzungsdauer	Gesamteffekt	davon Investitions-abzugsbetrag	davon Sonder-abschreibung
3 Jahre	5,18%	4,80%	0,38%
5 Jahre	6,18%	5,58%	0,60%
10 Jahre	8,39%	7,28%	1,11%
20 Jahre	11,75%	9,88%	1,87%

Wird zusätzlich die Sonderabschreibung nach § 7g Abs. 5, 6 EStG in Anspruch genommen, erhöht sich der Vorteil des Investitionsabzugsbetrags dadurch, dass über die Sonderabschreibung ein weiterer positiver Zeiteffekt entsteht. Unter Berücksichtigung der Übertragung des 40%igen Investitionsabzugsbetrags ergibt sich der gleiche Steuerstundungseffekt wie bei einer Sonderabschreibung in Höhe von 12% der Investitionssumme: 20%ige Sonderabschreibung × (1–40%).

Sechster Abschnitt

Nebeneinander von Steuersatzsenkung und Verschlechterung der Abschreibungsbedingungen

Zahlreiche Vorschläge zur Ausgestaltung des Steuersystems lassen sich auf das Schlagwort „Senkung der Steuersätze und Verbreiterung der Bemessungsgrundlagen" zurückführen. Zielsetzung von derartigen Steuerreformen ist es, Steuervergünstigungen abzuschaffen und die dadurch gewonnenen haushaltspolitischen Spielräume zur Senkung des Steuersatzes zu nutzen. Wie ein derartiges Konzept tendenziell auf die Vorteilhaftigkeit von Sachinvestitionen wirkt, wird beispielhaft durch den Vergleich von zwei Steuersystemen verdeutlicht, die folgende Merkmale aufweisen:[58] **270**

- Ausgangssituation: hoher Steuersatz und gute Abschreibungsbedingungen
  konkret: Ertragsteuersatz 40% und geometrisch-degressive Abschreibung mit einem Degressionssatz von 30%[59]
- alternatives Steuersystem: zwar niedrigerer Steuersatz, aber schlechtere Abschreibungsbedingungen
  konkret: Ertragsteuersatz 30% und lineare Abschreibung.

Betrachtet wird eine Sachinvestition mit Anschaffungskosten von 200 000 € und einer Nutzungsdauer von zehn Jahren, deren Rendite vor Steuern 10% beträgt und bei der die Einzahlungsüberschüsse in jedem Jahr gleich hoch sind. Unter den angegebe- **271**

58 Siehe hierzu Kruschwitz/Schäfer/Jeromin, ZfB 1995, S. 1005; Scheffler, DB 2000, S. 2541.
59 Um eine vollständige Verrechnung der Anschaffungs- oder Herstellungskosten zu erreichen, wird im drittletzten Jahr auf die lineare Abschreibung übergegangen: Restbuchwert/3 > Restbuchwert × 30%.

nen Daten wird die Vorsteuerrendite von 10% bei jährlich gleichbleibenden Einzahlungsüberschüssen von 32 549 € erzielt. Als Alternative zu dieser Sachinvestition steht eine im Unternehmen durchgeführte Kapitalanlage zur Verfügung **(betriebliche Finanzinvestition)**.[60]

272 In der **Ausgangssituation** weist die Sachinvestition einen Kapitalwert von 10 658 € und einen Vermögensendwert von 377 256 € auf. Die Sachinvestition ist damit einer betrieblichen Finanzinvestition vorzuziehen. Zum einen ist der Kapitalwert positiv, zum anderen ist der Vermögensendwert der Sachinvestition höher als der Vermögensendwert der Finanzanlage (= 358 170 €).

273 Wird der Steuersatz von 40% auf 30% gesenkt und gleichzeitig die geometrisch-degressive Abschreibung aufgehoben **(alternatives Steuersystem)**,[61] geht der Kapitalwert der Sachinvestition von 10 658 € auf 2 169 € zurück, während sich ihr Vermögensendwert von 377 256 € auf 397 698 € erhöht. Der (scheinbar bei der Entwicklung der beiden Vorteilhaftigkeitsgrößen bestehende) Widerspruch löst sich auf, wenn man berücksichtigt, dass es sich beim Kapitalwert um ein relatives Vorteilhaftigkeitskriterium und beim Vermögensendwert um ein absolutes Vorteilhaftigkeitskriterium handelt:[62]

- Isoliert betrachtet wirkt das alternative Steuersystem zugunsten von Sachinvestitionen, weil der Investor am Ende des Betrachtungszeitraums über mehr liquide Mittel verfügt als in der Ausgangssituation. Deshalb fällt auch die Nachsteuerrendite (gemessen an der Baldwin-Verzinsung) mit 7,12% gegenüber der Ausgangssituation (6,55%) höher aus.
- Im Vergleich zu einer Anlage der liquiden Mittel am Kapitalmarkt ist aber zu beachten, dass die Steuersatzsenkung sowohl zugunsten von Sachinvestitionen als auch zugunsten von betrieblichen Finanzinvestitionen wirkt. Von der Verschlechterung der Abschreibungsbedingungen sind aber nur Sachinvestitionen betroffen. Dies wird zum einen daran erkennbar, dass beim Wechsel des Steuersystems der Anstieg des Vermögensendwerts bei der betrieblichen Finanzinvestition mit 35 260 € (= von 358 170 € auf 393 430 €) deutlich höher ausfällt als bei der Sachinvestition, bei der sich der Vermögensendwert nur um 20 442 € verbessert (= 377 256 € – 397 698 €). Zum zweiten führt dieser Effekt dazu, dass sich der Kapitalwert der Sachinvestition reduziert (von 10 658 € auf 2 169 €). Konsequenz ist zum dritten, dass sich in der Ausgangssituation die Sachinvestitionen als vorteilhaft erweisen, bei denen vor Steuern eine Rendite von mindestens 8,25% erzielt wird. Nach der Senkung des Steuersatzes und der Aufhebung der geometrisch-de-

60 Bei einer außerhalb des Unternehmens durchgeführten Anlage der liquiden Mittel (private Finanzinvestition) treten die im Folgenden analysierten Effekte nicht auf. Private Finanzinvestitionen führen zu Einkünften aus Kapitalvermögen, für die ein (einheitlicher) Sondersteuersatz von 25% (zuzüglich Zuschlagsteuern) gilt. Die Veränderung des für Einkünfte aus Gewerbebetrieb geltenden (kombinierten) Ertragsteuersatzes wirkt sich auf Erträge, die der Abgeltungsteuer unterliegen, nicht aus.

61 Die Abschreibungen werden damit nach der linearen Methode verrechnet.

62 Die unterschiedlichen Entwicklungen der Vorteilhaftigkeitskriterien „Vermögensendwert" und „Kapitalwert" zeigen auch, dass Kapitalwerte, die mit unterschiedlichen Zinssätzen berechnet werden, nicht miteinander vergleichbar sind. In der Ausgangssituation erfolgt die Abzinsung mit 6% = 10% × (1–40%), während sich bei dem alternativen Steuersystem der Nachsteuerzinssatz auf 7% = 10% × (1–30%) erhöht.

gressiven Abschreibung werden nur noch die Sachinvestitionen durchgeführt, deren Vorsteuerrendite sich auf mindestens 9,69% beläuft.

absolute Betrachtung		**relative Betrachtung**	
Vermögensendwert steigt 377 256 € → 397 698 €	Baldwin-Verzinsung steigt 6,55% → 7,12%	Kapitalwert fällt 10 658 € → 2 169 €	Mindestrendite erhöht sich 8,25% → 9,69%
Veränderung wirkt zugunsten der Sachinvestition		Veränderung wirkt zu Lasten der Sachinvestition	

Abb. 4.11: Auswirkungen des Nebeneinanders von Steuersatzsenkung und Verschlechterung der Abschreibungsbedingungen

Die Vorteile aus der Steuersatzsenkung werden in der beispielhaft untersuchten Steu- **274**
erreform durch die mit der Verschlechterung der Abschreibungsbedingungen verbundenen Nachteile nur zum Teil kompensiert. Das Zusammenwirken der beiden gegenläufigen Änderungen des Steuersystems wird nochmals aus der Aufspaltung der Einzeleffekte erkennbar:

	Vermögensendwert der Sachinvestition in der Ausgangssituation: hoher Steuersatz und gute Abschreibungsbedingungen		377 256 €
	+ Erhöhung des Vermögensendwerts durch Senkung des Steuersatzes von 40% auf 30%	+ 33 629 €	
	– Minderung aufgrund der Aufhebung der geometrisch-degressiven Abschreibung	– 13 187 €	
+	= Zusammenfassung der beiden Teileffekte	+ 20 442 €	+ 20 442 €
=	Vermögensendwert der Sachinvestition nach Änderung des Steuersystems (niedrigerer Steuersatz und schlechtere Abschreibungsbedingungen)		397 698 €

Vergleichbare Effekte treten in den Situationen auf, in denen sich die Verschlechte- **275**
rung der Abschreibungsbedingungen nicht durch die Veränderung der Abschreibungsmethode ergeben, sondern durch eine Verlängerung des Zeitraums, über den die planmäßigen Abschreibungen verrechnet werden können (betriebsgewöhnliche Nutzungsdauer nach steuerrechtlichen Vorgaben). Die Überlegungen lassen sich auch auf Fälle übertragen, in denen darüber zu entscheiden ist, ob eine Reduzierung der Steuerbelastung alternativ durch eine Senkung des Steuersatzes oder durch eine Verbesserung der Abschreibungsbedingungen erreicht werden soll.

Bei der Beurteilung eines Steuersystems ist also immer darauf zu achten, dass Veränderungen des Steuersatzes gleichzeitig sowohl für Sachinvestitionen als auch für betriebliche Finanzinvestitionen wirken, während die Ausgestaltung der planmäßigen Abschreibungen ausschließlich Sachinvestitionen betrifft.

Die Situation ist mit dem Einfluss einer Besteuerung von **privaten Finanzinvestitio- 276**
nen (private Kapitalanlage) nach dem Konzept der Abgeltungsteuer vergleichbar. Die

Vorteilhaftigkeit von Sachinvestitionen gegenüber privaten Finanzinvestitionen wird entweder durch eine Verschlechterung der Abschreibungsbedingungen (absoluter Nachteil für Sachinvestitionen) oder durch eine Begünstigung von privaten Finanzinvestitionen (relative Benachteiligung von Sachinvestitionen) eingeschränkt.[63]

Siebter Abschnitt

Immobilien: Zusammenhang zwischen Abschreibungen und Veräußerungsgewinnbesteuerung sowie Abgeltungsteuer auf Finanzanlagen

277 *(1) Untersuchungsziel:* Die Entscheidung eines Kapitalanlegers zwischen einer Immobilieninvestition und einer privaten Kapitalanlage (Finanzinvestition) wird aus steuerlicher Sicht insbesondere durch drei Faktoren beeinflusst:[64]

- Bei Gebäuden, die ertragsteuerlich dem Privatvermögen zugeordnet werden, ist der bei der **Veräußerung** der Immobilie erzielte Gewinn dann **nicht steuerbar**, wenn zwischen dem Erwerb des Gebäudes und dessen Verkauf ein Zeitraum von mindestens zehn Jahren vergangen ist. Nur wenn die Behaltefrist von zehn Jahren nicht eingehalten wird, liegt ein (steuerpflichtiges) privates Veräußerungsgeschäft iSd § 23 EStG vor.
- Für bestimmte Gebäude können Sonderabschreibungen oder erhöhte Absetzungen **(überhöhte Abschreibungen)** in Anspruch genommen werden.
- Wird der Erwerb eines bebauten Grundstücks oder einer Wohnung als Kapitalanlage angesehen, ist zusätzlich zu berücksichtigen, dass bei der als Alternative betrachteten privaten Finanzinvestition die Erträge nicht nach dem Normaltarif besteuert werden, sondern dafür ein Sondersteuersatz von 25% **(Abgeltungsteuer**, § 32d EStG) gilt.

278 Die finanziellen Auswirkungen dieser steuerlichen Haupteinflussfaktoren werden für die folgende Entscheidungssituation untersucht. Ein Investor verfügt über finanzielle Mittel von 200 000 €. Als Anlagealternativen stehen eine private Kapitalanlage und der Erwerb einer Eigentumswohnung zur Wahl:

- **private Kapitalanlage.** Die Finanzinvestition weist eine Rendite von 5% auf. Die Anschaffungskosten der Kapitalanlage stimmen mit ihrem Rückzahlungsbetrag überein. In jedem Jahr werden Zinsen von 10 000 € (= 200 000 € × 5%) ausbezahlt.

---

63 Zum Einfluss der Abgeltungsteuer auf Sachinvestitionen siehe Vierter Abschnitt, Kapitel C. III., Rn. 199.

64 Zu weiteren Analysen zum Einfluss der Besteuerung auf die Vorteilhaftigkeit von Immobilieninvestitionen siehe Scheffler/Blank, DStR 2018, S. 1381; Scheffler/Blank, DStR 2018, S. 2538.

- **Erwerb einer Eigentumswohnung.** Die Anschaffungskosten der Eigentumswohnung von 200 000 € verteilen sich mit 160 000 € (= 80%) auf den Gebäudeteil und mit 40 000 € (= 20%) auf den Anteil am Grund und Boden. Bei einer Nutzungsdauer von 50 Jahren und einer linearen Abschreibung (§ 7 Abs. 4 EStG) ergeben sich jährlich Abschreibungen von 3 200 € = 160 000 €/50 Jahre. Nach Abzug der periodisch anfallenden Bewirtschaftungskosten verbleibt von den Mieteinnahmen ein Überschuss von 13 200 €/Jahr. Die Einkünfte aus Vermietung und Verpachtung betragen damit 10 000 € = 13 200 € (Nettomieteinnahmen) – 3 200 € (planmäßige Abschreibungen). Dies sind 5% der Anschaffungskosten der Wohnung = 10 000 €/200 000 € × 100.

Es wird davon ausgegangen, dass der Investor nach 15 Jahren die Immobilien veräußert bzw die Finanzanlage auflöst und dass sämtliche Zahlungen am Ende der jeweiligen Periode anfallen.

Als Beurteilungsmaßstab wird der Vermögensendwert herangezogen.[65] Ausgangs- **279**
punkt bildet der Vermögensendwert der Finanzanlage. Für die Immobilieninvestition wird gleichfalls der Vermögensendwert berechnet. Es wird der am Ende des Betrachtungszeitraums erzielbare Veräußerungserlös gesucht, bei dem der Vermögensendwert der Immobilieninvestition mit dem Vermögensendwert der Finanzanlage übereinstimmt. Dieser **kritische Veräußerungserlös** wird mit den Anschaffungskosten der Wohnung verglichen. Ermittelt wird die jährliche Wertentwicklung der Immobilie, bei der der kritische Veräußerungserlös erreicht wird. Der Investor kann diese durchschnittliche Wertentwicklung mit seinen Erwartungen hinsichtlich der Entwicklung der Immobilienpreise vergleichen. Geht der Investor von höheren durchschnittlichen Wertsteigerungen aus, ist der Erwerb der Wohnung zu empfehlen. Vermutet der Investor, dass die Wertsteigerung seiner Wohnung geringer ausfällt, sollte er sich für die Finanzanlage entscheiden.

Ohne Berücksichtigung der **Besteuerung** beläuft sich der Vermögensendwert der Fi- **280**
nanzanlage auf 415 786 €:

- Anlagebetrag × (1+Zinssatz)^{Laufzeit} = 200 000 € × (1+5%)^{15}

Bei der Immobilieninvestition ergibt sich ohne Berücksichtigung der steuerlichen Effekte dann gleichfalls ein Vermögensendwert von 415 786 €, wenn am Ende des fünfzehnjährigen Betrachtungszeitraums beim Verkauf der Eigentumswohnung ein Erlös von 130 949 € erzielt wird. Die Immobilie kann also durch die Nutzung jährlich 2,78% an Wert verlieren, ohne dass sich gegenüber der privaten Finanzanlage ein Nachteil ergibt:[66]

---

65 Der Kapitalwert scheidet als Beurteilungskriterium aus, da Kapitalwerte, die mit unterschiedlichen Zinssätzen berechnet werden, nicht miteinander vergleichbar sind. Bei einer Besteuerung von Kapitalerträgen nach dem Normaltarif ergibt sich ein Nachsteuerzinssatz von 2,63% = 5% × (1–45%×[1+5,5%]). Werden die Kapitalerträge nach dem Konzept der Abgeltungsteuer besteuert, erhöht sich der Diskontierungsfaktor auf 3,68% = 5% × (1–25%×[1+5,5%]).

66 Wird die Einkommensteuer nicht berücksichtigt, sind Abschreibungen für die Berechnung des Vermögensendwerts nicht relevant, da sie nicht mit Auszahlungen verbunden sind.

$$\left(\sqrt[15]{\frac{130\,949\,€}{200\,000\,€}}-1\right)\times 100.$$

- Nettomieteinnahmen × Rentenendwertfaktor + Veräußerungserlös

$$\text{Nettomieteinnahmen} \times \left\{\frac{(1+Zinssatz)^{Laufzeit}-1}{(1+Zinssatz)-1}\right\} + \text{Veräußerungserlös}$$

$$13\,200\,€ \times \left\{\frac{(1+5\,\%)^{15}-1}{(1+5\,\%)-1}\right\} + 130\,949\,€$$

$$284\,837\,€ + 130\,949\,€ = 415\,786\,€.$$

281 Bei der **Analyse der steuerlichen Effekte** wird im ersten Schritt davon ausgegangen, dass der beim Verkauf der Immobilie erzielte Veräußerungsgewinn steuerpflichtig ist und dass die Erträge aus der Finanzinvestition dem Normaltarif unterliegen. Dieses Besteuerungskonzept entspricht den Grundsätzen einer Einkommensteuer. Im zweiten Schritt wird als erste Besonderheit des deutschen Einkommensteuergesetzes berücksichtigt, dass Einnahmen aus privaten Kapitalanlagen als Einkünfte aus Kapitalvermögen mit einem 25%igen Sondersteuersatz besteuert werden, der deutlich unter dem Spitzensteuersatz der Einkommensteuer liegt (Abgeltungsteuer). Diese Abweichung vom Konzept einer Einkommensteuer ist für private Kapitalanlagen mit einer Entlastung verbunden und wirkt damit indirekt zu Lasten der Immobilieninvestition. Im dritten Schritt wird der Vorteil von Immobilieninvestitionen einbezogen, dass der beim Verkauf der Immobilie erzielte Gewinn nicht steuerbar ist, wenn seit dem Erwerb mindestens zehn Jahre vergangen sind. Es wird analysiert, welcher dieser beiden Abweichungen vom Konzept der Einkommensteuer sich stärker bemerkbar macht. Die Berechnungen werden sowohl für einen Einkommensteuersatz von 45% als auch für einen Einkommensteuersatz von 35% durchgeführt.

282 Bei den ersten drei Schritten (Unterabschnitt (2)) wird davon ausgegangen, dass die Abschreibungen nach der linearen Methode verrechnet werden. Im vierten Schritt (Unterabschnitt (3), Rn. 288) werden die Effekte errechnet, die sich dann ergeben, wenn für das Gebäude im ersten Jahr erhöhte Absetzungen von 40% verrechnet werden können.

283 *(2) Lineare Abschreibung:* Wird das Gebäude linear abgeschrieben, sind die beim Verkauf einer Immobilie erzielten Veräußerungsgewinne steuerpflichtig und unterliegen **Finanzinvestitionen dem Normaltarif** (1. Schritt), so weisen die Immobilieninvestition und die Finanzanlage bei einem Einkommensteuersatz von 45% (zuzüglich Solidaritätszuschlag 47,475%) dann den gleichen Vermögensendwert auf, wenn am Ende des fünfzehnjährigen Betrachtungszeitraums die Immobilie zu einem Preis von

133 128 € verkauft werden kann.[67] Die Immobilie kann also durch die Nutzung jährlich 2,68% an Wert verlieren:

$$\left(\sqrt[15]{\frac{133\,128\,€}{200\,000\,€}}-1\right)\times 100.$$

Beispiel: Unterliegen die Erträge einer privaten Kapitalanlage nach dem Normaltarif einem Einkommensteuersatz von 45% (zuzüglich Solidaritätszuschlag 47,475%), beläuft sich der Vermögensendwert nach 15 Jahren auf 295 058 € = 200 000 € × [1 + 5% × (1 – 47,475%)]^{15}.

Bei der Eigentumswohnung ergibt sich der gleiche Vermögensendwert, wenn bei der Veräußerung der Immobilie am Ende des fünfzehnjährigen Berechnungszeitraums ein Erlös von 133 128 € erzielt wird. Bei diesem Veräußerungserlös ergibt sich ein steuerlich berücksichtigungsfähiger Veräußerungsverlust von 18 872 € (= 133 128 € – 152 000 €).

Eigentumswohnung	t_0	t_1	t_2	t_3 bis t_{14}	t_{15}
Zahlungssaldo zu Beginn der Periode	200 000	0	8 453	…	140 819
+ Zahlungsreihe der Immobilie (ohne Veräußerungserlös)	– 200 000	13 200	13 200	…	13 200
+ **Veräußerungserlös**	–.–	–.–	–.–	…	**133 128**
+ Zinserträge aus Differenzinvestitionen (= Zahlungssaldo zu Beginn der Periode × Zinssatz, ab Periode 1)	–.–	0	423	…	7 041
– Steuern	–.–	4 748	4 948	…	– 870
= Zahlungssaldo am Ende der Periode	0	8 453	17 127	…	295 058
Vermögensendwert					**295 058**

zur Berechnung der Steuern

Zahlungsreihe der Immobilie (ohne Veräußerungserlös)	erfolgsneutraler Anschaffungsvorgang	13 200	13 200	…	13 200
– Veräußerungsverlust = Veräußerungserlös – Restbuchwert = 133 128 – 152 000		–.–	–.–	…	18 872
+ Zinserträge aus Differenzinvestitionen		0	423	…	7 041

67 In jedem Jahr wurden Abschreibungen von 3 200 € verrechnet. In der Summe sind dies 48 000 € (= 15×3 200 €). Zur Ermittlung des Veräußerungsgewinns ist der erzielte Veräußerungserlös mit dem einkommensteuerlich relevanten Wert von 152 000 € (= Anschaffungskosten von 200 000 € vermindert um die Summe der Abschreibungen von 48 000 €) zu vergleichen.

–	Abschreibungen, linear auf Gebäude (= 160 000 / 50)		3 200	3 200	…	3 200
=	Bemessungsgrundlage		10 000	10 423	…	– 1 831
×	Steuersatz		47,48%	47,48%	…	47,48%
=	Steuerzahlung		4 748	4 948	…	– 870

Durch die Besteuerung nach dem Konzept einer Einkommensteuer erhöht sich der kritische Veräußerungserlös um 2 179 € (= 133 128 € im Vergleich zu 130 949 €). Die lineare Abschreibung über 50 Jahre ist damit im Beispielsfall mit einer Benachteiligung der Immobilieninvestition verbunden.

284 Wird berücksichtigt, dass die **Finanzanlage der 25%igen Abgeltungsteuer** (zuzüglich Solidaritätszuschlag 26,375%) unterliegt und nicht nach dem Normaltarif besteuert wird (2. Schritt), erhöht sich der kritische Veräußerungserlös auf 226 270 €. Damit muss die Immobilie trotz Alterung jährlich eine Wertsteigerung von 0,83% erzielen, damit sie gegenüber einer 5%igen Finanzanlage nicht unvorteilhaft wird.

Beispiel: Unterliegen die Erträge einer privaten Kapitalanlage der Abgeltungsteuer (25%iger Sondersteuersatz nach § 32d EStG, zuzüglich Solidaritätszuschlag 26,375%), beläuft sich der Vermögensendwert nach 15 Jahren auf 343 980 € = 200 000 € × $[1 + 5\% \times (1 - 26{,}375\%)]^{15}$.

Bei der Eigentumswohnung ergibt sich der gleiche Vermögensendwert, wenn bei der Veräußerung der Immobilie am Ende des fünfzehnjährigen Berechnungszeitraums ein Erlös von 226 270 € erzielt wird. Bei diesem Veräußerungserlös ergibt sich ein steuerpflichtiger Veräußerungsgewinn von 74 270 € (= 226 270 € – 152 000 €).

	Eigentumswohnung	t_0	t_1	t_2	t_3 bis t_{14}	t_{15}
	Zahlungssaldo zu Beginn der Periode	200 000	0	8 453	…	140 819
+	Zahlungsreihe der Immobilie (ohne Veräußerungserlös)	– 200 000	13 200	13 200	…	13 200
+	**Veräußerungserlös**	–.–	–.–	–.–	…	**226 270**
+	Zinserträge aus Differenzinvestitionen (= Zahlungssaldo zu Beginn der Periode × Zinssatz, ab Periode 1)	–.–	0	423	…	7 041
–	Steuern	–.–	4 748	4 948	…	43 350
=	Zahlungssaldo am Ende der Periode	0	8 453	17 127	…	343 980
	Vermögensendwert					**343 980**

zur Berechnung der Steuern

	Zahlungsreihe der Immobilie (ohne Veräußerungserlös)	erfolgsneutraler Anschaffungsvorgang	13 200	13 200	...	13 200
+	Veräußerungsgewinn = Veräußerungserlös – Restbuchwert = 226 270 – 152 000		0	0	...	74 270
+	Zinserträge aus Differenzinvestitionen		0	423	...	7 041
–	Abschreibungen, linear auf Gebäude (= 160 000 / 50)		3 200	3 200	...	3 200
=	Bemessungsgrundlage		10 000	10 423	...	91 311
×	Steuersatz		47,48%	47,48%	...	47,48%
=	Steuerzahlung		4 748	4 948	...	43 350

Ist der bei der Veräußerung einer **Immobilie** erzielte **Veräußerungsgewinn nicht** 285
steuerbar (3. Schritt), geht der kritische Veräußerungserlös auf 191 010 € zurück (jährliche Wertentwicklung von –0,31%).

Beispiel: Unterliegen die Erträge einer privaten Kapitalanlage der Abgeltungsteuer (25%iger Sondersteuersatz nach § 32d EStG, zuzüglich Solidaritätszuschlag 26,375%), beläuft sich der Vermögensendwert nach 15 Jahren auf 343 980 € = 200 000 € × [1 + 5% × (1 – 26,375%)][15].

Bei der Eigentumswohnung ergibt sich der gleiche Vermögensendwert, wenn bei der Veräußerung der Immobilie am Ende des fünfzehnjährigen Berechnungszeitraums ein Erlös von 191 010 € erzielt wird und der beim Verkauf entstehende Gewinn von 39 010 € (= 191 010 € – 152 000 €) nicht der Einkommensteuer unterliegt.

	Eigentumswohnung	t_0	t_1	t_2	t_3 bis t_{14}	t_{15}
	Zahlungssaldo zu Beginn der Periode	200 000	0	8 453	...	140 819
+	Zahlungsreihe der Immobilie (ohne Veräußerungserlös)	– 200 000	13 200	13 200	...	13 200
+	**Veräußerungserlös**	–.–	0	0	...	**191 010**
+	Zinserträge aus Differenzinvestitionen (= Zahlungssaldo zu Beginn der Periode × Zinssatz, ab Periode 1)	–.–	0	423	...	7 041
–	Steuern	–.–	4 748	4 948	...	8 090
=	Zahlungssaldo am Ende der Periode	0	8 453	17 127	...	343 980
	Vermögensendwert					**343 980**

zur Berechnung der Steuern

	Zahlungsreihe der Immobilie (ohne Veräußerungserlös)	erfolgsneutraler Anschaffungsvorgang	13 200	13 200	...	13 200
+	Veräußerungsgewinn		–.–	–.–	...	nicht steuerbar
+	Zinserträge aus Differenzinvestitionen		0	423	...	7 041
–	Abschreibungen, linear auf Gebäude (= 160 000 / 50)		3 200	3 200	...	3 200
=	Bemessungsgrundlage		10 000	10 423	...	17 041
×	Steuersatz		47,48%	47,48%	...	47,48%
=	Steuerzahlung		4 748	4 948	...	8 090

286 Gegenüber der Ausgangssituation (für Kapitalerträge keine Abgeltungsteuer und bei Gebäuden Besteuerung der Veräußerungsgewinne) erhöht sich der kritische Veräußerungserlös von 133 128 € um 57 882 € auf 191 010 €. Dieses Ergebnis beruht darauf, dass unter den im Beispiel geltenden Rahmenbedingungen die Begünstigung von privaten Finanzinvestitionen durch die Abgeltungsteuer stärker wirkt als die Begünstigung von Immobilieninvestitionen durch eine Nichtbesteuerung der Veräußerungsgewinne. Konsequenz ist, dass zum Ausgleich des bei der Immobilieninvestition gegenüber Finanzanlagen bestehenden (relativen) steuerlichen Nachteils die Wertsteigerung der Immobilien im Jahresdurchschnitt um 2,37 Prozentpunkte höher ausfallen muss: – 2,68% – (– 0,31%).

steuerliche Rahmenbedingungen	**Einkommensteuersatz 45 %**		**Einkommensteuersatz 35 %**	
	kritischer Veräußerungserlös	**jährliche Wertentwicklung**	**kritischer Veräußerungserlös**	**jährliche Wertentwicklung**
ohne Berücksichtigung der Einkommensteuer	130 949 € (= 65% der AK)	– 2,78%	130 949 € (= 65% der AK)	– 2,78%
mit Berücksichtigung der Einkommensteuer Ausgangssituation: Veräußerungsgewinne steuerpflichtig, Finanzerträge Normaltarif	133 128 € (= 67% der AK)	– 2,68%	132 671 € (= 66% der AK)	– 2,70%
Veräußerungsgewinne steuerpflichtig, Finanzerträge Abgeltungsteuer	226 270 € (= 113% der AK)	+ 0,83%	172 840 € (= 86% der AK)	– 0,97%
Veräußerungsgewinne nicht steuerbar, Finanzerträge Abgeltungsteuer	191 010 € (= 96% der AK)	– 0,31%	165 145 € (= 83% der AK)	– 1,27%

steuerliche Rahmenbedingungen	Einkommensteuersatz 45%		Einkommensteuersatz 35%	
	kritischer Veräußerungserlös	jährliche Wertentwicklung	kritischer Veräußerungserlös	jährliche Wertentwicklung
Veränderung gegenüber der Ausgangssituation	+ 57 882 €	+ 2,37 Prozentpunkte	+ 32 474 €	+ 1,43 Prozentpunkte

Abb. 4.12: Abgeltungsteuer bei Finanzanlagen und Nichtsteuerbarkeit von Veräußerungsgewinnen bei Immobilien

Bei einem persönlichen Einkommensteuersatz von 35% gelten von der Tendenz die gleichen Aussagen. Allerdings wirken sich bei einem Einkommensteuersatz, der unter dem Spitzensteuersatz liegt, bei der Finanzanlage die Vorteile aus der Abgeltungsteuer geringer aus, da der Steuersatz der Abgeltungsteuer nur noch 10 Prozentpunkte niedriger ist als der sich aus dem Normaltarif ergebende Steuersatz und nicht mehr 20 Prozentpunkte. Dem steht gegenüber, dass sich bei der Immobilie auch die Entlastung aus der Nichtbesteuerung des erzielten Veräußerungsgewinns weniger bemerkbar macht. Die Erhöhung des kritischen Veräußerungserlöses beläuft sich auf lediglich 32 474 €. Dieser Wert wird erreicht, wenn sich die Wertsteigerung des Objektes in jedem Jahr um 1,43 Prozentpunkte erhöht. **287**

(3) Mit erhöhten Absetzungen: Bleiben bei Immobilieninvestitionen Veräußerungsgewinne unbesteuert, lösen erhöhte Absetzungen nicht nur einen positiven Zeiteffekt aus, sondern auch einen positiven Bemessungsgrundlageneffekt (4. Schritt). Die überhöhten Abschreibungen im ersten Jahr (im Beispiel 40% des Teils der Anschaffungskosten der Eigentumswohnung, der auf den Gebäudeteil entfällt = 40% × 160 000 € = 64 000 €) verringern zwar ab der zweiten Periode die planmäßigen Abschreibungen von 3 200 € auf 1 959,18 € (= [160 000 € – 64 000 €]/49 Jahre Restnutzungsdauer). Insoweit wird der positive Zeiteffekt aus dem ersten Jahr zum Teil kompensiert. Innerhalb des fünfzehnjährigen Betrachtungszeitraums werden dennoch in der Summe gegenüber einer linearen Abschreibung um 43 429 € höhere Aufwendungen verrechnet.[68] Ist der beim Verkauf der Immobilie erzielte Veräußerungsgewinn nicht steuerbar, ist die daraus resultierende Einkommensteuerersparnis definitiv (positiver Bemessungsgrundlageneffekt).[69] **288**

Beispiel: Unterliegen die Erträge einer privaten Kapitalanlage der Abgeltungsteuer (25%iger Sondersteuersatz nach § 32d EStG, zuzüglich Solidaritätszuschlag 26,375%), beläuft sich der Vermögensendwert nach 15 Jahren auf 343 980 € = 200 000 € × $[1 + 5\% \times (1 - 26{,}375\%)]^{15}$. **289**

Bei der Eigentumswohnung ergibt sich der gleiche Vermögensendwert, wenn bei der Veräußerung der Immobilie am Ende des fünfzehnjährigen Berechnungszeitraums ein Erlös von 159 330 € erzielt wird. Der beim Verkauf entstehende Gewinn von 50 759 € (= 159 330 € –

68 Die linearen Abschreibungen betragen insgesamt 48 000 € = 3 200 €×15 Jahre. Die erhöhten Absetzungen von 64 000 € und die linearen Abschreibungen über 14 Jahre summieren sich auf 91 429 € (= 64 000 € + 1 959,18 €×14 Jahre).

69 Der positive Bemessungsgrundlageneffekt fällt umso geringer aus, je länger die Immobilie vermietet wird. Wird die Immobilien über die gesamte steuerliche Abschreibungsdauer von 50 Jahren gehalten, wird der Bemessungsgrundlageneffekt durch den Rückgang der jährlich verrechenbaren Abschreibungen vollständig aufgehoben.

108 571 €) unterliegt nicht der Einkommensteuer. Den Restbuchwert von 108 571 € erhält man, wenn man die Anschaffungskosten von 200 000 € um die erhöhten Absetzungen von 64 000 € und die linearen Abschreibungen von insgesamt 27 429 € (= 1 959,18 €×14 Jahre) verringert.

Eigentumswohnung	t_0	t_1	t_2	t_3 bis t_{14}	t_{15}
Zahlungssaldo zu Beginn der Periode	200 000	0	37 317	…	172 263
+ Zahlungsreihe der Immobilie (ohne Veräußerungserlös)	– 200 000	13 200	13 200	…	13 200
+ **Veräußerungserlös**	–.–	0	0	…	**159 330**
+ Zinserträge aus Differenzinvestitionen (= Zahlungssaldo zu Beginn der Periode × Zinssatz, ab Periode 1)	–.–	0	1 866	…	8 613
– Steuern	–.–	– 24 117	6 222	…	9 426
= Zahlungssaldo am Ende der Periode	0	37 317	46 161	…	343 980
Vermögensendwert					**343 980**

zur Berechnung der Steuern

Zahlungsreihe der Immobilie (ohne Veräußerungserlös)	erfolgsneutraler Anschaffungsvorgang	13 200	13 200	…	13 200
+ Veräußerungsgewinn		0	0	…	nicht steuerbar
+ Zinserträge aus Differenzinvestitionen		0	1 866	…	8 613
– Abschreibungen, im ersten Jahr erhöhte Absetzungen, danach linear (= 96 000 / 49)		64 000	1 959	…	1 959
= Bemessungsgrundlage		– 50 800	13 107	…	19 854
× Steuersatz		47,48%	47,48%	…	47,48%
= Steuerzahlung		– 24 117	6 222	…	9 426

290 Sind die Veräußerungsgewinne nicht steuerbar, verbessert sich die Situation der Immobilien deutlich. Das Nebeneinander von positivem Zeiteffekt und positivem Bemessungsgrundlageneffekt wirkt umso stärker, je höher der Einkommensteuersatz ist. Im Beispiel ergeben sich beim Spitzensteuersatz von 45% Vorteile von 31 680 €, bei einem Einkommensteuersatz von 35% sind es noch 26 765 €. Bemerkenswert ist, dass dieser relativ hohe Vorteil von erhöhten Absetzungen von 40% im ersten Jahr auch zusammen mit der Entlastung aus der Nichtbesteuerung des Veräußerungsgewinns im Beispiel nicht ausreicht, um die Vorteile der privaten Finanzinvestition durch die Begrenzung der Besteuerung auf die 25%ige Abgeltungsteuer zu kompensieren. Wie bei betrieblichen Sachinvestitionen löst die Abgeltungsteuer auch außerhalb der Gewinneinkunftsarten einen hohen Anreiz aus, private Finanzanlagen gegenüber privaten Sachinvestitionen (hier Immobilieninvestitionen) zu bevorzugen.

steuerliche Rahmenbedingungen	**Einkommensteuersatz 45%**		**Einkommensteuersatz 35%**	
	kritischer Veräußerungserlös	**jährliche Wertentwicklung**	**kritischer Veräußerungserlös**	**jährliche Wertentwicklung**
erhöhte Absetzungen von 40%, Veräußerungsgewinne nicht steuerbar, Finanzerträge Abgeltungsteuer	159 330 € (= 80% der AK)	– 1,50%	138 380 € (= 69% der AK)	– 2,43%
isolierte Betrachtung: Veränderung durch die erhöhten Absetzungen	– 31 680 €	– 1,20 Prozentpunkte	– 26 764 €	– 1,16 Prozentpunkte
Gesamteffekt: Veränderung gegenüber der Ausgangssituation (Veräußerungsgewinne steuerpflichtig, Finanzerträge Normaltarif)	+ 26 202 €	+ 1,17 Prozentpunkte	+ 5 709 €	+ 0,27 Prozentpunkte

Abb. 4.13: Abgeltungsteuer bei Finanzanlagen und Nichtsteuerbarkeit von Veräußerungsgewinnen sowie überhöhten Abschreibungen bei Immobilien

Achter Abschnitt

Altersvorsorge: Nebeneinander von einkommens- und konsumorientierter Besteuerung

Bei der Besteuerung von Alterseinkünften kommt es zu einem Nebeneinander von einer einkommens- und einer konsumorientierten Besteuerung. Enthält eine Steuer, die – wie die Einkommensteuer – weitgehend an das Einkommen anknüpft, Elemente einer konsumorientierten Besteuerung, muss dies zu Verzerrungen von Investitionsentscheidungen führen. Diese Besteuerungswirkungen hängen nicht davon ab, ob die Verzerrungen vom Gesetzgeber bewusst oder ungewollt eingeführt werden. **291**

Aus methodischer Sicht bestehen für die Besteuerung von Alterseinkünften grundsätzlich **zwei Alternativen**:[70] **292**

70 Zur Besteuerung von Alterseinkünften siehe beispielsweise Band I: Ertrag-, Substanz- und Verkehrsteuern, Zweiter Teil, Zweiter Abschnitt, Kapitel I.; Schreiber, Besteuerung der Unternehmen, 4. Aufl., Wiesbaden 2017, S. 62–67.

- Bei einer **vorgelagerten Besteuerung** mindern die Aufwendungen, die zur Finanzierung der Alterseinkünfte aufgewendet werden, die steuerpflichtige Bemessungsgrundlage nicht. Die der Altersvorsorge dienenden Beträge werden aus versteuertem Einkommen bezahlt. Bei Auszahlung der Alterseinkünfte ist nur die Verzinsung des angesparten Kapitals steuerpflichtig. Die Minderung des Versorgungskapitals stellt einen nicht steuerbaren Vorgang dar. Durch die Nichtbesteuerung des Rückzahlungsanteils (Tilgungsanteils) wird eine doppelte Besteuerung vermieden.
- Nach dem Konzept einer **nachgelagerten Besteuerung** sind die Zahlungen, die zur Finanzierung von Alterseinkünften geleistet werden, von der steuerpflichtigen Bemessungsgrundlage abziehbar, dh das am Markt erzielte Einkommen wird um die für die Altersvorsorge aufgewendeten Beträge gemindert. Einem Abzug von der steuerpflichtigen Bemessungsgrundlage gleich steht eine Steuerbefreiung der Einnahmen, soweit diese zur Finanzierung der Altersvorsorge verwendet werden. Sowohl beim Abzug der Aufwendungen von der Bemessungsgrundlage als auch bei einer Steuerbefreiung für die Einnahmen werden die Aufwendungen aus unversteuertem Einkommen bezahlt. Da die Einnahmen, die zur Finanzierung der Altersvorsorge eingesetzt wurden, noch nicht der Besteuerung unterlagen, sind die Alterseinkünfte in dem Zeitpunkt, in dem sie ausbezahlt werden, vom Empfänger in vollem Umfang zu versteuern.

293 Dem **Konzept einer einkommensorientierten Besteuerung entspricht** eine **vorgelagerte Besteuerung**. Diese Leitlinie wird bei Anlagen auf Sparkonten und beim Erwerb von festverzinslichen Wertpapieren in idealtypischer Weise umgesetzt. Die Einzahlung auf die Sparkonten oder der Erwerb von festverzinslichen Wertpapieren stellen Einkommensverwendung dar, sie mindern die steuerpflichtige Bemessungsgrundlage nicht. Der Zufluss von Zinsen ist eine besondere Form des am Markt erzielten Vermögenszuwachses, der als Einkünfte aus Kapitalvermögen zu versteuern ist (§ 20 Abs. 1 Nr 7 EStG). Abhebungen von Sparkonten oder die Einlösung bzw der Verkauf von festverzinslichen Wertpapieren zum Nennwert bilden nicht steuerbare Vorgänge.[71]

294 Im geltenden Recht wird das Konzept einer **vorgelagerten Besteuerung** aber **nur bei einigen wenigen Formen der Alterseinkünfte** verfolgt:

- Kapitallebensversicherungen (Vertragsabschluss nach dem 31.12.2004)
- private Rentenlebensversicherungen, die nicht als „Rürup-Versicherung" anerkannt werden (Vertragsabschluss nach dem 31.12.2004).

295 Die **überwiegende Anzahl an Alterseinkünften** unterliegt dem **Konzept einer nachgelagerten Besteuerung.** Hierzu gehören insbesondere:

- gesetzliche Rentenversicherung (allerdings mit einem langen Übergangszeitraum)
- Beamtenversorgung
- betriebliche Altersversorgung in der Form einer Direktzusage oder über eine Unterstützungskasse

---

71 Es wird davon ausgegangen, dass der Erwerb der Finanzanlagen zum Nennwert erfolgt. Die Veräußerungsgewinnbesteuerung bei Einkünften aus Kapitalvermögen (§ 20 Abs. 2 Nr 7 EStG) bleibt zur Vereinfachung der Analysen unberücksichtigt.

- kapitalgedeckte betriebliche Altersversorgung in der Form einer Direktversicherung, über eine Pensionskasse oder einen Pensionsfonds
- Altersvorsorgevertrag („Riester-Rente“).

Der **Vorteil** einer nachgelagerten Besteuerung gegenüber einer vorgelagerten Besteu- **296**
erung besteht darin, dass nicht nur die eingezahlten Beiträge, sondern auch die Zinserträge aus der zwischenzeitlichen Anlage des für Versorgungszwecke gesparten Betrags erst in dem Zeitpunkt besteuert werden, in dem es zur Auszahlung der Alterseinkünfte kommt. Aufgrund des langen Betrachtungszeitraums kommt diesem **positiven Zeiteffekt** der nachgelagerten Besteuerung der Alterseinkünfte eine sehr große Bedeutung zu.

Beispiel: Ein Steuerpflichtiger wendet zu Beginn des Betrachtungszeitraums zur Finanzierung seiner Alterseinkünfte einmalig einen Betrag von 1 000 € auf. Nach 30 Jahren wird daraus eine einmalige Versorgungsleistung finanziert (Kapitalleistung). Die Vorsteuerrendite dieser Form der Altersvorsorge beträgt 5%. Der Einkommensteuersatz beläuft sich auf durchschnittlich 30%.

Bei einer **vorgelagerten Besteuerung** können aus dem Vorsorgeaufwand Zahlungen von 2 807 € = 1 000 € × $(1 + 5\% \times [1-30\%])^{30}$ finanziert werden. Der eingezahlte Betrag verzinst sich zu 5%. Nach Abzug der Einkommensteuer von 30% verbleibt eine Nettoverzinsung von 3,50%. Unter Berücksichtigung von Zinseszinsen ergibt sich nach 30 Jahren ein Endvermögen von 2 807 €. Die Rendite (Baldwin-Verzinsung) dieser Form der Altersvorsorge beläuft sich auf 3,50%. Dies entspricht der Rendite vor Steuern von 5% vermindert um die 30%ige Einkommensteuerbelastung:

$$\left\{\sqrt[N]{\frac{\textit{Vermögen am Ende des Betrachtungszeitraums}}{\textit{eingesetzte Eigenmittel}}}-1\right\}\times 100$$

$$=\left\{\sqrt[30]{\frac{2\,807\text{ €}}{1\,000\text{ €}}}-1\right\}\times 100 = 3{,}50\,\%.$$

Bei einer **nachgelagerten Besteuerung** verfügt der Steuerpflichtige über Mittel in Höhe von 4 322 € = 1 000 €/(1–30%) × $(1+5\%)^{30}$ × (1–30%). Da die Vorsorgeaufwendungen von der Bemessungsgrundlage abziehbar sind, beläuft sich bei einer Einzahlung von 1 429 € = 1 000 / (1–30%) die Nettobelastung des Steuerpflichtigen auf 1 000 € = 1 429 € × (1–30%). Der Einzahlungsbetrag von 1 429 € wird mit 5% aufgezinst, da zwischenzeitliche Zinserträge (noch) nicht besteuert werden. Der Auszahlungsbetrag beläuft sich damit auf 6 174 € = 1 429 € × $(1+5\%)^{30}$. Von dieser Versorgungszahlung ist eine Einkommensteuer von 1 852 € = 6 174 € × 30% zu bezahlen, sodass ein Nettobetrag von 4 322 € (= 6 174 € – 1 852 €) verbleibt. Die Nachsteuerrendite der Altersvorsorge (Baldwin-Verzinsung) stimmt mit der Vorsteuerrendite von 5% überein:

$$\left\{\sqrt[N]{\frac{\textit{Vermögen am Ende des Betrachtungszeitraums}}{\textit{eingesetzte Eigenmittel}}}-1\right\}\times 100$$

$$=\left\{\sqrt[30]{\frac{4\,322\text{ €}}{1\,429\text{ €}\times(1-30\%)}}-1\right\}\times 100=\left\{\sqrt[30]{\frac{4\,322\text{ €}}{1\,000\text{ €}}}-1\right\}\times 100 = 5{,}00\,\%.$$

Da sich bei einer nachgelagerten Besteuerung der Abzug der Vorsorgeaufwendungen von der Bemessungsgrundlage und deren Besteuerung in der Versorgungsphase ausgleichen, vereinfacht sich die Berechnungsformel:

Vorsorgeaufwand/(1–Steuersatz) × (1+Zinssatz)$^{\text{Dauer der Ansparphase}}$ × (1–Steuersatz)

durch Kürzung des Faktors „(1–Steuersatz)“ auf

Vorsorgeaufwand × (1+Zinssatz)$^{\text{Dauer der Ansparphase}}$.

im **Beispiel:**

1000 €/(1–30%) × (1+5%)^{30} × (1–30%)

nach Kürzung um (1–30%)

1000 € × (1+5%)^{30} = 4322 €.

Aus der modifizierten Berechnungsformel wird nochmals deutlich, dass bei einer nachgelagerten Besteuerung die Nachsteuerrendite mit der vor Steuern erzielbaren Rendite übereinstimmt. Bei der nachgelagerten Besteuerung von Alterseinkünften handelt es sich also um einen Anwendungsfall der Cash-Flow-Besteuerung bzw der sparbereinigten Einkommensteuer.

297 In allgemeiner Form errechnen sich die Versorgungsbezüge bei einer **vorgelagerten Besteuerung** wie folgt:

Vorsorgeaufwand × (1+Nachsteuerzinssatz)$^{\text{Dauer der Ansparphase}}$.

Bei einer **nachgelagerten Besteuerung** gilt demgegenüber:

Vorsorgeaufwand × (1+Vorsteuerzinssatz)$^{\text{Dauer der Ansparphase}}$.

298 Eine Gegenüberstellung der beiden Berechnungsformeln zeigt unmittelbar, dass sich der Vorteil der nachgelagerten Besteuerung aus der Verlagerung der Besteuerung der in der Ansparphase erzielten Einkünfte und den mit der Anlage des Vorsorgeaufwands erzielten Zinserträgen in den Versorgungszeitraum ergibt. Aus **Sicht des Steuerpflichtigen** ist also die **nachgelagerte Besteuerung** als **vorteilhaft** zu werten. Da es sich im Grundsatz um einen **positiven Zeiteffekt** handelt, fällt der Vorteil der nachgelagerten Besteuerung umso höher aus,

- je höher die Rendite des Versorgungsinstruments ist,
- je höher die Ertragsteuerbelastung ausfällt und
- je länger die Dauer der Ansparphase ist.

299 Die für eine einmalige Einzahlung und eine einmalige Auszahlung abgeleiteten Effekte gelten hinsichtlich ihrer Wirkungsrichtung auch dann, wenn in der Ansparphase jährlich oder monatlich regelmäßig wiederkehrende Einzahlungen und in der Versorgungsphase regelmäßig Rentenauszahlungen in die Betrachtung einbezogen werden. Die Berechnung des positiven Zeiteffekts wird lediglich durch die Anwendung des Annuitätenfaktors sowie von versicherungsmathematischen Regeln umfangreicher. Es verändert sich zwar der absolute Betrag, der konzeptionelle Vorteil einer nachgelagerten Besteuerung gegenüber einer vorgelagerten Besteuerung wird davon aber nicht beeinflusst.

In einem einkommensorientierten Besteuerungssystem – wie dem geltenden Einkommensteuergesetz – stellt die **nachgelagerte Besteuerung** einen **Fremdkörper** dar. Die nachgelagerte Besteuerung folgt dem Leitbild einer konsumorientierten Besteuerung, wonach gesparte bzw investierte Beträge von der Bemessungsgrundlage abgezogen werden und konsumierte Beträge besteuert werden. Diese Aussage wird unmittelbar nachvollziehbar, wenn die nicht unrealistische Annahme getroffen wird, dass die Alterseinkünfte in der Versorgungsphase nicht gespart werden, sondern zur Finanzierung der privaten Lebensführung eingesetzt werden. Die nachgelagerte Besteuerung löst innerhalb der Einkommensteuer **Verzerrungen** aus. Sie präferiert Anlageformen, die nachgelagert besteuert werden (zB „Riester-Rente", „Rürup-Versicherung"[72]) gegenüber Anlageformen, die entsprechend dem Konzept der Einkommensteuer vorgelagert besteuert werden (zB Sparbuch, Festgeld, festverzinsliche Wertpapiere). **300**

Versorgungsformen, die nachgelagert besteuert werden, können damit aus Sicht des Steuerpflichtigen auch dann vorteilhaft sein, wenn sie vor Steuern eine Rendite erbringen, die unter denen von Versorgungsformen liegt, die – entsprechend dem Konzept der Einkommensteuer – vorgelagert besteuert werden. Da bei einer nachgelagerten Besteuerung die Vorsteuerrendite einer Versorgungsalternative mit ihrer Nachsteuerrendite übereinstimmt, reduzieren sich bei ihr die Renditeanforderungen auf die Vorsteuerrendite eines vorgelagert besteuerten Versorgungsinstruments multipliziert mit dem Faktor „(1 – Steuersatz)". Im Beispiel sind nachgelagert besteuerte Versorgungsformen ab einer Vorsteuerrendite von 3,50% = 5% × (1–30%) vorgelagert besteuerten Versorgungsformen, die vor Steuern eine Rendite von 5% erbringen, vorzuziehen.

Der **Einbezug von Steuersatzeffekten** führt dazu, dass Entscheidungen über die Auswahl des Versorgungsinstruments komplex werden: **301**

- Der negative Zeiteffekt der vorgelagerten Besteuerung wird dann abgeschwächt, wenn die Erträge, wie bei Anlage auf einem Sparbuch oder beim Erwerb von festverzinslichen Wertpapieren, der Abgeltungsteuer unterliegen. Damit unterliegen die Erträge nicht dem Normaltarif, sondern einem 25%igen Sondersteuersatz. Der negative Zeiteffekt der vorgelagerten Besteuerung wird umso stärker abgeschwächt, je höher in der Ansparphase (Zeitraum, in dem das Kapital für die Alterseinkünfte angespart wird) der persönliche Einkommensteuersatz des Steuerpflichtigen ist, dh je größer die Differenz zwischen dem persönlichen Einkommensteuersatz des Steuerpflichtigen und dem Sondersteuersatz für private Kapitalanlagen ist.

  $\text{Vorsorgeaufwand} \times (1+\text{Zinssatz} \times [1-s_{AbgSt}])^{\text{Dauer der Ansparphase}}$

- Der positive Zeiteffekt der nachgelagerten Besteuerung wird durch einen positiven Steuersatzeffekt verstärkt, wenn im Versorgungszeitraum (Zeitraum, in dem die Alterseinkünfte ausbezahlt werden) für den Steuerpflichtigen ein niedrigerer Steuersatz maßgebend ist als in der Ansparphase.

  $\text{Vorsorgeaufwand}/(1-s_{Anspar}) \times (1+\text{Zinssatz})^{\text{Dauer der Ansparphase}} \times (1-s_{Versorgung})$

72 Siehe hierzu Suttner/Wiegard, StuW 2012, S. 3.

Fünfter Teil

Einfluss der Besteuerung auf Finanzierungsentscheidungen

Erster Abschnitt

Beteiligungsfinanzierung im Vergleich mit der Kreditfinanzierung bei Kapitalgesellschaften

A. Entscheidungssituation und erforderliche Fallunterscheidungen

302 *(1) Steuerliche Zweiteilung in Eigen- und Fremdfinanzierung:* Die Entscheidungssituation ist dadurch gekennzeichnet, dass eine **Kapitalgesellschaft** einen Finanzierungsbedarf hat. Bei einer Konzentration auf die **Außenfinanzierung** stehen als grundsätzliche Alternativen zur Deckung dieses Kapitalbedarfs eine Kapitalerhöhung (Eigenfinanzierung: Beteiligungsfinanzierung) und die Ausgabe einer Anleihe am Kapitalmarkt bzw die Aufnahme eines Darlehens bei einer Bank (Fremdfinanzierung: Kreditfinanzierung) zur Verfügung.

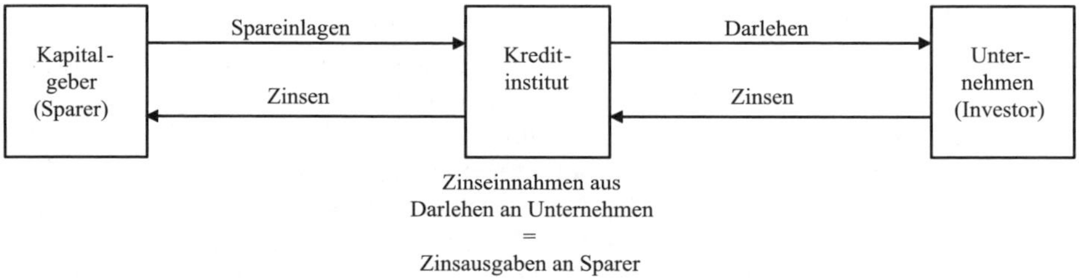

Abb. 5.1: Vergleichbarkeit der Finanzierung durch eine (Unternehmens-)Anleihe oder Aufnahme eines Bankdarlehens

303 Die Finanzierung durch eine Anleihe steht konzeptionell der Aufnahme eines Bankdarlehens gleich, wenn man davon ausgeht, dass sich das Kreditinstitut gleichfalls durch Fremdkapital (Spareinlagen, Festgeld, Sparbriefe, Ausgabe von festverzinslichen Wertpapieren) refinanziert und dass die von dem Kreditinstitut an ihren Kapitalgeber (Sparer) gezahlten Zinsen mit den Zinsen übereinstimmen, die das Kreditinstitut von der Kapitalgesellschaft vereinnahmt. Die Annahme einer Übereinstimmung von Soll- und Habenzinssatz ist zwar sehr weitgehend. Sie wird dennoch getroffen, weil es so gelingt, den Einfluss der Besteuerung zu isolieren. Da sich – bei den unterstellten Rahmenbedingungen – der Gewinn des Kreditinstituts auf null beläuft und die

Zinsen auch gewerbesteuerlich in vollem Umfang abziehbar sind,[1] muss die Besteuerung auf Ebene des Kreditinstituts nicht gesondert betrachtet werden.

Für die Analyse des Einflusses der Besteuerung auf die Finanzierung ist es ausreichend, die beiden Grundformen der Außenfinanzierung gegenüberzustellen. Da bei der steuerlichen Gewinnermittlung auf Ebene des Kapitalnehmers (des Investors) für jede Finanzierungsform zu entscheiden ist, **304**

- ob es sich um Eigenkapital (kein Abzug der für die Kapitalüberlassung von dem Unternehmen gezahlten Vergütung, zB Dividenden) oder
- ob es sich um Fremdkapital (Abzug der für die Kapitalüberlassung von dem Unternehmen gezahlten Vergütung, zB Zinsen)

handelt, ist bei jeder Zwischenform eine eindeutige Zuordnung zur Eigen- oder zur Fremdfinanzierung vorzunehmen. Die Unterschiede der Zwischenformen gegenüber den beiden Grundformen beschränken sich im Wesentlichen auf nicht steuerliche Faktoren.

(2) Abhängigkeit der Besteuerung vom steuerlichen Status des Kapitalgebers: Bei der Analyse des Einflusses der Besteuerung auf die Entscheidung einer Kapitalgesellschaft zwischen Eigenfinanzierung (Kapitalerhöhung) und Fremdfinanzierung (Anleihe, Bankdarlehen) sind mehrere Fallunterscheidungen erforderlich, da sowohl die Besteuerung der Dividenden als auch die steuerliche Erfassung der Zinsen davon abhängt, wer Anteilseigner bzw Kreditgeber ist. Bei einer Beschränkung auf im Inland ansässige Kapitalgeber sind hinsichtlich der **Besteuerung** von Dividenden und Zinsen **folgende Alternativen** zu beachten (Abb. 5.2): **305**

- **Eigenfinanzierung.** Bei der Besteuerung von Dividenden ist zwischen der Abgeltungsteuer (Anteile im Privatvermögen einer natürlichen Person: Grundfall), dem Teileinkünfteverfahren (Anteile im Privatvermögen einer natürlichen Person: unternehmerische Beteiligung[2] sowie Anteile im Betriebsvermögen einer natürlichen Person), der Dividendenfreistellung (Anteile im Betriebsvermögen einer juristischen Person: Beteiligung mindestens 10%), volle Besteuerung (Anteile im Betriebsvermögen einer juristischen Person: Beteiligung unter 10%) und einer persönlichen Steuerbefreiung (Anteile im Vermögen einer steuerbefreiten, gemeinnützigen juristischen Person, zB gemeinnützige Stiftung) zu differenzieren.
- **Fremdfinanzierung.** Zinsen unterliegen entweder der Abgeltungsteuer (Darlehen bzw Anleihe im Privatvermögen einer natürlichen Person: Grundfall), dem einkommensteuerlichen Normaltarif (Darlehen bzw Anleihe im Privatvermögen einer natürlichen Person: Gesellschafterdarlehen), dem Normaltarif der Einkommensteuer und zusätzlich der Gewerbesteuer (Darlehen bzw Anleihe im Betriebsvermögen einer natürlichen Person), der Körperschaft- und Gewerbesteuer (Darlehen bzw Anleihe im Betriebsvermögen einer juristischen Person) oder keiner Besteuerung (Darlehen bzw Anleihe einer steuerbefreiten, gemeinnützigen juristischen Person).

---

1 Nach § 19 GewStDV unterbleibt für die von einem Kreditinstitut gezahlten Zinsen grundsätzlich eine Hinzurechnung nach § 8 Nr 1 Buchst. a GewStG.

2 Eine unternehmerische Beteiligung liegt vor, wenn eine natürliche Person, die die Beteiligung im Privatvermögen hält, entweder an der Kapitalgesellschaft zu mindestens 25% beteiligt ist *oder* wenn sie an der Kapitalgesellschaft zu mindestens 1% beteiligt ist und sie gleichzeitig durch eine berufliche Tätigkeit bei dieser Kapitalgesellschaft einen maßgeblichen unternehmerischen Einfluss auf deren wirtschaftliche Tätigkeit nehmen kann (§ 32d Abs. 2 Nr 3 EStG).

	Privatvermögen einer natürlichen Person (Grundfall)	Privatvermögen einer natürlichen Person (unternehmerische Beteiligung / Gesellschafterdarlehen)	Betriebsvermögen einer natürlichen Person	Betriebsvermögen einer juristischen Person (Beteiligung ≥ 10%)	Betriebsvermögen einer juristischen Person (Beteiligung < 10%)	steuerbefreite, gemeinnützige juristische Person
Dividenden (Eigenfinanzierung)	Abgeltungsteuer	Wahlrecht Abgeltungsteuer oder Teileinkünfteverfahren	Teileinkünfteverfahren ≥ 15% Beteiligung keine Gewerbesteuer < 15% Beteiligung Gewerbesteuer	Dividendenfreistellung ≥ 15% Beteiligung keine Gewerbesteuer < 15% Beteiligung Gewerbesteuer	Körperschaft- und Gewerbesteuer	keine Besteuerung
Zinsen aus Darlehen/Anleihen (Fremdfinanzierung)	Abgeltungsteuer	≥ 10% Beteiligung einkommensteuerlicher Normaltarif < 10% Beteiligung Abgeltungsteuer	einkommensteuerlicher Normaltarif und Gewerbesteuer	Körperschaft- und Gewerbesteuer	Körperschaft- und Gewerbesteuer	keine Besteuerung

Abb. 5.2: Steuerliche Erfassung von Finanzierungserträgen in Abhängigkeit vom steuerlichen Status des Kapitalgebers

(3) Weitere Vorgehensweise: Bei der Analyse des Einflusses der Besteuerung auf 306
die Außenfinanzierung eines Unternehmens wird im **ersten Schritt** (Kapitel B. bis Kapitel G., Rn. 309) davon ausgegangen, dass der Darlehensgeber nicht an der zu finanzierenden Kapitalgesellschaft beteiligt ist. Aufgrund der verschiedenen Formen der Besteuerung von Dividenden und Zinsen ist wie folgt nach dem **steuerlichen Status des Kapitalgebers** zu differenzieren (Abb. 5.3):

- natürliche Person: Privatvermögen (Grundfall)
- natürliche Person: Privatvermögen (unternehmerische Beteiligung, § 32d Abs. 2 Nr 3 EStG)
- natürliche Person: Betriebsvermögen
- juristische Person: Betriebsvermögen (Beteiligung mindestens 10%)
- juristische Person: Betriebsvermögen (Beteiligung unter 10%)
- steuerbefreite Organisation.

Kapitalgeber **(1)**	**Finanzierung mit Eigenkapital** **(2)**	**Finanzierung mit Fremdkapital** **(3)**	**Vergleich** **(4) = (2) – (3)**
natürliche Person: Privatvermögen (Grundfall)	KSt + GewSt + Abgeltungsteuer	–.– + 25%×GewSt + Abgeltungsteuer	+ KSt + 75%×GewSt ± 0
natürliche Person: Privatvermögen (unternehmerische Beteiligung)	KSt + GewSt + 60%×ESt	–.– + 25%×GewSt + Abgeltungsteuer	+ KSt + 75%×GewSt + 60%×ESt – Abgeltungsteuer
natürliche Person: Betriebsvermögen	KSt + GewSt + 60%×ESt	–.– + 25%×GewSt + ESt + $GewSt_{effektiv}$ (= GewSt – § 35 EStG) (bei H von 401% ≅ 0)	+ KSt + 75%×GewSt – 40%×ESt – $GewSt_{effektiv}$ (bei H von 401% ≅ 0)
juristische Person: Betriebsvermögen (Beteiligung mindestens 10%)	KSt + GewSt + 5%×KSt + 5%×GewSt	–.– + 25%×GewSt + KSt + GewSt	+ KSt + 75%×GewSt – 95%×KSt – 95%×GewSt
juristische Person: Betriebsvermögen (Beteiligung unter 10%)	KSt + GewSt + KSt + GewSt	–.– + 25%×GewSt + KSt + GewSt	+ KSt + 75%×GewSt ± 0 ± 0
steuerbefreite Organisation	KSt + GewSt	–.– + 25%×GewSt	+ KSt + 75%×GewSt
Legende zu Spalte 4:	+ Vorteil Fremdfinanzierung – Vorteil Eigenfinanzierung		

Abb. 5.3: Grundsätzlicher Vergleich zwischen Eigen- und Fremdfinanzierung

307 Aufgrund der selbständigen Steuerpflicht einer Kapitalgesellschaft (Trennungsprinzip) ist die Besteuerung auf Ebene der Kapitalgesellschaft unabhängig davon, wer die Kapitalerhöhung bzw die Anleihe zeichnet. Diese Unabhängigkeit der Besteuerung auf Ebene der Kapitalgesellschaft wird in Abb. 5.3 durch eine graue Schattierung verdeutlicht. Der steuerliche Status des Kapitalgebers ist erst relevant, wenn es um die **Besteuerung** der Dividenden bzw der Zinsen **auf Ebene des Kapitalgebers** geht.[3]

308 Im **zweiten Schritt** werden die **Besonderheiten von Gesellschafterdarlehen** betrachtet. In diesem Zusammenhang wird erstens auf die vom Gesetzgeber für Gesellschafterdarlehen vorgenommenen Einschränkungen bei der Anwendung des Sondersteuersatzes nach § 32d EStG für Einkünfte aus Kapitalvermögen eingegangen (Kapitel H., Rn. 343). Zweitens wird geprüft, ob die Gesellschafter einer Kapitalgesellschaft die Vorteile der Abgeltungsteuer möglicherweise mittelbar nutzen können und inwieweit sich die für Kapitalgesellschaften formulierten Überlegungen **auf Einzelunternehmen und Personengesellschaften übertragen** lassen (Kapitel I., Rn. 352).

B. Grundfall: Finanzierung durch eine natürliche Person (Privatvermögen, keine unternehmerische Beteiligung)

309 Im **Grundfall** wird davon ausgegangen, dass die **Finanzierung durch eine natürliche Person** erfolgt, die die erworbenen Anteile bzw die Anleihe im **Privatvermögen** hält und an der Kapitalgesellschaft **keine unternehmerische Beteiligung** vorliegt. Bei der Eigenfinanzierung liegt eine unternehmerische Beteiligung vor, wenn der Kapitalgeber entweder an der Kapitalgesellschaft zu mindestens 25% beteiligt ist oder wenn er an der Kapitalgesellschaft zu mindestens 1% beteiligt ist und er gleichzeitig durch eine berufliche Tätigkeit – zB als Geschäftsführer – bei dieser Kapitalgesellschaft einen maßgeblichen unternehmerischen Einfluss auf deren wirtschaftliche Tätigkeit nehmen kann (§ 32d Abs. 2 Nr 3 EStG). Im Grundfall wird also die Situation betrachtet, in der der Gesellschafter zu weniger als 25% an der Kapitalgesellschaft beteiligt ist und der Gesellschafter mit der Kapitalgesellschaft insbesondere keinen Geschäftsführungsvertrag abgeschlossen hat.

Sofern es sich beim Kreditgeber um eine natürliche Person handelt, die ihre Darlehensforderung bzw ihre Anleihe im Privatvermögen hält, ist bei der Fremdfinanzierung keine Differenzierung erforderlich, sofern der Kreditgeber nicht gleichzeitig an der Kapitalgesellschaft beteiligt ist.[4] Bei einer natürlichen Person unterliegen Zinsen, die zu Einkünften aus Kapitalvermögen führen, grundsätzlich der 25%igen Abgeltungsteuer.

---

3 Es wird davon ausgegangen, dass der Kapitalgeber seine Einlage bzw sein Darlehen mit Eigenkapital finanziert. Auf die Refinanzierung durch den Kapitalgeber mit Fremdkapital wird nicht eingegangen. Zur Erhöhung der Anschaulichkeit wird auf den Ausweis der Kapitalertragsteuer (§ 43, § 43a EStG) verzichtet.

4 Ist der Kreditgeber gleichzeitig zu mindestens 10% an der Kapitalgesellschaft beteiligt, werden die Zinsen aus dem (Gesellschafter-)Darlehen nach dem Normaltarif der Einkommensteuer besteuert, dh die Abgeltungsteuer kommt nicht zur Anwendung (§ 32d Abs. 2 Nr 1 Buchst. b EStG). Siehe hierzu Kapitel H., Rn. 343.

Die Berechnungen in Abb. 5.4 (Rn. 312) verdeutlichen, dass die Steuerbelastung der Eigenfinanzierung deutlich höher ist als die Steuerbelastung der Fremdfinanzierung. Aus steuerplanerischer Sicht ist also zu empfehlen, dass sich eine Kapitalgesellschaft durch die Ausgabe einer Anleihe oder die Aufnahme eines Darlehens anstatt durch eine Kapitalerhöhung finanziert. **310**

- Bei einer Eigenfinanzierung unterliegen die Gewinne auf Ebene der Kapitalgesellschaft der Gewerbe- sowie Körperschaftsteuer zuzüglich Solidaritätszuschlag. Bei Ausschüttung der verbleibenden Gewinne wird auf die Dividenden beim Kapitalgeber Abgeltungsteuer zuzüglich Solidaritätszuschlag erhoben.
- Bei einer Fremdfinanzierung beschränkt sich die Steuerbelastung auf Ebene der Kapitalgesellschaft darauf, dass die Zinsen bei Ermittlung des Gewerbeertrags der Kapitalgesellschaft zu einem Viertel hinzuzurechnen sind. Um die daraus resultierende Steuerbelastung finanzieren zu können, stimmen die Zinsen nicht mit dem durch Außenbeziehungen erwirtschafteten Gewinn überein, vielmehr werden die Zinsen um die auf diesen lastenden Ertragsteuern reduziert.

Bei einem Körperschaftsteuersatz von 15%, einem Solidaritätszuschlagsatz von 5,5% und einem Gewerbesteuerhebesatz von 400%[5] ist die Gleichung „(Gewinn – Zinsen) – Gewerbesteuer – Körperschaftsteuer zuzüglich Solidaritätszuschlag = 0,00“, bei Zinsen von 95,25 erfüllt: **311**

$$\begin{array}{ll} & (100-95{,}25) \\ - & (100-95{,}25+25\%\times 95{,}25)\times 14\% - (100-95{,}25)\times 15\%\times(1+5{,}5\%) \\ = & 0{,}00. \end{array}$$

In allgemeiner Form gilt:

$$\begin{array}{ll} & (\text{Gewinn}-\text{Zinsen}) \\ - & (\text{Gewinn}-\text{Zinsen}+25\%\times\text{Zinsen})\times s_{GewSt} - (\text{Gewinn}-\text{Zinsen})\times s_{KSt}\times(1+s_{SolZ}) \\ = & 0{,}00. \end{array}$$

aufgelöst nach der gesuchten Größe, dh die von der Kapitalgesellschaft aus dem Gewinn finanzierbaren Zinsen sowie die auf ihrer Ebene dadurch ausgelöste Ertragsteuerbelastung, ergibt sich

$$\begin{array}{ll} & \text{Zinsen} \\ = & \text{Gewinn} \times (1 - s_{GewSt} - s_{KSt}\times[1+s_{SolZ}]) \;/\; (1 - 75\%\times s_{GewSt} - s_{KSt}\times[1+s_{SolZ}]). \end{array}$$

Die (zum Ausgleich der Gewerbesteuerbelastung der Kapitalgesellschaft geminderten) Zinsen unterliegen im Grundfall beim Kapitalanleger der Abgeltungsteuer und dem Solidaritätszuschlag.

Der Vorteil der Fremdfinanzierung beruht darauf, dass im Vergleich zur Eigenfinanzierung auf Ebene der Kapitalgesellschaft drei Viertel der Gewerbesteuer sowie in vollem Umfang die Körperschaftsteuer entfallen. Die (nominell) höhere Belastung auf Ebene des Anlegers stellt keinen steuerlichen Nachteil der Fremdfinanzierung dar, sondern ist die Folge davon, dass die Zinsen mit 95,25 deutlich höher ausfallen als die von einer Kapitalgesellschaft nach Abzug der von ihr geschuldeten Ertragsteuern gezahlte Dividende von 70,17. Die **Vorteilhaftigkeit der Fremdfinanzierung** **312**

5 Bei einem Gewerbesteuerhebesatz von 400% beläuft sich der Steuersatz der Gewerbesteuer auf 14,00% = 400% × 3,50% (§ 11, § 16 GewStG). Allgemein gilt s_{GewSt} = Hebesatz × Steuermesszahl.

resultiert daraus, dass bei der Abgeltungsteuer Zinsen und Dividenden mit dem gleichen Steuersatz besteuert werden. Dies bedeutet, dass die bei der Eigenfinanzierung anfallende Vorbelastung auf Ebene der Kapitalgesellschaft bei Erhebung der Abgeltungsteuer unberücksichtigt bleibt:

		Eigen-kapital (1)	**Fremd-kapital (2)**	**Differenz (3) = (2) – (1)**
	Gewinn der Kapitalgesellschaft	100,00	100,00	± 0,00
–	von der Kapitalgesellschaft gezahlte Zinsen	–.–	95,25	
=	Gewinn nach Zinsen	100,00	4,75	
–	Gewerbesteuer (Hebesatz zB 400%) bei Fremdfinanzierung unter Berücksichtigung der Hinzurechnung nach § 8 Nr 1 Buchst. a GewStG = (Gewinn nach Zinsen + 25%×Zinsen) × s_{GewSt} = (Gewinn nach Zinsen + 25%×Zinsen) × 14%	14,00	4,00	
–	Körperschaftsteuer (15% des Gewinns nach Zinsen)	15,00	0,71	
–	Solidaritätszuschlag (5,5% der Körperschaftsteuer)	0,83	0,04	
=	Dividende	70,17	0,00	
Steuern der Kapitalgesellschaft		29,83	4,75	– 25,07
	Dividende/Zinsen	70,17	95,25	
–	Einkommensteuer (Abgeltungsteuer von 25% auf die Dividenden/Zinsen)	17,54	23,81	
–	Solidaritätszuschlag (5,5% der Einkommensteuer)	0,96	1,31	
=	Einkünfte nach Steuern	51,67	70,13	
Steuern des Gesellschafters/Kreditgebers		18,50	25,12	+ 6,61
Gesamtsteuerbelastung		**48,33**	**29,87**	**– 18,46**

Abb. 5.4: Vergleich von Eigen- und Fremdfinanzierung (natürliche Person, Anteile im Privatvermögen, Grundfall)

313 Die generelle Vorteilhaftigkeit der Fremdfinanzierung im Grundfall, dh in der Situation, in der die Finanzierung durch eine natürliche Person erfolgt, die ihre Anteile bzw ihre Anleihe im Privatvermögen hält und die an der Kapitalgesellschaft nicht unternehmerisch beteiligt ist, ist bei einer formelmäßigen Darstellung der Belastungsformeln unmittelbar erkennbar. Die Belastung mit Körperschaftsteuer und voller Gewerbesteuer ist – unabhängig von der Höhe des Gewerbesteuerhebesatzes – immer höher als die ausschließliche Belastung der Erträge im Rahmen der 25%igen Hinzurechnung nach § 8 Nr 1 Buchst. a GewStG:

Gesamtsteuerbelastung Eigenfinanzierung	>	Gesamtsteuerbelastung Fremdfinanzierung
$s_{KapGes} + (1-s_{KapGes}) \times s_{AbgSt} \times (1+s_{SolZ})$	>	$s_{GewStFK\text{-}Hinzu} + (1-s_{GewStFK\text{-}Hinzu}) \times s_{AbgSt} \times (1+s_{SolZ})$
$s_{KapGes} \times (1-s_{AbgSt} \times [1+s_{SolZ}]) + s_{AbgSt} \times (1+s_{SolZ})$	>	$s_{GewStFK\text{-}Hinzu} \times (1-s_{AbgSt} \times [1+s_{SolZ}]) + s_{AbgSt} \times (1+s_{SolZ})$
$s_{KapGes} \times (1-s_{AbgSt} \times [1+s_{SolZ}])$	>	$s_{GewStFK\text{-}Hinzu} \times (1-s_{AbgSt} \times [1+s_{SolZ}])$
s_{KapGes}	>	$s_{GewStFK\text{-}Hinzu}$
Diese Ungleichung ist auch bei einem Gewerbesteuerhebesatz von 200% (Mindesthebesatz, § 16 Abs. 4 GewStG) erfüllt, der für die Eigenfinanzierung die günstigste Rahmenbedingung darstellt. Bei einem Körperschaftsteuersatz von 15% und einem Solidaritätszuschlagsatz von 5,5% gilt		
22,8250%	>	2,2173%

C. Besonderheiten bei der Finanzierung durch eine natürliche Person mit einer unternehmerischen Beteiligung (Privatvermögen)

Eine **unternehmerische Beteiligung** ist dadurch gekennzeichnet, dass eine **natürliche Person** die Anteile an der Kapitalgesellschaft dem **Privatvermögen** zurechnet und dass sie an der Kapitalgesellschaft entweder zu mindestens 25% beteiligt ist oder dass sie an der Kapitalgesellschaft zu mindestens 1% beteiligt und sie gleichzeitig durch eine berufliche Tätigkeit bei dieser Kapitalgesellschaft einen maßgeblichen unternehmerischen Einfluss auf deren wirtschaftliche Tätigkeit nehmen kann (§ 32d Abs. 2 Nr 3 EStG). **314**

Bei einer unternehmerischen Beteiligung hat der einkommensteuerpflichtige Anteilseigner die Wahl, die **Dividenden** nach dem Konzept der Abgeltungsteuer zu besteuern (wie im Grundfall) oder sich für eine Besteuerung nach dem **Teileinkünfteverfahren** zu entscheiden. Übt die natürliche Person das Wahlrecht zur Anwendung des Teileinkünfteverfahrens nicht aus, ergeben sich die gleichen Steuerfolgen wie bei dem im vorangehenden Kapitel untersuchten Grundfall (natürliche Person ohne unternehmerische Beteiligung). Entscheidet sich der Gesellschafter für das Teileinkünfteverfahren, sind 40% der Dividenden steuerfrei (§ 3 Nr 40 EStG). Die verbleibenden 60% der Dividenden unterliegen der Einkommensteuer nach dem Normaltarif.

Sofern es sich beim Kreditgeber um eine natürliche Person handelt, die ihre Darlehensforderung bzw ihre Anleihe im Privatvermögen hält, ist bei der Fremdfinanzierung keine Differenzierung erforderlich, sofern der Kreditgeber nicht gleichzeitig an **315** der Kapitalgesellschaft beteiligt ist. Bei einer natürlichen Person unterliegen die Zinsen als Einkünfte aus Kapitalvermögen der 25%igen Abgeltungsteuer.[6]

316 Aus der nachfolgenden Tabelle ist erkennbar, dass die Steuerbelastung der Eigenfinanzierung die Steuerbelastung der Fremdfinanzierung übersteigt. Bei einem persönlichen Einkommensteuersatz von beispielsweise 45% fällt der Nachteil der Eigenfinanzierung noch deutlicher aus als im Grundfall, da beim Teileinkünfteverfahren die auf die Dividenden erhobene tarifliche Einkommensteuer (= 60% × Dividenden × s_{ESt}×[1+s_{SolZ}]) höher ist als eine Besteuerung der Dividenden nach dem Konzept der Abgeltungsteuer (= Dividenden × 25%×[1+s_{SolZ}]).

		Eigen-kapital (1)	**Fremd-kapital (2)**	**Differenz (3) = (2) – (1)**
	Gewinn der Kapitalgesellschaft	100,00	100,00	± 0,00
–	von der Kapitalgesellschaft gezahlte Zinsen	–.–	95,25	
=	Gewinn nach Zinsen	100,00	4,75	
–	Gewerbesteuer (Hebesatz zB 400%) bei Fremdfinanzierung unter Berücksichtigung der Hinzurechnung nach § 8 Nr 1 Buchst. a GewStG = (Gewinn nach Zinsen + 25%×Zinsen) × s_{GewSt} = (Gewinn nach Zinsen + 25%×Zinsen) × 14%	14,00	4,00	
–	Körperschaftsteuer (15% des Gewinns nach Zinsen)	15,00	0,71	
–	Solidaritätszuschlag (5,5% der Körperschaftsteuer)	0,83	0,04	
=	Dividende	70,17	0,00	
Steuern der Kapitalgesellschaft		29,83	4,75	– 25,07
	Dividende/Zinsen davon steuerpflichtig (60% bzw 100%)	70,17 42,10	95,25 95,25	
–	Einkommensteuer (45% auf die Dividenden bzw Abgeltungsteuer von 25% auf die Zinsen)	18,95	23,81	
–	Solidaritätszuschlag (5,5% der Einkommensteuer)	1,04	1,31	
=	Einkünfte nach Steuern	50,19	70,13	

6 Ist der Darlehensgeber gleichzeitig zu mindestens 10% an der Kapitalgesellschaft beteiligt, werden die Zinsen nach dem Normaltarif der Einkommensteuer besteuert, dh die Abgeltungsteuer kommt nicht zur Anwendung (§ 32d Abs. 2 Nr 1 Buchst. b EStG). Siehe hierzu Kapitel H., Rn. 343.

	Eigenkapital (1)	**Fremdkapital (2)**	**Differenz (3) = (2) – (1)**
Steuern des Gesellschafters/Kreditgebers	19,99	25,12	+ 5,13
Gesamtsteuerbelastung	**49,81**	**29,87**	**– 19,94**

Abb. 5.5: Vergleich von Eigen- und Fremdfinanzierung (natürliche Person, Anteile im Privatvermögen, unternehmerische Beteiligung)

Die **Entscheidung für** die Besteuerung der Dividenden nach dem **Teileinkünfteverfahren** anstatt nach dem Konzept der Abgeltungsteuer ist nur zu empfehlen, wenn der persönliche Einkommensteuersatz des Gesellschafters unter 41,67% liegt:[7] 317

Steuerbelastung beim Teileinkünfteverfahren	<	Steuerbelastung durch Abgeltungsteuer
60% × Dividende × s_{ESt}×(1+s_{SolZ})	<	Dividende × s_{AbgSt}×(1+s_{SolZ})
s_{ESt}	<	s_{AbgSt}/60%
s_{ESt}	<	25%/60%
s_{ESt}	<	41,67%

Bei einem Einkommensteuersatz von unter 25% ist das Teileinkünfteverfahren der Abgeltungsteuer auch dann vorzuziehen, wenn bei der Abgeltungsteuer die **Günstigerprüfung** (§ 32d Abs. 6 S. 1 EStG) durchgeführt wird:[8] 318

Steuerbelastung beim Teileinkünfteverfahren	<	Steuerbelastung durch Abgeltungsteuer (Günstigerprüfung)
60% × Dividende × s_{ESt}×(1+s_{SolZ})	<	Dividende × s_{ESt}×(1+s_{SolZ})
60% × s_{ESt}	<	s_{ESt}
60%	<	100%

In **Abhängigkeit vom persönlichen Einkommensteuersatz** des Gesellschafters einer Kapitalgesellschaft ergibt sich damit eine Steuerbelastung der **Dividenden** von[9] 319

7 Bei den Analysen zum Einfluss der Besteuerung auf die Finanzierung einer Kapitalgesellschaft wird davon ausgegangen, dass der Kapitalgeber seine Kapitalanlage mit Eigenkapital finanziert. Refinanziert der Kapitalgeber seine Kapitalanlage mit Fremdkapital, weist die Besteuerung der Dividenden nach dem Teileinkünfteverfahren den Vorteil auf, dass er seine Schuldzinsen zu 60% als Werbungskosten abziehen kann (§ 32d Abs. 2 Nr 3 S. 2 iVm § 3c Abs. 2 EStG). Demgegenüber sind bei einer Besteuerung der Dividenden und Zinsen nach dem Konzept der Abgeltungsteuer die Refinanzierungszinsen nicht abziehbar (§ 20 Abs. 9 EStG). Entstehen auf Ebene des Kapitalgebers Werbungskosten, erhöht dies den Vorteil einer Option zum Teileinkünfteverfahren. Dieses Wahlrecht besteht aber nur bei der Besteuerung von Dividenden, nicht bei der Besteuerung von Zinsen.

8 Eine Übereinstimmung ergibt sich nur bei einem Einkommensteuersatz von 0%, bei dem die Dividenden bei beiden Besteuerungskonzepten keine Einkommensteuer auslösen.

9 Die Dividende von 70,17 entspricht einem Gewinn der Kapitalgesellschaft von 100 vermindert um die Gewerbesteuer (Hebesatz 400%), die Körperschaftsteuer (15%) sowie den Solidaritätszuschlag (5,5% der Körperschaftsteuer).

Einkommensteuersatz des Gesellschafters	Steuerbelastung der Dividenden	für den Gesellschafter vorteilhaftes Besteuerungskonzept
0,00%	0,00 keine Einkommensteuer	Teileinkünfteverfahren = Abgeltungsteuer mit Günstigerprüfung
10,00%	4,44 = 70,17 × 60% × 10% × (1+5,5%)	Teileinkünfteverfahren
20,00%	8,88 = 70,17 × 60% × 20% × (1+5,5%)	Teileinkünfteverfahren
25,00%	11,11 = 70,17 × 60% × 25% × (1+5,5%)	Teileinkünfteverfahren
30,00%	13,33 = 70,17 × 60% × 30% × (1+5,5%)	Teileinkünfteverfahren
40,00%	17,77 = 70,17 × 60% × 40% × (1+5,5%)	Teileinkünfteverfahren
41,67%	18,51 = 70,17 × 60% × 41,67% × (1+5,5%) = 70,17 × 25% × (1+5,5%)	Teileinkünfteverfahren = Abgeltungsteuer
45,00%	18,51 = 70,17 × 25% × (1+5,5%)	Abgeltungsteuer

320 Bei einer unternehmerischen Beteiligung kann zwar durch das Teileinkünfteverfahren bei einem persönlichen Einkommensteuersatz von unter 41,67% gegenüber einer Besteuerung der Dividenden nach dem Konzept der Abgeltungsteuer eine Reduzierung der Einkommensteuer des Gesellschafters erreicht werden. Diese Entlastung der Besteuerung von Dividenden reicht nicht aus, damit die Eigenfinanzierung gegenüber der Fremdfinanzierung vorteilhaft wird. Die Vorbelastung auf Ebene der Kapitalgesellschaft (= Nachteil Eigenfinanzierung) ist so groß, dass sich die Vorteilhaftigkeitsreihenfolge nicht umkehrt:

Einkommensteuersatz des Kapitalgebers	Gesamtsteuerbelastung Eigenfinanzierung	Gesamtsteuerbelastung Fremdfinanzierung	Vorteil der Fremdfinanzierung
0,00%	29,83	4,75	25,07
10,00%	34,27	14,80	19,47
20,00%	38,71	24,85	13,86
25,00%	40,93	29,87	11,06
30,00%	43,15	29,87	13,28
40,00%	47,59	29,87	17,72
41,67%	48,33	29,87	18,46
45,00%	48,33	29,87	18,46

321 Aus dem Nebeneinander von dem Wahlrecht zur Besteuerung von Dividenden nach dem Teileinkünfteverfahren (vorteilhaft bei einem Einkommensteuersatz von bis zu 41,67%) und der Günstigerprüfung bei der Abgeltungsteuer (bis zu einem Einkommensteuersatz von 25%) ergibt sich folgende Fallunterscheidung:

- Fall a) Einkommensteuersatz des Kapitalgebers unter 25%
- Fall b) Einkommensteuersatz des Kapitalgebers zwischen 25% und 41,66%
- Fall c) Einkommensteuersatz des Kapitalgebers zwischen 41,67% und 45,00%.

Fall a) Einkommensteuersatz des Kapitalgebers unter 25% **322**

Die Besteuerung auf Ebene der Kapitalgesellschaft ist unabhängig davon, wie der Kapitalgeber die Dividenden bzw Zinsen zu versteuern hat. Bei einer unternehmerisch beteiligten natürlichen Person, die sich für die Anwendung des Teileinkünfteverfahrens entschieden hat, unterliegen die Dividenden zu 60% dem persönlichen Einkommensteuersatz (Normaltarif). Im Rahmen der Günstigerprüfung unterliegen auch die Zinsen dem persönlichen Einkommensteuersatz, sofern der persönliche Einkommensteuersatz des Kapitalgebers unter 25% liegt. Die folgende Berechnung zeigt, dass die Eigenfinanzierung generell höher belastet wird als die Fremdfinanzierung:

<table>
<tr><td>Gesamtsteuerbelastung Eigenfinanzierung
(Teileinkünfteverfahren)</td><td>></td><td>Gesamtsteuerbelastung Fremdfinanzierung
(Günstigerprüfung)</td></tr>
<tr><td>$s_{KapGes} + \mathbf{60\%} \times (1 - s_{KapGes}) \times \mathbf{s_{ESt}} \times (1 + s_{SolZ})$</td><td>></td><td>$s_{GewStFK\text{-}Hinzu}$
$+ (1 - s_{GewStFK\text{-}Hinzu}) \times \mathbf{s_{ESt}} \times (1 + s_{SolZ})$</td></tr>
<tr><td colspan="3">Diese Ungleichung ist auch in dem Fall erfüllt, der für die Eigenfinanzierung die günstigsten Rahmenbedingungen darstellt: Gewerbesteuerhebesatz von 200% (Untergrenze) und Einkommensteuersatz 25% (Obergrenze). Bei einem Körperschaftsteuersatz von 15% und einem Solidaritätszuschlagsatz von 5,5% gilt</td></tr>
<tr><td>22,825%
+ 60%×(1–22,825%)×25%×(1+5,5%)</td><td>></td><td>2,2173%
+ (1–2,2173%)×25%×(1+5,5%)</td></tr>
<tr><td>35,04%</td><td>></td><td>28,00%</td></tr>
</table>

Eine Erhöhung des Gewerbesteuerhebesatzes über den Mindesthebesatz von 200% (§ 16 Abs. 4 GewStG) hinaus bzw ein Absinken des Einkommensteuersatzes unter den oberen Grenzwert des Falls a) von 25% erhöht – relativ betrachtet – die Vorteile der Fremdfinanzierung.

Fall b) Einkommensteuersatz des Kapitalgebers zwischen 25% und 41,66% **323**

Gegenüber dem Fall a) ergeben sich bei der Eigenfinanzierung keine Abweichungen. Dividenden werden zu 60% mit dem persönlichen Einkommensteuersatz des Gesellschafters besteuert. Bei der Fremdfinanzierung werden die Zinsen nunmehr der 25%igen Abgeltungsteuer unterworfen (nicht mehr dem persönlichen Einkommensteuersatz):

<table>
<tr><td>Gesamtsteuerbelastung Eigenfinanzierung
(Teileinkünfteverfahren)</td><td>></td><td>Gesamtsteuerbelastung Fremdfinanzierung
(Abgeltungsteuer)</td></tr>
<tr><td>$s_{KapGes} + \mathbf{60\%} \times (1 - s_{KapGes}) \times \mathbf{s_{ESt}} \times (1 + s_{SolZ})$</td><td>></td><td>$s_{GewStFK\text{-}Hinzu}$
$+ (1 - s_{GewStFK\text{-}Hinzu}) \times s_{AbgSt} \times (1 + s_{SolZ})$</td></tr>
<tr><td colspan="3">Diese Ungleichung ist auch in dem Fall erfüllt, der für die Eigenfinanzierung die günstigste Rahmenbedingung darstellt: Gewerbesteuerhebesatz von 200% (Untergrenze) und Einkommensteuersatz 25% (Untergrenze). Bei einem Körperschaftsteuersatz von 15% und einem Solidaritätszuschlagsatz von 5,5% gilt</td></tr>
<tr><td>22,825%
+ 60%×(1–22,825%)×25%×(1+5,5%)</td><td>></td><td>2,2173% + (1–2,2173%)×25%×(1+5,5%)</td></tr>
<tr><td>35,04%</td><td>></td><td>28,00%</td></tr>
</table>

Eine Erhöhung des Gewerbesteuerhebesatzes über den Mindesthebesatz von 200% (§ 16 Abs. 4 GewStG) hinaus bzw eine Erhöhung des Einkommensteuersatzes über die im Fall b) geltende Untergrenze erhöht – relativ betrachtet – die Vorteile der Fremdfinanzierung. Im Vergleich zum Fall a) erhöht sich der Vorteil der Fremdfinanzierung gegenüber der Eigenfinanzierung.

324 *Fall c) Einkommensteuersatz des Kapitalgebers zwischen 41,67% und 45,00%*

Da sich für einen unternehmerisch beteiligten Gesellschafter ab einem Einkommensteuersatz von 41,67% die Entscheidung für die Besteuerung der Dividenden nach dem Teileinkünfteverfahren nicht empfiehlt, gelten die gleichen Aussagen wie für nichtunternehmerisch Beteiligte.[10] Sowohl die Dividenden als auch die Zinsen unterliegen der 25%igen Abgeltungsteuer:

Gesamtsteuerbelastung Eigenfinanzierung **(Abgeltungsteuer)**	>	Gesamtsteuerbelastung Fremdfinanzierung **(Abgeltungsteuer)**
$s_{KapGes} + (1-s_{KapGes}) \times s_{AbgSt} \times (1+s_{SolZ})$	>	$s_{GewStFK\text{-}Hinzu} + (1-s_{GewStFK\text{-}Hinzu}) \times s_{AbgSt} \times (1+s_{SolZ})$
$s_{KapGes} \times (1-s_{AbgSt} \times [1+s_{SolZ}]) + s_{AbgSt} \times (1+s_{SolZ})$	>	$s_{GewStFK\text{-}Hinzu} \times (1-s_{AbgSt} \times [1+s_{SolZ}]) + s_{AbgSt} \times (1+s_{SolZ})$
$s_{KapGes} \times (1-s_{AbgSt} \times [1+s_{SolZ}])$	>	$s_{GewStFK\text{-}Hinzu} \times (1-s_{AbgSt} \times [1+s_{SolZ}])$
s_{KapGes}	>	$s_{GewStFK\text{-}Hinzu}$
Diese Ungleichung ist auch bei einem Gewerbesteuerhebesatz von 200% erfüllt, der für die Eigenfinanzierung die günstigste Rahmenbedingung darstellt. Bei einem Körperschaftsteuersatz von 15% und einem Solidaritätszuschlagsatz von 5,5% gilt		
22,825%	>	2,2173%

D. Besonderheiten bei der Finanzierung durch eine natürliche Person (Betriebsvermögen)

325 Befinden sich die Anteile an einer Kapitalgesellschaft im Betriebsvermögen einer natürlichen Person, sind Dividenden unabhängig von der Quote, mit der der Gesellschafter an der Kapitalgesellschaft beteiligt ist, nach dem Teileinkünfteverfahren zu besteuern. Dies bedeutet, dass 60% der Gewinnausschüttungen der Kapitalgesellschaft auf Ebene des Anteilseigners der Einkommensteuer nach dem Normaltarif unterliegen. Auf Ebene des Anteilseigners gehen die Gewinnausschüttungen dann nicht in den Gewerbeertrag ein, wenn er zu mindestens 15% an der Kapitalgesellschaft beteiligt ist (gewerbesteuerliches Schachtelprivileg nach § 9 Nr 2a iVm § 8 Nr 5 GewStG). Die Besteuerung der Dividenden stimmt mit der Situation überein, in der die Anteile dem Privatvermögen zugeordnet werden und das Konzept der Abgeltungsteuer nicht zur Anwendung kommt (unternehmerische Beteiligung einer natürlichen

10 Die Rückwirkungen der Option zur Besteuerung von Dividenden nach dem Teileinkünfteverfahren auf den Abzug von Werbungskosten werden nicht betrachtet.

Person und Ausübung des Wahlrechts zur Besteuerung nach dem Teileinkünfteverfahren).

Gehört die Darlehensforderung zum Betriebsvermögen einer natürlichen Person, unterliegen die Zinsen bei der Fremdfinanzierung auf Ebene des Kapitalgebers nach der Regelbesteuerung der Einkommensteuer und der Gewerbesteuer. Die Zinsen werden den Einkünften aus Gewerbebetrieb zugerechnet (Subsidiaritätsklausel, § 20 Abs. 8 EStG). Damit kommt die Abgeltungsteuer nicht zur Anwendung, da dieser Sondersteuersatz nur für Einkünfte aus Kapitalvermögen gewährt wird (§ 32d Abs. 1 S. 1 EStG). Deshalb unterliegen die Zinsen der Einkommensteuer nach dem Normaltarif (§ 32a EStG). Die Zinsen gehen auch in den Gewerbeertrag ein. Sie sind in der Ausgangsgröße zur Berechnung der Gewerbesteuer (§ 7 GewStG) enthalten und es existiert für Zinseinnahmen keine Kürzungsvorschrift. Allerdings wird die Gewerbesteuerbelastung auf Ebene des Darlehensgebers durch die Steuerermäßigung nach § 35 EStG weitgehend kompensiert. 326

Bei einem Einkommensteuersatz von 45% und einem Gewerbesteuerhebesatz von 400% führen die gegenläufigen Effekte in einer Gesamtbetrachtung dazu, dass sich die Eigenfinanzierung um 0,13 Prozentpunkte (= 49,81 gegenüber 49,94) besserstellt: 327

		Eigenkapital (1)	**Fremdkapital (2)**	**Differenz (3) = (2) – (1)**
	Gewinn der Kapitalgesellschaft	100,00	100,00	± 0,00
–	von der Kapitalgesellschaft gezahlte Zinsen	–.–	95,25	
=	Gewinn nach Zinsen	100,00	4,75	
–	Gewerbesteuer (Hebesatz zB 400%) bei Fremdfinanzierung unter Berücksichtigung der Hinzurechnung nach § 8 Nr 1 Buchst. a GewStG = (Gewinn nach Zinsen + 25%×Zinsen) × s_{GewSt} = (Gewinn nach Zinsen + 25%×Zinsen) × 14%	14,00	4,00	
–	Körperschaftsteuer (15% des Gewinns nach Zinsen)	15,00	0,71	
–	Solidaritätszuschlag (5,5% der Körperschaftsteuer)	0,83	0,04	
=	Dividende	70,17	0,00	
Steuern der Kapitalgesellschaft		29,83	4,75	– 25,07
	Dividende/Zinsen davon steuerpflichtig (60% bzw 100%)	70,17 42,10	95,25 95,25	

	Eigen-kapital (1)	**Fremd-kapital (2)**	**Differenz (3) = (2) – (1)**
– Gewerbesteuer (Hebesatz zB 400%) = (steuerpflichtige Einkünfte – Kürzung des steuerpflichtigen Teils der Dividenden)×s_{GewSt} = (42,10–42,10)×14% bzw (95,25–0,00)×14%	–.–	13,34	
– tarifliche Einkommensteuer (45% des steuerpflichtigen Teils der Dividenden bzw 45% der Zinsen)	18,95	42,86	
+ Steuerermäßigung nach § 35 EStG = (steuerpflichtige Einkünfte – Kürzung des steuerpflichtigen Teils der Dividenden) ×3,5%×3,8	–.–	12,67	
– Solidaritätszuschlag (5,5% der festgesetzten Einkommensteuer = 5,5% der tariflichen Einkommensteuer vermindert um die Steuerermäßigung nach § 35 EStG) = 18,95×5,5% bzw (42,86–12,67)×5,5%	1,04	1,66	
= Einkünfte nach Steuern	50,19	50,06	
Steuern des Gesellschafters/Kreditgebers	19,99	45,19	+ 25,20
Gesamtsteuerbelastung	**49,81**	**49,94**	**+ 0,13**

Abb. 5.6: Vergleich von Eigen- und Fremdfinanzierung (natürliche Person, Anteile im Betriebsvermögen)

328 Ordnet der Kapitalgeber die Anteile an der Kapitalgesellschaft (Eigenfinanzierung) und die Anleihe bzw die Darlehensforderung (Fremdfinanzierung) ertragsteuerlich seinem Betriebsvermögen zu, kann hinsichtlich der Vorteilhaftigkeit der beiden Formen der Außenfinanzierung keine allgemeingültige Aussage getroffen werden:

Gesamtsteuerbelastung Eigenfinanzierung **(Teileinkünfteverfahren, keine Gewerbesteuer auf Anteilseignerebene)**	>	Gesamtsteuerbelastung Fremdfinanzierung **(Regelbesteuerung, einschließlich Gewerbesteuer)**
$s_{KapGes} + 60\% \times (1 - s_{KapGes}) \times s_{ESt} \times (1 + s_{SolZ})$	>	$s_{GewStFK\text{-}Hinzu} + (1 - s_{GewStFK\text{-}Hinzu}) \times (s_{GewSt} + [s_{ESt} - s_{\S\ 35EStG}] \times [1 + s_{SolZ}])$

Die **Vorteilhaftigkeitsreihenfolge** zwischen den beiden Grundformen der Außenfinanzierung einer Kapitalgesellschaft hängt im Wesentlichen von **drei Faktoren** ab. Die Eigenfinanzierung ist im Vergleich zur Fremdfinanzierung umso günstiger,

- je höher der Einkommensteuersatz des Kapitalgebers ist,
- je niedriger der Gewerbesteuerhebesatz auf Ebene der Kapitalgesellschaft ist und

- je höher der Gewerbesteuerhebesatz auf Ebene des Kapitalgebers ist (sofern Hebesatz mindestens 401%).

(1) Zum Einkommensteuersatz des Kapitalgebers: Ein Anstieg des Einkommensteuersatzes führt dazu, dass sich die Fremdfinanzierung verschlechtert, weil Zinsen in vollem Umfang einkommensteuerpflichtig sind, während bei der Eigenfinanzierung Dividenden aufgrund des Teileinkünfteverfahrens nur zu 60% besteuert werden. Zusätzlich ist zu berücksichtigen, dass bei einer Eigenfinanzierung die Gewinne auf Ebene der Kapitalgesellschaft der Körperschaftsteuer unterliegen, während bei einer Fremdfinanzierung die Zinsen auf Ebene der Kapitalgesellschaft von der Bemessungsgrundlage der Körperschaftsteuer abziehbar sind. Betrachtet man nur die Einkommen- und Körperschaftsteuer sowie den Solidaritätszuschlag, ist die Eigenfinanzierung vorteilhaft, wenn der Einkommensteuersatz des Kapitalgebers höher als 30,31% ist. Ist der Einkommensteuersatz niedriger, ist insoweit die Fremdfinanzierung geringer belastet: **329**

Steuerbelastung (nur KSt, ESt, SolZ) Eigenfinanzierung	>	Steuerbelastung (nur KSt, ESt, SolZ) Fremdfinanzierung
$s_{KSt} \times (1+s_{SolZ})$ $+ 60\% \times (1-s_{KSt} \times [1+s_{SolZ}]) \times s_{ESt} \times (1+s_{SolZ})$	>	$s_{ESt} \times (1+s_{SolZ})$
$s_{KSt} + 60\% \times (1-s_{KSt} \times [1+s_{SolZ}]) \times s_{ESt}$	>	s_{ESt}
bei einem Körperschaftsteuersatz von 15% und einem Solidaritätszuschlagsatz von 5,5% gilt		
$15\% + 60\% \times (1-15\% \times [1+5{,}5\%]) \times s_{ESt}$	>	s_{ESt}
$15\% + 0{,}50505 \times s_{ESt}$	>	s_{ESt}
0,3031	>	s_{ESt}
30,31%	>	s_{ESt}

(2) Zum Gewerbesteuerhebesatz auf Ebene der Kapitalgesellschaft: Je höher der Gewerbesteuerhebesatz auf Ebene der Kapitalgesellschaft ist, umso ungünstiger stellt sich die Eigenfinanzierung. Bei der Eigenfinanzierung gehen die Gewinne in vollem Umfang in den Gewerbeertrag der Kapitalgesellschaft ein. Bei einer Fremdfinanzierung werden die Zinsen nur zu einem Viertel mit Gewerbesteuer belastet (voller Abzug bei der Ausgangsgröße, 25%ige Hinzurechnung nach § 8 Nr 1 Buchst. a GewStG). **330**

(3) Zum Gewerbesteuerhebesatz auf Ebene des Kapitalgebers: Bei der Eigenfinanzierung fällt auf Ebene des Kapitalgebers keine Gewerbesteuer an, sofern er zu mindestens 15% an der Kapitalgesellschaft beteiligt ist (gewerbesteuerliches Schachtelprivileg, § 9 Nr 2a iVm § 8 Nr 5 GewStG). Bei der Fremdfinanzierung wird der Einbezug der Zinseinnahmen in den Gewerbeertrag des Kapitalgebers zwar weitgehend durch die Steuerermäßigung nach § 35 EStG kompensiert. Liegt der für den Kapitalgeber maßgebende Gewerbesteuerhebesatz bei mindestens 401%, verbleibt dennoch eine Gewerbesteuerbelastung: **331**

$s_{GewSt} - s_{\S\,35EStG} \times (1+s_{SolZ})$	>	0
3,5%×Hebesatz – 3,5%×3,80×(1+5,5%)	>	0
Hebesatz – 3,80×(1+5,5%)	>	0
Hebesatz	>	400,90%

332 Liegt der Hebesatz der Gewerbesteuer über 400,9%, dh bei mindestens 401%, ergibt sich per Saldo für die Fremdfinanzierung eine Mehrbelastung. Diese fällt umso höher aus, je höher der Gewerbesteuerhebesatz auf Ebene des Kapitalgebers ist.

333 Liegt der Gewerbesteuerhebesatz auf Ebene des Kapitalgebers unter 401%, ist die effektive Gewerbesteuerbelastung auf die Zinsen negativ, dh die Fremdfinanzierung wird insoweit auf Ebene des Kapitalgebers gegenüber der Eigenfinanzierung geringfügig begünstigt:[11]

- Der Vorteil der Fremdfinanzierung fällt bei einem Hebesatz von 380% am höchsten aus. Bei einem Hebesatz zwischen 200% und 380% ist die Steuerermäßigung nach § 35 EStG auf die gezahlte Gewerbesteuer begrenzt, sodass sich lediglich über den Folgeeffekt beim Solidaritätszuschlag eine Entlastung ergibt (= 3,5% × Hebesatz × 5,5%). Bei Hebesätzen zwischen 200% und 380% macht sich dieser positive Folgeeffekt auf den Solidaritätszuschlag umso stärker bemerkbar, je mehr sich der Hebesatz 380% annähert.
- Bei einem Gewerbesteuerhebesatz von 380% oder mehr ist die Steuerermäßigung nach § 35 EStG auf das 3,8fache des Steuermessbetrags begrenzt. Dies bedeutet, dass der Anstieg des Gewerbesteuerhebesatzes auf Ebene des Kapitalgebers nicht mehr durch eine gegenläufige Erhöhung der Steuerermäßigung nach § 35 EStG neutralisiert wird. Bei der Fremdfinanzierung wird damit die Gewerbesteuerbelastung der Zinsen auf Ebene des Darlehensgebers bei einem Anstieg des Gewerbesteuerhebesatzes über den Grenzwert von 380% hinaus nicht mehr vollständig kompensiert. Bei einem Hebesatz von bis zu 400% verbleibt über den Folgeeffekt beim Solidaritätszuschlag für die Zinsen (= 3,5% × 3,8 × 5,5%) eine geringfügig negative Gewerbesteuerbelastung, sodass insoweit ein kleiner Vorteil zugunsten der Fremdfinanzierung eintritt.

334 Vom Gewerbesteuerhebesatz auf Ebene des Kapitalgebers geht der geringste Einfluss aus. Deshalb wird vereinfachend davon ausgegangen, dass für die Kapitalgesellschaft und den Kapitalgeber der gleiche Hebesatz gilt. In Abhängigkeit vom (für beide Betrachtungsebenen identischen) Gewerbesteuerhebesatz und dem Einkommensteuersatz des Kapitalgebers gelten für den Vergleich zwischen der Eigenfinanzierung und der Fremdfinanzierung folgende Belastungen:

11 Zur „effektiven" Gewerbesteuerbelastung siehe ausführlich Siebter Teil, Zweiter Abschnitt, Kapitel C., Rn. 491.

Einkommensteuersatz		Gewerbesteuerhebesatz 200%		300%		380%		400%		450%		500%	
		EK	**FK**	**EK**	**FK**	**EK**	**FK**	**EK**	**FK**	**EK**	**FK**	**EK**	**FK**
	0%	22,83	2,22	26,33	3,44	29,13	4,48	29,83	4,75	31,58	5,44	33,33	6,16
		– 20,61		– 22,88		– 24,64		– 25,07		– 26,13		– 27,17	
	10%	27,71	12,53	30,99	13,63	33,61	14,56	34,27	14,80	35,91	15,42	37,55	16,06
		– 15,18		– 17,36		– 19,05		– 19,47		– 20,49		– 21,49	
	20%	32,60	22,47	35,65	23,26	38,10	23,94	38,71	24,82	40,24	27,02	41,77	29,21
		– 10,12		– 12,40		– 14,16		– 13,89		– 13,22		– 12,55	
	25%	35,04	27,63	37,98	28,35	40,35	28,98	40,93	29,84	42,40	32,01	43,88	34,16
		– 7,41		– 9,63		– 11,37		– 11,09		– 10,40		– 9,71	
	30%	37,48	32,79	40,32	33,44	42,58	34,01	43,15	34,87	44,57	36,99	45,99	39,11
		– 4,69		– 6,87		– 8,57		– 8,28		– 7,57		– 6,87	
	40%	42,37	43,10	44,98	43,63	47,07	44,09	47,59	44,92	48,90	46,97	50,21	49,01
		+ 0,74		– 1,35		– 2,98		– 2,68		– 1,93		– 1,19	
	42%	43,34	45,17	45,91	45,67	47,97	46,10	48,48	46,93	49,77	48,97	51,05	50,99
		+ 1,83		– 0,24		– 1,86		– 1,56		– 0,80		– 0,06	
	45%	44,81	47,75	47,31	48,72	49,31	49,13	49,81	49,94	51,07	51,96	52,32	53,96
		+ 2,94		+ 1,41		– 0,18		+ 0,13		+ 0,89		+ 1,65	
Eigenkapital ab einem Einkommensteuersatz von … % vorteilhaft (durch eine graue Schattierung hervorgehoben)													
		38,64		42,45		45,33 (nicht möglich)		44,78		43,42		42,11	

Abb. 5.7: Eigen- und Fremdfinanzierung bei Variation des Einkommensteuersatzes und des Gewerbesteuerhebesatzes (natürliche Person, Anteile im Betriebsvermögen)[12]

Wird die Differenz der Steuerbelastungen bei den beiden Finanzierungsalternativen gebildet, wird deutlich, dass sich die Fremdfinanzierung insbesondere dann anbietet, wenn der Einkommensteuersatz des Kapitalgebers niedrig (Tabelle von oben nach unten gelesen) und der Gewerbesteuerhebesatz hoch ist (Tabelle von links nach rechts gelesen).

E. Besonderheiten bei der Finanzierung durch eine juristische Person (Beteiligung mindestens 10%)

Die Einkünfte einer Kapitalgesellschaft bilden immer Einkünfte aus Gewerbebetrieb **335**
(§ 8 Abs. 2 KStG). Deshalb sind die Anteile an der Kapitalgesellschaft sowie die Anleihe bzw Darlehensforderung auf Ebene des Kapitalgebers generell dem Betriebsvermögen zuzuordnen.

12 Bei einem Einkommensteuersatz von 0% bzw 10% wurde angenommen, dass aufgrund des Freibetrags nach § 11 Abs. 1 GewStG von 24 500 € keine Gewerbesteuer anfällt. Damit entfaltet auch die Steuerermäßigung nach § 35 EStG keine Wirkung.

Bei der Besteuerung von Dividenden, die einer juristischen Person (insbesondere Kapitalgesellschaften) zufließen, ist aber danach zu differenzieren, wie hoch die Beteiligung der finanzierenden Kapitalgesellschaft an der kapitalaufnehmenden Kapitalgesellschaft ist. Bei einer Beteiligung von mindestens 10% bleiben die Dividenden außer Ansatz (Dividendenfreistellung nach § 8b Abs. 1 KStG). Liegt die Beteiligung unter 10%, sind die Dividenden in vollem Umfang steuerpflichtig (§ 8b Abs. 4 KStG). In diesem Kapitel wird von einer Beteiligung von mindestens 10% ausgegangen. Im nachfolgenden Kapitel F. (Rn. 339) wird die Analyse für eine Beteiligung von unter 10% vorgenommen.

Wird eine Kapitalgesellschaft durch eine (andere) Kapitalgesellschaft finanziert, die eine Beteiligung von mindestens 10% hält, werden die beiden Finanzierungsalternativen insoweit gleich besteuert, als die Erträge sowohl mit Körperschaftsteuer als auch mit Gewerbesteuer belastet werden. Bei der Eigenfinanzierung fallen diese beiden Ertragsteuern auf die Gewinne an, die die Kapitalgesellschaft erzielt, welche die Kapitalerhöhung durchgeführt hat. Bei einer Fremdfinanzierung hat der Kapitalgeber (die finanzierende Kapitalgesellschaft) auf die Zinsen die Gewerbesteuer und die Körperschaftsteuer zu bezahlen. Sofern der Hebesatz bei der kapitalaufnehmenden Kapitalgesellschaft und der kapitalgebenden Kapitalgesellschaft übereinstimmen, ergibt sich im Grundsatz die gleiche Steuerbelastung.

336 Belastungsunterschiede resultieren allerdings aus Detailregelungen des deutschen Steuerrechts:

- Bei der Eigenfinanzierung unterliegen die Dividenden auf Ebene der kapitalgebenden Kapitalgesellschaft grundsätzlich nicht der Körperschaftsteuer (Dividendenfreistellung nach § 8b Abs. 1 KStG). Allerdings gelten 5% der empfangenen Dividenden als nicht abziehbare Betriebsausgabe (§ 8b Abs. 5 KStG). Der Umfang der Besteuerung der Dividenden mit Gewerbesteuer hängt von der Beteiligungshöhe des Kapitalgebers ab. (1) Ist der Kapitalgeber zu mindestens 15% an der kapitalaufnehmenden Gesellschaft beteiligt, kommt das gewerbesteuerliche Schachtelprivileg nach § 9 Nr 2a iVm § 8 Nr 5 GewStG zur Anwendung. Die Dividenden werden dann nicht nach § 8 Nr 5 GewStG hinzugerechnet und unterliegen somit nicht der Gewerbesteuer. Lediglich die nicht abziehbaren Betriebsausgaben von 5% der Dividenden erhöhen den Gewerbeertrag. Im Ergebnis kommt es im Umfang der nicht abziehbaren Betriebsausgaben zu einer Doppelbelastung mit Körperschaft- und Gewerbesteuer. (2) Ist der Gesellschafter zwar zu mindestens 10%, aber zu weniger als 15%, an der kapitalaufnehmenden Gesellschaft beteiligt, unterliegen die Dividenden nach § 8 Nr 5 GewStG in vollem Umfang der Gewerbesteuer. Im Ergebnis kommt es in diesem Fall zu einer Doppelbelastung der Dividende mit Körperschaftsteuer im Umfang der nicht abziehbaren Betriebsausgaben nach § 8b Abs. 5 KStG sowie zu einer Doppelbelastung der gesamten Dividende mit Gewerbesteuer.
- Bei der Fremdfinanzierung erhöht sich die Summe der zu zahlenden Steuern dadurch, dass Schuldzinsen bei der Ermittlung des Gewerbeertrags der kapitalaufnehmenden Kapitalgesellschaft aufgrund der Hinzurechnung nach § 8 Nr 1 Buchst. a GewStG nur zu 75% abziehbar sind. Insoweit entsteht per Saldo eine gewerbesteuerliche Mehrbelastung.

Bei einem Hebesatz der Gewerbesteuer von 400% ist die Steuerbelastung der Eigenfi- **337**
nanzierung mit 30,87 niedriger als bei einer Fremdfinanzierung (33,16). Aus den beiden Nebeneffekten resultiert also per Saldo für die Eigenfinanzierung ein Vorteil von 2,29 Prozentpunkten:

	Eigen-kapital (1)	**Fremd-kapital (2)**	**Differenz (3) = (2) – (1)**
Gewinn der kapitalaufnehmenden Kapitalgesellschaft	100,00	100,00	± 0,00
– von der kapitalaufnehmenden Kapitalgesellschaft gezahlte Zinsen	–.–	95,25	
= Gewinn nach Zinsen	100,00	4,75	
– Gewerbesteuer (Hebesatz zB 400%) bei Fremdfinanzierung unter Berücksichtigung der Hinzurechnung nach § 8 Nr 1 Buchst. a GewStG = (Gewinn nach Zinsen + 25%×Zinsen) × s_{GewSt} = (Gewinn nach Zinsen + 25%×Zinsen) × 14%	14,00	4,00	
– Körperschaftsteuer (15% des Gewinns nach Zinsen)	15,00	0,71	
– Solidaritätszuschlag (5,5% der Körperschaftsteuer)	0,83	0,04	
= Dividende	70,17	0,00	
Steuern der Kapitalgesellschaft	29,83	4,75	– 25,07
Dividende/Zinsen davon steuerpflichtig (5% bzw 100%)	70,17 3,51	95,25 95,25	
– Gewerbesteuer (Hebesatz zB 400%) = steuerpflichtige Einkünfte × s_{GewSt} = 3,51×14% bzw 95,25×14%	0,49	13,34	
– Körperschaftsteuer (15% der steuerpflichtigen Einkünfte)	0,53	14,29	
– Solidaritätszuschlag (5,5% der Körperschaftsteuer)	0,03	0,79	
= Einkünfte nach Steuern	69,13	66,84	
Steuern des Gesellschafters/Kreditgebers	1,05	28,41	+ 27,36
Gesamtsteuerbelastung	**30,87**	**33,16**	**+ 2,29**

Abb. 5.8: Vergleich von Eigen- und Fremdfinanzierung (juristische Person, Beteiligung mindestens 10%)

338 Geht man davon aus, dass für beide Kapitalgesellschaften der gleiche Gewerbesteuerhebesatz gilt, ist die Fremdfinanzierung nur solange vorteilhaft, bis der Hebesatz unter 89% liegt. Da der Hebesatz bei der Gewerbesteuer von der Gemeinde auf mindestens 200% festzusetzen ist (§ 16 Abs. 4 GewStG), ist diese Bedingung nie erfüllt. Finanziert eine Kapitalgesellschaft eine andere Kapitalgesellschaft, ist also die Eigenfinanzierung generell vorteilhaft. Die Einordnung von 5% der Dividenden in nichtabziehbare Betriebsausgaben (Eigenfinanzierung) wirkt etwas weniger stark belastungserhöhend als die 25%ige Hinzurechnung der Fremdkapitalzinsen (Fremdfinanzierung):

Gesamtsteuerbelastung Eigenfinanzierung	<	Gesamtsteuerbelastung Fremdfinanzierung
$s_{KapGes} + (1-s_{KapGes})\times 5\%\times s_{KapGes}$	<	$s_{GewStFK\text{-}Hinzu} + (1-s_{GewStFK\text{-}Hinzu})\times s_{KapGes}$
Diese Ungleichung ist auch bei einem Gewerbesteuerhebesatz von 200% erfüllt, der für die Fremdfinanzierung die günstigste Rahmenbedingung darstellt. Bei einem Körperschaftsteuersatz von 15% und einem Solidaritätszuschlagsatz von 5,5% gilt		
22,825% + (1–22,825%)×5%×22,825%	<	2,2173% + (1–2,2173%)×22,825%
23,71%	<	24,54%

F. Besonderheiten bei der Finanzierung durch eine juristische Person (Beteiligung unter 10%)

339 Ist die finanzierende Kapitalgesellschaft an der kapitalaufnehmenden Kapitalgesellschaft zu weniger als 10% beteiligt, wird die Dividendenfreistellung nicht gewährt. Damit sind die Dividenden auf Ebene der finanzierenden Kapitalgesellschaft in vollem Umfang steuerpflichtig. Dies gilt sowohl für die Körperschaftsteuer (§ 8b Abs. 4 KStG) als auch für die Gewerbesteuer (§ 7 S. 1 GewStG).[13] Daraus folgt, dass in dieser Konstellation die Eigenfinanzierung eindeutig von Nachteil ist:

- Auf Ebene der kapitalaufnehmenden Kapitalgesellschaft besteht der Vorteil der Fremdfinanzierung darin, dass die Zinsen die Bemessungsgrundlage der Körperschaftsteuer in vollem Umfang und die der Gewerbesteuer zu 75% mindern. Bei einer Eigenfinanzierung sind die Gewinne der kapitalaufnehmenden Kapitalgesellschaft in vollem Umfang steuerpflichtig. Die an den Gesellschafter gezahlten Dividenden mindern die zu versteuernden Einkünfte nicht.
- Auf Ebene der kapitalgebenden Kapitalgesellschaft unterliegen sowohl die Dividenden als auch die Zinsen in vollen Umfang der Körperschaftsteuer und der Gewerbesteuer. Unterschiede ergeben sich nur dadurch, dass die Dividenden mit 70,17 deutlich geringer ausfallen als die Zinsen (= 95,25).

340 Bei einer Beteiligung von unter 10% führt die volle Besteuerung der Dividenden dazu, dass bei der **Eigenfinanzierung** eine (systemwidrige) **Doppelbelastung** entsteht.

13 Da die Beteiligung unter 10% liegt, kommt das gewerbesteuerliche Schachtelprivileg nicht zur Anwendung. Die Kürzung nach § 9 Nr 2a GewStG setzt eine Beteiligung von mindestens 15% voraus.

Dieser Nachteil besteht sowohl bei der Körperschaftsteuer als auch bei der Gewerbesteuer. Die Belastung der Fremdfinanzierung durch die 25%ige Hinzurechnung von Zinsen fällt deutlich geringer aus als der erhebliche Nachteil der Eigenfinanzierung bei Nichtgewährung der Dividendenfreistellung. Bei einem Hebesatz der Gewerbesteuer von 400% ist die Steuerbelastung der Eigenfinanzierung mit 50,75 um 17,59 Prozentpunkte höher ist als bei einer Fremdfinanzierung (= 33,16):

	Eigenkapital (1)	**Fremdkapital (2)**	**Differenz (3) = (2) – (1)**
Gewinn der kapitalaufnehmenden Kapitalgesellschaft	100,00	100,00	± 0,00
– von der kapitalaufnehmenden Kapitalgesellschaft gezahlte Zinsen	–.–	95,25	
= Gewinn nach Zinsen	100,00	4,75	
– Gewerbesteuer (Hebesatz zB 400%) bei Fremdfinanzierung unter Berücksichtigung der Hinzurechnung nach § 8 Nr 1 Buchst. a GewStG = (Gewinn nach Zinsen + 25%×Zinsen) × s_{GewSt} = (Gewinn nach Zinsen + 25%×Zinsen) × 14%	14,00	4,00	
– Körperschaftsteuer (15% des Gewinns nach Zinsen)	15,00	0,71	
– Solidaritätszuschlag (5,5% der Körperschaftsteuer)	0,83	0,04	
= Dividende	70,17	0,00	
Steuern der Kapitalgesellschaft	29,83	4,75	– 25,07
Dividende/Zinsen davon steuerpflichtig (100% bzw 100%)	70,17 70,17	95,25 95,25	
– Gewerbesteuer (Hebesatz zB 400%) = steuerpflichtige Einkünfte × s_{GewSt} = 70,17×14% bzw 95,25×14%	9,82	13,34	
– Körperschaftsteuer (15% der steuerpflichtigen Einkünfte)	10,53	14,29	
– Solidaritätszuschlag (5,5% der Körperschaftsteuer)	0,58	0,79	
= Einkünfte nach Steuern	49,25	66,84	
Steuern des Gesellschafters/Kreditgebers	20,93	28,41	+ 7,48
Gesamtsteuerbelastung	**50,75**	**33,16**	**– 17,59**

Abb. 5.9: Vergleich von Eigen- und Fremdfinanzierung (juristische Person, Beteiligung unter 10%)

G. Besonderheiten bei der Finanzierung durch eine steuerbefreite (gemeinnützige) Organisation

341 Handelt es sich bei dem Kapitalgeber um eine gemeinnützige Organisation, die sowohl von der Gewerbesteuer als auch von der Körperschaftsteuer befreit ist (zB gemeinnützige Stiftung, § 3 Nr 6 GewStG, § 5 Nr 9 KStG), ist die Fremdfinanzierung eindeutig der Eigenfinanzierung vorzuziehen. Bei einer Eigenfinanzierung fällt auf Ebene der kapitalaufnehmenden Kapitalgesellschaft Gewerbesteuer und Körperschaftsteuer zuzüglich Solidaritätszuschlag an, während bei einer Fremdfinanzierung die Belastung auf die 25%ige Hinzurechnung der Zinsen zum Gewerbeertrag begrenzt werden kann. Da auf Ebene des Kapitalgebers aufgrund der persönlichen Steuerbefreiung keine Ertragsteuern anfallen,[14] leitet sich der Gesamteffekt aus den Ertragsteuern ab, die auf Ebene der kapitalaufnehmenden Kapitalgesellschaft anfallen. Bei einem Hebesatz von 400% ist die Eigenfinanzierung um 25,07 Prozentpunkte höher belastet als die Fremdfinanzierung (= 29,83 – 4,75).

		Eigenkapital (1)	**Fremdkapital (2)**	**Differenz (3) = (2) – (1)**
	Gewinn der Kapitalgesellschaft	100,00	100,00	± 0,00
–	von der Kapitalgesellschaft gezahlte Zinsen	–.–	95,25	
=	Gewinn nach Zinsen	100,00	4,75	
–	Gewerbesteuer (Hebesatz zB 400%) bei Fremdfinanzierung unter Berücksichtigung der Hinzurechnung nach § 8 Nr 1 Buchst. a GewStG = (Gewinn nach Zinsen + 25%×Zinsen) × s_{GewSt} = (Gewinn nach Zinsen + 25%×Zinsen) × 14%	14,00	4,00	
–	Körperschaftsteuer (15% des Gewinns nach Zinsen)	15,00	0,71	
–	Solidaritätszuschlag (5,5% der Körperschaftsteuer)	0,83	0,04	
=	Dividende	70,17	0,00	
Steuern der Kapitalgesellschaft		29,83	4,75	– 25,07
	Dividende/Zinsen davon steuerpflichtig	70,17 0,00	95,25 0,00	
–	Gewerbesteuer, Körperschaftsteuer und Solidaritätszuschlag: persönliche Steuerbefreiung	–.–	–.–	

14 Auf die Dividenden und Zinsen wird auch keine Kapitalertragsteuer erhoben (§ 44a Abs. 4, 8 EStG).

	Eigen-kapital (1)	**Fremd-kapital (2)**	**Differenz (3) = (2) – (1)**
= Einkünfte nach Steuern	70,17	95,25	
Steuern des Gesellschafters/Kreditgebers	0,00	0,00	± 0,00
Gesamtsteuerbelastung	**29,83**	**4,75**	**– 25,07**

Abb. 5.10: Vergleich von Eigen- und Fremdfinanzierung (steuerbefreite, gemeinnützige Organisation)

Da bei aufgrund ihrer Gemeinnützigkeit steuerbefreiten juristischen Personen weder auf Dividenden noch auf Zinsen Ertragsteuern anfallen, bestimmt sich die Gesamtsteuerbelastung ausschließlich nach den auf Ebene der kapitalaufnehmenden Kapitalgesellschaft erhobenen Steuern: 342

Gesamtsteuerbelastung Eigenfinanzierung	>	Gesamtsteuerbelastung Fremdfinanzierung
s_{KapGes}	>	$s_{GewStFK\text{-}Hinzu}$

H. Besonderheiten bei Gesellschafterdarlehen

Bei den bisherigen Untersuchungen wurde davon ausgegangen, dass der Darlehensgeber an der Kapitalgesellschaft nicht beteiligt ist. In diesem Kapitel wird diese Annahme aufgehoben. Es wird untersucht, welche Effekte sich ergeben, wenn der Darlehensgeber gleichzeitig an dem kapitalaufnehmenden Unternehmen beteiligt ist. Die Frage, ob sich durch ein Gesellschafterdarlehen die Steuerbelastung reduzieren lässt, stellt sich nur bei Kapitalgesellschaften, aber nicht bei Einzelunternehmen oder Personengesellschaften:[15] 343

- Bei **Einzelunternehmen** ist kein Gesellschafterdarlehen möglich, da zwischen dem Unternehmen und seinem Inhaber keine schuldrechtlichen Vertragsbeziehungen bestehen können. Sämtliche finanzielle Mittel, die der Inhaber zur Verfügung stellt, werden als Einlage angesehen. Damit hat der Inhaber nur die Möglichkeit der Eigenfinanzierung.
- Bei **Personengesellschaften** ist es zwar zivilrechtlich möglich, dass die Personengesellschaft mit ihrem Gesellschafter einen Darlehensvertrag abschließt. Aufgrund der Mitunternehmerkonzeption führen allerdings die Zinsen aus diesen Gesellschafterdarlehen zu Einkünften aus Gewerbebetrieb (§ 15 Abs. 1 S. 1 Nr 2 EStG). Damit unterliegen die Zinsen nach den bei Personengesellschaften geltenden Regeln der Besteuerung. Die Anwendung der Abgeltungsteuer auf diese Zinsen scheidet aus (§ 32d Abs. 1 iVm § 20 Abs. 8 EStG). Bei Personengesellschaf-

15 Zur Besteuerung von Gesellschaft-Gesellschafter-Verträgen siehe auch Dritter Teil, Siebter Abschnitt, Kapitel B. (für Geschäftsführungsverträge), Rn. 70.

ten wird also die Erhöhung des Kapitalkontos (Eigenfinanzierung) in gleicher Weise besteuert wie die Gewährung eines Gesellschafterdarlehens.

344

	Einkommen- und Körperschaftsteuer	**Gewerbesteuer**
Einzelunternehmen	keine Veränderung: schuldrechtlicher Vertrag zwischen einem Einzelunternehmen und seinem Inhaber nicht möglich (Einheitsprinzip) • Einkommensteuer (Normaltarif) • Gewerbesteuer, abgeschwächt durch Steuerermäßigung nach § 35 EStG	
Personengesellschaft	grundsätzlich keine Veränderung: Vergütung wird den Einkünften aus Gewerbebetrieb zugerechnet (Mitunternehmerkonzeption, § 15 Abs. 1 S. 1 Nr 2 EStG) • Einkommensteuer (Normaltarif) • Gewerbesteuer, abgeschwächt durch Steuerermäßigung nach § 35 EStG	
Kapitalgesellschaft	Trennungsprinzip • Einkommensteuer (Normaltarif, § 32d Abs. 2 Nr 1 Buchst. b EStG) • Hinzurechnung von einem Viertel der Zinsen (§ 8 Nr 1 Buchst. a GewStG)	
	± Einkommensteuer anstatt Nebeneinander von Körperschaftsteuer und Abgeltungsteuer (Entlastung, wenn $s_{ESt} < 36{,}04\%$) bzw ± Einkommensteuer anstatt Nebeneinander von Körperschaftsteuer und Teileinkünfteverfahren (Entlastung, wenn $s_{ESt} < 30{,}31\%$)	+ Reduzierung der Gewerbesteuer, soweit es nicht zu einer Hinzurechnung der Zinsen kommt
Legende:	+ Vorteil (Minderung der Gesamtsteuerbelastung) ± Auswirkung auf die Gesamtsteuerbelastung unbestimmt s_{ESt} Einkommensteuersatz	
Vergleichsbasis:	Leistungen werden auf gesellschaftsrechtlicher Grundlage erbracht (Ausschüttungsfall)	

Abb. 5.11: Besteuerung eines Gesellschafterdarlehens in Abhängigkeit von der Rechtsform des Unternehmens[16]

345 Das bei **Kapitalgesellschaften** geltende Trennungsprinzip führt zwar dazu, dass auf Ebene des Gesellschafters die Zinsen aus einem Gesellschafterdarlehen den Einkünften aus Kapitalvermögen zugeordnet werden. Dennoch unterliegen diese Zinsen unter

16 Bei der Einkommen- und Körperschaftsteuer sind zusätzlich die beiden Zuschlagsteuern zu berücksichtigen. Um die Übersichtlichkeit zu erhöhen, werden der Solidaritätszuschlag und die Kirchensteuer nicht getrennt ausgewiesen.

bestimmten Voraussetzungen dem Normaltarif der Einkommensteuer. Die Darlehen zwischen einer Kapitalgesellschaft und ihrem Anteilseigner werden dann aus dem Anwendungsbereich der Abgeltungsteuer ausgenommen, wenn der Anteilseigner an der Kapitalgesellschaft zu mindestens 10% beteiligt ist (§ 32d Abs. 2 Nr 1 Buchst. b EStG).[17]

		Eigen-kapital (1)	**Fremd-kapital (2)**	**Differenz (3) = (2) - (1)**
	Gewinn der Kapitalgesellschaft	100,00	100,00	± 0,00
–	von der Kapitalgesellschaft gezahlte Zinsen	–.–	95,25	
=	Gewinn nach Zinsen	100,00	4,75	
–	Gewerbesteuer (Hebesatz zB 400%) bei Fremdfinanzierung unter Berücksichtigung der Hinzurechnung nach § 8 Nr 1 Buchst. a GewStG = (Gewinn nach Zinsen + 25%×Zinsen) $\times s_{GewSt}$ = (Gewinn nach Zinsen + 25%×Zinsen) × 14%	14,00	4,00	
–	Körperschaftsteuer (15% des Gewinns nach Zinsen)	15,00	0,71	
–	Solidaritätszuschlag (5,5% der Körperschaftsteuer)	0,83	0,04	
=	Dividende	70,17	0,00	
Steuern der Kapitalgesellschaft		29,83	4,75	– 25,07
	Dividende/Zinsen	70,17	95,25	
–	Einkommensteuer (Abgeltungsteuer von 25% auf die Dividenden bzw Einkommensteuer nach dem Normaltarif auf die Zinsen von 45%)	17,54	42,86	
–	Solidaritätszuschlag (5,5% der Einkommensteuer)	0,96	2,36	
=	Einkünfte nach Steuern	51,67	50,03	
Steuern des Gesellschafters/Kreditgebers		18,50	45,22	+ 26,72
Gesamtsteuerbelastung		**48,33**	**49,97**	**+ 1,64**

Abb. 5.12: Vergleich von Eigen- und Fremdfinanzierung (natürliche Person, Gesellschafterdarlehen)

17 Das Darlehen darf auch nicht von einer Person gewährt werden, die im Verhältnis zum Gesellschafter der Kapitalgesellschaft als nahe stehende Person anzusehen ist (Beispiele: Ehegatten, Kinder). Diese Einschränkung bei nahe stehenden Personen gilt allerdings nur, wenn der Gesellschafter selbst zu mindestens 10% an der Kapitalgesellschaft beteiligt ist.

346 Hält der Anteilseigner einer Kapitalgesellschaft eine unternehmerische Beteiligung, kann er hinsichtlich der Besteuerung der **Dividenden** zwischen dem Teileinkünfteverfahren und der Abgeltungsteuer entscheiden (§ 32d Abs. 2 Nr 3 EStG). Die Ausübung des Wahlrechts zur Anwendung des Teileinkünfteverfahrens ist zu empfehlen, wenn der Anteilseigner einen persönlichen Steuersatz von unter 41,67% hat. Ab einem Einkommensteuersatz von 41,67% ist eine Besteuerung von Dividenden nach dem Konzept der Abgeltungsteuer mit einer geringeren Belastung verbunden als beim Teileinkünfteverfahren.[18]

347 Ist der darlehensgewährende Gesellschafter an der darlehensaufnehmenden Kapitalgesellschaft zu mindestens 10% beteiligt, werden die **Zinsen** aus einem Gesellschafterdarlehen vom Anwendungsbereich der Abgeltungsteuer ausgenommen. Dies bedeutet, dass der Gesellschafter die von der Kapitalgesellschaft gezahlten Zinsen nach dem Normaltarif der Einkommensteuer zu versteuern hat. Sofern die Anteile bzw die Darlehensforderung zum Privatvermögen des Gesellschafters gehören, weist die Eigenfinanzierung – wie in Abb. 5.12 gezeigt – bei einem Einkommensteuersatz von beispielsweise 45% einen Vorteil von 1,64 Prozentpunkten auf: 48,33 (Eigenfinanzierung: Abgeltungsteuer) im Vergleich zu 49,97 (Gesellschafterdarlehen: Normaltarif).

348 Der bei niedrigen Einkommensteuersätzen bestehende Nachteil der Eigenfinanzierung geht mit einer Erhöhung des Einkommensteuersatzes zurück. Dies gilt auch dann, wenn man bei der Eigenfinanzierung davon ausgeht, dass bei einem Einkommensteuersatz von höchstens 41,67% von der Abgeltungsteuer auf das Teileinkünfteverfahren übergegangen wird. Zu einer Umkehrung der Vorteilhaftigkeitsaussage kommt es allerdings erst ab einem persönlichen Steuersatz des Gesellschafters von 43,37%.[19]

Einkommensteuer-satz (1)	**Gesamtsteuer-belastung Eigen-finanzierung (2)**	**Gesamtsteuer-belastung Fremd-finanzierung (3)**	**Vorteil der Fremd-finanzierung (4) = (2) – (3)**
0,00%	29,83	4,75	25,07
10,00%	34,27	14,80	19,47
20,00%	38,71	24,85	13,86
25,00%	40,93	29,87	11,06
30,00%	43,15	34,90	8,25
40,00%	47,59	44,95	2,65
43,37%	48,33	48,33	± 0,00
45,00%	48,33	49,97	– 1,64

18 Zum Vergleich der Vorteilhaftigkeit von Abgeltungsteuer und Teileinkünfteverfahren siehe auch Kapitel C., Rn. 314.

19 Die Besteuerung der Zinsen nach dem Normaltarif anstelle nach dem Konzept der Abgeltungsteuer wirkt sich materiell nur dann aus, wenn der Einkommensteuersatz des Kapitalgebers über 25% liegt. Bei einem niedrigeren Einkommensteuersatz wird im Rahmen der Günstigerprüfung auch innerhalb des Konzepts der Abgeltungsteuer der persönliche Steuersatz angesetzt (§ 32d Abs. 6 EStG).

Die in der vorstehenden Tabelle ausgewiesenen Belastungsziffern gelten für einen Gewerbesteuerhebesatz von 400%. Ein Anstieg des Gewerbesteuerhebesatzes erhöht die Belastung der Eigenfinanzierung stärker als die beim Gesellschafterdarlehen in der Summe zu zahlenden Ertragsteuern: Bei der Eigenfinanzierung unterliegt der gesamte Gewinn der Kapitalgesellschaft der Gewerbesteuer, während beim Gesellschafterdarlehen nur insoweit Gewerbesteuer anfällt, als die Zinsen bei der Kapitalgesellschaft zu einem Viertel hinzugerechnet werden (§ 8 Nr 1 Buchst. a GewStG).

Die anhand von konkreten Zahlenwerten abgeleiteten Aussagen lassen sich auch formelmäßig darstellen: **349**

bis zu einem Einkommensteuersatz von 43,37% und einem Gewerbesteuerhebesatz von 400%

Gesamtsteuerbelastung Eigenfinanzierung **(Teileinkünfteverfahren/Abgeltungsteuer)**	>	Gesamtsteuerbelastung Gesellschafterdarlehen **(keine Abgeltungsteuer: Normaltarif)**
$\mathbf{s_{ESt}}$ bis 41,66% $s_{KapGes} + \mathbf{60\%} \times (1-s_{KapGes}) \times \mathbf{s_{ESt}} \times (1+s_{SolZ})$ $\mathbf{s_{ESt}}$ ab 41,67% $s_{KapGes} + (1-s_{KapGes}) \times s_{AbgSt} \times (1+s_{SolZ})$	>	$s_{GewStFK\text{-}Hinzu}$ $+ (1-s_{GewStFK\text{-}Hinzu}) \times \mathbf{s_{ESt}} \times (1+s_{SolZ})$

bei einem Einkommensteuersatz zwischen 43,38% und 45,00% und einem Gewerbesteuerhebesatz von 400%

Gesamtsteuerbelastung Eigenfinanzierung **(Abgeltungsteuer)**	<	Gesamtsteuerbelastung Gesellschafterdarlehen **(keine Abgeltungsteuer: Normaltarif)**
$s_{KapGes} + (1-s_{KapGes}) \times \mathbf{s_{AbgSt}} \times (1+s_{SolZ})$	<	$s_{GewStFK\text{-}Hinzu}$ $+ (1-s_{GewStFK\text{-}Hinzu}) \times \mathbf{s_{ESt}} \times (1+s_{SolZ})$

Eine gemeinsame Variation des Steuersatzes der Einkommensteuer und des Gewerbesteuerhebesatzes hat zum Ergebnis, dass bis zu einem Einkommensteuersatz von 37,94% das Gesellschafterdarlehen auch beim Mindesthebesatz von 200% vorteilhaft ist. Bei einem persönlichen Steuersatz des Gesellschafters von 40% (42%) ist die Eigenfinanzierung nur dann vorzuziehen, wenn der Hebesatz unter 259% (325%) liegt. Beim Spitzensteuersatz der Einkommensteuer von 45% steigt dieser Grenzwert auf 489%. **350**

Bei der Begründung für diese Entwicklung sind der Bereich Einkommen- bzw Körperschaftsteuer zuzüglich Solidaritätszuschlag sowie Gewerbesteuer getrennt zu betrachten: **351**

- Werden die Dividenden nach dem Teileinkünfteverfahren besteuert, ist die Eigenfinanzierung vorteilhaft, wenn der Einkommensteuersatz des Kapitalgebers mindestens 30,31% beträgt. Dieser Vorteil erhöht sich mit einem Anstieg des Einkommensteuersatzes. Ab einem Einkommensteuersatz von 41,67% wird er durch den Übergang vom Teileinkünfteverfahren zur Abgeltungsteuer verstärkt.[20]

20 Zum rechnerischen Nachweis siehe Kapitel D., Rn. 325.

- Bei der Gewerbesteuer ist die Eigenfinanzierung gegenüber der Fremdfinanzierung generell benachteiligt. Im Vergleich zu Geschäftsführungsverträgen fällt der Nachteil der Eigenfinanzierung geringer aus, da das Geschäftsführungsgehalt nicht hinzugerechnet wird, während bei Gesellschafterdarlehen ein Viertel der an den Gesellschafter gezahlten Zinsen hinzugerechnet wird.[21]
- Je höher der Einkommensteuersatz des Gesellschafters ist, umso höher muss der Gewerbesteuerhebesatz sein, um den Vorteil der Eigenfinanzierung im Bereich der Einkommen- bzw Körperschaftsteuer zuzüglich Solidaritätszuschlag auszugleichen.

I. Mittelbare Nutzung der Vorteile aus der Abgeltungsteuer bei mittelständischen Unternehmen

352 *(1) Steuerplanerische Zielsetzung:* Bei mittelständischen Unternehmen lassen sich die **Vorteile der Abgeltungsteuer** möglicherweise **mittelbar nutzen**. Aus steuerlicher Sicht lautet die Empfehlung wie folgt (Abb. 5.13): **Fremdfinanzierung auf Unternehmensebene** durch einen Außenstehenden, dh nicht durch einen der Gesellschafter, und **Anlage der verfügbaren Mittel durch den Gesellschafter** als Finanzanlage:

- Bei einer Fremdfinanzierung mindern die an Außenstehende gezahlten Zinsen den Gewinn des Unternehmens und damit ihr Ausschüttungspotenzial. Die Zinsen sind entsprechend den bei Personen- und Kapitalgesellschaften geltenden Regeln abziehbar: im Bereich der Gewerbesteuer zu 75% und bei der Einkommensteuer bzw Körperschaftsteuer zu 100%.
- Da der Finanzierungsbedarf des Unternehmens bereits durch die Außenfinanzierung gedeckt ist, muss der Gesellschafter dem Unternehmen keine Zahlungsmittel zur Verfügung stellen. Vielmehr kann er seine liquiden Mittel außerhalb des Unternehmens anlegen. Die aus der Anlage erzielten Kapitalerträge unterliegen auf Ebene des Gesellschafters als Einkünfte aus Kapitalvermögen der Abgeltungsteuer.

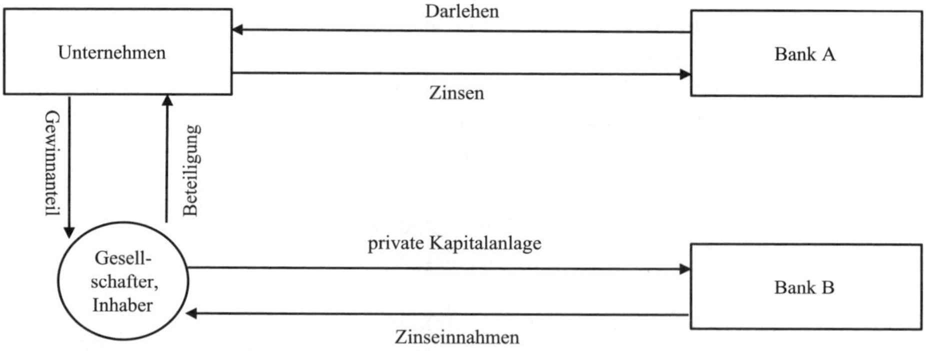

Abb. 5.13: Mittelbare Nutzung der Abgeltungsteuer durch Trennung von Unternehmensfinanzierung und privater Kapitalanlage

21 Zur Besteuerung von Geschäftsführungsverträgen mit dem Gesellschafter einer Kapitalgesellschaft siehe Dritter Teil, Siebter Abschnitt, Kapitel B., Rn. 70.

(2) Rechnerische Analyse: **Bei ausschließlicher Betrachtung der steuerlichen Effekte** ist die Fremdfinanzierung durch Nichtgesellschafter **dann vorteilhaft, wenn** die Entlastung aus den vom Unternehmen gezahlten Schuldzinsen höher ist als die Belastung der (privaten) Zinseinnahmen beim Inhaber bzw Gesellschafter. Wie die Berechnungen in Abb. 5.14 verdeutlichen, ist diese Bedingung sowohl bei Personenunternehmen als auch bei Kapitalgesellschaften erfüllt. Bei einem Einkommensteuersatz von beispielsweise 45% und einem Hebesatz der Gewerbesteuer von 400% beläuft sich der Vorteil der Gestaltung „Fremdfinanzierung auf Unternehmensebene und Anlage der verfügbaren Mittel durch den Gesellschafter" auf 21,07 (Personenunternehmen) bzw 19,38 Prozentpunkte (Kapitalgesellschaften). 353

		Personen-unternehmen	**Kapitalgesellschaften**
Ebene des Unternehmens			
	Zinsaufwendungen: Abzug als Betriebsausgabe	– 100,00	– 100,00
+	Minderung der Gewerbesteuer (Hebesatz zB 400%) aufgrund der 25%igen Hinzurechnung nach § 8 Nr 1 Buchst. a GewStG nur 75%iger Abzug $= 75\% \times \text{Zinsaufwendungen} \times s_{\text{GewSt}}$ $= 75\% \times \text{Zinsaufwendungen} \times 14\%$	10,50	10,50
+	Minderung der Körperschaftsteuer (15% der Zinsaufwendungen)	–.–	15,00
+	Ersparnis des Solidaritätszuschlags (5,5% der Minderung der Körperschaftsteuer)	–.–	0,83
Ebene des Inhabers bzw Gesellschafters			
+	Minderung der Einkommensteuer (45% auf Schuldzinsen bzw 25% auf Minderausschüttung) $= 45\% \times (-100)$ bzw $25\% \times (-100+10{,}50+15{,}00+0{,}83)$	45,00	18,42
–	Rückgang der Steuerermäßigung nach § 35 EStG aufgrund gesunkener Gewerbesteuer $= -\text{Gewerbeertrag} \times 3{,}5\% \times 3{,}8$ $= -100 \times 75\% \times 3{,}5\% \times 3{,}8$	9,98	–.–
+	Ersparnis des Solidaritätszuschlags auf die Minderung der tariflichen Einkommensteuer $= (-45{,}00+9{,}98) \times 5{,}5\%$ bzw $-18{,}42 \times 5{,}5\%$	1,93	1,01
+	**Steuerentlastung durch Fremdfinanzierung auf Ebene des Unternehmens**	47,45	45,76
–	**Steuerbelastung der Kapitalerträge aus der Anlage auf Ebene des Inhabers bzw Gesellschafters**	26,38	26,38
=	**Gesamtwirkung der Fremdfinanzierung**	**21,07**	**19,38**

Abb. 5.14: Steuerliche Vorteile einer mittelbaren Nutzung der Abgeltungsteuer

Bei der Begründung des Vorschlags „Fremdfinanzierung auf Unternehmensebene und Anlage der verfügbaren Mittel durch den Gesellschafter" wurde bislang aus- 354 schließlich auf die steuerlichen Effekte abgestellt, dh es wurde davon ausgegangen, dass der Sollzinssatz und der Habenzinssatz übereinstimmen. Diese unrealistische Annahme wird nunmehr aufgegeben. Im Regelfall ist der Sollzinssatz höher als der Habenzinssatz. Die zwischen dem Sollzinssatz und dem Habenzinssatz bestehende **Zinsdifferenz reduziert** die abgeleiteten **Steuervorteile**. Der Aufwand aus der Fremdfinanzierung auf Ebene des Unternehmens (Sollzinssatz: i_{Soll}) vermindert um die dadurch ausgelösten Ertragsteuerersparnisse (s_{FK}) darf maximal so hoch sein wie die nach Abzug der Abgeltungsteuer (s_{AbgSt}) verbleibenden Zinserträge (Habenzinssatz: i_{Haben}) aus der Anlage der liquiden Mittel des Gesellschafters:

Aufwand aus der Fremdfinanzierung nach Abzug der Steuerentlastung	<	Zinserträge aus der Anlage im Privatvermögen nach Abzug der Steuerbelastung
$i_{Soll} \times (1-s_{FK})$	<	$i_{Haben} \times (1-s_{AbgSt} \times [1+s_{SolZ}])$
i_{Soll}	<	$i_{Haben} \times (1-s_{AbgSt} \times [1+s_{SolZ}])/(1-s_{FK})$
bei $s_{AbgSt} = 25\%$, $s_{SolZ} = 5{,}5\%$ und $s_{FK} = 45{,}76$[22] gilt		
i_{Soll}	<	$i_{Haben} \times (1-26{,}375\%)/(1-45{,}76\%)$
$\mathbf{i_{Soll}}$	<	$\mathbf{i_{Haben} \times 1{,}3574}$

355 Beträgt der Habenzinssatz beispielsweise 4,00%, ist die Anlage der liquiden Mittel im Privatvermögen und die Fremdfinanzierung auf Ebene einer Kapitalgesellschaft solange vorteilhaft, solange der Sollzinssatz maximal 5,43% (= 4,00% × 1,3574) beträgt. Nach Steuern verbleiben von den Zinserträgen 2,95% = 4,00% × (1–26,375%). Die Nettobelastung der Sollzinsen beläuft sich gleichfalls auf 2,95% = 5,43% × (1–45,76%).

Erträge aus der Anlage der Mittel (Habenzinssatz)	Aufwendungen aus der Fremdfinanzierung (Sollzinssatz)	maximale Differenz zwischen Soll- und Habenzinssatz
2,00%	2,71%	+ 0,71 Prozentpunkte
3,00%	4,07%	+ 1,07 Prozentpunkte
4,00%	5,43%	+ 1,43 Prozentpunkte
5,00%	6,79%	+ 1,79 Prozentpunkte
10,00%	13,57%	+ 3,57 Prozentpunkte

Abb. 5.15: Maximale Differenz zwischen Soll- und Habenzinssatz

356 Die Spanne zwischen dem Soll- und Habenzinssatz schränkt die Vorteile einer Fremdfinanzierung auf Unternehmensebene und Anlage der verfügbaren finanziellen Mittel durch den Gesellschafter ein. Die Grenzwerte für den maximal zu zahlenden Sollzinssatz sind für unterschiedliche Habenzinssätze in der Tabelle Abb. 5.15 zusammengestellt. Dabei zeigt sich, dass die Zinsspanne zwar bei einer relativen Be-

22 Dieser Wert gilt für Kapitalgesellschaften. Zur Berechnung dieses Werts siehe Abb. 5.14.

trachtung immer gleich ist ($i_{Soll} = i_{Haben} \times 1{,}3574$), aber absolut gesehen umso höher ist, je höher der Habenzinssatz ist.

Bei Personenunternehmen und unternehmerisch beteiligten Anteilseignern einer Kapitalgesellschaft, die für die Besteuerung der Dividenden nach dem Teileinkünfteverfahren optiert haben, fallen die Entlastungen aus der Fremdfinanzierung (repräsentiert durch s_{FK}) geringer aus, sofern der persönliche Einkommensteuersatz niedriger als 45% ist. Dies führt dazu, dass sich insoweit eine weitere Einschränkung aus der mittelbaren Nutzung der Vorteile der 25%igen Abgeltungsteuer ergibt. Die Einschränkung der Vorteilhaftigkeit macht sich umso stärker bemerkbar, je geringer der persönliche Einkommensteuersatz des Anteilseigners ist. Bei einem Hebesatz, der über dem bislang angenommenen Wert von 400% liegt, erhöht sich der Vorteil der untersuchten Gestaltung. **357**

(3) Einschränkungen für Back-to-Back-Finanzierungen: Neben diesem wirtschaftlichen Effekt bestehen auch steuerrechtliche Einschränkungen. Unter bestimmten Voraussetzungen unterliegen bei einer Anlage des Kapitals im Privatvermögen die Zinsen nicht der Abgeltungsteuer, sondern dem Normaltarif der Einkommensteuer (Back-to-Back-Finanzierung). Als Back-to-Back-Finanzierung gelten die Fälle, (a) in denen der Schuldner der Kapitalerträge seinerseits Kapital überlassen hat, das im Zusammenhang mit dem Betrieb des Gläubigers steht, oder (b) ein Dritter einer Personengesellschaft oder einer Kapitalgesellschaft Kapital überlässt und er auf den Gläubiger bzw eine diesem nahe stehende Person zurückgreifen kann. Bei Kapitalgesellschaften wird zusätzlich vorausgesetzt, dass der Gläubiger oder eine diesem nahe stehende Person zu mindestens 10% beteiligt ist (§ 32d Abs. 2 Nr 1 Buchst. c EStG). **358**

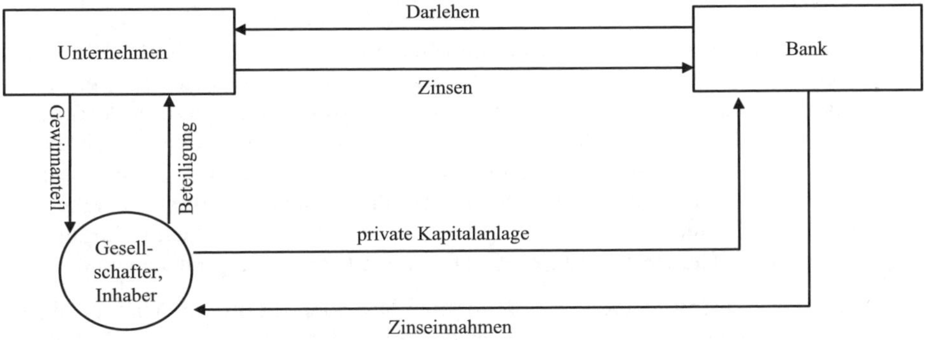

Abb. 5.16: Grundstruktur einer Back-to-Back-Finanzierung (Zusammenhang zwischen Kapitalgewährung und Kapitalüberlassung)

Damit eine Back-to-Back-Finanzierung vorliegt, muss also die Kapitalüberlassung im Zusammenhang mit der Kapitalanlage stehen. Ein solcher Zusammenhang wird angenommen, wenn die Kapitalanlage des Unternehmers und die Kapitalüberlassung an das Unternehmen durch den Kreditgeber auf einem einheitlichen Plan beruhen. Dieses Kriterium ist insbesondere dann erfüllt, wenn zwischen Kapitalanlage und Kapitalüberlassung ein enger zeitlicher Zusammenhang besteht oder wenn die jeweiligen Zinsvereinbarungen miteinander verknüpft sind. Ein Zusammenhang zwischen Kapi- **359** talanlage und Kapitalüberlassung liegt allerdings nicht vor, wenn die jeweiligen Zinsvereinbarungen marktüblich sind. Werden Darlehensgewährungen an das Unternehmen und Kapitalanlage des Gesellschafters nach den geschäftsüblichen Konditionen abgewickelt, liegt keine Back-to-Back-Finanzierung vor. Aufgrund der Möglichkeit des Drittvergleichs kann davon ausgegangen werden, dass die Kapitalerträge des Unternehmers bzw Gesellschafters in den Anwendungsbereich der Abgeltungsteuer einbezogen werden können.[23] Damit können die vorstehenden rechnerischen Analysen im Regelfall die Grundlage für die steuerplanerischen Überlegungen bilden.

Zweiter Abschnitt

Kreditkauf im Vergleich mit Leasing

A. Methodischer Ansatz: Nebeneinander von gesamtwirtschaftlicher und einzelwirtschaftlicher Analyse

360 *(1) Leasing als Finanzierungsentscheidung:* Leasing bildet eine spezielle Form der Beschaffung von (betrieblich oder privat genutzten) Wirtschaftsgütern. Im Vordergrund steht nicht der Eigentumserwerb, sondern das vertraglich eingeräumte Recht, gegen wiederkehrende Zahlungen ein Investitionsobjekt für eine bestimmte Zeit nutzen zu können.

361 Beim **Operate-Leasing** handelt es sich um Mietverträge im Sinne des BGB, die von beiden Seiten kurzfristig gekündigt werden können. Diese Möglichkeit einer kurzfristigen Kündigung reduziert das Risiko des Mieters (Leasingnehmer) auf die Verpflichtung, bis zum Ende des nächsten Kündigungstermins die Mietzahlungen leisten zu müssen. Das Investitionsrisiko verbleibt beim Vermieter (Leasinggeber). Der Leasingnehmer steht vor der Entscheidung, selbst zu investieren oder die Investition eines anderen zu nutzen. Es stellt sich die Frage „Miete oder Kauf?“. Beim Operate-Leasing ist eine **Investitionsentscheidung** zu treffen, aber keine Finanzierungsentscheidung.

362 Beim **Finance-Leasing** handelt es sich um eine besondere Form von Mietverträgen, bei denen innerhalb eines fest vereinbarten Zeitraums (Grundmietzeit) sowohl für den Leasingnehmer (Mieter) als auch für den Leasinggeber (Vermieter) eine ordentliche Kündigung ausgeschlossen ist. Finance-Leasing ist dadurch charakterisiert, dass der Leasinggeber das Wirtschaftsgut erst nach Abschluss des Leasingvertrags erwirbt und dieses entsprechend den Wünschen des Leasingnehmers auswählt, sich die periodisch zu entrichtende Nutzungsvergütung (Leasingrate) aus den Anschaffungs- oder Herstellungskosten des überlassenen Wirtschaftsguts ableitet und in Abweichung von den dispositiven Regelungen des BGB der Leasingnehmer verpflichtet ist, die erforderlichen Instandhaltungs- und Reparaturmaßnahmen zu übernehmen und sämtliche

23 Vgl Knebel/Spahn/Plenker, DB 2007, S. 2736; Merker, StuB 2007, S. 852.

Eigentümerrisiken (Gefahr des zufälligen Untergangs, des Verlusts, des Diebstahls, der Beschädigung, der Zerstörung und des vorzeitigen Verschleißes) zu tragen. Häufig wird vereinbart, dass der Leasingnehmer die Gewährleistungsansprüche gegenüber dem Hersteller geltend zu machen hat. Der Leasingnehmer hat die Leasingrate unabhängig davon zu entrichten, ob das überlassene Wirtschaftsgut funktionsfähig ist. Aufgrund dieser Regelungen trägt beim Finance-Leasing der Leasingnehmer das Investitionsrisiko. Der Leasinggeber übernimmt im Wesentlichen nur die Finanzierungsfunktion: Er beschafft das Wirtschaftsgut mit seinen Mitteln und stellt es dem Leasingnehmer entgeltlich zur Verfügung. Der Leasinggeber trägt wirtschaftlich nur das Delkredererisiko, dh das Risiko, dass der Leasingnehmer zahlungsunfähig wird. Aus betriebswirtschaftlicher Sicht kann das Finance-Leasing als ein „Sachdarlehen" angesehen werden.

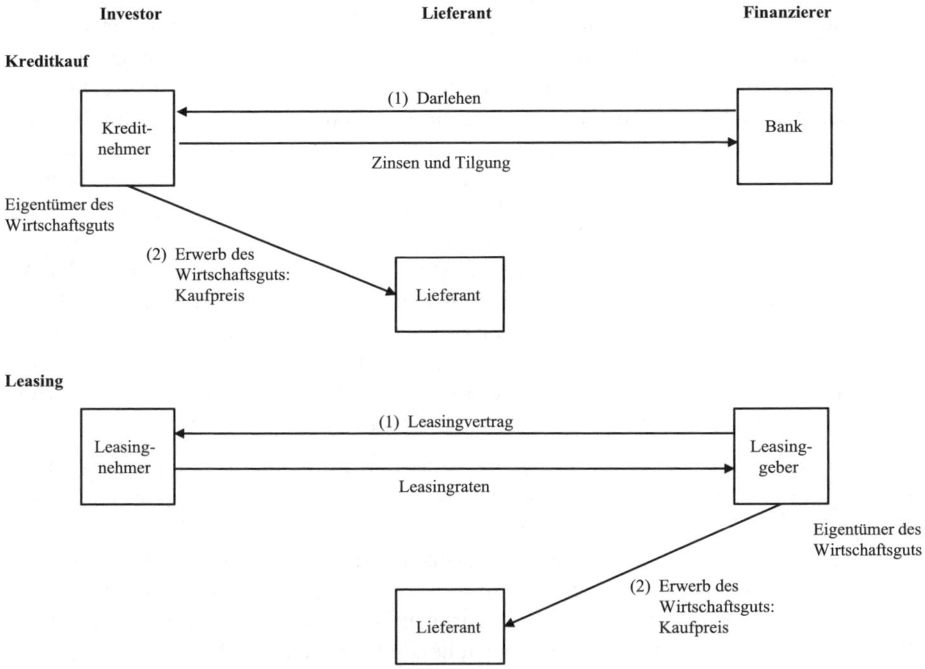

Abb. 5.17: Vertragsbeziehungen beim Kreditkauf und beim Leasing

Beim Finance-Leasing ist eine **Finanzierungsentscheidung** zu treffen. Leasing ist eine Form der Außenfinanzierung. Sie ist insbesondere mit der Kredit- bzw Fremdfinanzierung vergleichbar. Bei der Entscheidung „Leasing oder Kreditkauf" wird nicht geprüft, ob eine Investition durchgeführt wird. Vielmehr ist die Entscheidung zugunsten der Durchführung der Investition bereits gefallen. Es geht nur noch darum, wie diese Investition finanziert werden soll (Abb. 5.17): **363**

- Bei der Kredit- bzw Fremdfinanzierung erhält der Unternehmer vom Kreditgeber finanzielle Mittel zur Verfügung gestellt, mit denen er das benötigte Wirtschaftsgut beim Lieferanten beschafft.

- Beim Finance-Leasing wird das Wirtschaftsgut zwar vom Leasingnehmer ausgesucht, es wird aber vom Leasinggeber erworben. Der Leasinggeber stellt es dem Leasingnehmer gegen Zahlung eines Nutzungsentgelts zur Verfügung.

364 Damit zwischen Leasing und Kreditkauf steuerliche Unterschiede auftreten, muss der **Leasinggegenstand** (das zur Nutzung überlassene Wirtschaftsgut) bilanzrechtlich **dem Leasinggeber zugerechnet** werden. Wird im Rahmen der steuerlichen Gewinnermittlung der Leasingnehmer als wirtschaftlicher Eigentümer angesehen, sind die Leasingraten in einen Tilgungs- und in einen Zinsanteil aufzuspalten. Die steuerliche Behandlung entspricht dem Grunde nach der eines Kreditkaufs.

365 *(2) Gesamtwirtschaftliche Analyse:* Bei einer **gemeinsamen Betrachtung der beiden Vertragspartner** wird untersucht, ob Leasing gegenüber einem Kreditkauf (Finanzierung über ein Darlehen) systematisch steuerliche Vor- oder Nachteile aufweist. Diese Frage kann nur dann beantwortet werden, wenn die auf Ebene des Leasingnehmers und des Leasinggebers bzw des (Kredit-)Käufers und des Kreditgebers (insbesondere Kreditinstitut) auftretenden steuerlichen Effekte zusammengefasst werden. Bei der Untersuchung, wie die Besteuerung die Wahl zwischen diesen beiden Formen der Außenfinanzierung beeinflusst, geht es darum, steuerliche Mehr- oder Minderbelastungen zu erkennen. Wenn Leasing aus steuerlicher Sicht prinzipiell anders besteuert wird als eine Finanzierung über Bankdarlehen, muss dies die Konkurrenzfähigkeit der Finanzierungsalternativen beeinflussen. Dabei spielt es keine Rolle, bei welchem Vertragspartner die steuerlichen Effekte auftreten. Sofern Leasing gegenüber Bankdarlehen steuerliche Vorteile oder zumindest keine Nachteile aufweist, lässt sich das Angebot von Leasingverträgen – auch aus steuerlicher Sicht – erklären. Die Marktverhältnisse und das Verhandlungsgeschick der Vertragspartner werden darüber entscheiden, ob der Leasingnehmer oder der Leasinggeber von den steuerlichen Vorteilen des Leasings gegenüber einer Bankfinanzierung stärker profitiert.

366 Ausgangspunkt bilden die im Steuerrecht geltenden Zurechnungsregeln (Kapitel B., Rn. 368) und die daraus resultierenden bilanziellen Auswirkungen der beiden Finanzierungsalternativen bei den beteiligten Vertragspartnern (Kapitel C., Rn. 373). Im Mittelpunkt der Analyse stehen **Bemessungsgrundlageneffekte**. Für diesen Zweck ist eine Beschränkung der Betrachtung auf die Leasingraten, die Abschreibungen des Wirtschaftsguts sowie die für das Bankdarlehen zu leistenden Zinsen erforderlich. Mögliche Kostenunterschiede sowie abweichende Gewinnaufschläge von Leasinggesellschaften bzw von Kreditinstituten haben ihre Ursache außerhalb des Steuerrechts, sie werden deshalb bei der steuersystematischen Untersuchung ausgeklammert.[24] Bei den Bemessungsgrundlageneffekten erfolgt eine Konzentration auf die dem Grunde nach zwischen einem Kreditkauf und Leasing bestehenden Abweichungen. Im ersten Schritt wird davon ausgegangen, dass bei der Hinzurechnung nach § 8 Nr 1 Buchst. d, e GewStG für die Leasingraten der tatsächliche Zinsanteil mit dem bei der Hinzurechnung von Fremdkapitalaufwendungen angesetzten pauschalierten Zinsanteil übereinstimmt (Kapitel D., Rn. 377). Im zweiten Schritt wird untersucht, welche Abweichungen sich durch die Pauschalierung der Hinzurechnung des Zinsanteils auf 20%

24 Damit wird nicht behauptet, dass die Kostenstruktur sowie die Gewinnaufschläge von Leasinggesellschaften bzw von Kreditinstituten die Kalkulation der Leasingraten oder die Kreditkonditionen nicht beeinflussen. Diese Effekte bleiben lediglich bei der steuersystematischen Analyse unberücksichtigt.

(bewegliche Wirtschaftsgüter) bzw 50% (unbewegliche Wirtschaftsgüter) der Leasingraten in Abhängigkeit von den individuellen Verhältnissen ergeben (Kapitel E., Rn. 389).

(3) Einzelwirtschaftliche Analyse: Bei den Analysen des Bemessungsgrundlageneffekts stehen systematische Überlegungen im Mittelpunkt. Es wird geprüft, ob aus steuerlicher Sicht zwischen einem Kreditkauf und Leasing in einer Gesamtbetrachtung aller Beteiligten Unterschiede auftreten. Insoweit wird eine gesamtwirtschaftliche Betrachtungsweise verfolgt. Aus Sicht eines Investors geht es darum, bei welcher Finanzierungsalternative aus seiner einzelwirtschaftlichen Sicht die Belastung geringer ist. Wird bei einer Gesamtbetrachtung Leasing gegenüber dem Kreditkauf zumindest nicht systematisch benachteiligt, hat der Investor auf der Grundlage der ihm vorliegenden Kredit- bzw Leasingangebote zu entscheiden, wie er ein von ihm zu beschaffendes Wirtschaftsgut finanziert. Wie ein derartiger **Wirtschaftlichkeitsvergleich** aufzubauen ist, wird im Kapitel F. (Rn. 408) ausführlich beschrieben und anhand von Beispielrechnungen verdeutlicht. In diesem mit Hilfe der Kapitalwertmethode durchgeführten Vergleich der finanziellen Effekte werden auch beim Kreditkauf bzw Leasing auftretende **Zeiteffekte** in die Betrachtung mit einbezogen. Zusätzlich werden die Auswirkungen von einigen nicht steuerlichen Faktoren angedeutet. **367**

B. Bilanzielle Zurechnung des Leasinggegenstands

(1) Gesetzliche Grundlagen: Über die persönliche Zurechnung eines Wirtschaftsguts, das im Wege eines Leasingvertrags überlassen wird, wurde in den 1960er und 1970er Jahren, dh zu der Zeit, als das Leasing in Deutschland als Finanzierungsinstrument wirtschaftlich an Bedeutung gewann, kontrovers diskutiert. Von der Finanzrechtsprechung[25] wurden für die Zurechnung des überlassenen Wirtschaftsguts zum Leasinggeber oder zum Leasingnehmer Kriterien aufgestellt, die im Jahre 1977 nahezu unverändert in § 39 Abs. 2 Nr 1 S. 1 AO aufgenommen wurden. **368**

Wirtschaftsgüter sind grundsätzlich dem Eigentümer zuzurechnen (§ 39 Abs. 1 AO, § 246 Abs. 1 S. 2 HGB). Es wird von der Vermutung ausgegangen, dass das wirtschaftliche Eigentum mit dem zivilrechtlichen Eigentum übereinstimmt. Von der Vermutung, dass der rechtliche Eigentümer auch wirtschaftlicher Eigentümer ist, wird abgewichen, wenn ein anderer als der rechtliche Eigentümer die tatsächliche Herrschaft über das Wirtschaftsgut ausübt und den zivilrechtlichen Eigentümer im Regelfall für die gewöhnliche Nutzungsdauer von der Einwirkung auf das Wirtschaftsgut ausschließen kann oder der Herausgabeanspruch wirtschaftlich wertlos ist (§ 39 Abs. 2 Nr 1 S. 1 AO). **369**

(2) Umsetzung durch die Finanzverwaltung: Die Finanzverwaltung hat diese allgemeine Formulierung in mehreren Erlassen konkretisiert.[26] In der Praxis haben die **370**

25 Grundlegend BFH vom 26.1.1970, BStBl. 1970 II, S. 264. Diese Definition geht zurück auf Seeliger, Der Begriff des wirtschaftlichen Eigentums im Steuerrecht, Stuttgart 1962, S. 89.

26 Vgl BMF-Schreiben vom 19.4.1971, BStBl. 1971 I, S. 264; BMWF-Schreiben vom 21.3.1972, BStBl. 1972 I, S. 188; BMF-Schreiben vom 22.12.1975, BB 1976, S. 72; BMF-Schreiben vom 23.12.1991, BStBl. 1992 I, S. 13.

Leasinggeber ihre Vertragsbedingungen so ausgestaltet, dass das Wirtschaftsgut beim Leasinggeber zu bilanzieren ist. Die Kernfrage lautet, ob die Verteilung der Rechte und Pflichten so ungewöhnlich ist, dass zwar das rechtliche Eigentum beim Leasinggeber verbleibt, jedoch der Leasingnehmer das Wirtschaftsgut als wirtschaftlicher Eigentümer zu aktivieren hat, oder ob die Vergleichbarkeit mit einem Miet- oder Pachtvertrag nach dem Leitbild des Bürgerlichen Gesetzbuchs noch in dem Umfang gegeben ist, dass der Leasinggeber nicht nur rechtlicher Eigentümer, sondern auch wirtschaftlicher Eigentümer bleibt. Im Einzelnen sind die Zurechnungskriterien sehr differenziert ausgestaltet.

371 In den Leasingerlassen schlagen sich die allgemeinen Kriterien des wirtschaftlichen Eigentums, wie sie in § 39 Abs. 2 Nr 1 S. 1 AO formuliert sind, in mehrfacher Weise nieder:

- Die Differenzierung zwischen **Voll- und Teilamortisationsverträgen** ergibt sich daraus, ob der Leasingnehmer innerhalb der Grundmietzeit die beim Leasinggeber anfallenden Anschaffungsausgaben für das Wirtschaftsgut, die Finanzierungsaufwendungen, Verwaltungs- und Vertriebskosten sowie einen Gewinnaufschlag in vollem Umfang oder nur zum Teil abdeckt. Diese Einteilung bestimmt zusammen mit den Vereinbarungen, die nach Ablauf des Leasingvertrags (der Grundmietzeit) über die Verwertung des Wirtschaftsguts getroffen werden, wer die Chancen von Wertsteigerungen besitzt bzw die Risiken von Wertminderungen zu tragen hat. Der Leasinggeber bleibt wirtschaftlicher Eigentümer, solange diese Aspekte für ihn wirtschaftlich ins Gewicht fallen. Dies trifft beispielsweise bei Verträgen ohne Verlängerungs- oder Kaufoption zu, da der Leasinggeber für die weitere Verwertung des Wirtschaftsguts verantwortlich ist.
- In Abhängigkeit von der Art des Wirtschaftsguts, das Gegenstand eines Leasingvertrags ist, wird zwischen **Mobilienleasing** (Leasinggegenstand: bewegliches Wirtschaftsgut) und **Immobilienleasing** (Leasinggegenstand: unbewegliches Wirtschaftsgut) differenziert. Die Unterscheidung zwischen Mobilien- und Immobilienleasing ist deshalb erforderlich, weil (1) bewegliche und unbewegliche Wirtschaftsgüter eine unterschiedliche betriebsgewöhnliche Nutzungsdauer besitzen bzw der Grund und Boden ein nicht abnutzbares Wirtschaftsgut darstellt und weil (2) das Verhältnis der Grundmietzeit zur betriebsgewöhnlichen Nutzungsdauer des Wirtschaftsguts ein bedeutsames Kriterium für die persönliche Zurechnung darstellt.
- Das Verhältnis der Grundmietzeit zur betriebsgewöhnlichen Nutzungsdauer des Wirtschaftsguts ist deshalb entscheidend, weil in dem Fall, in dem sich die **Laufzeit des Leasingvertrags** auf **mehr als 90% der betriebsgewöhnlichen Nutzungsdauer** des Wirtschaftsguts erstreckt, davon auszugehen ist, dass der Leasingnehmer den Leasinggeber auf Dauer von der Einwirkung auf das Wirtschaftsgut ausschließen kann oder der Herausgabeanspruch des Leasinggebers wirtschaftlich wertlos ist. Zur Ermittlung der betriebsgewöhnlichen Nutzungsdauer ist der in den AfA-Tabellen angegebene Zeitraum bzw der in § 7 Abs. 4, 5 EStG normierte Zeitraum zugrunde zu legen.
- Bei Vollamortisationsverträgen, deren **Laufzeit weniger als 40% der betriebsgewöhnlichen Nutzungsdauer** des Wirtschaftsguts ausmacht, wird von einem

„versteckten" Ratenkauf ausgegangen, sodass das Wirtschaftsgut dem Leasingnehmer zuzurechnen ist.[27]

- Ist das Wirtschaftsgut auf die besonderen Einsatzbedingungen beim Leasingnehmer ausgerichtet **(Spezialleasing)**, ist der Leasingnehmer wirtschaftlicher Eigentümer. Der Herausgabeanspruch ist für den Leasinggeber wirtschaftlich ohne besondere Bedeutung, da das Wirtschaftsgut von ihm nach Ablauf des Leasingvertrags nicht gewinnbringend verwertet werden kann.
- Liegt die **Grundmietzeit zwischen 40 und 90% der betriebsgewöhnlichen Nutzungsdauer und** liegt **kein Spezialleasing** vor, hängt die Zurechnung davon ab, welche Rechte und Pflichten die beiden Vertragspartner nach Ablauf des Leasingvertrags haben. In diesem Zusammenhang ist erneut die Unterscheidung zwischen Voll- und Teilamortisationsverträgen bedeutsam.

In den beiden folgenden Abbildungen werden die im Steuerrecht geltenden Zurechnungsregeln grafisch aufbereitet. Aufgrund der praktischen Bedeutung erfolgt eine Beschränkung auf Teilamortisationsverträge. Betrachtet werden sowohl Leasingverträge über bewegliche Wirtschaftsgüter (zB Fahrzeuge, Maschinen) als auch über unbewegliche Wirtschaftsgüter (insbesondere Gebäude und der dazu gehörende Grund und Boden).[28] **372**

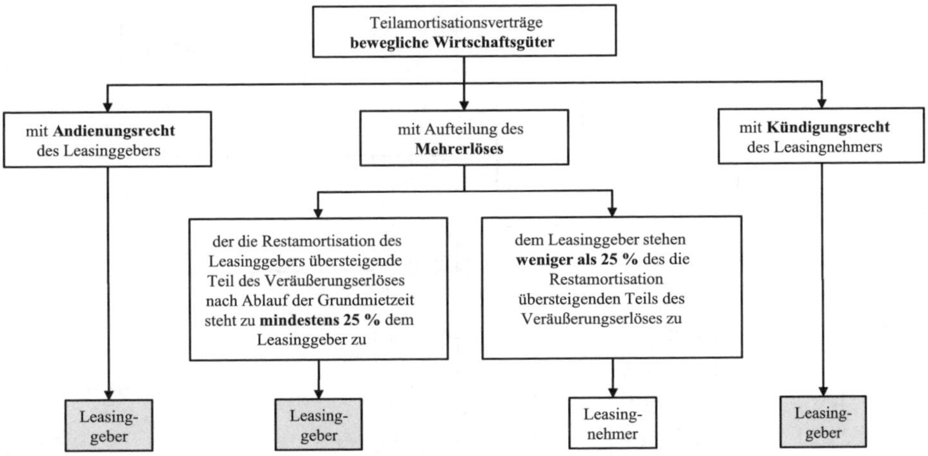

Abb. 5.18: Zurechnung beim Mobilienleasing (Teilamortisationsverträge)

27 Ein Ratenkauf ist dadurch gekennzeichnet, dass ein Wirtschaftsgut verkauft wird und der Kaufpreis in mehreren Raten bezahlt wird. In diesem Fall werden die Leasingraten nicht als Nutzungsentgelt angesehen, sondern als Tilgung des Kredits in Höhe des Kaufpreises des Wirtschaftsguts zuzüglich eines Zinsanteils aufgrund der Gewährung eines Zahlungsziels.

28 Siehe hierzu und zu Vollamortisationsverträgen auch Band II: Steuerbilanz, Erster Teil, Zweiter Abschnitt, Kapitel A. III. 2. c), Unterabschnitt (10); Tonner, Leasing im Steuerrecht, 6. Aufl., Heidelberg 2014, S. 39–53, S. 60–64-; von Westphalen, Der Leasingvertrag, 7. Aufl., Köln 2015, Kapitel B, Rz. 34–35, Rz. 38.

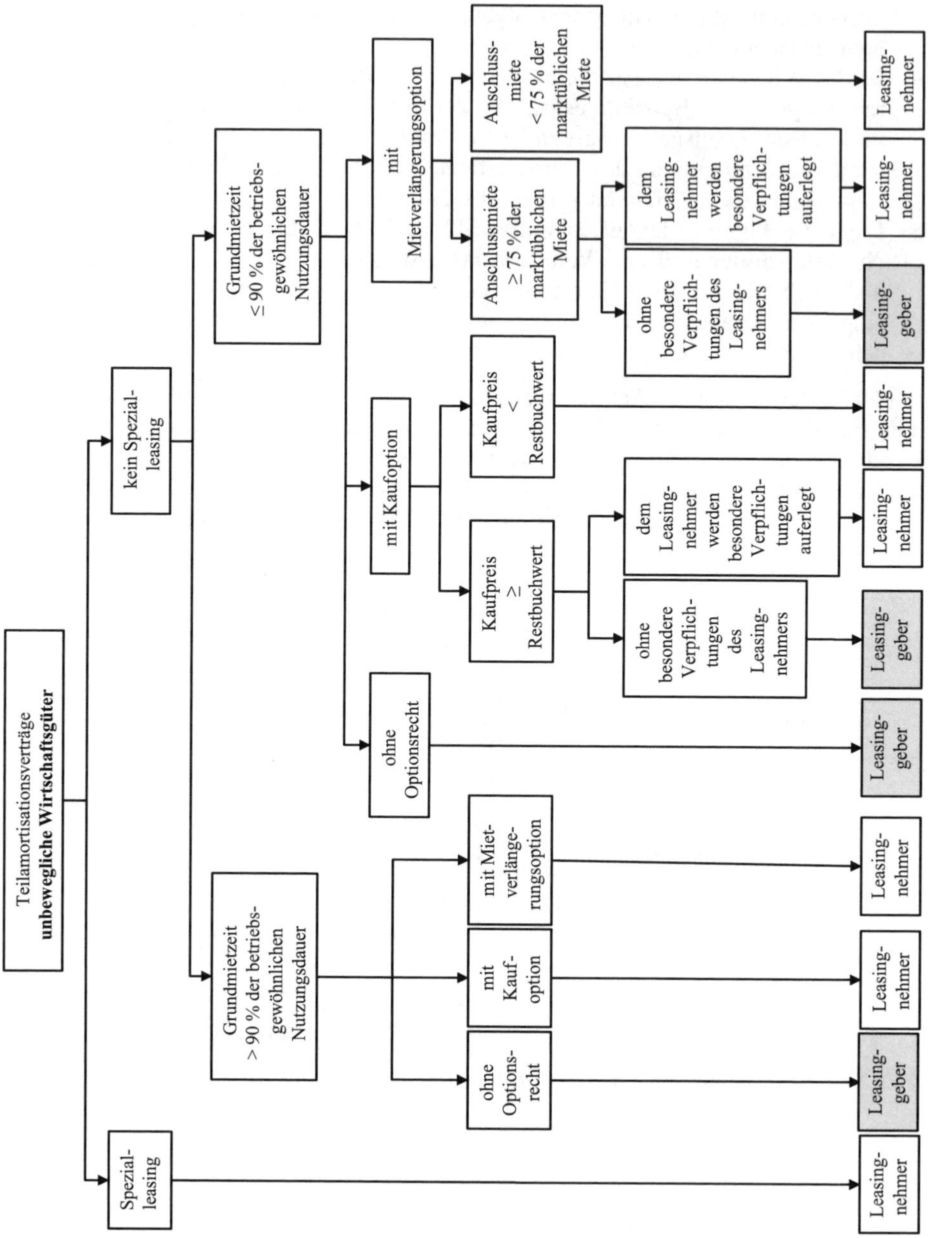

Abb. 5.19: Zurechnung beim Immobilienleasing (Teilamortisationsverträge)

C. Bilanzielle Auswirkungen bei Zurechnung des Wirtschaftsguts zum Leasinggeber

(1) Kreditkauf: Das Wirtschaftsgut ist in der Bilanz des Investors (Käufers, Kreditnehmers) zu aktivieren. Die darauf entfallenden Abschreibungen gehen in die Gewinn- und Verlustrechnung des Investors ein. Das Darlehen führt in der Bilanz des Finanzierers (Kreditgebers, Bank) zur Aktivierung einer Forderung und in der Bilanz des Investors zur Passivierung einer Verbindlichkeit. Die Darlehenszinsen stellen beim Kreditgeber Erträge und beim Käufer Aufwendungen dar. Die Verbindlichkeit aus der Refinanzierung (zB durch Einlagen von Sparern, Kredit bei einer anderen Bank) ist beim Kreditgeber zu passivieren. Die Refinanzierungszinsen mindern seinen Gewinn. **373**

Käufer (Kreditnehmer)

Bilanz

Wirtschaftsgut	Verbindlichkeiten ggü. Kreditgeber

GuV

Abschreibungen Darlehenszinsen	-.-

Bank (Kreditgeber)

Bilanz

Forderung an Kreditnehmer	Verbindlichkeiten aus Refinanzierung

GuV

Refinanzierungsaufwand	Darlehenszinsen

Abb. 5.20: Bilanzielle Auswirkungen beim Kreditkauf

(2) Leasing: Das Wirtschaftsgut ist in der Bilanz des Leasinggebers zu aktivieren.[29] Damit gehen die Abschreibungen auf dieses Wirtschaftsgut in die Gewinn- und Verlustrechnung des Leasinggebers ein. Auf Seiten des Leasingnehmers wird der Leasingvertrag als schwebendes Geschäft angesehen. Damit ist, wie bei Mietverträgen allgemein üblich, in der Bilanz des Leasingnehmers (Mieters) weder das zur Nutzung überlassene Wirtschaftsgut zu aktivieren noch die Verpflichtung zur Zahlung der vereinbarten Leasingraten zu passivieren. Die Leasingraten werden in der Gewinn- und Verlustrechnung des Leasinggebers als Erträge und in der Gewinn- und Verlustrechnung des Leasingnehmers als Aufwendungen verrechnet. Die Verbindlichkeit des Leasinggebers aus der Refinanzierung des Kaufpreises für den Leasinggegenstand sowie die dafür zu zahlenden Refinanzierungsaufwendungen sind im Rechnungswesen des Leasinggebers zu erfassen. **374**

29 Es werden nur Leasingverträge betrachtet, bei denen das wirtschaftliche Eigentum beim Leasinggeber verbleibt.

Leasingnehmer
Bilanz

-.-	-.-

GuV

Leasingrate	-.-

Leasingnehmer
Bilanz

Wirtschaftsgut	Verbindlichkeiten aus Refinanzierung

GuV

Refinanzierungsaufwand Abschreibungen	Leasingrate

Abb. 5.21: Bilanzielle Auswirkungen beim Leasing

375 Leasingraten setzen sich (kalkulatorisch) aus einem Zins- und einem Tilgungsanteil zusammen. Über die Nutzungsdauer summieren sich die Tilgungsanteile auf die Anschaffungskosten, die für den Leasinggegenstand anfallen. Der Tilgungsanteil kann also mit den Abschreibungen gleichgesetzt werden. Der Zinsanteil repräsentiert das Entgelt für die vom Leasinggeber übernommene Finanzierungsfunktion. Die Aufteilung der Leasingraten in die beiden Komponenten „Zinsanteil" (Zinsen) und „Abschreibungen" (AfA) verdeutlicht, dass ein Leasingvertrag, bei dem jährlich konstante Leasingraten vereinbart werden, wirtschaftlich mit einem Annuitätendarlehen gleichzusetzen ist, bei dem die Summe aus Tilgung und Zinsen gleichfalls in jedem Jahr den gleichen Betrag ausmachen. Aus wirtschaftlicher Sicht werden beim Leasing die gleichen Aufwendungen verrechnet wie beim Kreditkauf:

Käufer (Kreditnehmer)
GuV

Abschreibungen Darlehenszinsen	-.-

Leasingnehmer
GuV

Leasingraten, aufgeteilt in Tilgungsanteil („Abschreibungen") und Zinsanteil	-.-

Abb. 5.22: Aufteilung der Leasingrate und Vergleich mit dem Kreditkauf

376 Diese Betrachtung bezieht sich auf Vollamortisationsverträge. Bei Teilamortisationsverträgen entsprechen die während der Grundmietzeit verrechneten Tilgungsanteile der Differenz zwischen den Anschaffungskosten des Wirtschaftsguts vermindert um den (Rest-)Wert am Ende der Grundmietzeit. Bei Teilamortisationsverträgen ist also am Ende der Grundmietzeit eine „Resttilgung" in Höhe des (Rest-)Werts des Wirtschaftsguts zu leisten. Diese „Resttilgung" kann auch durch Rückgabe des Leasinggegenstands erfolgen.

D. Grundsatz: übereinstimmende Besteuerung von Kreditkauf und Leasing

In diesem Kapitel wird ausschließlich auf die einzelnen Ertrags- und Aufwandselemente als solche eingegangen, dh ihre konkrete Höhe ist für die Analysen (noch) nicht relevant. Im nachfolgenden Kapitel E. (Rn. 389) wird untersucht, inwieweit die bei der Gewerbesteuer vorgenommene Pauschalierung des Zinsanteils der Leasingrate zutreffend ist.[30] **377**

(1) Kreditkauf: Beim Kreditkauf ist der Investor Eigentümer des Wirtschaftsguts. Der Kaufpreis wird durch ein Bankdarlehen finanziert. Um die beiden Fremdfinanzierungsalternativen miteinander vergleichen zu können, wird von einer 100%igen Darlehensfinanzierung ausgegangen. Diese Vereinfachung ist zwar nur bei einer Differenzbetrachtung zutreffend. Wenn man jedoch unterstellt, dass der Kreditkäufer in bestimmtem Umfang Eigenmittel einsetzen muss, wird der Vergleich Kreditkauf versus Leasing mit dem Vergleich Eigen- oder Fremdfinanzierung kombiniert, ohne dass deren Effekte voneinander getrennt werden können. **378**

Die einzelnen Ertrags- und Aufwandskomponenten verändern die Einkünfte aus Gewerbebetrieb der beiden Vertragspartner. Zu beachten ist allerdings, dass auf Ebene des Kreditnehmers bei Ermittlung des Gewerbeertrags ein Viertel der Darlehenszinsen hinzuzurechnen ist,[31] sodass sie die gewerbesteuerliche Bemessungsgrundlage nur zu 75% mindern. Beim Finanzierer unterbleibt die Hinzurechnung von 25% der Aufwendungen aus der Refinanzierung, wenn es sich bei ihm um ein Kreditinstitut handelt („Bankenprivileg", § 19 Abs. 1 GewStDV). **379**

Refinanziert sich der Kreditgeber seinerseits mit Fremdkapital, verändern sich die Bemessungsgrundlagen der Einkommen- bzw Körperschaftsteuer und der Gewerbesteuer wie folgt:[32] **380**

	Investor (Kreditnehmer) (1)	**Finanzierer (Kreditgeber) (2)**	**Gesamtbetrachtung Kreditkauf (3) = (1) + (2)**
ESt/KSt	– Darlehenszinsen – AfA	+ Darlehenszinsen – Refinanzierungszinsen	— – AfA – Refinanzierungszinsen

30 Die Analyse der Bemessungsgrundlageneffekte der beiden Finanzierungsalternativen beruht auf Scheffler, BB 2007, S. 874. In dieser Veröffentlichung wird beim Immobilienleasing mit der zunächst vorgesehenen Pauschalierung des Zinsanteils beim Immobilienleasing mit 75% (endgültige Gesetzesfassung 65% bzw ab dem Jahr 2010 50%) gerechnet. Zu einem umfassenden Vergleich siehe Beigler, Analyse der Vorteilhaftigkeit zwischen Leasing und kreditfinanziertem Kauf, Wiesbaden 2012.

31 Der Freibetrag von 100 000 € nach § 8 Nr 1 GewStG bleibt unberücksichtigt.

32 Die zur Erstellung der folgenden Übersicht benötigten Informationen werden aus den im vorangehenden Kapitel C. (Rn. 373) vorgestellten Gewinn- und Verlustrechnungen entnommen.

	Investor (Kreditnehmer) (1)	**Finanzierer (Kreditgeber) (2)**	**Gesamtbetrachtung Kreditkauf (3) = (1) + (2)**
GewSt	– 75% × Darlehenszinsen – AfA	+ Darlehenszinsen – Refinanzierungszinsen (Kreditinstitut) bzw – 75% × Refinanzierungszinsen (kein Kreditinstitut)	+ 25% × Darlehenszinsen – AfA – Refinanzierungszinsen (Kreditinstitut) bzw – 75% × Refinanzierungszinsen (kein Kreditinstitut)

Abb. 5.23: Gesamteffekt beim Kreditkauf

381 *(2) Leasing:* Von der gewerbesteuerlichen Hinzurechnung nach § 8 Nr 1 GewStG[33] werden nicht nur Darlehenszinsen erfasst, sondern auch

- 20% der Miet- und Pachtzinsen (einschließlich Leasingraten) für die Benutzung von beweglichen Wirtschaftsgütern des Anlagevermögens, die im Eigentum eines anderen stehen, sowie
- 50% der Miet- und Pachtzinsen (einschließlich Leasingraten) für die Benutzung von unbeweglichen Wirtschaftsgütern des Anlagevermögens, die im Eigentum eines anderen stehen.

Da Fremdkapitalaufwendungen nach § 8 Nr 1 GewStG zu einem Viertel hinzugerechnet werden, sind beim Mobilienleasing 5% (= 1/4 × 20%) und beim Immobilienleasing 12,50% (= 1/4 × 50%) der Leasingraten dem Gewerbeertrag hinzuzurechnen. Dies bedeutet, dass bei der Ermittlung der Gewerbesteuer des Leasingnehmers die Leasingraten beim Mobilienleasing zu 95% (= 100% – 5%) und beim Immobilienleasing zu 87,50% (= 100% – 12,50%) von der Bemessungsgrundlage abziehbar sind.

382 Die Hinzurechnung von einem Viertel der Fremdkapitalaufwendungen wird beim Finanzierer nicht vorgenommen, sofern er die Kriterien für die Einordnung als Finanzdienstleistungsunternehmen erfüllt (Ausdehnung des „Bankenprivilegs" auf Leasinggeber, § 19 Abs. 3 GewStDV). In diesem Fall mindern die Refinanzierungsaufwendungen auf Ebene des Leasinggebers nicht nur die Bemessungsgrundlage der Einkommen- bzw Körperschaftsteuer in vollem Umfang, sondern auch den Gewerbeertrag.

383 Wird der Leasinggegenstand dem Leasinggeber zugerechnet und refinanziert der Leasinggeber den Leasinggegenstand mit Fremdkapital, ergeben sich auf die einkommen- bzw körperschaftsteuerliche sowie die gewerbesteuerliche Bemessungsgrundlage des Leasingnehmers bzw Leasinggebers folgende Auswirkungen:[34]

33 Der Freibetrag von 100 000 € nach § 8 Nr 1 GewStG für Finanzierungsaufwendungen bleibt unberücksichtigt.

34 Die zur Erstellung der folgenden Übersicht benötigten Informationen werden aus den im vorangehenden Kapitel C. (Rn. 373) vorgestellten Gewinn- und Verlustrechnungen entnommen.

	Investor (Leasingnehmer) (1)	**Finanzierer (Leasinggeber) (2)**	**Gesamtbetrachtung Leasing (3) = (1) + (2)**
ESt/KSt	– Leasingrate	+ Leasingrate – AfA – Refinanzierungszinsen	— – AfA – Refinanzierungszinsen
GewSt	– (1 – 25%×20%) × Leasingrate (Mobilien) bzw – (1 – 25%×50%) × Leasingrate (Immobilien)	+ Leasingrate – AfA – Refinanzierungszinsen (Kreditinstitut) bzw – 75% × Refinanzierungszinsen (kein Kreditinstitut)	+ 5% × Leasingrate (Mobilien) bzw + 12,5% × Leasingrate (Immobilien) – AfA – Refinanzierungszinsen (Kreditinstitut) bzw – 75% × Refinanzierungszinsen (kein Kreditinstitut)

Abb. 5.24: Gesamteffekt beim Leasing

(3) Vergleich: Die für das Wirtschaftsgut anfallenden Anschaffungskosten werden bei beiden Finanzierungsalternativen durch die Verrechnung von **Abschreibungen** aufwandswirksam. Bei welchem Vertragspartner die AfA als Betriebsausgabe angesetzt werden, ist in einer Gesamtbetrachtung unbedeutend, da die durch die Abschreibungen ausgelösten Bemessungsgrundlageneffekte bei der Einkommen- bzw Körperschaftsteuer und bei der Gewerbesteuer nicht davon abhängen, ob der Kreditkäufer oder der Leasinggeber die Abschreibungen verbucht. 384

Auch die für die **Refinanzierung gezahlten Fremdkapitalzinsen** werden bei beiden Finanzierungsalternativen in gleicher Weise behandelt. Führt der Finanzierer ein Finanzdienstleistungsunternehmen, sind die Refinanzierungszinsen sowohl bei der Einkommen- bzw Körperschaftsteuer als auch bei der Gewerbesteuer in vollem Umfang als Betriebsausgaben abziehbar. Eine Hinzurechnung nach § 8 Nr 1 Buchst. a GewStG wird durch § 19 GewStDV vermieden. Die Übereinstimmung von Kreditkauf und Leasing gilt auch dann, wenn es sich beim Finanzierer (ausnahmsweise) nicht um ein Finanzdienstleistungsunternehmen handelt, weil dann bei beiden Finanzierungsformen die Refinanzierungszinsen bei Ermittlung des Gewerbeertrags des Finanzierers nur im Umfang von 75% abziehbar sind. 385

Unterschiede ergeben sich nur hinsichtlich der **Darlehenszinsen** bzw der **Leasingraten**. Zwar sind bei der Einkommen- bzw Körperschaftsteuer des Investors beide in vollem Umfang als Betriebsausgabe abziehbar. Bei der Gewerbesteuer werden allerdings ein Viertel der Darlehenszinsen sowie ein Viertel von 20% der Leasingraten (Mobilien) bzw ein Viertel von 50% der Leasingraten (Immobilien) hinzugerechnet. Soweit diese beiden Beträge nicht übereinstimmen, ergeben sich hinsichtlich der Gewerbesteuer zwischen Kreditkauf und Leasing Belastungsunterschiede: 386

	Gesamtbetrachtung Kreditkauf (1)	**Gesamtbetrachtung Leasing (2)**	**Vergleich (3) = (1) – (2)**
ESt/KSt	– AfA – Refinanzierungs-zinsen	– AfA – Refinanzierungs-zinsen	— —
GewSt	+ 25% × Darlehens-zinsen	+ 5% × Leasingrate (Mobilien) bzw + 12,5% × Leasingrate (Immobilien)	+ 25% × Darlehens-zinsen – 5% × Leasingrate (Mobilien) bzw – 12,5% × Leasingrate (Immobilien)
	– AfA – Refinanzierungszin-sen (Kreditinstitut) bzw – 75% × Refinanzie-rungszinsen (kein Kreditinstitut)	– AfA – Refinanzierungszin-sen (Kreditinstitut) bzw – 75% × Refinanzie-rungszinsen (kein Kreditinstitut)	— —

Abb. 5.25: Gesamteffekt beim Kreditkauf und Leasing im Vergleich[35]

387 Geht man vereinfachend davon aus, dass beim Leasing der in den Leasingraten enthaltene Zinsanteil mit dem in § 8 Nr 1 Buchst. d, e GewStG in pauschaler Form vorgegebenen Wert (= 20% der Leasingraten beim Mobilienleasing bzw 50% beim Immobilienleasing) übereinstimmt, werden Kreditkauf und Leasing grundsätzlich in gleicher Weise besteuert:

	Gesamtbetrachtung Kreditkauf (1)	**Gesamtbetrachtung Leasing (2)**	**Vergleich (3) = (1) – (2)**
ESt/KSt	– AfA – Refinanzierungs-zinsen	– AfA – Refinanzierungs-zinsen	— —
GewSt	+ 25% × Darlehens-zinsen – AfA – Refinanzierungszin-sen (Kreditinstitut)	+ 25% × Zinsanteil der Leasingrate – AfA – Refinanzierungszin-sen (Kreditinstitut)	— — —

35 Diese Übersicht wird aus den jeweiligen Spalten 3 (Gesamtbetrachtung) der beiden vorangehenden Abb. 5.23 und 5.24 abgeleitet.

	Gesamtbetrachtung Kreditkauf (1)	Gesamtbetrachtung Leasing (2)	Vergleich (3) = (1) – (2)
	bzw – 75% × Refinanzierungszinsen (kein Kreditinstitut)	bzw – 75% × Refinanzierungszinsen (kein Kreditinstitut)	—

Abb. 5.26: Gesamteffekt beim Kreditkauf und Leasing im Vergleich (Pauschalierung bei der Gewerbesteuer entspricht den tatsächlichen Gegebenheiten)

Als **Zwischenergebnis** kann festgehalten werden, dass in einer Gesamtbetrachtung die beiden Formen der Außenfinanzierung im Ansatz übereinstimmend besteuert werden. Sofern die Pauschalierung des in den Leasingraten enthaltenen Zinsanteils mit den tatsächlichen Gegebenheiten übereinstimmt, weist Leasing gegenüber dem Kreditkauf weder Vorteile noch Nachteile auf. Inwieweit die Pauschalierung des Zinsanteils in § 8 Nr 1 Buchst. d, e GewStG zutreffend ist, wird im nachfolgenden Kapitel untersucht. **388**

E. Auswirkungen der Pauschalierung des in den Leasingraten enthaltenen Zinsanteils

(1) Methodischer Ansatz: Bei der Analyse des Effekts der gewerbesteuerlichen Hinzurechnung der Höhe nach wird die in § 8 Nr 1 Buchst. d, e GewStG vorgenommene Pauschalierung des Finanzierungsanteils von 20% (Mobilien) bzw 50% der Leasingraten (Immobilien) mit dem tatsächlichen Zinsanteil der Leasingraten verglichen. Durch diesen Vergleich wird erkennbar, inwieweit die Hinzurechnung beim Leasing zu hoch bzw zu niedrig ist. Hinsichtlich der Entscheidungswirkungen gilt folgender Zusammenhang: **389**

Vorteil für Leasing: tatsächlicher Zinsanteil > fiktiver Zinsanteil

Nachteil für Leasing: tatsächlicher Zinsanteil < fiktiver Zinsanteil.

Die Beurteilung der Pauschalierung des Zinsanteils in § 8 Nr 1 Buchst. d, e GewStG ist dreistufig aufgebaut: Im ersten Schritt bleibt die zeitliche Verteilung des tatsächlichen Zinsanteils auf die einzelnen Jahre des Leasingvertrags noch unbeachtet. Es wird ausschließlich eine Summenbetrachtung vorgenommen (Bemessungsgrundlageneffekt). Im zweiten Schritt wird der Einfluss untersucht, der sich daraus ergibt, dass sich der tatsächliche Zinsanteil von Jahr zu Jahr reduziert, aber bei der Hinzurechnung nach § 8 Nr 1 Buchst. d, e GewStG während der Laufzeit des Leasingvertrags in jeder Periode der gleiche Betrag angesetzt wird. Durch die Berücksichtigung der zeitlichen Verteilung wird zusätzlich der Zeiteffekt einbezogen. Durch den im dritten Schritt vorgenommenen Vergleich mit dem aktuellen Zinsniveau wird abgeleitet, wie die im Gewerbesteuergesetz vorgenommene Pauschalierung des Zinsanteils auf die Vorteilhaftigkeit des Leasings wirkt. **390**

391 *(2) Ohne Berücksichtigung der zeitlichen Verteilung des Zinsanteils (Bemessungsgrundlageneffekt):* Die Berechnung des Zinsanteils der Leasingraten wird anhand eines Zahlenbeispiels verdeutlicht. Dieser Beispielsfall dient insbesondere zur Erläuterung der Vorgehensweise bei der Analyse der steuerlichen Effekte. Um den Einfluss der Nutzungsdauer sowie des Zinsniveaus erfassen zu können, wird der Beispielsfall durch mehrere Variationsrechnungen ergänzt.

392 Betrachtet wird ein Teilamortisationsleasingvertrag über ein Wirtschaftsgut mit Anschaffungskosten (AK) von 100 000 € und einer Nutzungsdauer (N) von zehn Jahren. Die Grundmietzeit (GMZ) beträgt sechs Jahre, dh 60% der betriebsgewöhnlichen Nutzungsdauer des Wirtschaftsguts. Am Ende der Laufzeit des Leasingvertrags verbleibt ein Restwert (RW) von 40 000 €.[36] Bei einem Zinssatz (i) von 6% und jährlicher, nachschüssiger Zahlungsweise ergibt sich eine Leasingrate von 14 602 €/Jahr:

Ausgleich des Wertverlusts während der Grundmietzeit zuzüglich Verzinsung			+	Verzinsung des Restwerts
(Anschaffungskosten – Restwert)	×	Annuitätenfaktor	+	Restwert × Zinssatz
(AK – RW)	×	$[i \times (1+i)^{GMZ}] / [(1+i)^{GMZ}-1]$	+	RW × i
(100 000 € – 40 000 €)	×	$[6\% \times (1+6\%)^6] / [(1+6\%)^6-1]$	+	40 000 € × 6%

393 Beim Leasing erfolgt die Finanzierung des Wirtschaftsguts dadurch, dass in den Leasingraten der während der Grundmietzeit eintretende Wertverlust (= Anschaffungskosten abzüglich des am Ende der Grundmietzeit verbleibenden Restwerts) sowie die Verzinsung des jeweils noch gebundenen Kapitals ausgeglichen wird. Der Zinsanteil entspricht der Verzinsung des jeweils zu Beginn der Periode gebundenen Kapitals. Die Tilgung erfolgt in dem Umfang, in dem die Leasingrate den Zinsanteil übersteigt:

		Jahr 01	Jahr 02	Jahr 03	Jahr 04	Jahr 05	Jahr 06
Entwicklung der Finanzierung							
	Finanzierung zu Beginn der Periode	100 000 (= AK)	91 398	82 280	72 615	62 371	51 511
–	Tilgungsanteil	8 602	9 118	9 665	10 245	10 860	11 511
=	Finanzierung am Ende der Periode	91 398	82 280	72 615	62 371	51 511	40 000 (= RW)
Aufteilung der Leasingrate							
	Leasingrate	14 602	14 602	14 602	14 602	14 602	14 602
–	Zinsanteil = Finanzierung am Anfang der Periode × Zinssatz	– 6 000	– 5 484	– 4 937	– 4 357	– 3 742	– 3 091
=	Tilgungsanteil	8 602	9 118	9 665	10 245	10 860	11 511

Abb. 5.27: Aufteilung der Leasingrate in Zins- und Tilgungsanteil

36 Es wird vereinfachend davon ausgegangen, dass der Wertverlust in jedem Jahr der Nutzungsdauer gleich hoch ist. Dies entspricht einer linearen Abschreibung.

Im Beispielsfall errechnet sich ein Zinsanteil von in der Summe 27 611 € oder von 31,52% der während der Grundmietzeit zu zahlenden Leasingraten:

	Summe der Leasingraten (= 6 × 14 602 €)	87 611 €
	davon	
	Zinsanteil (Summe der vorletzten Zeile)	27 611 €
	Tilgungsanteil (= Anschaffungskosten – Restwert = 100 000 € – 40 000 €)	60 000 €
=	Anteil der Zinsen an den Leasingraten (= 27 611 € bezogen auf 87 611 €)	31,52%

Bei der Berechnung des Zinsanteils der Leasingraten werden folgende Differenzierungen vorgenommen: Nutzungsdauer des Wirtschaftsguts und damit verbunden die Laufzeit des Leasingvertrags (Grundmietzeit) sowie Höhe des Zinssatzes zur Kalkulation der Leasingraten (als Parameter für das Zinsniveau). Die Laufzeit des Leasingvertrags wird mit 60% der Nutzungsdauer des Wirtschaftsguts konstant gehalten. Wird weiterhin von einem gleichmäßigen Wertverlust ausgegangen, beläuft sich der Restwert jeweils auf 40% der Anschaffungskosten des Leasinggegenstands. Die in der nachfolgenden Übersicht (Abb. 5.28) zusammengestellten Ergebnisse verdeutlichen, dass der Zinsanteil umso höher ist,[37] 394

- je höher der Zinssatz ist (Tabelle von links nach rechts gelesen) und
- je länger die Nutzungsdauer des Wirtschaftsguts ist (Tabelle von oben nach unten gelesen).

Nutzungsdauer	**Zinssatz zur Kalkulation der Leasingrate**			
	i = 2%	**i = 4%**	**i = 6%**	**i = 8%**
5 Jahre	7,43%	13,87%	19,51%	24,48%
10 Jahre	13,13%	23,35%	31,52%	38,19%
15 Jahre	18,21%	31,06%	40,59%	47,94%
20 Jahre	22,76%	37,45%	47,68%	55,20%
30 Jahre	30,59%	47,42%	58,03%	65,29%
40 Jahre	37,06%	54,83%	65,18%	71,91%
50 Jahre	42,51%	60,55%	70,41%	76,55%

Abb. 5.28: Zinsanteil der Leasingraten (Bemessungsgrundlageneffekt)

Ist der Restwert niedriger als im Beispiel angenommen,[38] fällt der Zinsanteil geringer aus. Erhöht sich die Differenz zwischen Anschaffungskosten und Restwert, fällt der Tilgungsanteil höher aus. Aufgrund der zeitlich vorgezogenen Amortisation geht der in den einzelnen Leasingraten enthaltene Zinsanteil schneller zurück. 395

37 Der zu Beginn dieses Kapitels vorgestellte Beispielsfall ist in Abb. 5.28 durch eine graue Schattierung hervorgehoben.

38 Den Eckpunkt bildet das Vollamortisationsleasing, bei dem während der Grundmietzeit die gesamten Anschaffungskosten finanziert werden, dh bei dem mit einem Restwert von Null gerechnet wird.

396 Es ist erkennbar, dass für die Höhe des in den Leasingraten enthaltenen Zinsanteils die Kalkulationsgrundlagen (Zinssatz, Nutzungsdauer des Wirtschaftsguts und Restwert am Ende der Grundmietzeit) entscheidend sind, jedoch nicht die Art des Wirtschaftsguts. Die vom Gesetzgeber in § 8 Nr 1 Buchst. d, e GewStG vorgenommene Differenzierung zwischen beweglichen Wirtschaftsgütern und unbeweglichen Wirtschaftsgütern stellt insoweit eine zu grobe Pauschalierung dar. Vom Gesetzgeber wird vereinfachend unterstellt, dass beim Mobilienleasing der Leasinggegenstand eine niedrige Nutzungsdauer aufweist und dass beim Immobilienleasing Wirtschaftsgüter mit einer langen Nutzungsdauer verleast werden. Hinsichtlich der Tendenz ist diese Annahme sicherlich zutreffend. Vernachlässigt wird allerdings, dass beim Mobilienleasing auch Wirtschaftsgüter mit einer längeren Nutzungsdauer Vertragsgegenstand sein können.

397 *(3) Mit Berücksichtigung der zeitlichen Verteilung des Zinsanteils (Zeiteffekt):* Neben der absoluten Höhe des Zinsanteils ist zusätzlich dessen zeitliche Verteilung innerhalb der Laufzeit des Leasingvertrags zu betrachten. Aufgrund der bei jährlich gleichbleibenden Leasingraten wirtschaftlichen Vergleichbarkeit des Leasings mit einem Annuitätendarlehen (mit einer Resttilgung am Ende der Grundmietzeit, die durch die Rückgabe des Wirtschaftsguts erfüllt wird), fällt der Zinsanteil von Jahr zu Jahr. Selbst wenn über die Gesamtlaufzeit des Leasingvertrags die pauschale Vorgabe des Zinsanteils im Gewerbesteuergesetz mit dem tatsächlichen Zinsanteil übereinstimmt, kommt es zu zeitlichen Verschiebungen. Dies zeigt ein Vergleich mit dem durchschnittlichen Zinsanteil, der sich ergibt, wenn die Summe der insgesamt anfallenden Zinsanteile durch die Laufzeit des Leasingvertrags dividiert wird: In den ersten Jahren ist der durchschnittliche Zinsanteil niedriger als der tatsächlich in der jeweiligen Periode anfallende Zinsanteil, während in späteren Jahren der durchschnittliche Zinsanteil den tatsächlichen Zinsanteil übersteigt. Im Beispielsfall (Teilamortisationsleasingvertrag über ein Wirtschaftsgut mit einer Nutzungsdauer von 10 Jahren, Grundmietzeit 6 Jahre, Zinssatz 6%, Anschaffungskosten des Wirtschaftsguts 100 000 €, Restwert am Ende der Grundmietzeit 40 000 €, lineare Leasingrate, jährlich nachschüssige Zahlung) errechnet sich eine Leasingrate von 14 602 €/Jahr. Im Durchschnitt beläuft sich der Anteil der Verzinsung auf 31,52% der Leasingraten = 27 611 € (Summe der Zinsanteile) bezogen auf 87 611 € (Summe der Leasingraten = 14 602 €/Jahr × 6 Jahre).

Jahr (1)	durchschnittlicher Zinsanteil (2)	tatsächlicher Zinsanteil (3)	Abweichung (nominell) (4) = (3) – (2)	Abweichung (Barwert) (5) = (4) / $(1+i_s)^{Jahr}$
1	4 602	6 000	1 398	1 342
2	4 602	5 484	882	812
3	4 602	4 937	335	296
4	4 602	4 357	– 245	– 208
5	4 602	3 742	– 860	– 699

Jahr **(1)**	**durchschnitt-licher Zinsan-teil** **(2)**	**tatsächlicher Zinsanteil** **(3)**	**Abweichung (nominell)** **(4) = (3) – (2)**	**Abweichung (Barwert)** **(5) = (4) / $(1+i_s)^{Jahr}$**
6	4 602	3 091	– 1 511	– 1 180
Summe	27 611	27 611	0	363
bezogen auf die Summe der Leasingraten von 87 611 €	31,52%	31,52%	0,00%	0,41%

Abb. 5.29: Zeitliche Verteilung des Zinsanteils der Leasingraten

Bis zum dritten Jahr ist der tatsächliche Zinsanteil größer als der durchschnittliche Zinsanteil von 31,52% der Leasingraten (= 4 602 € = 14 602 € × 31,52%). Die negativen Abweichungen (tatsächlicher Zinsanteil ist niedriger als der durchschnittliche Zinsanteil) in den verbleibenden drei Jahren gleichen diese Differenz betragsmäßig exakt aus. Der Barwert der Differenz beträgt 363 € oder 0,41% der Summe der Leasingraten. Der Barwert wird mit einem Zinssatz berechnet, der der Kalkulation der Leasingraten zugrunde liegt. Dieser Vorsteuerzinssatz wird um die für Kapitalgesellschaften geltende Steuerbelastung von 29,825% (Hebesatz der Gewerbesteuer 400%) gemindert: i_s = 4,2105% = 6% × (1–29,825%).

Aufgrund des positiven Zeiteffekts ergibt sich für das Leasing erst dann ein Nachteil, wenn der vom Gesetzgeber pauschal festgesetzte Zinsanteil den Wert von 31,93% = 31,52% (Bemessungsgrundlageneffekt) + 0,41% (Zeiteffekt) übersteigt. Handelt es sich wie im **Beispielsfall** um ein bewegliches Wirtschaftsgut, ist die gesetzlich vorgesehene pauschale Festsetzung des Zinsanteils auf 20% der Leasingrate also zu gering. Der aus den im Beispiel geltenden Kalkulationsgrundlagen errechnete tatsächliche Zinsanteil liegt um knapp zwölf Prozentpunkte über dem in § 8 Nr 1 Buchst. d EStG vorgesehenen Wert: 11,93 = 31,93 – 20,00. Damit weist im Beispielsfall die Finanzierungsalternative **Leasing** gegenüber dem Kreditkauf einen **Vorteil** auf, weil beim Darlehen die tatsächlich gezahlten Zinsen von der Hinzurechnung nach § 8 Nr 1 Buchst. a GewStG erfasst werden.

Unter Berücksichtigung der zeitlichen Verteilung des tatsächlichen Zinsanteils der Leasingraten über die Laufzeit des Leasingvertrags errechnet sich in allgemeiner Form der Grenzwert wie folgt: **398**

	durchschnittlicher Zinsanteil ohne Berücksichtigung der zeitlichen Verteilung (Summenbetrachtung: Bemessungsgrundlageneffekt)
+	Barwert der periodischen Abweichungen des tatsächlichen Zinsanteils vom durchschnittlichen Zinsanteil (zusätzlicher Einbezug des Zeiteffekts)
=	durchschnittlicher Zinsanteil unter Berücksichtigung der zeitlichen Verteilung

Bei Berücksichtigung der zeitlichen Verteilung des tatsächlichen Zinsanteils **erhöht sich** bei linearen Leasingraten der **durchschnittliche Zinsanteil bei Einbezug des Zeiteffekts**. Die Ursache für diese Erhöhung liegt darin, dass bei linearen Leasingraten der tatsächliche Zinsanteil sukzessive zurückgeht, während der durchschnittliche Zinsanteil in jedem Jahr mit dem gleichen Betrag angesetzt wird. Insoweit führt die Durchschnittsbildung zu einer zeitlichen Verlagerung der Hinzurechnung in spätere Jahre, die durch eine Erhöhung des in pauschalierter Form und mit einem konstanten Wert angesetzten Zinsanteils ausgeglichen wird.

399 Die starke Abhängigkeit des durchschnittlichen Zinsanteils vom Zinssatz, mit dem die Leasingrate kalkuliert wird (Abb. 5.30 von links nach rechts gelesen), und von der Nutzungsdauer des Wirtschaftsguts (Abb. 5.30 von oben nach unten gelesen) bleibt auch dann bestehen, wenn die zeitliche Verteilung des Zinsanteils berücksichtigt wird. Werden die Leasingraten mit dem in der nachstehenden Übersicht aufgelisteten Wert von der Hinzurechnung nach § 8 Nr 1 Buchst. d, e GewStG erfasst, kommt es zu einer Gleichbehandlung mit dem Kreditkauf.[39]

Nutzungsdauer	**Zinssatz zur Kalkulation der Leasingrate**			
	i = 2%	**i = 4%**	**i = 6%**	**i = 8%**
5 Jahre	7,45%	13,93%	19,62%	24,67%
10 Jahre	13,20%	23,57%	31,93%	38,82%
15 Jahre	18,35%	31,49%	41,36%	49,04%
20 Jahre	22,99%	38,12%	48,82%	56,76%
30 Jahre	31,04%	48,59%	59,83%	67,56%
40 Jahre	37,76%	56,47%	67,51%	74,62%
50 Jahre	43,46%	62,60%	73,10%	79,49%

Abb. 5.30: Zinsanteil der Leasingraten (zusätzlich Einbezug des Zeiteffekts)

400 Ist der Restbuchwert niedriger als im Beispiel angenommen,[40] fällt der Zinsanteil geringer aus. Aufgrund der Erhöhung der Differenz zwischen den Anschaffungskosten des Wirtschaftsguts und seinem Restwert am Ende der Vertragslaufzeit wird absolut mehr und relativ gesehen schneller getilgt. Diese zeitlich vorgezogene Amortisation bedingt, dass der in den einzelnen Leasingraten enthaltene Zinsanteil über die gesamte Laufzeit betrachtet zurückgeht.

401 Trotz der starken Abhängigkeit des tatsächlichen (durchschnittlichen) Zinsanteils der Leasingraten vom Zinssatz, mit dem die Leasingrate kalkuliert wird, hat sich der Gesetzgeber für eine weitgehende Pauschalierung entschlossen. Damit muss es zu **Verzerrungen der Finanzierungsentscheidungen** kommen: Ist der tatsächliche (durchschnittliche) Zinsanteil größer als der im Gesetz fingierte Zinsanteil, kommt es zu einer Begünstigung des Leasings. Die nach § 8 Nr 1 Buchst. d, e GewStG vorgenom-

39 Der zu Beginn dieses Kapitels vorgestellte Beispielsfall ist durch eine graue Schattierung hervorgehoben.

40 Den Eckpunkt bildet das Vollamortisationsleasing, bei dem während der Grundmietzeit die gesamten Anschaffungskosten finanziert werden, dh bei dem mit einem Restwert von Null gerechnet wird.

mene Hinzurechnung fällt geringer aus als die bei einer exakten Berechnung anzusetzenden Fremdkapitalaufwendungen. Umgekehrt gilt, dass Leasing benachteiligt wird, wenn der tatsächliche (durchschnittliche) Zinsanteil unter dem in § 8 Nr 1 Buchst. d, e GewStG enthaltenen Prozentwert liegt.

Da beim Kreditkauf die tatsächlich angefallenen Zinsen von der Hinzurechnung nach **402**
§ 8 Nr 1 Buchst. a GewStG erfasst werden, kann die Aussage zur Begünstigung oder Benachteiligung auf den Vergleich zwischen Kreditkauf und Leasing übertragen werden. Sind die Kalkulationsgrundlagen, insbesondere Zinssatz zur Berechnung der Leasingrate, Nutzungsdauer des Wirtschaftsguts und Restwert am Ende der Grundmietzeit, bekannt, kann angegeben werden,

- ob sich aus gewerbesteuerlicher Sicht Vorteile für das Leasing ergeben (tatsächlicher Zinsanteil > Zinsanteil nach § 8 Nr 1 Buchst. d, e GewStG)
- oder ob sich bei der Gewerbesteuer der Kreditkauf besser stellt (tatsächlicher Zinsanteil < Zinsanteil nach § 8 Nr 1 Buchst. d, e GewStG).

(4) Kritischer Zinssatz: Von den zwei Haupteinflussfaktoren „Zinssatz" und „Nut- **403**
zungsdauer" wird im Folgenden die Nutzungsdauer des Wirtschaftsguts variiert und jeweils der Zinssatz berechnet, bei dem die in § 8 Nr 1 Buchst. d, e GewStG vorgesehene Pauschalierung des Zinsanteils zum gleichen Ergebnis führt wie eine exakte Berechnung des Finanzierungsanteils des Leasings. Dieser Grenzwert wird als „kritischer Zinssatz" bezeichnet:

- Ist der Zinssatz, der der Kalkulation der Leasingraten zugrunde liegt, höher als der kritische Zinssatz, liegt eine Begünstigung des Leasings vor.
- Umgekehrt gilt: Ist der für die Berechnung der Leasingraten angesetzte Zinssatz niedriger als der kritische Zinssatz, kommt es für das Leasing gegenüber dem Kreditkauf zu einer Benachteiligung.

Der Vergleich des für das **Mobilienleasing** errechneten kritischen Zinssatzes mit dem **404**
aktuellen Marktzinssatz zeigt, dass das Mobilienleasing bei Wirtschaftsgütern mit einer kurzen Nutzungsdauer gegenüber dem Kreditkauf benachteiligt ist.[41] Bei Wirtschaftsgütern mit einer längeren Nutzungsdauer ist bei einem Zinssatz von 6% das Leasing bei einer Fixierung des Finanzierungsanteils der Leasingraten auf 20% tendenziell begünstigt. Ist der Restwert niedriger, erhöht sich die Benachteiligung des Leasings (kurze Nutzungsdauer) bzw fällt die Begünstigung des Leasings geringer aus.

Nutzungsdauer des Wirtschaftsguts	Teilamortisationsleasing (Grundmietzeit 60% der Nutzungsdauer, Restwert 40% der Anschaffungskosten)
5 Jahre	6,14%
10 Jahre	3,26%
15 Jahre	2,22%
20 Jahre	1,68%

Abb. 5.31: Kritischer Zinssatz beim Mobilienleasing (Hinzurechnung 20%)

41 Als kurze Nutzungsdauer werden betriebsgewöhnliche Nutzungsdauern von 5 Jahren oder weniger angesehen.

405 Für **Immobilien** ist die Vorgabe eines konstanten Finanzierungsanteils von 50% der Leasingraten bei einen Zinssatz von 6% für Immobilienkredite eher mit einer Benachteiligung des Leasings verbunden.[42]

Nutzungsdauer des Wirtschaftsguts	Teilamortisationsleasing (Grundmietzeit 60% der Nutzungsdauer, Restwert 40% der Anschaffungskosten)
30 Jahre	4,21%
40 Jahre	3,17%
50 Jahre	2,54%

Abb. 5.32: Kritischer Zinssatz beim Immobilienleasing (Hinzurechnung 50%)

406 *(5) Schlussfolgerung:* Durch die gesetzliche Normierung eines bestimmten Zinsanteils für das Leasing wird eine sehr grobe Pauschalierung vorgenommen. Diese Aussage gilt auch dann, wenn man berücksichtigt, dass der Zinsanteil für Mobilienleasing und Immobilienleasing in unterschiedlicher Höhe vorgegeben wird. Der tatsächliche Zinsanteil in den Leasingraten ist nämlich umso höher,

- je höher der Zinssatz ist, aus dem sich die Leasingraten errechnen,
- je länger die Laufzeit des Leasingvertrags ist (nimmt tendenziell mit der Nutzungsdauer des geleasten Wirtschaftsguts zu) und
- je höher der Restwert des Wirtschaftsguts am Ende der Grundmietzeit ist.

407 Die Abweichungen zwischen dem tatsächlichen Zinsanteil und dem gesetzlich fingierten Zinsanteil fallen zum Teil beträchtlich aus. Entscheidend sind die Kalkulationsgrundlagen, nicht die Art des Wirtschaftsguts. Die in § 8 Nr 1 Buchst. d, e GewStG vorgenommene Trennung zwischen beweglichen Wirtschaftsgütern und unbeweglichen Wirtschaftsgütern erfasst zwar im Grundsatz, dass bei unbeweglichen Wirtschaftsgütern der in den Leasingraten enthaltene Zinsanteil höher ist als bei beweglichen Wirtschaftsgütern, bei denen die Laufzeit des Leasingvertrags deutlich kürzer ist. Es wäre aber eher sachgerecht, bei der Hinzurechnung nach § 8 Nr 1 GewStG den Zinsanteil der Leasingraten jeweils anhand der konkreten Verhältnisse zu bestimmen. Die dafür benötigten Daten sind – zumindest näherungsweise – bekannt. Die bei einer Schätzung des Zinssatzes zur Kalkulation der Leasingrate, der Nutzungsdauer des Wirtschaftsguts und seines kalkulierten Restwerts am Ende der Grundmietzeit auftretenden Abweichungen gegenüber einer exakten Berechnung sind vermutlich deutlich geringer als die sich aus der gesetzlichen Fixierung des Zinsanteils der Leasingraten ergebenden Ungenauigkeiten.

F. Wirtschaftlichkeitsvergleich aus Sicht eines Investors

408 *(1) Überblick über die wichtigsten Einflussfaktoren:* Die bisherigen Analysen sind konzeptioneller Art. Sie zeigen, ob es **generell** möglich ist, dass sich für Leasing gegenüber einem Kreditkauf Steuervorteile einstellen. Diese Zielsetzung macht es er-

42 Ist der Restwert niedriger, fällt die Begünstigung des Leasings geringer aus.

forderlich, den Investor und den Finanzierer gemeinsam zu betrachten (gesamtwirtschaftliche Betrachtung). Bei den Analysen wird zwischen Bemessungsgrundlagen- und Zeiteffekten unterschieden. Ob sich für ein Unternehmen im **konkreten Einzelfall** (einzelwirtschaftliche Sichtweise) Leasing gegenüber einem Kreditkauf als vorteilhaft erweist, hängt davon ab, wie sich die potenziell möglichen Steuervorteile des Leasings auf die Höhe der Leasingrate auswirken. Ob der Abschluss eines Leasingvertrags im Vergleich zur Finanzierung durch ein (Bank-)Darlehen zu empfehlen ist, kann erst dann angegeben werden, wenn der Investor auf der Grundlage der ihm vorliegenden Vertragsangebote einen Wirtschaftlichkeitsvergleich durchführt.[43]

Für die Beurteilung des Kreditkaufs sind insbesondere die Art und Weise der Verrechnung der Anschaffungskosten des Wirtschaftsguts über planmäßige Abschreibungen sowie die Konditionen für das Darlehen bedeutsam. Die Vorteilhaftigkeit der Finanzierung über einen Leasingvertrag hängt insbesondere von der Höhe der Leasingrate ab. Unter Berücksichtigung der Hinzurechnung nach § 8 Nr 1 GewStG von **409**

- einem Viertel der Darlehenszinsen,
- einem Viertel von 20% der Leasingraten für bewegliche Wirtschaftsgüter (= 5,00% = 25% × 20%) und
- einem Viertel von 50% der Leasingraten für unbewegliche Wirtschaftsgüter (= 12,50% = 25% × 50%)

stellt sich ein verbaler Vorteilhaftigkeitsvergleich wie folgt dar:

	Kreditkauf (Kreditnehmer)	**Leasing (Leasingnehmer)**
Einkommen- bzw Körperschaftsteuer	– AfA – Kreditzinsen	– Leasingrate („Abschreibungen“, Zinsanteil)
Gewerbesteuer	– AfA – 75,00% × Kreditzinsen	– 95,00% × Leasingrate (Mobilien) bzw – 87,50% × Leasingrate (Immobilien)

Abb. 5.33: Haupteinflussfaktoren bei der Entscheidung zwischen Kreditkauf und Leasing

In diesem Kapitel wird anhand eines konkreten Beispiels ein quantitativer Wirtschaftlichkeitsvergleich durchgeführt. Mit diesem Fallbeispiel wird verdeutlicht, wie ein Belastungsvergleich zwischen Kreditkauf und Leasing rechnerisch durchzuführen ist. Die Daten werden so gewählt, dass die beiden Finanzierungsalternativen **vor Steuern übereinstimmen**, dh die Zahlungsreihe vor Steuern ist für den Investor unabhängig davon, ob er sich für den Kreditkauf oder das Leasing entscheidet. Auf diese Weise können die steuerlichen Effekte dieser beiden Formen der Außenfinanzierung isoliert werden. Im Anschluss an das Fallbeispiel wird aufgezeigt, wie sich eine Variation der Einflussgrößen auf das Verhältnis zwischen Kreditkauf und Leasing auswirkt. Vermittelt wird insbesondere das Wissen, wie ein Belastungsvergleich aufzubauen ist **410**

43 Siehe hierzu auch Schneeloch, Betriebswirtschaftliche Steuerlehre, Band 2: Betriebliche Steuerpolitik, 3. Aufl., München 2009, S. 271–285.

und auf welche Einflussfaktoren besonders zu achten ist. Diese Kenntnisse können genutzt werden, um auf der Grundlage der individuellen Verhältnisse eine Wirtschaftlichkeitsanalyse durchzuführen.

411 *(2) Daten für den Wirtschaftlichkeitsvergleich:* Bei den Eingabewerten ist danach zu differenzieren, ob sie speziell für den Kreditkauf benötigt werden, ob sie ausschließlich den Leasingvertrag betreffen oder ob sie für beide Finanzierungsalternativen relevant sind. Darüber hinaus ist die Länge des Berechnungszeitraums festzulegen.

412 Der Investor beabsichtigt, ein bewegliches **Wirtschaftsgut** (zB Fahrzeug, Maschine) zu beschaffen, dessen Anschaffungskosten 100 000 € betragen. Obwohl sich die betriebsgewöhnliche Nutzungsdauer des Wirtschaftsguts nach den von der Finanzverwaltung erstellten AfA-Tabellen über fünf Jahre erstreckt, möchte der Investor das Wirtschaftsgut nur vier Jahre nutzen. Die Abschreibungen werden in gleichen Jahresbeträgen verrechnet (lineare Abschreibung). Am Ende des vierten Nutzungsjahres hat das Wirtschaftsgut voraussichtlich einen Marktwert (Restwert, Veräußerungserlös) von 25 000 €. Der am Ende des vierten Jahres tatsächlich erzielte Veräußerungserlös stimmt mit dem erwarteten Marktwert des Wirtschaftsguts überein.

413 Bei einer Kreditfinanzierung wird der **Darlehensvertrag** so gestaltet, dass er mit der Kalkulation der Leasingrate vergleichbar ist. Die an den Darlehensgeber zu leistenden Zahlungen stimmen damit vom Ansatz mit der linearen Leasingrate überein. Der Investor entscheidet sich deshalb für ein Annuitätendarlehen, das dadurch gekennzeichnet ist, dass die Summe aus Zinsen und Tilgung in jedem Jahr gleich ist. Dies bedeutet, dass im Zeitablauf die Zinsaufwendungen zurückgehen und sich der Tilgungsbetrag sukzessive erhöht. Für das Darlehen sind Zinsen von 10% zu bezahlen. Die Laufzeit des Darlehens stimmt mit dem Zeitraum überein, über den der Investor das Wirtschaftsgut nutzen möchte (= vier Jahre). Während der vierjährigen Nutzungsphase wird nur die Differenz zwischen den Anschaffungskosten des Wirtschaftsguts und seinem voraussichtlichen Veräußerungserlös am Ende des vierten Jahres getilgt. Der zu erwartende Veräußerungserlös von 25 000 € wird dazu verwendet, um das Darlehen vollständig zurückzubezahlen, dh am Ende der Laufzeit des Darlehens erfolgt in Höhe des Marktwerts (Restwerts) des Wirtschaftsguts eine Sondertilgung.

414 Beim **Leasingvertrag** handelt es sich um einen Teilamortisationsvertrag, der weder eine Mietverlängerungsoption noch eine Kaufoption vorsieht.[44] Die Grundmietzeit von vier Jahren stimmt mit dem Zeitraum überein, über den der Investor beabsichtigt, das Wirtschaftsgut in seinem Unternehmen zu nutzen. Für die Kalkulation der Leasingrate wird ein Zinssatz von 10% sowie ein Restwert (= voraussichtlicher Marktpreis des Wirtschaftsguts nach einer vierjährigen Nutzung) von 25 000 € zugrunde gelegt. Die jährlich gleichbleibende Leasingrate errechnet sich wie folgt:

---

44 Die folgenden Berechnungen können ohne Modifikation übernommen werden, wenn der Leasingvertrag eine Mietverlängerungs- oder Kaufoption vorsieht, sofern der Leasingnehmer von diesem vertraglich vereinbarten Recht keinen Gebrauch macht.

	(Anschaffungskosten – Restwert)	×	Annuitätenfaktor	+	Restwert × Zinssatz
=	(AK – RW)	×	$[i\times(1+i)^{GMZ}] / [(1+i)^{GMZ}-1]$	+	RW × i
=	(100 000 € – 25 000 €)	×	$[10\%\times(1+10\%)^4] / [(1+10\%)^4-1]$	+	25 000 € × 10%
=	26 160,31 €				

Beim Darlehensvertrag sind aufgrund der gewählten Konstruktion gleichfalls jährlich jeweils 26 160,31 € an Zinsen und Tilgungen zu bezahlen. Die Sondertilgung in Höhe des Restwerts des Wirtschaftsguts am Ende der vierten Nutzungsperiode wird aus dem beim Verkauf des Wirtschaftsguts erzielten Erlös finanziert. Beim Leasing ergibt sich wirtschaftlich der gleiche Effekt. Über den Leasingvertrag wurde lediglich die Differenz zwischen den Anschaffungskosten und dem Restwert des Wirtschaftsguts ausgeglichen. Die „Resttilgung" erfolgt durch die Rückgabe des Wirtschaftsguts. Der Leasinggeber kann durch den Verkauf des zurückgegebenen Wirtschaftsguts den noch nicht amortisierten Teil der Anschaffungskosten (= 100 000 € – 75 000 € = 25 000 €) erzielen.

Es wird angenommen, dass der Investor sein Unternehmen in der **Rechtsform einer Kapitalgesellschaft** führt. Damit ist bei der Berechnung der **steuerlichen Folgen** mit einem Körperschaftsteuersatz von 15,00% und dem Solidaritätszuschlagsatz von 5,50% zu rechnen. Beim Gewerbesteuerhebesatz wird von einem Wert von 400% ausgegangen. Für die Beurteilung der Vorteilhaftigkeit der beiden Finanzierungsalternativen ist es ausreichend, die finanziellen Effekte auf Ebene der Kapitalgesellschaft zu betrachten. Der zusätzliche Einbezug des Gesellschafters der Kapitalgesellschaft würde lediglich den absoluten Betrag der Zielgröße verändern. Da die Besteuerung der Dividenden auf Ebene des Anteilseigners unabhängig von der Besteuerung der Gewinne auf Ebene der Kapitalgesellschaft ist, kann es bei einem Einbezug der steuerlichen Folgen auf Ebene des Gesellschafters nicht zu einem Wechsel der Vorteilhaftigkeitsreihenfolge kommen. **415**

Aus Vereinfachungsgründen wird davon ausgegangen, dass alle Zahlungen jeweils am Ende des Jahres anfallen. Es wird also sowohl für das Darlehen als auch für den Leasingvertrag von jährlichen nachschüssigen Zahlungen ausgegangen. Die Steuerwirkungen sollen gleichfalls zum Jahresende eintreten. **416**

Entscheidungskriterium bildet der **Kapitalwert.**[45] Als Zinssatz für die Differenzanlagen und damit für den Kalkulationszinssatz vor Steuern wird ein Wert von 10,00% angenommen. Dieser Wert gilt auch für das Darlehen und den Leasingvertrag. Die Annahme eines einheitlichen Zinssatzes für alle drei Bereiche wurde getroffen, um die steuerlichen Effekte zu isolieren. Führt der Investor sein Unternehmen in der Rechtsform einer Kapitalgesellschaft, errechnet sich ein Nachsteuerzinssatz von 7,0175%[46] **417**

---

45 Bei den diesem Wirtschaftlichkeitsvergleich zugrundeliegenden Daten führt die Vermögensendwertmethode zur gleichen Empfehlung. Der Unterschied besteht im Wesentlichen darin, dass sich bei der Vermögensendwertmethode die Berechnung des Vorteilhaftigkeitskriteriums auf das Ende des Betrachtungszeitraums bezieht. Siehe hierzu Vierter Teil, Zweiter Abschnitt, Kapitel D. und E., Rn. 111.

46 Der Zinssatz wird als Habenzinssatz interpretiert. Wird für die Differenzanlagen der Sollzinssatz herangezogen, gilt aufgrund der Hinzurechnung von Fremdkapitalaufwendungen nach § 8 Nr 1 Buchst. a GewStG für den Nachsteuerzinssatz: Vorsteuerzinssatz × $(1 - 75\%\times s_{GewSt} - s_{KSt}\times[1+s_{SolZ}])$. Siehe hierzu Vierter Teil, Zweiter Abschnitt, Kapitel F., Rn. 130.

= Vorsteuerzinssatz × (1 – s_{GewSt} – s_{KSt}×[1+s_{SolZ}])
= 10,00% × (1 – 14% – 15%×[1+5,5%]).

418 Wenn sich aus der Finanzierung negative Veränderungen der steuerlichen Bemessungsgrundlagen ergeben, wird davon ausgegangen, dass innerhalb des Gesamtunternehmens ausreichend Gewinne erwirtschaftet werden, damit die negativen Veränderungen der Bemessungsgrundlagen sowohl bei der Gewerbesteuer als auch bei der Körperschaftsteuer im gleichen Jahr verrechnet werden können **(„sofortiger Verlustausgleich")**.

419 Der **Berechnungszeitraum** ist so festzulegen, dass dem Investor das Wirtschaftsgut bei beiden Formen der Außenfinanzierung über den gleichen Zeitraum zur Verfügung steht. Da beim Leasing das Wirtschaftsgut nach Ablauf der vierjährigen Grundmietzeit an den Leasinggeber zurückzugeben ist, wird bei einer Finanzierung über ein Bankdarlehen davon ausgegangen, dass der Kreditkäufer das Wirtschaftsgut nach vier Jahren veräußert. Beim Teilamortisationsleasing ohne Mietverlängerungs- oder Kaufoption bzw ohne Ausübung einer derartigen Option stimmt der Berechnungszeitraum mit der Laufzeit des Leasingvertrags (Grundmietzeit) überein.[47]

420 *(3) Berechnungsschema für den Kreditkauf:* Unter Berücksichtigung der Abschreibungen, der Zahlungsverpflichtungen aus dem Darlehensvertrag, der Veräußerung des Wirtschaftsguts am Ende der vierten Periode sowie den Ertragsteuern der Kapitalgesellschaft errechnet sich bei einem Nachsteuerzinssatz von 7,0175% ein Barwert der nach Steuern verbleibenden Auszahlungsüberschüsse von 62 776 €. Dieser Kapitalwert gibt die Belastung aus der Finanzierung des Kaufpreises des Wirtschaftsguts an, wobei diese Belastung auf den Beginn des Berechnungszeitraums bezogen wird:

	Kreditkauf	**Jahr 01**	**Jahr 02**	**Jahr 03**	**Jahr 04**
Wirtschaftsgut (Abschreibungsplan)					
	Buchwert zu Beginn des Jahres	100 000	80 000	60 000	40 000
–	Abschreibungen	20 000	20 000	20 000	20 000
=	Buchwert am Ende des Jahres	80 000	60 000	40 000	20 000
Darlehen (Zinsen und Tilgungen)					
	Stand zu Beginn des Jahres	100 000	83 840	66 063	46 509
	daraus Zinsaufwendungen = Stand zu Beginn des Jahres × Darlehenszinssatz	10 000	8 384	6 606	4 651
–	Tilgung während der Laufzeit (annuitätisch)	16 160	17 776	19 554	21 509
–	Sondertilgung am Ende der Laufzeit (= Veräußerungserlös)	–.–	–.–	–.–	25 000

47 Wird vom Leasingnehmer eine Mietverlängerungs- bzw Kaufoption ausgeübt, ist bei beiden Finanzierungsalternativen der Berechnungszeitraum bis zum Ende der betriebsgewöhnlichen Nutzungsdauer des Wirtschaftsguts bzw einer ggf vorher vorgenommenen Veräußerung des Wirtschaftsguts auszudehnen.

Kreditkauf	**Jahr 01**	**Jahr 02**	**Jahr 03**	**Jahr 04**
= Stand am Ende des Jahres	83 840	66 063	46 509	0
Verkauf des Wirtschaftsguts am Ende des Betrachtungszeitraums				
Veräußerungserlös (= beim Leasing kalkulierter Restwert)				25 000
Veräußerungsgewinn = Veräußerungserlös – Buchwert des Wirtschaftsguts am Ende der Laufzeit des Darlehensvertrags				5 000
Steuerberechnungen				
Bemessungsgrundlage der Gewerbesteuer = – Abschreibungen –75%×Darlehenszinsen + Veräußerungsgewinn	– 27 500	– 26 288	– 24 955	– 18 488
Gewerbesteuer = Bemessungsgrundlage×3,5%×Hebesatz	– 3 850	– 3 680	– 3 494	– 2 588
Bemessungsgrundlage der Körperschaftsteuer = –Abschreibungen – Darlehenszinsen + Veräußerungsgewinn	– 30 000	– 28 384	– 26 606	– 19 651
Körperschaftsteuer = Bemessungsgrundlage×15%	– 4 500	– 4 258	– 3 991	– 2 948
Solidaritätszuschlag = Körperschaftsteuer×5,5%	– 248	– 234	– 220	– 162
Berechnung des Kapitalwerts				
Zahlungsreihe nach Steuern = – Darlehenszinsen – Tilgung – Sondertilgung + Veräußerungserlös – GewSt – KSt – SolZ	– 17 563	– 17 988	– 18 456	– 20 462
/ Abzinsungsfaktor	$1{,}070175^1$	$1{,}070175^2$	$1{,}070175^3$	$1{,}070175^4$
= Barwert	– 16 411	– 15 706	– 15 058	– 15 600
Kapitalwert (= Summe der Barwerte)	**– 62 776**			

Abb. 5.34: Berechnungsschema für den Kreditkauf

Das Wirtschaftsgut wird linear über die betriebsgewöhnliche Nutzungsdauer abgeschrieben. Bei Anschaffungskosten von 100 000 € und einer betriebsgewöhnlichen Nutzungsdauer von fünf Jahren ergibt sich eine jährliche Abschreibung von 20 000 €. Am Ende des vierjährigen Berechnungszeitraums verbleibt in der Steuerbilanz des Investors ein Restbuchwert von 20 000 €. **421**

Das Bankdarlehen stimmt mit den Anschaffungskosten des Wirtschaftsguts überein. Es wird über den Berechnungszeitraum von vier Jahren annuitätisch so getilgt, dass ein Restdarlehen von 25 000 € verbleibt. Die Zinsen werden aus dem Stand des Darlehens zu Beginn der Periode berechnet. Durch die periodische Tilgung reduziert sich der Zinsaufwand von Jahr zu Jahr. Das Restdarlehen wird aus dem beim Verkauf des Wirtschaftsguts erzielten Erlös getilgt.

Am Ende des Berechnungszeitraums veräußert der Kreditkäufer das Wirtschaftsgut. Hinsichtlich des Veräußerungserlöses wird davon ausgegangen, dass dieser mit dem bei der Kalkulation der Leasingrate unterstellten Restwert übereinstimmt (= 25 000 €). Da der Veräußerungserlös über dem steuerbilanziellen Restbuchwert (= 20 000 €) liegt, entsteht in der vierten Periode ein Veräußerungsgewinn von 5 000 €.

422 Die Einkünfte aus Gewerbebetrieb errechnen sich wie folgt:

– Abschreibungen
– Darlehenszinsen
± Veräußerungserfolg (nur in der letzten Periode)
= Veräußerungserlös – Restbuchwert des Wirtschaftsguts.

Bei der Körperschaftsteuer stimmt die Bemessungsgrundlage mit den Einkünften aus Gewerbebetrieb überein. Bei der Gewerbesteuer sind bei Ermittlung des Gewerbeertrags 25% der Darlehenszinsen hinzuzurechnen (§ 8 Nr 1 Buchst. a GewStG), sodass die Darlehenszinsen die gewerbesteuerliche Bemessungsgrundlage nur zu 75% verringern:

– Abschreibungen
– 75% × Darlehenszinsen
± Veräußerungserfolg (nur in der letzten Periode).

Bei der Gewerbesteuer ist die Bemessungsgrundlage mit 14% (= Steuermesszahl von 3,5% × Hebesatz von 400%) zu multiplizieren. Die Körperschaftsteuer entspricht 15% der Einkünfte aus Gewerbebetrieb. Der Solidaritätszuschlag beträgt 5,5% der Körperschaftsteuer.

423 Zur Berechnung des Liquiditätssaldos sind folgende Werte zusammenzufassen:[48]

– Darlehenszinsen
– Tilgung des Darlehens (sowohl periodische Tilgung während der Laufzeit des Darlehens als auch die Sondertilgung am Ende des Berechnungszeitraums)
+ Veräußerungserlös (nur in der letzten Periode)
– Gewerbesteuer
– Körperschaftsteuer
– Solidaritätszuschlag.

48 Bei den Steuern ist zu beachten, dass die Bemessungsgrundlage negativ ist, dh die Subtraktion der Gewerbesteuer, der Körperschaftsteuer und des Solidaritätszuschlags führt zu einer positiven Veränderung des Liquiditätssaldos.

Der in der jeweiligen Periode entstehende Liquiditätssaldo ist mit dem Nettokalkulationszinssatz von 7,0175% (= 10% × [1–29,825%]) auf den Beginn des Berechnungszeitraums abzuzinsen. 424

(4) Berechnungsschema für das Leasing: Das Berechnungsschema für das Leasing ist wesentlich einfacher. Zum einen ist nur die Leasingrate und deren ertragsteuerliche Abziehbarkeit zu berücksichtigen. Zum anderen ist die Leasingrate konstant, sodass sowohl die Zahlungsreihe vor Steuern als auch die Zahlungsreihe nach Steuern in jedem Jahr gleich hoch ist. Abweichungen ergeben sich lediglich dadurch, dass die Abzinsung mit dem Nachsteuerzinssatz von 7,0175% jeweils einen anderen Barwert ergibt. Insgesamt betrachtet ergibt sich für das Leasing ein negativer Kapitalwert von 62 778 €: 425

Leasing	**Jahr 01**	**Jahr 02**	**Jahr 03**	**Jahr 04**
Leasingrate	26 160	26 160	26 160	26 160
Rückgabe des Wirtschaftsguts am Ende der Laufzeit des Leasingvertrags ertragsteuerlich nicht relevant				
Steuerberechnungen				
Bemessungsgrundlage der Gewerbesteuer = – 95%×Leasingrate	– 24 852	– 24 852	– 24 852	– 24 852
Gewerbesteuer = Bemessungsgrundlage×3,5%×Hebesatz	– 3 479	– 3 479	– 3 479	– 3 479
Bemessungsgrundlage der Körperschaftsteuer = – Leasingrate	– 26 160	– 26 160	– 26 160	– 26 160
Körperschaftsteuer = Bemessungsgrundlage×15%	– 3 924	– 3 924	– 3 924	– 3 924
Solidaritätszuschlag = Körperschaftsteuer×5,5%	– 216	– 216	– 216	– 216
Berechnung des Kapitalwerts				
Zahlungsreihe nach Steuern = – Leasingrate – GewSt – KSt – SolZ	– 18 541	– 18 541	– 18 541	– 18 541
/ Abzinsungsfaktor	$1{,}070175^1$	$1{,}070175^2$	$1{,}070175^3$	$1{,}070175^4$
= Barwert	– 17 325	– 16 189	– 15 128	– 14 136
Kapitalwert (= Summe der Barwerte)	**– 62 778**			

Abb. 5.35: Berechnungsschema für das Leasing

Die Leasingrate ist bei der Körperschaftsteuer in vollem Umfang als Betriebsausgabe abziehbar. Bei der Gewerbesteuer ist nach § 8 Nr 1 Buchst. d GewStG der Zinsanteil der Leasingrate zu einem Viertel hinzurechnen. Bei beweglichen Wirtschaftsgütern wird der Zinsanteil mit 20% der Leasingrate pauschaliert. Die Hinzurechnung beträgt also 5% der Leasingrate: 426

25%ige Hinzurechnung	×	Zinsanteil der Leasingrate
25%	×	20% × Leasingrate.

Damit vermindert sich der Gewerbeertrag des Leasingnehmers um 95% der Leasingrate.

427 Die Ableitung der Steuern aus der jeweiligen Bemessungsgrundlage erfolgt wie beim Kreditkauf. Für die Berechnung des Liquiditätssaldos nach Berücksichtigung der steuerlichen Effekte gilt:[49]

- Leasingrate
- Gewerbesteuer
- Körperschaftsteuer
- Solidaritätszuschlag.

428 Die Berechnung des Barwerts aus der (in jeder Periode nach Steuern gleichen) Zahlungsreihe erfolgt mit dem Nachsteuerzinssatz von 7,0175%.

429 *(5) Vorteilhaftigkeitsaussage:* Im Beispielsfall sind die beiden Finanzierungsalternativen nahezu gleichwertig. Der Barwert der Auszahlungen liegt beim Kreditkauf mit 62 776 € nur um 2 € niedriger als der Barwert der Auszahlungen bei einer Finanzierung durch Leasing (= 62 778 €).

430 *(6) Ursachenanalyse:* Der im Fallbeispiel auftretende Unterschied ist für praktische Zwecke vernachlässigbar. Da im Beispiel die Daten so gewählt wurden, dass die beiden Zahlungsreihen vor Steuern identisch sind, leitet sich hieraus die Vermutung ab, dass die Besteuerung die Entscheidung zwischen Kreditkauf und Leasing nicht beeinflusst. Würde diese Vermutung zutreffen, wäre das geltende Steuerrecht insoweit finanzierungsneutral. Die folgenden Analysen werden aber zeigen, dass die weitgehende Übereinstimmung der Nachsteuerbelastung der beiden Formen der Außenfinanzierung sich daraus ergibt, dass sich **zwei gegenläufige Effekte** zufällig ausgleichen. Zur Begründung dieser Aussage wird eine dreistufige Analyse vorgenommen:

- erster Schritt **(finanzierungsneutrale Ausgestaltung des Steuerrechts)**: Die Abschreibungen des Wirtschaftsguts werden so festgesetzt, dass die Aufwandsverrechnung beim Kreditkauf mit der Veränderung der Einkünfte aus Gewerbebetrieb beim Leasing übereinstimmt. Darüber hinaus bleibt die Hinzurechnung von Fremdfinanzierungsaufwendungen (Darlehenszinsen und Zinsanteil der Leasingraten) noch unberücksichtigt.
- zweiter Schritt **(Zeiteffekt der planmäßigen Abschreibungen)**: Die Annäherung an das geltende Steuerrecht erfolgt dadurch, dass die im ersten Schritt vorgenommene Berechnung der planmäßigen Abschreibungen durch die in § 7 Abs. 1 EStG vorgesehene lineare Abschreibung ersetzt wird.
- dritter Schritt **(Bemessungsgrundlagen- und Zeiteffekt der gewerbesteuerlichen Hinzurechnung von Fremdfinanzierungsaufwendungen)**: Die Übereinstimmung mit den aktuellen steuerlichen Regelungen wird auf die Weise erreicht, dass wieder die Hinzurechnungen nach § 8 Nr 1 GewStG einbezogen werden.

49 Da die steuerlichen Bemessungsgrundlagen negativ sind, bewirkt die Subtraktion der Gewerbesteuer, der Körperschaftsteuer und des Solidaritätszuschlags eine positive Veränderung des Liquiditätssaldos.

Im **ersten Schritt** wird eine vollständige Übereinstimmung der beiden Finanzierungsalternativen hinsichtlich ihrer Zahlungs- und ihrer Erfolgswirkungen konstruiert: **431**

	Jahr 01	Jahr 02	Jahr 03	Jahr 04
Kreditkauf				
Buchwert zu Beginn des Jahres	100 000	83 840	66 063	46 509
– Abschreibungen	16 160	17 776	19 554	21 509
= Buchwert am Ende des Jahres	83 840	66 063	46 509	25 000
Darlehen (Zinsen und Tilgungen)				
Stand zu Beginn des Jahres	100 000	83 840	66 063	46 509
Zinsaufwendungen	10 000	8 384	6 606	4 651
– Tilgung während der Laufzeit (annuitätisch)	16 160	17 776	19 554	21 509
– Sondertilgung am Ende der Laufzeit (= Veräußerungserlös)	–.–	–.–	–.–	25 000
= Stand am Ende des Jahres	83 840	66 063	46 509	0
Verkauf des Wirtschaftsguts am Ende des Betrachtungszeitraums				
Veräußerungserlös (= Restwert beim Leasing)				25 000
Veräußerungsgewinn = Veräußerungserlös – Buchwert des Wirtschaftsguts am Ende der Laufzeit des Darlehensvertrags				0
Zahlungsreihe vor Steuern				
= – Darlehenszinsen – Tilgung – Sondertilgung + Veräußerungserlös	– 26 160	– 26 160	– 26 160	– 26 160
Leasing				
Leasingrate	– 26 160	– 26 160	– 26 160	– 26 160

Abb. 5.36: Übereinstimmung der Zahlungs- und Erfolgswirkungen von Leasing und Kreditkauf

Werden beim Kreditkauf die planmäßigen Abschreibungen mit dem gleichen Betrag angesetzt wie die periodischen Tilgungen des Darlehens, stimmt der Restbuchwert des Wirtschaftsguts am Ende des Berechnungszeitraums mit dem beim Verkauf dieses Wirtschaftsguts erzielbaren Veräußerungserlös überein. Hieraus ergeben sich drei Effekte:

- Innerhalb des Betrachtungszeitraums stimmt die Aufwandsverrechnung als Summe aus den beiden Komponenten „Abschreibungen" und „Darlehenszinsen" in jeder Periode mit den Leasingraten überein.
- Die Identität der beiden Finanzierungsalternativen gilt auch hinsichtlich ihrer Liquiditätswirkungen. Die aufwandswirksam verrechneten Abschreibungen stimmen mit den an den Kreditgeber zu zahlenden Tilgungen überein.
- Der Verkauf des Wirtschaftsguts am Ende des Betrachtungszeitraums ist erfolgsneutral, da der Restbuchwert des Wirtschaftsguts mit dem Veräußerungserlös

übereinstimmt. Der beim Verkauf erzielte Liquiditätszufluss wird dazu verwendet, um das Darlehen vollständig zu tilgen. Per Saldo verändert sich damit der Bestand an Zahlungsmitteln nicht.

Durch die im ersten Schritt getroffenen Annahmen wird sowohl vor Steuern als auch unter Einbezug der Besteuerung eine Übereinstimmung zwischen Kreditkauf und Leasing erreicht. Beide Finanzierungsalternativen weisen unter diesen Rahmenbedingungen den gleichen negativen Kapitalwert von 62 158 € aus.

432 Durch dieses konstruierte Steuersystem werden die Bedingungen aufgezeigt, unter denen die Besteuerung die Entscheidung zwischen Kreditkauf und Leasing nicht beeinflusst. Dieses finanzierungsneutrale Steuersystem übernimmt die Aufgabe eines Bezugspunkts, an dem die im geltenden Recht eintretenden Steuerwirkungen gemessen werden. Im **zweiten Schritt** werden wieder die geltenden Abschreibungsregelungen eingeführt und die daraus resultierenden Zeiteffekte herausgearbeitet. Beim Leasing ergeben sich aus Sicht des Leasingnehmers keine Abweichungen.[50] Beim Kreditkauf verringert sich der Barwert der Auszahlungsüberschüsse auf 61 880 €. Die Verbesserung des Kreditkaufs um 278 € (= 62 158 € – 61 880 €) im Vergleich zur finanzierungsneutralen Abschreibung beruht darauf, dass die linearen Abschreibungen im Beispielsfall zu einer früheren Aufwandsverrechnung führen als beim Leasing. Damit verbunden ist, dass der ertragsteuerliche Restbuchwert des Wirtschaftsguts am Ende des Betrachtungszeitraums mit 20 000 € unter dem tatsächlichen Wert dieses Wirtschaftsguts von 25 000 € liegt:

Periode (1)	lineare Abschreibung (2)	finanzierungsneutrale Abschreibung (3)	Differenz (4) = (2) – (3)	Differenz, kumuliert (5)
1	20 000 €	16 160 €	+ 3 840 €	+ 3 840 €
2	20 000 €	17 776 €	+ 2 224 €	+ 6 064 €
3	20 000 €	19 554 €	+ 446 €	+ 6 510 €
4	20 000 €	21 509 €	– 1 509 €	+ 5 000 €

Abb. 5.37: Vergleich der linearen Abschreibung mit der finanzierungsneutralen Abschreibung (ohne Berücksichtigung des Veräußerungsgewinns)

Die während der Nutzung des Wirtschaftsguts bei einer linearen Abschreibung um insgesamt 5 000 € höheren Abschreibungen werden am Ende des Betrachtungszeitraums durch die steuerliche Erfassung eines Veräußerungsgewinns in gleicher Höhe ausgeglichen. Die Vorteile des Kreditkaufs bei der Verrechnung der planmäßigen Abschreibungen beruhen also auf einem positiven Zeiteffekt. Der Bemessungsgrundlageneffekt ist null.

Der positive Zeiteffekt zugunsten des Kreditkaufs wirkt sich noch stärker aus, wenn anstelle der linearen Abschreibung die Abschreibungen degressiv (zB geometrisch-degressiv nach § 7 Abs. 2 EStG aF) verrechnet werden oder wenn der Restwert höher ausfällt. Bei einer längeren Nutzungsdauer macht sich der positive Zeiteffekt gleich-

50 Die auf Ebene des Leasinggebers auftretenden Effekte bleiben hier unberücksichtigt.

falls stärker bemerkbar. Für den Kreditkauf spricht auch, wenn bei der Berechnung der steuerrechtlichen Abschreibungen auf eine betriebsgewöhnliche Nutzungsdauer abgestellt wird, die kürzer ist als die tatsächliche Nutzungsdauer des Wirtschaftsguts.

Im **dritten Schritt** wird wieder die Hinzurechnung von Fremdkapitalaufwendungen nach § 8 Nr 1 Buchst. d, e GewStG eingeführt und die daraus resultierenden Bemessungsgrundlagen- und Zeiteffekte untersucht. Dieses teilweise Abzugsverbot bei der Gewerbesteuer löst beim Kreditkauf eine Belastung von 896 € (= 62 776 € – 61 880 €) aus,[51] beim Leasing sind es nur 620 € (= 62 778 € – 62 158 €).[52] Im Beispiel verbessert sich also die Finanzierung mit Leasing relativ betrachtet um 276 € (= 896 € – 620 €). Die Begründung liegt darin, dass bei einem Finanzierungszinssatz von 10% die Pauschalierung des in den Leasingraten enthaltenen Zinsanteils den tatsächlich entstehenden Finanzierungsaufwand nur zum Teil erfasst. Im Beispiel sind die Vertragsverhältnisse so gestaltet, dass beim Darlehen und beim Leasing die gleichen Finanzierungszahlungen anfallen. Die Fremdkapitalaufwendungen können also aus den Darlehenszinsen ersehen werden. In den Leasingraten sind kalkulatorisch die gleichen Zinsanteile enthalten. Nach § 8 Nr 1 Buchst. d GewStG gelten allerdings bei beweglichen Wirtschaftsgütern pauschalierend 20% der Leasingraten als Zinsanteil. Über den vierjährigen Betrachtungszeitraum fallen – gemessen an den tatsächlichen Verhältnissen – die Hinzurechnungen beim Leasing um 8 713 € zu niedrig aus. Verstärkt wird dieser positive Bemessungsgrundlageneffekt durch einen positiven Zeiteffekt. Gewerbesteuerlich wird der Finanzierungsanteil in jedem Jahr mit dem gleichen Betrag angesetzt, obwohl er tatsächlich von Jahr zu Jahr fällt. Bei einem Hebesatz von 400% errechnet sich nominell eine um 305 € geringere Gewerbesteuer (= 25% × 8 713 € × 3,5% × 400%). Nach Abzinsung verbleibt für das Leasing ein positiver Effekt von 276 €. 433

Periode (1)	tatsächlicher Zinsanteil = Darlehenszinsen (2)	Hinzurechnung beim Leasing (3)	Differenz (4) = (2) – (3)	Differenz, kumuliert (5)
1	10 000 €	5 232 €	+ 4 768 €	+ 4 768 €
2	8 384 €	5 232 €	+ 3 152 €	+ 7 920 €
3	6 606 €	5 232 €	+ 1 374 €	+ 9 294 €
4	4 651 €	5 232 €	– 581 €	+ 8 713 €

Abb. 5.38: Vergleich des tatsächlichen Zinsanteils mit der Hinzurechnung nach § 8 Nr 1 Buchst. d GewStG

Dieser relative Vorteil des Leasings gegenüber dem Kreditkauf wirkt umso stärker, je mehr Finanzierungsaufwendungen anfallen. Der Vorteil des Leasings aus der gewerbesteuerlichen Hinzurechnung ist umso höher,[53] 434

51 Bezugsbasis bildet der im zweiten Schritt für den Kreditkauf ermittelte Kapitalwert.

52 Bezugsbasis bildet der im ersten Schritt für die beiden Finanzierungsalternativen errechnete Kapitalwert.

53 Dieser Vorteil ist in Relation zum Kreditkauf zu sehen. Er ergibt sich daraus, dass die Hinzurechnungen beim Leasing geringer ausfallen als beim Kreditkauf.

- je höher der Zinssatz ist, aus dem sich die Leasingraten errechnen,
- je länger die Laufzeit des Leasingvertrags ist (nimmt tendenziell mit der Nutzungsdauer des geleasten Wirtschaftsguts zu) und
- je höher der Restwert des Wirtschaftsguts am Ende der Grundmietzeit ist.

435 Im Beispiel wirkt der Bemessungsgrundlagen- und Zeiteffekt der gewerbesteuerlichen Hinzurechnung zugunsten des Leasings. Wie die Analysen im Kapitel D. (Rn. 377) gezeigt haben, kann bei niedrigen Zinssätzen und kurzen Laufzeiten des Leasingvertrags bzw kurzen Nutzungsdauern des Wirtschaftsguts die Pauschalierung dazu führen, dass die Hinzurechnungen nach § 8 Nr 1 Buchst. d GewStG den tatsächlichen Zinsanteil übersteigen. Unter den im Beispielsfall geltenden Konstellationen wirkt die Ausgestaltung der gewerbesteuerlichen Hinzurechnung dann zu Lasten des Leasings, wenn der Zinssatz, aus dem die Leasingrate kalkuliert wird, unter 6,29% liegt.

Die Auswirkungen lassen sich wie folgt **zusammenfassen**:

		Kapitalwert Kreditkauf	**Kapitalwert Leasing**	**Vergleich**
	erster Schritt: finanzierungsneutrales Steuersystem	– 62 158 €	– 62 158 €	± 0 €
+	Veränderung im zweiten Schritt: lineare Abschreibung (hier: positiver Zeiteffekt für den Kreditkauf)	+ 278 €	± 0 €	+ 278 €
=	Kapitalwert unter Berücksichtigung der steuerrechtlichen Abschreibungen	– 61 880 €	– 62 158 €	+ 278 €
+	Veränderung im dritten Schritt: gewerbesteuerliche Hinzurechnungen (hier: positiver Bemessungsgrundlagen- und Zeiteffekt für das Leasing)	– 896 €	– 620 €	– 276 €
=	Kapitalwert unter Berücksichtigung der steuerrechtlichen Abschreibungen und der gewerbesteuerlichen Hinzurechnungen	– 62 776 €	– 62 778 €	+ 2 €

Abb. 5.39: Wirkungen des geltenden Steuerrechts auf die Entscheidung zwischen Kreditkauf und Leasing

Im Beispiel gleichen sich der positive Zeiteffekt des Kreditkaufs bei den Abschreibungen und der positive Bemessungsgrundlagen- und Zeiteffekt des Leasings bei den gewerbesteuerlichen Hinzurechnungen nahezu aus. Diese Kompensation kann aber nicht verallgemeinert werden.

436 *(7) Auswirkungen der nicht steuerlichen Parameter:* Bislang wurden ausschließlich die Auswirkungen von steuerlichen Regelungen analysiert. Deshalb wurden der Kreditkauf und das Leasing so ausgestaltet, dass beide vor Steuern die gleichen Zahlungswirkungen auslösen. Im Folgenden werden einige ausgewählte nicht steuerliche Parameter betrachtet und deren Einfluss auf die Finanzierungsentscheidung aufgezeigt. Dabei handelt es sich nur um Tendenzaussagen. Eine abschließende Aussage erfordert eine weitaus umfassendere Analyse.

Eine Erhöhung der Darlehenszinsen ist für den Kreditkauf von Nachteil, da sich die Belastung aus dem Darlehensvertrag erhöht. Umgekehrt löst eine Erhöhung des Zinssatzes, der der Kalkulation der Leasingrate zugrunde liegt, eine Mehrbelastung für das Leasing aus. Die Konditionen für das Darlehen bzw den Leasingvertrag beeinflussen zwar entscheidend die Vorteilhaftigkeit zwischen den beiden Finanzierungsalternativen. Es kann allerdings nicht in allgemein geltender Form angegeben werden, ob Banken oder Leasinggesellschaften aus Sicht des Investors die günstigeren Konditionen anbieten. **437**

Eine Erhöhung des Zinssatzes für die Differenzanlagen begünstigt dann den Kreditkauf, wenn wie im Beispielsfall in den einzelnen Jahren (abgesehen vom letzten Berechnungsjahr) die Liquiditätsbelastungen geringer sind als beim Leasing. **438**

Eine isolierte Betrachtung des beim Verkauf des Wirtschaftsguts erzielbaren Erlöses am Ende des Betrachtungszeitraums führt zu einem Vorteil für den Kreditkauf, weil diese Erhöhung vom Investor vereinnahmt werden kann. Demgegenüber kann der Leasingnehmer von dieser Werterhöhung nicht profitieren, wenn er verpflichtet ist, das Wirtschaftsgut am Ende der Grundmietzeit zurückzugeben.

Dritter Abschnitt

Innenfinanzierung (Gewinnverwendungsentscheidung)

(1) Entscheidungssituation: Bei Festlegung des Umfangs der Innenfinanzierung ist zwischen zwei Alternativen abzuwägen: **439**

- Die Innenfinanzierung ist dadurch gekennzeichnet, dass die Gewinne im Unternehmen verbleiben. Die Wiederanlage der nach Abzug der Ertragsteuern verbleibenden Gewinne erfolgt im Unternehmen. Um die Vergleichbarkeit mit dem Ausschüttungsfall zu gewährleisten, ist davon auszugehen, dass am Ende des Betrachtungszeitraums die Gewinne einschließlich der aus der zwischenzeitlichen Wiederanlage erzielten Erträge an den Gesellschafter ausgeschüttet werden.[54]
- Wird von einer (Sofort-)Ausschüttung der Gewinne ausgegangen, werden die nach Steuern verbleibenden Gewinne im Privatvermögen des Anteilseigners angelegt. Der am Ende des Betrachtungszeitraums auf Ebene des Anteilseigners entstandene Vermögenszuwachs ist der Vermögensmehrung gegenüberzustellen, die nach einer Besteuerung der Ausschüttung der zunächst im Unternehmen thesaurierten Gewinne eintritt.

(2) Vorteilhaftigkeitsberechnungen für Kapitalgesellschaften: Wird der Gewinn im Unternehmen zunächst thesauriert und erst nach Ablauf des Betrachtungszeitraums **440**

54 Alternativ kann von einem (teilweisen) Verkauf der Anteile ausgegangen werden.

ausgeschüttet **(Innenfinanzierung)**, verfügt der Anteilseigner am Ende des Betrachtungszeitraums über folgende finanzielle Mittel:[55]

$$\{\text{Gewinn} \times (1-s_{KapGes}) \times (1 + i\times[1-s_{KapGes}])^N\} \times (1-s_{AbgSt})$$

① ② ③ ④

Von dem erzielten Gewinn ① kann die Kapitalgesellschaft den Betrag anlegen, über den sie nach Abzug der von ihr geschuldeten Ertragsteuern (Gewerbesteuer, Körperschaftsteuer, Solidaritätszuschlag) ② verfügt. Der Thesaurierungsbetrag „Gewinn × $(1-s_{KapGes})$“ wird über den Betrachtungszeitraum von N Jahren angelegt, wobei sich die Nettoverzinsung aus dem Bruttozins i abzüglich der darauf lastenden Ertragsteuern ergibt: $i \times (1-s_{KapGes})$ ③. Am Ende des Betrachtungszeitraums steht der aufgezinste Betrag, der in der Formel in der geschweiften Klammer erkennbar ist, für eine Ausschüttung an den Gesellschafter zur Verfügung. Bei Weiterleitung fällt auf Ebene der Gesellschafter auf die Dividenden Einkommensteuer an, die grundsätzlich in Form der Abgeltungsteuer (s_{AbgSt}) erhoben wird ④.

441 Schüttet die Kapitalgesellschaft ihren Gewinn in dem Jahr aus, in dem der Gewinn erzielt wird **(Sofortausschüttung)**, ergibt sich bei einer Wiederanlage im Privatvermögen des Gesellschafters bis zum Ende des Betrachtungszeitraums folgender Vermögenszuwachs:

$$\text{Gewinn} \times (1-s_{KapGes}) \times (1-s_{AbgSt}) \times (1 + i\times[1-s_{AbgSt}])^N$$

① ② ③ ④

Der Gewinn der Kapitalgesellschaft ① vermindert um die von der Kapitalgesellschaft zu zahlenden Steuern ② entspricht der Ausschüttung an den Gesellschafter. Die Dividenden unterliegen auf Ebene des Gesellschafters grundsätzlich der Abgeltungsteuer ③. Bei einer Wiederanlage im Privatvermögen gelten die erzielten Einkünfte gleichfalls als Einkünfte aus Kapitalvermögen. Die Rendite wird also durch die Belastung mit der Abgeltungsteuer reduziert ④.

442 Die Innenfinanzierung ist dann vorteilhaft, wenn ihr Vermögenszuwachs höher ist als bei einer Sofortausschüttung und Wiederanlage im Privatvermögen des Gesellschafters:

$$\text{Gewinn} \times (1-s_{KapGes}) \times (1 + i\times[1-s_{KapGes}])^N \times (1-s_{AbgSt})$$

$$>$$

$$\text{Gewinn} \times (1-s_{KapGes}) \times (1-s_{AbgSt}) \times (1 + i\times[1-s_{AbgSt}])^N$$

443 Stimmt die Rendite (i) auf Unternehmensebene mit der vom Anteilseigner erzielbaren Rendite überein, ist die Innenfinanzierung dann zu empfehlen, wenn die Besteuerung auf Unternehmensebene (s_{KapGes}) niedriger ist als die Abgeltungsteuer (s_{AbgSt}):

$$s_{KapGes} < s_{AbgSt}$$

55 Die Berechnungen beschränken sich auf einen Grundfall. Zu einer umfassenden Analyse siehe Kudert/Klipstein, ZfbF 2010, S. 455.

Diese Bedingung ist erfüllt, wenn der Hebesatz der Gewerbesteuer unter 302% liegt:

s_{KapGes}	<	s_{AbgSt}
Gewerbesteuer + Körperschaftsteuer + Solidaritätszuschlag	<	Abgeltungsteuer + Solidaritätszuschlag
Bei einer Steuermesszahl von 3,5%, einem Körperschaftsteuersatz von 15% und einem Solidaritätszuschlagsatz von 5,5% gilt		
3,5%×Hebesatz + 15% + 15%×5,5%	<	25% + 25%×5,5%
3,5%×Hebesatz + 15,825%	<	26,375%
nach der gesuchten Größe „Hebesatz" aufgelöst		
Hebesatz	<	**301,43%**

In der Mehrzahl der Gemeinden ist diese Bedingung nicht erfüllt, dh die **Abgeltungsteuer löst** in vielen Situationen eine **Tendenz zur Vornahme von Gewinnausschüttungen aus.**[56] Der ansonsten bei einem Körperschaftsteuersystem in der Ausprägung als Shareholder-Relief bestehende Lock-in-Effekt wird durch die Abgeltungsteuer zu einem Push-out-Effekt.[57] Ein Shareholder-Relief-System ist dadurch gekennzeichnet, dass die Gewinne auf Ebene der Kapitalgesellschaft besteuert werden. Im Ausschüttungsfall kommt es auf Ebene des Gesellschafters zu einer zusätzlichen Besteuerung. Durch eine vorübergehende Thesaurierung kann die Besteuerung der Dividenden auf Ebene des Gesellschafters in spätere Jahre verlagert werden. Bei ausschließlicher Betrachtung der steuerlichen Effekte empfiehlt es sich damit grundsätzlich, die Gewinnausschüttungen so spät wie möglich vorzunehmen. Dieser beim geltenden Körperschaftsteuersystem auftretende Lock-in-Effekt wird dadurch zu einem Push-out-Effekt, dass bei einer Ausschüttung der Gewinne die Besteuerung der Wiederanlage mit Abgeltungsteuer zuzüglich Solidaritätszuschlag (= 26,375%) ab einem Gewerbesteuerhebesatz von 302% niedriger ist als die Belastung der Anlage von thesaurierten Gewinnen auf Ebene der Kapitalgesellschaft. Die Besteuerung beeinflusst die Entscheidung dann nicht, wenn die Besteuerung von Erträgen auf Ebene des Gesellschafters (Abgeltungsteuer, Solidaritätszuschlag) mit der Besteuerung von Gewinnen auf Ebene der Kapitalgesellschaft (Gewerbesteuer, Körperschaftsteuer, Solidaritätszuschlag) übereinstimmt. 444

Die Aussagen lassen sich auf die Situation übertragen, in der ein unternehmerisch beteiligter Anteilseigner der Kapitalgesellschaft das Wahlrecht in Anspruch nimmt, die Dividenden nach dem **Teileinkünfteverfahren** zu besteuern (§ 32d Abs. 2 Nr 3 EStG). Die Besteuerung der Dividenden mit Abgeltungsteuer (s_{AbgSt}) wird durch die 60%ige Besteuerung mit dem persönlichen Einkommensteuersatz ersetzt (60%×s_{ESt}, in der nachstehenden Ungleichung durch eine graue Schattierung hervorgehoben). Da es bei beiden Finanzierungsalternativen zu einer Gewinnausschüttung kommt und le- 445

56 Von mehr als 11 000 Gemeinden in Deutschland haben im Jahr 2018 nur 516 Gemeinden einen Hebesatz von unter 302%, vgl https://www.statistikportal.de/de/veroeffentlichungen/hebesaetze-der-realsteuern-deutschland.

57 Zum Körperschaftsteuersystem siehe Band I: Ertrag-, Substanz- und Verkehrsteuern, Zweiter Teil, Dritter Abschnitt, Kapitel F.

diglich hinsichtlich des Zeitpunkts der Dividendenbesteuerung Unterschiede bestehen, kürzt sich der Steuersatz, der die Einkommensteuer auf die Dividenden repräsentiert, beim Vergleich zwischen Sofortausschüttung und Innenfinanzierung (verzögerter Ausschüttung) heraus. Damit verbleibt der Vorteil, dass bei einer Wiederanlage außerhalb des Unternehmens die Zinserträge mit der relativ niedrigen Abgeltungsteuer belastet werden (in der nachstehenden Ungleichung fett formatiert). Die Sofortausschüttung ist auch bei einer Besteuerung von Dividenden nach dem Teileinkünfteverfahren solange zu empfehlen, solange der Abgeltungsteuersatz unter der Belastung von Gewinnen auf Ebene einer Kapitalgesellschaft liegt. Diese Bedingung ist erfüllt, wenn der Hebesatz mindestens 302% beträgt:[58]

$$\text{Gewinn} \times (1-\mathbf{s_{KapGes}}) \times (1 + i\times[1-s_{KapGes}])^N \times (1- 60\%\times s_{ESt})$$

$$>$$

$$\text{Gewinn} \times (1-s_{KapGes}) \times (1 - 60\%\times s_{ESt}) \times (1 + i\times[1-\mathbf{s_{AbgSt}}])^N$$

446 *(3) Analyse für Personenunternehmen:* Für Personenunternehmen gelten vergleichbare Überlegungen. Wenn der persönliche Einkommensteuersatz des (Mit-)Unternehmers so hoch ist, dass die Belastung mit Einkommensteuer, Gewerbesteuer sowie den beiden Zuschlagsteuern den für die Einkünfte aus Kapitalvermögen grundsätzlich geltenden Steuersatz (25%ige Abgeltungsteuer zuzüglich Solidaritätszuschlag und ggf Kirchensteuer) übersteigt, ist eine Entnahme der Gewinne (Sofortausschüttung) und Wiederanlage im Privatvermögen zu empfehlen. Bei einem persönlichen Einkommensteuersatz von beispielsweise 45% und einem Gewerbesteuerhebesatz von 400% ist diese Bedingung eindeutig erfüllt. Nicht nur die Belastung nach der Regelbesteuerung (= 47,44%),[59] sondern auch die Gesamtsteuerbelastung bei Anwendung der Thesaurierungsbegünstigung nach § 34a EStG (= 36,16%)[60] liegt deutlich über der Besteuerung von Einkünften aus Kapitalvermögen, die der Abgeltungsteuer unterliegen (= 26,375%). Der Vorteil einer Wiederanlage im Privatvermögen beläuft sich auf 21,06 bzw 9,78 Prozentpunkte.

447 Sofern die Gewinne zu irgendeinem Zeitpunkt entnommen werden, lautet die Empfehlung damit wie folgt: Die Gewinne sind der Regelbesteuerung zu unterwerfen und nach einer Entnahme außerhalb des Unternehmens anzulegen. Die Begründung für diese Empfehlung beruht darauf, dass die Steuerbelastung auf die Erträge aus einer Wiederanlage im betrieblichen Bereich höher ist als die Abgeltungsteuer auf Einkünfte aus Kapitalvermögen und dass bei einer sofortigen Entnahme die Regelbesteuerung generell günstiger ist als die Thesaurierungsbegünstigung nach § 34a EStG. Diese Aussage ist dem Grunde nach unabhängig davon, wie lange der Betrachtungszeit-

58 Bei einem Kirchensteuersatz von 9% erhöht sich der kritische Hebesatz, bis zu dem die Sofortausschüttung vorteilhaft ist, auf 348%. Durch die Kirchensteuer wird der Push-out-Effekt also etwas abgeschwächt.

59 Zur Berechnung und zu Belastungsziffern bei anderen Einkommensteuersätzen siehe Dritter Teil, Dritter Abschnitt, Rn. 50.

60 Zur Berechnung und zu Belastungsziffern bei anderen Einkommensteuersätzen siehe Dritter Teil, Fünfter Abschnitt, Rn. 61.

raum ist. Der Höhe nach fallen die Vorteile einer Anlage im Privatvermögen umso höher aus, je länger der Betrachtungszeitraum ist.

Die ermäßigte Einkommensteuer auf Zinserträge (Abgeltungsteuer), die aus einer Anlage im Privatvermögen erzielt werden, löst bei Einzelunternehmen und Personengesellschaften auch unter Berücksichtigung der Thesaurierungsbegünstigung nach § 34a EStG eine **Tendenz zur Entnahme von Gewinnen** aus. Die Anlage im Betriebsvermögen ist nur dann zu empfehlen, wenn der Steuerpflichtige die über ein Einzelunternehmen oder eine Personengesellschaft erzielten Gewinne niemals entnehmen möchte. **448**

(4) Steuerplanerische Empfehlung: Die mit der Senkung der Tarifbelastung von Kapitalgesellschaften sowie mit der Einführung einer Thesaurierungsbegünstigung nach § 34a EStG für Personenunternehmen verfolgte Zielsetzung „Stärkung der Eigenkapitalbasis“[61] wird durch die Abgeltungsteuer konterkariert. Solange die Belastung von privaten Kapitalerträgen geringer ist als die Besteuerung von thesaurierten Gewinnen auf Unternehmensebene, ist – bei rein steuerlicher Betrachtung – eine **Sofortausschüttung** der Gewinne gegenüber der Innenfinanzierung **vorzuziehen**. **449**

61 Vgl BT-Drucks. 16/4841 vom 27.3.2007, S. 62.

Sechster Teil

Einfluss der Besteuerung auf das Rechnungswesen

Erster Abschnitt

Instrumente der Steuerbilanzpolitik

450 *(1) Einteilung der steuerbilanzpolitischen Instrumente:* Unter dem Begriff „Steuerbilanzpolitik" werden die rechtlich zulässigen Maßnahmen zusammengefasst, mit denen der Bilanzierende den Inhalt der Steuerbilanz bewusst gestaltet. Die Instrumente der Steuerbilanzpolitik lassen sich in vier Gruppen einteilen. Zu den wichtigsten Instrumenten der Steuerbilanzpolitik gehören diejenigen, die sich auf die Höhe der Einkünfte aus Gewerbebetrieb auswirken. Hierzu zählen neben Ansatz- und Bewertungswahlrechten sowie Ermessensspielräumen steuerbilanzpolitisch motivierte Sachverhaltsgestaltungen. Für die Steuerbilanzpolitik weniger bedeutsam sind Ausweiswahlrechte und zeitliche Wahlrechte. Die Entscheidung über die Gewinnverwendung lässt zwar die Höhe des steuerpflichtigen Gewinns und dessen Verteilung im Zeitablauf unverändert, sie beeinflusst allerdings über den Steuersatz in Teilbereichen die Höhe der Steuerbelastung.[1]

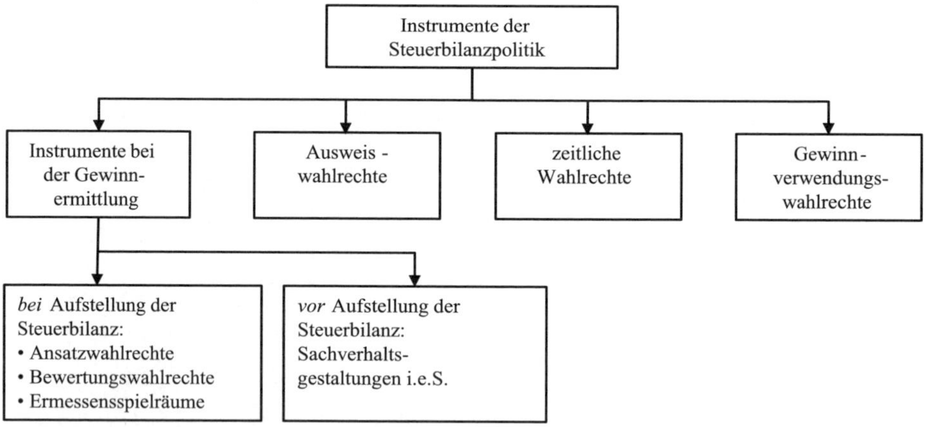

Abb. 6.1: Instrumente der Steuerbilanzpolitik

451 *(2) Ansatzwahlrechte:* Bei der Abgrenzung zwischen Betriebs- und Privatvermögen bei Personenunternehmen handelt es sich um das wichtigste steuerbilanzielle Aktivie-

1 Siehe hierzu Scheffler, in: Prinz/Kanzler (Hrsg.), Handbuch Bilanzsteuerrecht, 3. Aufl., Herne 2018, S. 732–750. In diesem Teil werden die einzelnen Geschäftsvorgänge lediglich genannt. Eine ausführliche Erläuterung der einzelnen Sachverhalte erfolgt im Band II: Steuerbilanz.

rungswahlrecht. Hierzu gehört insbesondere die Entscheidung über die Zurechnung von Wirtschaftsgütern des gewillkürten Betriebsvermögens (Wirtschaftsgüter, die zwar kein notwendiges Betriebsvermögen sind, die aber in einem gewissen objektiven Zusammenhang mit dem Betrieb stehen und die dazu geeignet und dazu bestimmt sind, dem Betrieb zu dienen). Passivierungswahlrechte bestehen bei der Aufstellung einer Steuerbilanz insbesondere bei der Bildung von steuerfreien Rücklagen. Beispiele hierfür sind § 4g, § 5 Abs. 7 S. 5, § 6b Abs. 3 EStG, R 6.6 Abs. 4 EStR, R 6.5 Abs. 4 EStR, § 6 UmwStG, Übergangsregelungen wie § 52 Abs. 9 EStG oder § 6a Abs. 4 S. 2–6 EStG bei größeren Schwankungen von Pensionsrückstellungen.

Aus Sicht der Steuerbilanzpolitik ist der Investitionsabzugsbetrag nach § 7g Abs. 1–4 EStG mit einem Ansatzwahlrecht vergleichbar. Der Unterschied gegenüber einem Ansatzwahlrecht besteht lediglich darin, dass sowohl die Bildung als auch die Auflösung des Investitionsabzugsbetrags außerhalb der Buchführung verrechnet werden.

(3) Bewertungswahlrechte: Folgende Wahlrechte zur Bewertung von Aktiva haben **452**
die größte praktische Bedeutung:

- die Abschreibungswahlrechte für abnutzbare Wirtschaftsgüter des Anlagevermögens nach § 7 EStG,
- das Wahlrecht zur Art und Weise der Verrechnung von geringwertigen Wirtschaftsgütern (§ 6 Abs. 2, 2a EStG),
- das Wahlrecht zur Verrechnung von Teilwertabschreibungen (§ 6 Abs. 1 Nr 1, 2, 3 EStG),
- das Wahlrecht zur Inanspruchnahme von Bewertungsvereinfachungen (zB lifo-Verfahren, § 6 Abs. 1 Nr 2a EStG),
- Sonderabschreibungen, erhöhte Absetzungen sowie Bewertungsabschläge (zB Übertragung von stillen Reserven auf Ersatzwirtschaftsgüter nach § 6b EStG oder R 6.6 EStR, Sonderabschreibung für Mietwohnungsneubau nach § 7b EStG, Sonderabschreibung für Elektrofahrzeuge und elektrisch betriebene Lastenfahrräder nach § 7c EStG, Sonderabschreibung zur Förderung kleiner und mittlerer Betriebe nach § 7g Abs. 5, 6 EStG, erhöhte Absetzungen für Gebäude in einem Sanierungsgebiet nach § 7h EStG oder für Baudenkmäler nach § 7i EStG).

Bei der Bewertung der Passiva beziehen sich die Wahlrechte in erster Linie auf Bewertungsvereinfachungen bei Rückstellungen.

Von der Wirkung her sind Verteilungswahlrechte mit Bewertungswahlrechten ver- **453**
gleichbar. So besteht beispielsweise bei Erhaltungsaufwendungen für Gebäude in Sanierungsgebieten und städtebaulichen Entwicklungsbereichen sowie für Baudenkmäler ein Wahlrecht, Erhaltungsaufwendungen sofort als Betriebsausgabe abzuziehen oder die Gewinnminderung gleichmäßig auf einen Zeitraum zwischen zwei und fünf Jahren zu verteilen (§ 4 Abs. 8 iVm § 11a, § 11b EStG).

Eine besondere Gruppe der Bewertungswahlrechte bilden die innerhalb des Umwand- **454**
lungssteuergesetzes gewährten steuerplanerischen Instrumente. Das Wahlrecht anstelle des Ansatzes des gemeinen Werts die Buchwertfortführung oder einen Zwischenwert zu wählen, besteht beispielsweise beim Wechsel der Rechtsform zwischen Einzelunternehmen, Personengesellschaften und Kapitalgesellschaften sowie bei der Spaltung und Verschmelzung (Fusion) von Unternehmen.

455 *(4) Ermessensspielräume:* Ermessensspielräume (Beurteilungsspielräume) wirken sich in gleicher Weise auf die ertragsteuerliche Bemessungsgrundlage aus wie Ansatz- und Bewertungswahlrechte. Während Wahlrechte die Alternativen zur Bewertung und Bilanzierung eines bestimmten Sachverhalts abschließend vorgeben, sind Ermessensspielräume dadurch gekennzeichnet, dass sich die bei der Anwendung einer Regelung bestehenden Möglichkeiten nicht abschließend aufzählen lassen. Ermessensspielräume resultieren zum einen aus unbestimmten Rechtsbegriffen und zum anderen aus Meinungsverschiedenheiten über die Interpretation von gesetzlichen Vorschriften. Im Zusammenhang mit der Bewertung entstehen Ermessensspielräume zusätzlich dadurch, dass zwar der Bewertungsmaßstab als solcher festgelegt ist, aber die einzelnen Faktoren unbestimmt sind und Schätzungen oder Auslegungen im Rahmen bestehender Beurteilungsspielräume erfordern. Ermessensspielräume sind für die Steuerbilanzpolitik von sehr großer Bedeutung. Aufgrund der Unbestimmtheit der Ermessensspielräume kann im Einzelfall durch sie die ertragsteuerliche Bemessungsgrundlage stärker beeinflusst werden als durch explizit geregelte Ansatz- und Bewertungswahlrechte.

456 Ermessensspielräume ergeben sich beispielsweise bei der Konkretisierung der einzelnen Rechenelemente zur Ermittlung der Herstellungskosten, bei Baumaßnahmen hinsichtlich der Abgrenzung zwischen Erhaltungs- und Herstellungsaufwand, bei der Abgrenzung zwischen voraussichtlich dauernder und voraussichtlich vorübergehender Wertminderung, bei der Prüfung, ob die Voraussetzungen für die Bildung einer Rückstellung vorliegen, bei der Konkretisierung des Teilwerts von Aktiva oder von Rückstellungen sowie bei der Abgrenzung und Bewertung von Einlagen und Entnahmen (Einzelunternehmen und Personengesellschaften) bzw von verdeckten Gewinnausschüttungen und verdeckten Einlagen (Kapitalgesellschaften).[2]

457 *(5) Steuerbilanzpolitisch motivierte Sachverhaltsgestaltungen (Sachverhaltsgestaltungen ieS):* Sachverhaltsgestaltungen determinieren den Umfang, in dem Instrumente der Steuerbilanzpolitik eingesetzt werden können. Zu den Sachverhaltsgestaltungen im engeren Sinne zählen diejenigen Maßnahmen, die in erster Linie steuerbilanzpolitisch motiviert sind. Dies sind die Sachverhaltsgestaltungen, die im Hinblick auf die Beeinflussung der steuerlichen Bemessungsgrundlagen vorgenommen werden. Wichtige Beispiele für diese Art der Steuerbilanzpolitik bilden: Zeitpunkt der Gewinnrealisierung durch Festlegung des Zeitpunkts der Erbringung einer Leistung oder des Verkaufs eines Wirtschaftsguts, Verkauf eines Wirtschaftsguts zwischen verbundenen Unternehmen zur Vermeidung einer Wertaufholung (nach vorangegangener Teilwertabschreibung), Lagerhaltungspolitik (insbesondere, wenn Wirtschaftsgüter des Vorratsvermögens nach dem lifo-Verfahren bewertet werden) sowie Auswahl der Finanzierungsform (Leasing einschließlich Sale-and-Lease-Back, Factoring, Forfaitierung, Pensionsgeschäfte).

458 *(6) Weitere Instrumente der Steuerbilanzpolitik:* Ausweiswahlrechte sind für die Steuerbilanzpolitik grundsätzlich nicht bedeutsam, da bei den Ertragsteuern auf die Einkünfte aus Gewerbebetrieb bzw den Gewerbeertrag abgestellt wird. Für die Er-

2 Ein Beispiel bildet die Schätzung des privaten Nutzungsanteils von gemischt genutzten Wirtschaftsgütern (insbesondere bei Fahrzeugen).

tragsteuern ist die Zahlungsbemessungsfunktion der Steuerbilanz relevant, die Informationsfunktion der externen Rechnungslegung ist für die Höhe der zu zahlenden Steuern nicht ausschlaggebend.

Zu den zeitlichen Wahlrechten gehören die Festlegung des Wirtschaftsjahres (§ 4a EStG), der Wechsel eines Wirtschaftsjahres, die Bildung von Rumpfwirtschaftsjahren sowie die Konkretisierung des Zeitpunkts der Abgabe der Steuererklärung. **459**

Gewinnverwendungsentscheidungen beeinflussen bei Einzelunternehmen und Personengesellschaften die Höhe der Ertragsteuerbelastung grundsätzlich nicht. Eine Ausnahme gilt im Zusammenhang mit der Begünstigung der nicht entnommenen Gewinne nach § 34a EStG. Einzelunternehmer und Gesellschafter einer Personengesellschaft können diese Begünstigung auf Antrag in Anspruch nehmen. Haben sie sich für die Thesaurierungsbegünstigung entschieden, können sie in den folgenden Jahren den Zeitpunkt wählen, zu dem sie die zunächst einbehaltenen Gewinne entnehmen möchten und damit die 25%ige Nachversteuerung auslösen. Bei Kapitalgesellschaften kann durch eine vorübergehende Thesaurierung auf Ebene der Kapitalgesellschaft die Besteuerung auf Ebene der Gesellschafter solange vermieden werden, bis diese Gewinne in Form von Dividenden an die Anteilseigner ausbezahlt werden (positiver Zeiteffekt). Halten die Gesellschafter ihre Anteile im Privatvermögen, treten grundsätzlich keine Steuersatzeffekte auf, da für Einkünfte aus Kapitalvermögen ein proportionaler Sondersteuersatz von 25% gilt (Abgeltungsteuer nach § 32d EStG).[3] **460**

Zweiter Abschnitt

Strategien der Steuerbilanzpolitik

(1) Auswirkungen der Steuerbilanzpolitik auf die Ertragsteuern: Soweit sich ein steuerbilanzpolitisches Instrument auf die Bemessungsgrundlage auswirkt, löst sein Einsatz bei den Ertragsteuern (Einkommen-, Körperschaft- und Gewerbesteuer) eine Steuerminderung in Höhe des Produkts aus der Gewinnminderung (M) **in der ersten Periode** und dem kombinierten Ertragsteuersatz ($s_{e,0}$) aus. In dem kombinierten Ertragsteuersatz sind die Einkommen- bzw Körperschaftsteuer, die Gewerbesteuer sowie die Zuschlagsteuern (Kirchensteuer, Solidaritätszuschlag) zusammengefasst. **461**

In den **Folgeperioden** ergeben sich bei abnutzbaren Wirtschaftsgütern gegenläufige Effekte, da in den einzelnen Jahren der betriebsgewöhnlichen Nutzungsdauer die Abschreibungen jeweils um das Produkt $a_t \times M$ geringer ausfallen, sodass sich die Ertragsteuern um $a_t \times M \times s_{e,t}$ erhöhen. Der Faktor a_t gibt den Anteil wieder, in dem sich die steuerbilanzpolitische Maßnahme in den einzelnen Jahren wieder umkehrt. Über den gesamten Betrachtungszeitraum ergibt die Summe der anteiligen Auflösungen a_t den Wert 1,0. Bei nicht abnutzbaren Wirtschaftsgütern tritt die Erhöhung der Ertrag- **462**

3 Zur Gewinnverwendungspolitik aus steuerlicher Sicht siehe Fünfter Teil, Dritter Abschnitt, Rn. 439.

steuern erst zu dem Zeitpunkt ein, zu dem das Wirtschaftsgut durch Verkauf oder Entnahme aus dem Betriebsvermögen ausscheidet (= $1{,}0 \times M \times s_{e,N}$).

463 Zur Erfassung der gegenläufigen Steuerwirkungen der Folgeperioden wird die Summe dieser Effekte mit dem Nettokalkulationszinssatz (Nachsteuerzinssatz) i_s diskontiert. Formelmäßig lassen sich die ertragsteuerlichen Effekte der Steuerbilanzpolitik wie folgt darstellen:

in der ersten Periode t = 0	in den Folgeperioden: abnutzbares Wirtschaftsgut	in den Folgeperioden: nicht abnutzbares Wirtschaftsgut
$M \times s_{e,0}$	$-\sum_{t=1}^{N} \frac{a_t \times M \times s_{e,t}}{(1+i_s)^t}$	$-\frac{M \times s_{e,N}}{(1+i_s)^N}$

mit M = Gewinnminderung (bilanzpolitische Manövriermasse);
$s_{e,t}$ = kombinierter Ertragsteuersatz im Jahr t;
a_t = Auflösungsfaktor der bilanzpolitischen Maßnahme im Jahr t, wobei $\sum_{t=1}^{N} a_t = 1{,}0$;
i_s = Nachsteuerzinssatz (dezimal);
t = Periodenindex;
N = Nutzungsdauer bzw Zeitpunkt des Abgangs des Wirtschaftsguts;

Abb. 6.2: Auswirkungen der Steuerbilanzpolitik

464 Eine Einzelanalyse der ertragsteuerlichen Effekte der Steuerbilanzpolitik führt zu folgenden Aussagen:

- **Bemessungsgrundlageneffekt.** Aufgrund des Bilanzzusammenhangs (Grundsatz der Bilanzidentität) gleichen sich die Gewinnminderung in der ersten Periode sowie die Erhöhung der ertragsteuerlichen Bemessungsgrundlagen über geringere Abschreibungen, Zuschreibungen oder höhere Veräußerungsgewinne in den Folgeperioden grundsätzlich aus. Deshalb lassen sich durch die Steuerbilanzpolitik keine Bemessungsgrundlagenvorteile erzielen. Durch die Steuerbilanzpolitik wird im Regelfall die Summe der zu versteuernden Gewinne nicht verändert, sondern lediglich deren zeitliche Verteilung beeinflusst. Ausnahmen ergeben sich bei der Entscheidung über die Zuordnung von Wirtschaftsgütern zum gewillkürten (Sonder-)Betriebsvermögens, bei der Abgrenzung, ob eine Einlage bzw Entnahme (Einzelunternehmen, Personengesellschaften) oder verdeckte Gewinnausschüttung bzw verdeckte Einlage (Kapitalgesellschaft) vorliegt (bei entsprechender Gestaltung positiver Bemessungsgrundlageneffekt) sowie bei steuerfreien Rücklagen nach § 6b EStG, wenn innerhalb des Reinvestitionszeitraums kein Ersatzwirtschaftsgut beschafft wird (negativer Bemessungsgrundlageneffekt durch Verrechnung eines Zuschlags von 6% pro Jahr).[4] Wird der Wert eines Einzelunternehmens oder eines Anteils an einer Personen- oder Kapitalgesellschaft nach dem

4 Beim Investitionsabzugsbetrag ist die Verzinsungspflicht zu beachten, wenn kein begünstigtes Wirtschaftsgut beschafft wird oder die Behaltensfrist nicht eingehalten wird (§ 7g Abs. 3 S. 4, Abs. 4 S. 4 EStG iVm § 233a Abs. 2a AO).

vereinfachten Ertragswertverfahren berechnet (§ 200–§ 203 BewG), löst die Steuerbilanzpolitik bei der Erbschaft- und Schenkungsteuer einen Folgeeffekt aus. Es kommt insoweit zu einer Minderung der erbschaft- und schenkungsteuerlichen Bemessungsgrundlage, als die steuerbilanzpolitischen Instrumente in den letzten drei Jahren vor der unentgeltlichen Übertragung eingesetzt wurden. Der nach dem vereinfachten Ertragswertverfahren ermittelte Wert erhöht sich dagegen in den Fällen, in denen sich die Wirkungen von in der Vergangenheit eingesetzten steuerbilanziellen Instrumenten in den letzten drei Jahren vor der Übertragung des Unternehmens bzw der Anteile umkehren.

- **Zeiteffekt.** Der Zeiteffekt ist generell positiv, da die Minderung der ertragsteuerlichen Bemessungsgrundlagen stets vor deren Erhöhung erfolgt. Bei einer Verlagerung des Gewinnausweises in spätere Jahre kommt es zu einer Ertragsteuerstundung, die einen positiven Liquiditäts- und Zinseffekt auslöst.
- **Steuersatzeffekt.** Der Steuersatzeffekt wirkt rechtsformabhängig. Bei Kapitalgesellschaften tritt kein Steuersatzeffekt auf, da sowohl für die Körperschaftsteuer als auch die Gewerbesteuer ein proportionaler Steuersatz gilt. Demgegenüber ergeben sich bei Einzelunternehmern und Gesellschaftern einer Personengesellschaft insbesondere im Rahmen der Einkommensteuer Progressionswirkungen, die sowohl positiv als auch negativ sein können. Die Steuerbilanzpolitik führt dann zu einer Minderung der Summe der zu zahlenden Ertragsteuern, wenn in den Jahren, in denen ein steuerbilanzielles Instrument eingesetzt wird, die Einkünfte höher sind als in den Perioden, in denen sich der Bemessungsgrundlageneffekt wieder aufhebt. Dementsprechend wird der positive Zeiteffekt durch einen negativen Steuersatzeffekt zum Teil aufgehoben oder überkompensiert, wenn in den Jahren, in denen Steuerbilanzpolitik betrieben wird, die Höhe der zu versteuernden Einkünfte niedriger ist als in den Veranlagungszeiträumen, in denen sich der Effekt wieder umkehrt. Die Nachteile aus dem progressiven Verlauf des Einkommensteuertarifs lassen sich dann vollständig vermeiden, wenn es durch den Einsatz der steuerbilanziellen Instrumente gelingt, den Steuerbilanzgewinn so zu beeinflussen, dass in jedem Jahr das gleiche zu versteuernde Einkommen ausgewiesen wird. Bei der Gewerbesteuer tritt ein Progressionseffekt auf, wenn der Gewerbeertrag des Einzelunternehmens bzw der Personengesellschaft in einigen Jahren über und in anderen Jahren unter dem Freibetrag von 24 500 € (§ 11 Abs. 1 GewStG) liegt.

Diese allgemeinen Aussagen sind bei **Änderungen des Steuertarifs** der Einkom- **465**
men- oder Körperschaftsteuer bzw des Gewerbesteuerhebesatzes zu modifizieren. Werden in späteren Jahren die Steuersätze oder der Gewerbesteuerhebesatz gesenkt, wird der positive Zeiteffekt der Steuerbilanzpolitik durch einen positiven Steuersatzeffekt verstärkt. Die Ertragsteuerbelastung wird nicht nur in zukünftige Perioden verlagert, sie fällt auch absolut niedriger aus. Wird der Steuersatz der Einkommen- oder Körperschaftsteuer oder der Gewerbesteuerhebesatz erhöht, steht dem positiven Zeiteffekt ein negativer Steuersatzeffekt gegenüber. Aus Sicht des Steuerpflichtigen ist das Gesamtergebnis umso eher positiv (negativ), je später (früher) der Umkehreffekt eintritt und je geringer (stärker) der Steuersatz angehoben wird.

466 In Abhängigkeit von der Rechtsform des Unternehmens und seiner wirtschaftlichen Lage lassen sich bei der Steuerbilanzpolitik drei Strategien unterteilen: Gewinnnachverlagerung, Tendenz zur Gewinnnivellierung sowie Gewinnvorverlagerung.[5]

467 *(2) Strategie der Gewinnnachverlagerung:* Die Grundidee der Gewinnnachverlagerung besteht darin, in jeder Periode die verfügbaren Instrumente der Steuerbilanzpolitik vollständig einzusetzen. Diese Strategie wird aus dem Zeiteffekt der Steuerbilanzpolitik abgeleitet. Der Steuersatzeffekt bleibt bei einer maximalen Gewinnnachverlagerung unberücksichtigt. Diese Strategie ist **natürlichen Personen, deren Einkünfte so hoch sind, dass diese dem Spitzensteuersatz der Einkommensteuer unterliegen**, und **Kapitalgesellschaften** zu empfehlen, weil bei diesen Steuerpflichtigen keine Steuersatzeffekte auftreten können. Da der Zeiteffekt der Steuerbilanzpolitik positiv ist und der Bemessungsgrundlageneffekt sich regelmäßig auf null beläuft, empfiehlt es sich für diesen Personenkreis, die steuerbilanzpolitischen Instrumente so einzusetzen, dass die Gewinne so weit wie möglich in spätere Jahre verlagert werden (maximale Gewinnnachverlagerung durch Aufwandsvorverlagerung und Ertragsnachverlagerung).

468 Die Vorteile einer gewinnnachverlagernden Steuerbilanzpolitik fallen umso höher aus,

- je länger der Zeitraum ist, über den sich die in der ersten Periode verrechnete Gewinnminderung durch geringere Abschreibungen, Zuschreibungen oder höhere Veräußerungsgewinne wieder umkehrt, und
- je höher der Nachsteuerzinssatz ist.

469 *(3) Strategie der tendenziellen Gewinnnivelierung:* Werden die Zeiteffekte der Steuerbilanzpolitik und deren Steuersatzeffekte gemeinsam erfasst, besteht die Zielsetzung darin, die verfügbaren bilanzpolitischen Instrumente so auf die einzelnen Jahre zu verteilen, dass der Barwert der Steuerzahlungen möglichst gering wird. Beim Konzept der Steuerbarwertminimierung wird davon ausgegangen, dass die vor Steuern erzielbaren Einzahlungsüberschüsse durch den Einsatz der Instrumente der Steuerbilanzpolitik nicht beeinflusst werden.[6]

470 Bei natürlichen Personen, deren Einkünfte innerhalb des progressiven Bereichs des Einkommensteuertarifs liegen, sind zur Erreichung des Ziels der Steuerbarwertminimierung die Zeiteffekte und die Steuersatzeffekte der Steuerbilanzpolitik gegeneinander abzuwägen. Der Zeiteffekt wird am stärksten genutzt, wenn die Gewinne so weit wie möglich in die Zukunft verlagert werden. Demgegenüber wird der Steuersatzeffekt am besten genutzt, wenn in jedem Jahr das gleiche zu versteuernde Einkom-

---

5 Vgl Breithecker/Schmiel, Steuerbilanz und Vermögensaufstellung in der Betriebswirtschaftlichen Steuerlehre, Bielefeld 2003, S. 239–265; Kappler, Steuerbilanzpolitik kleiner und mittlerer Unternehmen unter Berücksichtigung der jüngsten Entwicklungen des Steuerrechts, Bonn/Berlin 2000, S. 324–363; Scheffler, in: Freidank (Hrsg.), Rechnungslegungspolitik, Berlin/Heidelberg/New York 1998, S. 416–440; Schmiel, in: Meyer (Hrsg.), Strategien von kleinen und mittleren Unternehmen, Lohmar/Köln 2010, S. 459–473; Schneeloch, Betriebswirtschaftliche Steuerlehre, Band 2: Betriebliche Steuerpolitik, 3. Aufl., München 2009, S. 143–186; Wagner/Dirrigl, Die Steuerplanung der Unternehmung, Stuttgart/New York 1980, S. 282–293. Zur Auswahl der Instrumente der Steuerbilanzpolitik siehe zB Scheffler, in: Prinz/Kanzler (Hrsg.), Handbuch Bilanzsteuerrecht, 3. Aufl., Herne 2018, S. 763–768.

6 Siehe hierzu grundlegend Gintrowski/Marettek, StuW 1972, S. 231; Marettek, BFuP 1970, S. 22.

men[7] ausgewiesen wird. Auf diese Weise können bei der Einkommensteuer Progressionsnachteile vermieden werden. Das Nebeneinander von Zeiteffekt (möglichst später Zeitpunkt der Steuerzahlung) und Steuersatzeffekt (in jedem Jahr das gleiche zu versteuernde Einkommen) führt zu der Empfehlung, die Gewinne so lange in die Zukunft zu verlagern, solange der positive Zeiteffekt nicht durch negative Steuersatzeffekte kompensiert wird. Dieses Ziel ist dann erreicht, wenn die steuerbilanzpolitischen Instrumente so eingesetzt werden, dass in jeder Periode der **Barwert der Grenzsteuersätze den gleichen Wert** aufweist:

$$s_{e,1} = \frac{s_{e,2}}{(1+i_s)^1} = \frac{s_{e,3}}{(1+i_s)^2} = \ldots = \frac{s_{e,N}}{(1+i_s)^{N-1}}.$$

Diese Bedingung hat zur Konsequenz, dass sich der Grenzsteuersatz von Jahr zu Jahr um den Nettokalkulationszinssatz (Zinssatz nach Steuern) erhöhen sollte. Das zu versteuernde Einkommen weist damit innerhalb des Planungszeitraums eine steigende Tendenz auf. Die Leitlinie „Übereinstimmung des Barwerts der Grenzsteuersätze" wird verständlich, wenn man die Wirkung des Zinssatzes nach Steuern betrachtet: Durch ihn werden die Vor- und Nachteile des Einsatzes eines Instruments der Steuerbilanzpolitik zum Ausgleich gebracht. Wird in einer Periode t der Gewinn durch den Einsatz eines Wahlrechts oder eines Ermessensspielraumes reduziert, errechnet sich die Steuerersparnis aus dem in der Periode t geltenden Steuersatz. Die dadurch erreichte Minderung der zu zahlenden Ertragsteuern kann zinsbringend angelegt werden. Die Steuerbilanzpolitik ist dann von Vorteil, wenn in der nachfolgenden Periode t+1 der Anstieg der Steuerbelastung nicht höher ist als die Steuerersparnis in Periode t zuzüglich der Zinsen aus der Anlage dieser Steuerersparnis abzüglich der Ertragsteuern auf die Zinserträge: 471

$$s_{e,1} = \frac{s_{e,2}}{(1+i_s)^1}$$

umgeformt zu

$$s_{e,2} = s_{e,1} \times (1+i_s)$$

Um den positiven Zeiteffekt aus der Nachverlagerung des Gewinnausweises nutzen zu können und um negative Progressionseffekte möglichst weitgehend zu vermeiden, ist anzustreben, dass sich das zu versteuernde Einkommen des Steuerpflichtigen **von Jahr zu Jahr leicht erhöht**. Das Ausmaß des Anstiegs der Einkünfte hängt vom Nettokalkulationszinssatz ab. Je höher der Nachsteuerzinssatz ist, umso mehr kann in der Folgeperiode der Ertragsteuersatz steigen, bis der Steuersatznachteil aufgrund des progressiven Einkommensteuertarifs den aus der Gewinnnachverlagerung resultierenden positiven Zeiteffekt neutralisiert. Umgekehrt gilt, dass bei einem nach Steuern geringen Kalkulationszinssatz der Steuersatznachteil relativ gesehen an Gewicht gewinnt, sodass sich eine Tendenz zu einem möglichst gleichmäßigen Gewinnausweis einstellt. 472

7 Der Steuersatzeffekt ergibt sich nicht ausschließlich aus dem Gewinn des Einzelunternehmens bzw Anteils am Gewinn der Personengesellschaft. Vielmehr sind zusätzlich die weiteren Einkünfte des Steuerpflichtigen und (bei Zusammenveranlagung) die Einkünfte seines Ehegatten einzubeziehen. Deshalb ist nicht auf die Einkünfte aus Gewerbebetrieb abzustellen, sondern auf das zu versteuernde Einkommen.

Die Strategie der tendenziellen Gewinnnivellierung lässt sich in der Praxis nicht exakt umsetzen. Als Empfehlung lässt sich aber formulieren, dass Einzelunternehmer und Gesellschafter einer Personengesellschaft mit niedrigen Einkünften bei der Aufstellung der Steuerbilanz die verfügbaren bilanzpolitischen Instrumente nicht immer vollständig einsetzen sollten. Vielmehr sollten sie darauf achten, dass es beim zu versteuernden Einkommen **im Zeitablauf zu keinen größeren Schwankungen** kommt.[8]

473 *(4) Strategie der Gewinnvorverlagerung:* Die Strategie einer (weitestmöglichen oder tendenziellen) Gewinnnachverlagerung gilt nicht uneingeschränkt. Vielmehr gibt es eine Reihe von **steuerlichen Effekten, aufgrund derer es sich lohnt, die Gewinne früher auszuweisen**. Hinsichtlich ihrer Wirkungsweise lassen sie sich in acht Gruppen einteilen: Investitionszulagen, Abzug von Fremdkapitalzinsen, Vermeidung des Entstehens von nicht abziehbaren Betriebsausgaben, Steuerermäßigungen, Umfang der Verlustverrechnung, Zeitpunkt der Verlustverrechnung, Vermeidung einer Nachversteuerung bei Inanspruchnahme der Thesaurierungsbegünstigung und Sicherung der erbschaft- und schenkungsteuerlichen Entlastungen für Unternehmensvermögen. In den im Folgenden aufgeführten Situationen sind die mit einem bestimmten Instrument erzielbaren Vorteile (positiver Primäreffekt) den negativen Zeiteffekten einer gewinnvorverlagernden Steuerbilanzpolitik (negativer Sekundäreffekt) gegenüberzustellen. Damit eine gewinnvorverlagernde Steuerbilanzpolitik zu einer Minderung der Steuerbelastung führt, müssen die Wirkungen des Instruments hoch und der negative Zeiteffekt der Gewinnvorverlagerung gering sein:[9]

- **Investitionszulagen.** Soweit Investitionszulagen oder -zuschüsse in Anspruch genommen werden können, sind die Anschaffungs- und Herstellungskosten möglichst hoch auszuweisen.
- **Abzug von Fremdkapitalzinsen.** Es kann vorteilhaft sein, Fremdkapitalzinsen in die Herstellungskosten einzubeziehen, um insoweit die 25%ige Hinzurechnung nach § 8 Nr 1 Buchst. a GewStG zu vermeiden. Diese Empfehlung gilt primär für Kapitalgesellschaften. Bei Einzelunternehmen und Personengesellschaften wird der Gewerbesteuervorteil durch die Steuerermäßigung nach § 35 EStG weitgehend kompensiert, sodass nur der negative Zeiteffekt im Rahmen der gewinnvorverlagernden Steuerbilanzpolitik verbleibt.

  Bei Einzelunternehmen und Personengesellschaften sind Schuldzinsen insoweit nicht abziehbar, als eine Überentnahme getätigt wurde. Eine Überentnahme liegt vor, wenn die Entnahmen die Summe aus Gewinn und Einlagen des Wirtschaftsjahres übersteigen. Soweit der Gewinn höher ausgewiesen wird, können die in § 4 Abs. 4a EStG enthaltenen Einschränkungen zum Betriebsausgabenabzug von Schuldzinsen vermieden werden.

8 Zu den negativen Progressionseffekten des Investitionsabzugsbetrags (§ 7g Abs. 1–4 EStG) siehe Jacob/Pasedag, DB 2009, S. 1834.

9 Zum methodischen Ansatz siehe Scheffler, BB 2003, S. 1719. Der Steuersatzeffekt bleibt bei den Erläuterungen unberücksichtigt, damit die Vorteile einer Gewinnvorverlagerung deutlicher herausgestellt werden können. Im Folgenden geht es nicht darum, die einzelnen Sachverhalte zu erläutern. Vielmehr soll in erster Linie verdeutlicht werden, dass es zahlreiche Fälle gibt, bei denen es (entgegen der allgemeinen Leitlinie) vorteilhaft ist, den Gewinn früher auszuweisen. Zur Erläuterung der angesprochenen Aspekte siehe die entsprechenden Ausführungen in den beiden anderen Bänden (Band I: Ertrag-, Substanz- und Verkehrsteuern sowie Band II: Steuerbilanz).

Vergleichbare Aussagen gelten im Zusammenhang mit der „Zinsschranke“, wonach der Abzug von Fremdkapitalzinsen grundsätzlich auf 30% des EBITDA beschränkt ist (§ 4h EStG, § 8a KStG).[10] Die Vorteile aus der Erhöhung der sofort abziehbaren Zinsaufwendungen sind gegenüber den Nachteilen aus den negativen Zeiteffekten einer gewinnvorverlagernden Steuerbilanzpolitik abzuwägen.

- **Vermeidung des Entstehens von nicht abziehbaren Betriebsausgaben.** Sinkt der Teilwert von Anteilen an einer Kapitalgesellschaft und führt der Anteilseigner sein Unternehmen als Kapitalgesellschaft, kann bei einem Verzicht auf eine Teilwertabschreibung bei einer eventuellen Wertaufholung die 5%ige Umqualifizierung in nicht abziehbare Betriebsausgaben (§ 8b Abs. 3 S. 1 KStG) vermieden werden.
- **Steuerermäßigungen.** Durch eine gewinnvorverlagernde Steuerbilanzpolitik kann es gelingen, den Umfang der Anrechnung von im Ausland bezahlten Steuern zu erhöhen (§ 34c EStG, § 26 KStG). Erreicht wird dies dadurch, dass durch die Erhöhung der im Inland ausgewiesenen Einkünfte die inländische Einkommen- bzw Körperschaftsteuer erhöht wird. Diese Gestaltung ist allerdings nur vorteilhaft, wenn die ausländischen Einkünfte positiv und die inländischen Einkünfte vor Einsatz der gewinnvorverlagernden Steuerbilanzpolitik negativ sind und durch eine gewinnvorverlagernde Steuerbilanzpolitik die inländischen Einkünfte positiv werden.
  Die gewinnvorverlagernde Steuerbilanzpolitik kann bei Einzelunternehmen und Personengesellschaften auch eingesetzt werden, um die Steuerermäßigung nach § 35 EStG nutzen zu können, genauer um die Nachteile aus der Begrenzung dieser Steuerermäßigung auf die anteilig auf die gewerblichen Einkünfte entfallende Einkommensteuer zu vermeiden.
- **Umfang der Verlustverrechnung.** Beim Verkauf von Anteilen an einer Kapitalgesellschaft kann auf Ebene der Kapitalgesellschaft, deren Anteile übertragen werden, der Verlustvortrag entfallen, wenn mehr als die Hälfte der Anteile übertragen werden (§ 8c, § 8d KStG, § 10a S. 10 GewStG). Ist ein Gesellschafterwechsel absehbar, sollten vor dem Verkauf der Anteile Gewinne in Höhe des Verlustvortrags realisiert werden, um diesen Verlustvortrag auszugleichen. Vergleichbare Überlegungen gelten bei einem Rechtformwechsel, bei dem der Verlustvortrag der übertragenden Kapitalgesellschaft untergeht (§ 4 Abs. 2 S. 2, § 12 Abs. 3 UmwStG).
- **Zeitpunkt der Verlustverrechnung.** Aufgrund der quotalen Beschränkungen des Verlustvortrags (§ 10d EStG, § 8 Abs. 1 KStG, § 10a S. 1, 2 GewStG) besteht die Zielsetzung der Steuerbilanzpolitik darin, einen laufenden Wechsel zwischen Gewinnen und Verlusten zu vermeiden.
- **Vermeidung einer Nachversteuerung bei Inanspruchnahme der Thesaurierungsbegünstigung.** Nimmt ein Einzelunternehmer oder ein Gesellschafter einer Personengesellschaft die Thesaurierungsbegünstigung nach § 34a EStG in Anspruch, kommt es in den Jahren zu einer 25%igen Nachversteuerung, in denen die Entnahmen die Summe aus Gewinn und Einlagen übersteigen. Durch eine ge-

10 Beim „EBITDA“ handelt es sich um den steuerpflichtigen Gewinn vor Abzug der Zinsaufwendungen sowie vor Verrechnung der Absetzungen für Abnutzungen einschließlich der Aufwendungsverrechnung bei geringwertigen Wirtschaftsgütern.

winnvorverlagernde Steuerbilanzpolitik kann diese Nachversteuerung zumindest vorübergehend vermieden werden.

- **Sicherung der erbschaft- und schenkungsteuerlichen Entlastungen für Unternehmensvermögen.** Die erbschaft- und schenkungsteuerlichen Entlastungen nach § 13a, § 13b ErbStG (85%iger Verschonungsabschlag und Abzugsbetrag von bis zu 150 000 € bzw 100%iger Verschonungsabschlag) entfallen unter anderem dann, wenn innerhalb der Behaltensfrist Entnahmen getätigt werden, die die Summe aus Einlagen und Gewinnen um mehr als 150 000 € übersteigen (§ 13a Abs. 6 Nr 3 ErbStG).[11] Bei einer gewinnvorverlagernden Steuerbilanzpolitik erhöhen sich die Gewinne, sodass es möglich werden kann, die Nachbelastung zu vermeiden.

Dritter Abschnitt

Rückwirkungen der Steuerbilanzpolitik auf die Handelsbilanz

474 Bei den Rückwirkungen der Steuerbilanzpolitik auf die handelsrechtliche Rechnungslegung ist danach zu unterscheiden, ob das betrachtete Instrument in der Handelsbilanz in gleicher Weise eingesetzt werden muss (Maßgeblichkeit der Handelsbilanz für die Steuerbilanz gilt) oder ob die steuerplanerische Maßnahme unabhängig vom handelsrechtlichen Jahresabschluss eingesetzt werden kann (keine Maßgeblichkeit).[12]

475 *(1) Maßgeblichkeit der Handelsbilanz für die Steuerbilanz ist zu beachten:* Wird der Einzelabschluss nach den Vorschriften des Handelsgesetzbuchs aufgestellt, hängen Handels- und Steuerbilanz über das Maßgeblichkeitsprinzip eng zusammen (§ 5 Abs. 1 S. 1 HS 1 EStG). In dem Bereich, in dem das Maßgeblichkeitsprinzip gilt, müssen Wahlrechte und Ermessensspielräume in der Handelsbilanz und in der Steuerbilanz in gleicher Weise ausgeübt werden. Dies kann dazu führen, dass es zwischen dem steuerlichen Ziel einer Gewinnnachverlagerung und den anderen Zielen der Rechnungslegungspolitik (zB Informationsfunktion oder Gewinnausschüttungspolitik) zu einem Zielkonflikt kommt. In diesen Fällen können unter Umständen die Vorteile einer gewinnnachverlagernden Steuerbilanzpolitik nicht vollständig genutzt werden. Die **Steuerbilanzpolitik muss zu einer umfassenden Rechnungslegungspolitik erweitert werden**: Die steuerlichen Vorteile aus einer Gewinnnachverlagerung sind mit den nicht steuerlichen Nachteilen abzuwägen bzw umgekehrt die Vorteile aus einer Gewinnvorverlagerung im Zusammenhang mit der Informationsfunktion sowie der Gewinnausschüttungspolitik sind den mit dieser Strategie verbundenen steuerlichen Nachteilen gegenüberzustellen.

---

11 Bei Kapitalgesellschaften ist auf Gewinnausschüttungen abzustellen.

12 Zu dieser Differenzierung siehe auch Dörfler/Adrian, Ubg 2009, S. 385.

(2) *Maßgeblichkeit der Handelsbilanz für die Steuerbilanz muss nicht beachtet werden:* Steuerliche Wahlrechte können unabhängig von der Vorgehensweise im handelsrechtlichen Jahresabschluss ausgeübt werden (§ 5 Abs. 1 S. 1 HS 2 EStG). Diese Ausnahme von der Maßgeblichkeit der Handelsbilanz für die Steuerbilanz gilt generell, nicht nur für die Regelungen, die einen speziellen steuerlichen Hintergrund aufweisen (Sonderabschreibungen, erhöhte Absetzungen, Bewertungsabschläge, steuerfreie Rücklagen, im Umwandlungssteuergesetz enthaltene Wahlrechte). Deshalb können beispielsweise auch die im Zusammenhang mit Teilwertabschreibungen, bei der Methode der planmäßigen Abschreibungen, der Verrechnung von geringwertigen Wirtschaftsgütern und der Anwendung von Bewertungsvereinfachungen (insbesondere Bewertung von Wirtschaftsgütern des Vorratsvermögens nach dem lifo-Verfahren) bestehenden steuerliche Wahlrechte grundsätzlich ohne Beachtung von Rückwirkungen auf die Handelsbilanz ausgeübt werden.[13] **476**

Da der Einsatz von steuerbilanzpolitischen Instrumenten im Wesentlichen einen Zeiteffekt auslöst, kommt es in dem Fall, in dem sich Bilanzierung oder Bewertung in der Handelsbilanz von den Wertansätzen in der Steuerbilanz unterscheiden, in der Handelsbilanz zur Bildung von latenten Steuern. Die **Steuerabgrenzung nach § 274 HGB führt dazu, dass** der in der handelsrechtlichen Gewinn- und Verlustrechnung ausgewiesene Steueraufwand unabhängig vom Einsatz der Instrumente der Steuerbilanzpolitik ist, weil sich der Steueraufwand aus den gezahlten Steuern und den latenten Steuern zusammensetzt. Die Steuerbilanzpolitik hat damit keinen Einfluss auf die im handelsrechtlichen Jahresabschluss ausgewiesene Steuerquote (= Steueraufwand im Verhältnis zum Jahresüberschuss). Der **Barwertvorteil einer gewinnnachverlagernden Steuerbilanzpolitik** ist in der Handelsbilanz **nicht erkennbar**.[14] **477**

Beispiel: Eine Kapitalgesellschaft erwirtschaftet in den Jahren 01 bis 04 vor Abschreibungen und vor Steuern handels- und steuerrechtlich jeweils einen Jahresüberschuss von 1000. Zu Beginn des Jahres 01 wird eine Maschine erworben (Anschaffungskosten 600). Die Nutzungsdauer wird im handels- und steuerrechtlichen Jahresabschluss übereinstimmend mit vier Jahren angenommen.

Die Maschine wird linear abgeschrieben. Im Steuerrecht besteht die Möglichkeit, im Jahr 01 zusätzlich eine Sonderabschreibung in Höhe von 20% der Anschaffungskosten zu verrechnen. Bei überhöhten Abschreibungen muss das Maßgeblichkeitsprinzip nicht beachtet werden, dh die Sonderabschreibung wird nur in der Steuerbilanz verrechnet. Der Steuersatz beträgt 30%.

13 Zwischen dem Konzernabschluss und der Steuerbilanz besteht gleichfalls keine Maßgeblichkeit. Dies gilt unabhängig davon, ob der Konzernabschluss nach den Regeln des HGB oder nach internationalen Rechnungslegungsgrundsätzen (insbesondere IFRS) aufgestellt wird.

14 Vgl statt aller Herzig/Dempfle, DB 2002, S. 1.

		Jahr 01	Jahr 02	Jahr 03	Jahr 04
Steuerbilanz					
(A)	steuerlicher Gewinn vor Abschreibung	1 000	1 000	1 000	1 000
(B)	Abschreibung in der Steuerbilanz	270	110	110	110
(C)	steuerlicher Gewinn nach Abschreibung	730	890	890	890
(D)	Ertragsteuern (= 30% × Zeile C)	219	267	267	267
Handelsbilanz					
(1)	handelsrechtlicher Jahresüberschuss vor Abschreibung und Steuern	1 000	1 000	1 000	1 000
(2)	handelsrechtliche Abschreibung	150	150	150	150
(3)	Differenz zwischen steuerlicher und handelsrechtlicher Abschreibung (= Zeile B – Zeile 2)	+ 120	– 40	– 40	– 40
(4)	latenter Steueraufwand (= 30% × Zeile 3)	+ 36	– 12	– 12	– 12
(5)	passive latente Steuern	36	24	12	0
(6)	tatsächlicher Ertragsteueraufwand (= Zeile D)	219	267	267	267
(7)	Summe der Steueraufwendungen (= Zeile 4 + Zeile 6)	255	255	255	255
(8)	handelsrechtlicher Jahresüberschuss nach Abschreibung und Steuern	595	595	595	595

Die handelsrechtlichen Abschreibungen belaufen sich in jedem Jahr auf 150 = 600/4 (Zeile 2). In der Steuerbilanz wird im Jahr 01 zusätzlich die Sonderabschreibung von 120 (= 20% × 600) verrechnet, sodass steuerlich insgesamt Abschreibungen von 270 anfallen (Zeile B). Der Restbuchwert von 330 (= 600–270) führt in den Jahren 02 bis 04 zu steuerlichen Abschreibungen von jeweils 110.

Das Unternehmen hat im Jahr 01 Ertragsteuern von 219 (Zeile D) zu zahlen: 30% × (1 000–270). In den folgenden Jahren fallen jeweils Ertragsteuern von 267 an: 30% × (1 000–110).

Bei den Unterschieden zwischen der handels- und der steuerrechtlichen Abschreibung handelt es sich um eine vorübergehende Differenz. Da der handelsrechtliche Buchwert nach Abschreibung im Jahr 01 höher ist als der Buchwert in der Steuerbilanz, sind im Jahr 01 aufwandswirksam passive latente Steuern von 36 zu bilden: 30% × (270–150). Die passiven latenten Steuern sind in den Folgejahren sukzessive ertragswirksam aufzulösen (Zeilen 4 und 5), weil in diesen Jahren die steuerrechtlichen Abschreibungen unter den handelsrechtlichen Abschreibungen liegen. Der Steueraufwand entspricht der Summe aus latentem Steueraufwand (Zeile 4) und den tatsächlich gezahlten Ertragsteuern (Zeile D bzw Zeile 6). Er beläuft sich in jedem Jahr auf 255 (Zeile 7: 36 + 219 im Jahr 01 bzw –12 + 267 in den Jahren 02 bis 04).

In der Handelsbilanz ergibt sich in jedem Jahr ein Jahresüberschuss nach Abschreibung und Steuern von 595 (Zeile 8). Dieser Betrag würde auch ausgewiesen, wenn das Unternehmen auf die Inanspruchnahme der steuerlichen Sonderabschreibung verzichtet hätte:

	Jahresüberschuss vor Abschreibung und Steuern (Handelsbilanz)	1 000
–	lineare Abschreibung	150
–	Ertragsteuern bei ausschließlich linearer Abschreibung = 30% × (1 000–150)	255
=	Jahresüberschuss nach Abschreibung und Steuern (Handelsbilanz)	595

Siebter Teil

Einfluss der Besteuerung auf die nationale Standortwahl

Erster Abschnitt

Überblick über die Einflussfaktoren

478 Die Bedeutung der Steuern auf die Standortwahl hängt von der Standortelastizität des Unternehmens ab. Betrachtet man den Einfluss der Besteuerung auf den nationalen Standort, lassen sich im Wesentlichen fünf Faktoren nennen:[1]

- Hebesatzautonomie der Gemeinden bei der Gewerbesteuer,
- Hebesatzautonomie der Gemeinden bei der Grundsteuer,
- Recht der Bundesländer, den Steuersatz für die Grunderwerbsteuer festzusetzen,
- Investitionsfördermaßnahmen, die für bestimmte Regionen gewährt werden und
- Dezentralisierung der Finanzverwaltung.

479 Die mit Abstand **größte Bedeutung** besitzt der **Gewerbesteuerhebesatz**. Der von den anderen Einflussgrößen ausgehende Effekt ist im Regelfall zu gering, um die Entscheidung zu beeinflussen, in welcher Gemeinde ein Unternehmen tätig ist.

Der innergemeindliche bzw der innerbetriebliche Standort ist für die Höhe der Steuerbelastung grundsätzlich nicht relevant.

480 Bei der Grunderwerbsteuer und der Grundsteuer kommt es nicht auf die absolute Höhe des **Steuersatzes der Grunderwerbsteuer** und des **Hebesatzes der Grundsteuer** an, sondern auf die Differenz zwischen den Grunderwerbsteuersätzen der Bundesländer bzw den Grundsteuerhebesätzen der Gemeinden. Zusätzlich ist zu beachten, dass die Grunderwerbsteuer nur „einmalig" beim Erwerb des Grundstücks anfällt und dass die Belastung mit Grundsteuer durch den Abzug als Betriebsausgabe bei der Einkommen- bzw Körperschaftsteuer und der Gewerbesteuer reduziert wird. Der verbleibende Effekt ist im Regelfall wesentlich geringer als die beim Erwerb von Immobilien und deren Nutzung relevanten nichtsteuerlichem Faktoren.

Die Bemessungsgrundlage der Grundsteuer (der Grundsteuerwert) hängt gleichfalls von der Gemeinde ab, in der das Grundstück belegen ist. Dies gilt unabhängig davon, ob der Grundsteuerwert nach dem Ertragswert- oder dem Sachwertverfahren ermittelt wird. Im Regelfall wird aber der Verkehrswert des Grundstücks als nicht steuerlicher Faktor die Entscheidung, in welcher Gemeinde ein Grundstück erworben wird, wesentlich stärker beeinflussen als die steuerrechtliche Bewertung.[2]

1 Siehe hierzu Breithecker, Einführung in die Betriebswirtschaftliche Steuerlehre, 17. Aufl., Berlin 2016, S. 205–219; Theisen/Mangels, DB 1991, S. 2197–2200; Wöhe/Bieg, Grundzüge der Betriebswirtschaftlichen Steuerlehre, 4. Aufl., München 1995, S. 158–163.

2 Zur Bewertung für grundsteuerliche Zwecke siehe Band I: Ertrag-, Substanz- und Verkehrsteuern, Vierter Teil, Zweiter Abschnitt, Kapitel C.

Investitionsfördermaßnahmen werden zum Teil nur für Investitionen in bestimmten Regionen gewährt. Derartige wirtschaftspolitische Zielsetzungen können also auch einen Einfluss auf die nationale Standortwahl ausüben. Wie sich beispielsweise Investitionszulagen, Investitionszuschüsse, überhöhte Abschreibungen (Sonderabschreibungen, erhöhte Absetzungen) sowie der Investitionsabzugsbetrag auf die Vorteilhaftigkeit einer Investition auswirken, wurde bereits beim Einfluss der Besteuerung auf die Vorteilhaftigkeit von Investitionen im Vierten Teil, Fünfter Abschnitt (Rn. 243) untersucht. Bei der Beurteilung der Wirkungen von mit wirtschaftspolitischer Zielsetzung gewährten Investitionsfördermaßnahmen ist zu beachten, dass diese häufig gewährt werden, um nicht steuerliche Nachteile eines bestimmten Standorts auszugleichen. Die finanziellen Vorteile derartiger Investitionsfördermaßnahmen sind also den nicht steuerlichen Nachteilen des betrachteten Standorts gegenüberzustellen. Für die nationale Standortwahl ist lediglich der Saldo aus diesen beiden Faktoren relevant. **481**

Bei Ermittlung der Einkünfte bzw bei Festsetzung der Steuerschuld sowie bei Erhebung der Steuern sind an zahlreichen Stellen Ermessensentscheidungen zu treffen. Diese werden von den beteiligten Personen (Steuerpflichtige und deren Berater sowie Angehörige der Finanzverwaltung) in unterschiedlicher Form ausgeübt. Die Art und Weise der Ausübung einer Ermessensentscheidung hängt auch vom persönlichen Verhältnis zwischen den Angehörigen der Finanzverwaltung und dem Steuerpflichtigen bzw dessen Berater ab.[3] **482**

Beispiele für im Rahmen der Veranlagung zu treffende Ermessensentscheidungen sind:

bei Ermittlung der Einkünfte
• Umfang von Nachweispflichten bei der Anerkennung von Betriebsausgaben • Abgrenzung zwischen dem betrieblichen und dem privaten Bereich • Festlegung der für die Abschreibungen relevanten betriebsgewöhnlichen Nutzungsdauer • Abgrenzung zwischen Erhaltungs- und Herstellungsaufwand bei Baumaßnahmen • verdeckte Gewinnausschüttung/verdeckte Einlage bei Verträgen zwischen einer Kapitalgesellschaft und ihren Anteilseignern • Anerkennung von Verträgen zwischen dem Unternehmer und seinen Familienangehörigen • Umfang der Dokumentationspflichten bei grenzüberschreitender Geschäftstätigkeit
im Rahmen des Verfahrensrechts
• Stundung • Erlass • Einspruch • Beschwerde • Aussetzung der Vollziehung

Abb. 7.1: Beispiele für Ermessensentscheidungen im Rahmen einer Veranlagung

3 Zur Wertungsabhängigkeit der steuerlichen Normen siehe Rose, Betriebswirtschaftliche Steuerlehre, 3. Aufl., Wiesbaden 1992, S. 9.

Da sich Ermessensentscheidungen im Rahmen einer Veranlagung niemals vollständig vermeiden lassen und deren Ausübung immer von subjektiven Faktoren beeinflusst wird, hängt die Höhe der Steuerbelastung auch davon ab, **bei welcher Finanzbehörde** (unter Umständen von welchem Sachbearbeiter) die **Veranlagung durchgeführt wird**. Durch die gesetzlichen Vorgaben sowie die verwaltungsinternen Anweisungen (Richtlinien, BMF-Schreiben, Verfügungen) ist allerdings davon auszugehen, dass der dezentrale Aufbau der Finanzverwaltung die Standortentscheidung eines Unternehmens im Regelfall nicht entscheidend beeinflusst.[4]

Zweiter Abschnitt

Auswirkungen der Hebesatzautonomie der Gemeinden bei der Gewerbesteuer

A. Überblick über die Hebesätze der Gewerbesteuer

483 Der Hebesatz der Gewerbesteuer wird von der Gemeinde festgesetzt (§ 16 GewStG). Im Jahr 2018 betrug der Hebesatz der Gewerbesteuer aller Gemeinden im Durchschnitt 407%. Innerhalb der einzelnen Bundesländer erstreckt er sich von 350% (Brandenburg) bis 470% (Hamburg).[5]

Bundesland	Hebesatz	Bundesland	Hebesatz
Brandenburg	350%	Niedersachsen	402%
Baden-Württemberg	371%	Berlin	410%
Bayern	373%	Thüringen	410%
Schleswig-Holstein	379%	Sachsen	419%
Mecklenburg-Vorpommern	385%	Saarland	439%
Rheinland-Pfalz	388%	Nordrhein-Westfalen	467%
Sachsen-Anhalt	390%	Bremen	468%
Hessen	400%	Hamburg	470%
Durchschnitt aller Bundesländer			407%

Abb. 7.2: Durchschnittlicher Hebesatz der Gewerbesteuer differenziert nach Bundesländern (mit der Einwohnerzahl gewichtet)

4 Siehe hierzu Breithecker, Einführung in die Betriebswirtschaftliche Steuerlehre, 17. Aufl., Berlin 2016, S. 215–216; Wöhe/Bieg, Grundzüge der Betriebswirtschaftlichen Steuerlehre, 4. Aufl., München 1995, S. 162–163.

5 Vgl https://www.statistikportal.de/de/veroeffentlichungen/hebesaetze-der-realsteuern-deutschland. Die Berechnungen basieren auf den Einwohnerzahlen am 30.6.2018.

Aus der nachfolgenden Abbildung wird erkennbar, dass der Gewerbesteuerhebesatz tendenziell umso höher ist, je höher die Einwohnerzahl der Gemeinde ist:[6] **484**

Gemeinden mit einer Einwohnerzahl von	durchschnittlicher Gewerbesteuerhebesatz
1 bis 19 999	367%
20 000 bis 49 999	400%
50 000 bis 99 999	432%
100 000 bis 199 999	448%
200 000 bis 499 999	470%
ab 500 000	453%

Abb. 7.3: Hebesatz der Gewerbesteuer in Abhängigkeit von der Einwohnerzahl (innerhalb der Gruppen jeweils mit der Einwohnerzahl gewichtet)

In vielen Fällen weist innerhalb einer Region die größte Stadt einen höheren Hebesatz auf als die umliegenden Gemeinden. Dies wird beispielhaft an den Hebesätzen der Regionen München und Nürnberg im Jahr 2018 verdeutlicht:[7] **485**

Region München		Region Nürnberg	
München	490%	Nürnberg	467%
Unterhaching	295%	Neumarkt i.d.OPf.	315%
Vaterstetten	320%	Herzogenaurach	320%
Erding	325%	Lauf an der Pegnitz	330%
Unterschleißheim	330%	Zirndorf	330%
Germering	330%	Forchheim	350%
Starnberg	330%	Ansbach	360%

Abb. 7.4: Hebesatz der Gewerbesteuer in den Regionen München und Nürnberg

Für die Standortwahl ist nicht die absolute Höhe des Gewerbesteuerhebesatzes bedeutsam, sondern die Differenz zwischen den Hebesätzen der Gemeinden, die als Alternativen für die Standortwahl zur Verfügung stehen. Bei Personenunternehmen (Einzelunternehmen und Personengesellschaften) sind darüber hinaus die Entlastungswirkungen durch die Steuerermäßigung bei Einkünften aus Gewerbebetrieb (§ 35 EStG) zu berücksichtigen. Konsequenz dieser Steuerermäßigung für gewerbli- **486**

6 Vgl https://www.statistikportal.de/de/veroeffentlichungen/hebesaetze-der-realsteuern-deutschland. Bei den Großstädten stehen allerdings insbesondere Stuttgart und Berlin mit einem Hebesatz von 410% bzw 420% dieser Tendenz entgegen.

7 Vgl https://www.statistikportal.de/de/veroeffentlichungen/hebesaetze-der-realsteuern-deutschland. Es wurden lediglich Gemeinden mit mindestens 20 000 Einwohnern betrachtet.

che Einkünfte ist, dass die „effektive“ Gewerbesteuerbelastung sehr stark von der Rechtsform des Unternehmens abhängt.[8]

B. Kapitalgesellschaften

487 In der folgenden Übersicht werden die Abhängigkeit der Gesamtbelastung einer Kapitalgesellschaft mit Ertragsteuern von der Gewerbesteuer sowie der Anteil der Gewerbesteuer an der Gesamtbelastung dargestellt. Die Berechnungen gehen von der Annahme aus, dass die für die Körperschaftsteuer relevanten Einkünfte aus Gewerbebetrieb mit der Bemessungsgrundlage der Gewerbesteuer (dem Gewerbeertrag) übereinstimmen. Diese Annahme ist erfüllt, wenn die Summe der gewerbesteuerlichen Hinzurechnungen der Summe der gewerbesteuerlichen Kürzungen entspricht. Die Analysen werden für Hebesätze zwischen 200% (= Mindesthebesatz nach § 16 Abs. 4 GewStG) und 500% durchgeführt.[9] Durch den Hebesatz von 0% wird rechentechnisch die erweiterte Kürzung nach § 9 Nr 1 S. 2–6 GewStG für grundstücksverwaltende Kapitalgesellschaften berücksichtigt. Diese erweiterte Kürzung führt dazu, dass grundstücksverwaltende Kapitalgesellschaften auf die Erträge, die auf die Verwaltung und Nutzung von eigenem Grundbesitz entfallen, keine Gewerbesteuer zu zahlen haben.

Hebesatz **(1)**	**KSt + SolZ** **(2)**	**GewSt** **(3)**	**Gesamtsteuer-belastung** **(4) = (2) + (3)**	**„effektive“ GewSt** **(5) = (3) = (4) – (2)**	**in % der Gesamtsteuer-belastung** **(6) = (5)/(4)**
0%	15,83%	0,00%	15,83%	0,00%	0,00%
200%	15,83%	7,00%	22,83%	7,00%	30,67%
250%	15,83%	8,75%	24,58%	8,75%	35,61%
300%	15,83%	10,50%	26,33%	10,50%	39,89%
350%	15,83%	12,25%	28,08%	12,25%	43,63%
400%	15,83%	14,00%	29,83%	14,00%	46,94%
450%	15,83%	15,75%	31,58%	15,75%	49,88%
500%	15,83%	17,50%	33,33%	17,50%	52,51%

Abb. 7.5: Gewerbesteuerbelastung bei Kapitalgesellschaften

488 Die Belastung mit Körperschaftsteuer zuzüglich Solidaritätszuschlag beträgt 15,83% des Gewinns (Spalte 2). Die Gewerbesteuer (Spalte 3) ergibt sich durch Multiplikati-

8 Siehe hierzu auch Behrendt, StB 1996, S. 296; Breithecker, Einführung in die Betriebswirtschaftliche Steuerlehre, 17. Aufl., Berlin 2016, S. 205–211; Jacobs/Scheffler/Spengel, Unternehmensbesteuerung und Rechtsform, 5. Aufl., München 2015, S. 106–108; König/Maßbaum/Sureth-Sloane, Besteuerung und Rechtsformwahl, 7. Aufl., Herne 2016, S. 44–48; Wöhe/Bieg, Grundzüge der Betriebswirtschaftlichen Steuerlehre, 4. Aufl., München 1995, S. 158–162.

9 Sieht man von einigen, praktisch kaum relevanten Ausnahmen ab, beträgt zurzeit der höchste Gewerbesteuerhebesatz 580% (Oberhausen).

on des Gewerbeertrags mit der bundeseinheitlichen Steuermesszahl von 3,5% (§ 11 Abs. 2 GewStG) und dem von der Gemeinde festgesetzten Hebesatz (§ 16 GewStG). Mit steigendem Gewerbesteuerhebesatz erhöht sich die zu zahlende Gewerbesteuer. Da die Gewerbesteuer nicht als Betriebsausgabe abziehbar ist (§ 4 Abs. 5b EStG), stimmt auf Ebene der Kapitalgesellschaft die „effektive" Gewerbesteuer (Spalte 5) mit der zu zahlenden Gewerbesteuer (Spalte 3) überein.

Die Belastung einer Kapitalgesellschaft mit Ertragsteuern fällt umso höher aus, je höher der Gewerbesteuerhebesatz ist (Spalte 4). Sie steigt von 22,83% (Hebesatz 200%) über 28,08% (Hebesatz 350%) auf 33,33% (Hebesatz 500%). Ab einem Hebesatz von 406% übersteigt die Ertragsteuerbelastung von Gewinnen auf Ebene einer Kapitalgesellschaft den in der politischen Diskussion häufig angeführten Wert von 30%.

Da die Körperschaftsteuer zuzüglich Solidaritätszuschlag konstant ist, erhöht sich der Anteil der Gewerbesteuer an der ertragsteuerlichen Gesamtbelastung (Spalte 6) von 30,67% (Hebesatz 200%) über 43,63% (Hebesatz 350%) auf 52,51% (Hebesatz 500%). Bei einem Gewerbesteuerhebesatz von 452% stimmt die Belastung mit Gewerbesteuer mit der Belastung mit Körperschaftsteuer zuzüglich Solidaritätszuschlag überein.

Für die Standortwahl ist nicht die absolute Höhe des Gewerbesteuerhebesatzes relevant, sondern die Differenz zwischen den Hebesätzen verschiedener Gemeinden. 489
Liegt beispielsweise der Gewerbesteuerhebesatz in der Gemeinde A bei 400% und in der Gemeinde B bei 300%, ergibt sich für Gewinne, die in der Gemeinde A zu versteuern sind, eine Mehrbelastung von 3,50 Prozentpunkten. Dieser Wert ist auf den Gewerbeertrag der Kapitalgesellschaft zu beziehen:

		„effektive" Gewerbesteuerbelastung auf Ebene der Kapitalgesellschaft
	Gemeinde A (Hebesatz 400%)	14,00%
–	Gemeinde B (Hebesatz 300%)	10,50%
=	Mehrbelastung in Gemeinde A	3,50%

Bei der Beurteilung dieser Belastungsdifferenzen ist zu beachten, dass bei einer Aus- 490
schüttung der Gewinne durch die Kapitalgesellschaft die Gewerbesteuer zu einer Verringerung der aus dem Gewinn maximal finanzierbaren Dividende führt. Damit reduziert sich die vom Gesellschafter zu zahlende Einkommensteuer. Geht man davon aus, dass der Anteilseigner eine natürliche Person ist, der seine Anteile im Privatvermögen hält und der nicht für die Anwendung des Teileinkünfteverfahrens optiert, reduziert sich die Belastung um den Steuersatz der Abgeltungsteuer zuzüglich Solidaritätszuschlag: 26,375% = 25% × (1+5,5%):

		„effektive" Gewerbesteuerbelastung bei Kapitalgesellschaften bei Ausschüttung der Gewinne
	Gemeinde A (Hebesatz 400%)	10,31% = 14,00% × (1 – 26,375%)
–	Gemeinde B (Hebesatz 300%)	7,73% = 10,50% × (1 – 26,375%)
=	Mehrbelastung in Gemeinde A	2,58% = 3,50% × (1 – 26,375%)

C. Einzelunternehmen und Personengesellschaften

491 Bei der Berechnung der „effektiven" Gewerbesteuerbelastung sowie des Anteils der Gewerbesteuer an der Gesamtbelastung mit Ertragsteuern bei Personenunternehmen werden folgende Annahmen getroffen:

- Der Gewerbeertrag stimmt mit den Einkünften aus Gewerbebetrieb überein, dh die Summe der Hinzurechnungen nach § 8 GewStG übersteigt die Summe der Kürzungen nach § 9 GewStG in Höhe des gewerbesteuerlichen Freibetrags von 24 500 €.
- Die Steuerermäßigung nach § 35 EStG stimmt mit dem 3,8fachen des Steuermessbetrags, maximal der gezahlten Gewerbesteuer, überein. Es kommt nicht zu einem Anrechnungsüberhang, dh die zusätzliche Begrenzung der Steuerermäßigung auf den Teil der Einkommensteuer, die auf die gewerblichen Einkünfte entfällt, wirkt sich nicht aus.
- Der Einkommensteuersatz des Inhabers des Einzelunternehmens bzw des Gesellschafters der Personengesellschaft beträgt 40%. Bei Einbezug des Solidaritätszuschlags erhöht sich diese Belastung auf 42,20% = 40% × (1+5,5%).

492 Die zu zahlende Gewerbesteuer (Abb. 7.6, Spalte 3) ergibt sich – wie bei Kapitalgesellschaften – durch Multiplikation des Gewerbeertrags mit der bundeseinheitlichen Steuermesszahl von 3,5% (§ 11 Abs. 2 GewStG) und mit dem von der Gemeinde festgesetzten Hebesatz (§ 16 GewStG). Die zu zahlende Gewerbesteuer fällt umso höher aus, je höher in der betreffenden Gemeinde der Hebesatz ist. Da die Gewerbesteuer nicht als Betriebsausgabe abgezogen werden kann (§ 4 Abs. 5b EStG), beeinflusst die Gewerbesteuer die Höhe der Einkünfte aus Gewerbebetrieb und damit die tarifliche Einkommensteuer nicht. Allerdings reduziert sich durch die Steuerermäßigung nach § 35 EStG die festzusetzende Einkommensteuer. Bis zu einem Hebesatz von 380% stimmt die Steuerermäßigung nach § 35 EStG mit der zu zahlenden Gewerbesteuer überein. Bei einem Hebesatz von über 380% ist die Steuerermäßigung auf das 3,8fache des Gewerbesteuermessbetrags begrenzt. Da der Solidaritätszuschlag an die festzusetzende Einkommensteuer anknüpft, führt die Steuerermäßigung nach § 35 EStG gleichzeitig zu einer Minderung der Bemessungsgrundlage des Solidaritätszuschlags. Die Entlastungswirkung (Spalte 4) beläuft sich damit auf

- bis zu einem Hebesatz von 380%
  GewSt × $(1+s_{SolZ})$
  Hebesatz in % × 3,5% × (1+5,5%) = Hebesatz in % × 3,6925%
- bei einem Hebesatz von über 380%
  3,8 × Steuermesszahl × $(1+s_{SolZ})$
  3,8 × 3,5% × (1+5,5%) = 13,30% × (1+5,5%) = 14,0315%.

Hebe-satz (1)	ESt + SolZ (2)	GewSt (3)	Ermäßigung nach § 35 EStG (4) = 3,8×3,5% ×(1+s_{SolZ}), max. (3)×(1+s_{SolZ})	Gesamtsteu-erbelastung (5) = (2) + (3) – (4)	„effektive" GewSt (6) = (5) – (2) = (3) – (4)	in % der Gesamtsteu-erbelastung (7) = (6)/(5)
200%	42,20%	7,00%	7,39%	41,81%	– 0,39%	– 0,92%
250%	42,20%	8,75%	9,23%	41,72%	– 0,48%	– 1,15%
300%	42,20%	10,50%	11,08%	41,62%	– 0,58%	– 1,39%
380%	42,20%	13,30%	14,03%	41,47%	– 0,73%	– 1,76%
400%	42,20%	14,00%	14,03%	42,17%	– 0,03%	– 0,07%
401%	42,20%	14,03%	14,03%	42,20%	0,00%	0,00%
450%	42,20%	15,75%	14,03%	43,92%	1,72%	3,91%
500%	42,20%	17,50%	14,03%	45,67%	3,47%	7,59%

Abb. 7.6: Gewerbesteuerbelastung bei Einzelunternehmen und Personengesellschaften

Die Belastung eines Personenunternehmens mit Ertragsteuern geht bei einem Anstieg **493** des Hebesatzes von 200% auf 380% zunächst geringfügig zurück. Die Gewerbesteuer wird durch die Steuerermäßigung bei der Einkommensteuer neutralisiert. Über den Folgeeffekt beim Solidaritätszuschlag kommt es zu einer geringfügigen Entlastung. Erhöht sich der Gewerbesteuerhebesatz über 380% hinaus, steigt zwar die zu zahlende Gewerbesteuer, allerdings bleibt die Steuerermäßigung nach § 35 EStG konstant. Übersteigt der Hebesatz den Wert von 380%, beträgt die Steuerermäßigung nach § 35 EStG unabhängig vom Hebesatz das 3,8fache des Steuermessbetrags. Die „effektive" Gewerbesteuerbelastung (Spalte 6) von –0,39% (Hebesatz 200%) geht auf bis zu –0,73% (Hebesatz 380%) zurück. Danach steigt sie kontinuierlich an. Bei einem Hebesatz von 401% beträgt sie null. Danach erhöht sie sich über 1,72% (Hebesatz 450%) auf 3,47% (Hebesatz 500%).

Beträgt der Einkommensteuersatz 40%, geht der Anteil der Gewerbesteuer an der Gesamtbelastung mit Ertragsteuern (Spalte 7) von –0,92% (Hebesatz 200%) zunächst auf –1,76% (Hebesatz 380%) zurück. Danach nimmt der Anteil der Gewerbesteuer an der Ertragsteuerbelastung eines Personenunternehmens sukzessive von –0,07% (Hebesatz 400%) über 3,91% (Hebesatz 450%) auf 7,59% (Hebesatz 500%) zu.

Für die Standortwahl ist nicht die absolute Höhe des Gewerbesteuerhebesatzes rele- **494** vant, sondern die Differenz zwischen den Hebesätzen verschiedener Gemeinden. Liegt beispielsweise der Gewerbesteuerhebesatz in der Gemeinde A bei 400% und in der Gemeinde B bei 300%, ergibt sich für Gewinne, die in der Gemeinde A zu versteuern sind, eine Mehrbelastung des Gewerbeertrags des Einzelunternehmens bzw der Personengesellschaft von 0,55 Prozentpunkten:

		„effektive" Gewerbesteuerbelastung eines Personenunternehmens
	Gemeinde A (Hebesatz 400%)	– 0,03%
–	Gemeinde B (Hebesatz 300%)	– 0,58%
=	Mehrbelastung in Gemeinde A	0,55%

495 Die Differenz fällt deshalb so gering aus, weil in der Gemeinde B die Steuerermäßigung nach § 35 EStG auf die zu zahlende Gewerbesteuer begrenzt ist. Betrachtet man zwei Gemeinden, bei denen jeweils die Begrenzung der Steuerermäßigung für gewerbliche Einkünfte auf das 3,8fache des Steuermessbetrags zur Anwendung kommt, erhöhen sich die Belastungsunterschiede auf 3,50 Prozentpunkte:

		„effektive" Gewerbesteuerbelastung eines Personenunternehmens
	Gemeinde C (Hebesatz 500%)	3,47%
–	Gemeinde D (Hebesatz 400%)	– 0,03%
=	Mehrbelastung in Gemeinde C	3,50%

496 Die absolute Höhe der „effektiven" Gewerbesteuerbelastung ist – sofern im Zusammenhang mit der Steuerermäßigung nach § 35 EStG kein Anrechnungsüberhang auftritt – unabhängig von der Höhe des Einkommensteuersatzes. Der Einkommensteuersatz hat zwar keinen Einfluss auf die „effektive" Gewerbesteuerbelastung. Allerdings geht der Anteil der Gewerbesteuer an der Ertragsteuerbelastung mit einem Anstieg des Einkommensteuersatzes sukzessive zurück. Von größerer Bedeutung ist dieser Effekt aber nur, wenn der Hebesatz deutlich über 401% liegt. Bei niedrigeren Hebesätzen ergibt sich eine geringfügige Entlastung durch die Gewerbesteuer. Bei einem Hebesatz von knapp über 400% ist die „effektive" Gewerbesteuerbelastung nur gering.

	Hebesatz der Gewerbesteuer				
ESt	**200%**	**300%**	**400%**	**450%**	**500%**
10%	0,00%	0,00%	0,00%	0,00%	0,00%
20%	– 1,86%	– 2,81%	– 0,15%	7,53%	14,12%
25%	– 1,48%	– 2,24%	– 0,12%	6,12%	11,62%
30%	– 1,23%	– 1,86%	– 0,10%	5,15%	9,88%
40%	– 0,92%	– 1,39%	– 0,07%	3,91%	7,59%
45%	– 0,82%	– 1,23%	– 0,07%	3,49%	6,81%

Abb. 7.7: Anteil der Gewerbesteuer an der Gesamtsteuerbelastung bei Einzelunternehmen und Personengesellschaften in Abhängigkeit vom Gewerbesteuerhebesatz und vom Einkommensteuersatz[10]

10 Beim Einkommensteuersatz von 10% wird angenommen, dass aufgrund des Freibetrags nach § 11 GewStG von 24 500 € keine Gewerbesteuer anfällt.

D. Rechtsformvergleich

Die bei einem bestimmten Gewerbeertrag zu zahlende Gewerbesteuer ist im Grundsatz unabhängig von der Rechtsform des Unternehmens. Die Steuerermäßigung nach § 35 EStG führt allerdings dazu, dass die „effektive" Gewerbesteuerbelastung bei Personenunternehmen deutlich geringer ausfällt als bei Kapitalgesellschaften. Durch die Begrenzung dieser Steuerermäßigung auf das Minimum von gezahlter Gewerbesteuer (= Hebesatz × 3,5%) bzw dem 3,8fachen des Steuermessbetrags (= 3,8 × 3,5%) fällt der Vorteil von Personenunternehmen zunächst noch gering aus. Ab einem Hebesatz von 380% bleibt er mit 14,03 Prozentpunkten konstant:[11] **497**

Hebesatz (1)	Personen-unternehmen (2)	Kapital-gesellschaften (3)	Vorteil Personen-unternehmen (4) = (3) – (2)
0%	– 0,39%	0,00%	0,39%
200%	– 0,39%	7,00%	7,39%
250%	– 0,48%	8,75%	9,23%
300%	– 0,58%	10,50%	11,08%
380%	– 0,73%	13,30%	14,03%
400%	– 0,03%	14,00%	14,03%
450%	1,72%	15,75%	14,03%
500%	3,47%	17,50%	14,03%

Abb. 7.8: Einfluss der Rechtsform auf die „effektive" Gewerbesteuerbelastung (Thesaurierungsfall)

Wird bei Kapitalgesellschaften zusätzlich die Ebene der Anteilseigner einbezogen (Ausschüttungsfall), wird die „effektive" Belastung mit Gewerbesteuer auf Ebene der Kapitalgesellschaft durch eine Minderung der Einkommensteuer des Anteilseigners abgeschwächt. Dies führt dazu, dass der Vorteil von Personenunternehmen geringer ausfällt. Werden die Dividenden auf Ebene des Gesellschafters der Kapitalgesellschaft nach dem Konzept der Abgeltungsteuer besteuert, reduziert sich die „effektive" Gewerbesteuerbelastung bei der Rechtsform „Kapitalgesellschaft" um 26,375 Prozent = 25% (Abgeltungsteuer, § 32d EStG) + 1,375% (Solidaritätszuschlag auf die Abgeltungsteuer). Für den Rechtsformvergleich gelten damit folgende Werte:[12] **498**

11 Der Gewerbesteuerhebesatz beträgt zwar mindestens 200% (§ 16 Abs. 4 GewStG). Durch den Hebesatz von 0% wird rechentechnisch die erweiterte Kürzung nach § 9 Nr 1 S. 2–6 GewStG für grundstücksverwaltende Kapitalgesellschaften berücksichtigt. Bei Personenunternehmen wird weiterhin mit dem Hebesatz von 200% gerechnet, da die erweiterte Kürzung von diesen nicht in Anspruch genommen werden kann.

12 Der Gewerbesteuerhebesatz beträgt zwar mindestens 200% (§ 16 Abs. 4 GewStG). Durch den Hebesatz von 0% wird rechentechnisch die erweiterte Kürzung nach § 9 Nr 1 S. 2–6 GewStG für grundstücksverwaltende Kapitalgesellschaften berücksichtigt. Bei Personenunternehmen wird weiterhin mit dem Hebesatz von 200% gerechnet, da die erweiterte Kürzung von diesen nicht in Anspruch genommen werden kann.

Hebesatz (1)	Personen-unternehmen (2)	Kapital-gesellschaften (3)	Vorteil Personen-unternehmen (4) = (3) – (2)
0%	– 0,39%	0,00%	0,39%
200%	– 0,39%	5,15%	5,54%
250%	– 0,48%	6,44%	6,92%
300%	– 0,58%	7,73%	8,31%
380%	– 0,73%	9,79%	10,52%
400%	– 0,03%	10,31%	10,34%
450%	1,72%	11,60%	9,88%
500%	3,47%	12,88%	9,41%

Abb. 7.9: Einfluss der Rechtsform auf die „effektive" Gewerbesteuerbelastung (Ausschüttungsfall)

E. Bedeutung für die Standortwahl

499 Die Unterschiede zwischen den Gewerbesteuerhebesätzen lassen sich dadurch nutzen, dass betriebliche Funktionen in eine Gemeinde mit einem niedrigen Hebesatz verlagert werden. Für die Steuerplanung ist zwischen den Instrumenten „Standort des (gesamten) Betriebs", „Einschaltung einer Tochterkapitalgesellschaft" und „Einschaltung einer Tochterpersonengesellschaft" zu unterscheiden. Bei Tochterkapitalgesellschaften wird zusätzlich danach differenziert, ob das Tochterunternehmen seine Leistungen gegenüber Außenstehenden oder innerhalb eines Konzerns (Unternehmensverbunds) erbringt.[13]

Diese Gestaltungen lassen sich insbesondere von Kapitalgesellschaften nutzen. Bei Einzelunternehmen und Personengesellschaften wirken sich die Vorteile eines geringeren Hebesatzes nur dann in größerem Umfang aus, wenn dadurch Anrechnungsüberhänge vermieden oder zumindest reduziert werden können.[14]

500 *(1) Standort des (gesamten) Betriebs:* Die Gewerbesteuer hat auf die Standortwahl von Produktionsunternehmen nur einen geringen Einfluss, da für die zu zahlende Gewerbesteuer und damit die „effektive" Gewerbesteuer nicht der Sitz des Unternehmens ausschlaggebend ist, sondern der Ort der Produktionsstätte. Es ist zu vermuten, dass für die Standortwahl von Produktionsunternehmen andere (nicht steuerliche) Einflussfaktoren bedeutsamer sind als die Gewerbesteuer.

501 Allerdings gibt es viele Geschäftsformen, bei denen es für beide Vertragspartner weniger bedeutsam ist, in welcher Gemeinde der Leistungserbringer ansässig ist. Zu den standortelastischen Funktionen, bei denen entweder der Standort grundsätzlich nicht

13 Siehe hierzu und zu weiteren Gestaltungen ausführlich Scheffler, Ubg 2011, S. 262. Siehe auch Dietrich/Krakowiak, DStR 2009, S. 661; Eichfelder/Zander, DStR 2018, S. 1313.

14 Anrechnungsüberhänge entstehen dann, wenn die Begrenzung der Steuerermäßigung nach § 35 EStG auf die anteilig auf die gewerblichen Einkünfte entfallende Einkommensteuer wirksam wird.

relevant ist oder bei denen es darauf ankommt, an welchem Ort die Leistung erbracht wird und nicht darauf, in welcher Gemeinde der Leistungserbringer seinen Unternehmenssitz hat, gehören beispielsweise: Finanzdienstleistungen (unter anderem Gewährung von Darlehen), Vermietung von beweglichen Wirtschaftsgütern einschließlich Mobilienleasing (langfristige Vermietung) und Busunternehmen (kurzfristige Vermietung), Vermietung von unbeweglichen Wirtschaftsgütern einschließlich Immobilienleasing, Verwertung von immateriellen Wirtschaftsgütern durch Einräumung von Lizenzen, Vertrieb (Einsatz von Außendienstmitarbeitern), Erbringen von technischen oder kaufmännischen Dienstleistungen, Call-Centern (in eingeschränktem Umfang), Personalleasing (Arbeitnehmerverleihung), Versandhandel sowie Reinigungs-, Wartungs- und Reparaturaktivitäten.

Um die Vorteile aus dem niedrigen Gewerbesteuerhebesatz möglichst umfassend nut- **502** zen zu können, ist sicherzustellen, dass der durch die betrachteten Funktionen erzielte Gewinn vollständig in der Gemeinde zu versteuern ist, in der das Unternehmen ansässig ist. Organisatorisch lässt sich diese Leitlinie dadurch umsetzen, dass das Unternehmen in einer Gemeinde mit einem niedrigen Hebesatz gegründet wird oder dass das gesamte Unternehmen in eine „Niedrigsteuergemeinde“ verlegt wird.

Bei Errichtung einer Betriebsstätte in einer Niedrigsteuergemeinde mit Beibehaltung **503** des Unternehmenssitzes in einer Gemeinde mit einem höheren Gewerbesteuerhebesatz können die Differenzen bei den Gewerbesteuerhebesätzen nur zum Teil genutzt werden, da in diesem Fall der Erfolg des Unternehmens aufgrund der Zerlegung (§ 28–§ 35 GewStG) zum Teil in der Gemeinde mit dem höheren Hebesatz zu versteuern ist.

(2) Einschaltung einer Tochterkapitalgesellschaft und Leistungserbringung gegen- **504** *über Außenstehenden:* Das sich aus den unterschiedlichen Hebesätzen ergebende innerstaatliche Steuergefälle lässt sich auch dann nutzen, wenn nicht das gesamte Unternehmen verlagert wird, sondern nur die standortelastischen Aufgaben von einer Tochterkapitalgesellschaft übernommen werden, die ihr Unternehmen von einer Gemeinde aus betreibt, die einen niedrigen Hebesatz festgesetzt hat. Die Tochterkapitalgesellschaft kann entweder bei Aufnahme der Geschäftstätigkeit errichtet werden oder durch Ausgliederung eines Teilbetriebs aus einem bestehenden Unternehmen entstehen. Um eine eigenständige Besteuerung der Tochterkapitalgesellschaft zu erreichen, darf zwischen der Mutterkapitalgesellschaft und der Tochterkapitalgesellschaft keine ertragsteuerliche Organschaft bestehen (§ 14–§ 18 KStG, § 2 Abs. 2 S. 2 GewStG). Die Ausgliederung von Teilbetrieben in eine Tochterkapitalgesellschaft, die als Organgesellschaft fungiert, ist aufgrund der Betriebsstättenfiktion und der damit verbundenen Zerlegung nicht bzw weniger geeignet, um das innerstaatliche Steuersatzgefälle nutzen zu können.[15] Da Zerlegungsmaßstab grundsätzlich die Summe der Arbeitslöhne bildet, die an die Beschäftigten gezahlt werden (§ 29 GewStG), beruht diese Empfehlung auf der Annahme, dass der durch die standortelastischen Funktionen erzielte Gewinn einen höheren Anteil am (getrennt ermittelten) Gesamtgewinn des Unternehmens ausmacht als der Anteil an den gezahlten Arbeitslöhnen.

15 Zur ertragsteuerlichen Organschaft siehe Band I: Ertrag-, Substanz- und Verkehrsteuern, Sechster Teil (speziell zu den Wirkungen Zweiter Abschnitt, Kapitel C.).

505 Wird mit der (ausgegliederten) Tochterkapitalgesellschaft keine Organschaft begründet, gelten auf Ebene der Mutterkapitalgesellschaft 5% der Gewinnausschüttungen der Tochterkapitalgesellschaft als nicht abziehbare Betriebsausgaben (§ 8b Abs. 5 KStG). Diese Zusatzbelastung von Dividenden schwächt die gewerbesteuerlichen Vorteile ab.

506 *(3) Einschaltung einer Tochterkapitalgesellschaft und innerkonzernliche Leistungserbringung:* Die gewerbesteuerlichen Vorteile aus einer innerstaatlichen Erfolgsverlagerung lassen sich auch nutzen, wenn die Leistungen innerhalb eines Konzerns erbracht werden. Grundsätzlich eignen sich dazu die gleichen standortelastischen betrieblichen Aktivitäten wie bei der Leistungserbringung gegenüber Außenstehenden. Organisatorisch ist vorzusehen, dass diese Leistungen von einer Tochtergesellschaft erbracht werden, die von einer „Niedrigsteuergemeinde" aus agiert und der gegenüber die Voraussetzungen einer ertragsteuerlichen Organschaft vermieden werden.

Besteht zwischen der Tochterkapitalgesellschaft und dem Mutterunternehmen keine Organschaft, werden konzerninterne Leistungsbeziehungen wie zwischen fremden Dritten erfasst. Bei Leistungen innerhalb eines Konzerns müssen also die Hebesatzdifferenzen ausreichend groß sein, um sowohl die Nachteile aus der 5%igen Umqualifizierung der von der leistungserbringenden Tochterkapitalgesellschaft an die Mutterkapitalgesellschaft gezahlten Dividenden in nicht abziehbare Betriebsausgaben (§ 8b Abs. 5 KStG) als auch die 25%ige Hinzurechnung von Fremdkapitalaufwendungen bei der leistungsempfangenden Konzerneinheit (§ 8 Nr 1 GewStG) mindestens auszugleichen.[16]

507 *(4) Einschaltung einer Tochterpersonengesellschaft:* Bei Personengesellschaften gelten bei den einzelnen Steuerarten unterschiedliche Besteuerungskonzepte. Bei der Einkommen- und Körperschaftsteuer unterliegen die Erfolge auf Ebene der Gesellschafter der Besteuerung (Transparenzprinzip, § 15 Abs. 1 S. 1 Nr 2 EStG). Demgegenüber führt der Objektcharakter dazu, dass eine Personengesellschaft einen eigenständigen Gewerbebetrieb führt (§ 2 Abs. 1 GewStG). Eine Personengesellschaft kann auch nicht Organgesellschaft sein. Da die Personengesellschaft Steuerschuldnerin ist (§ 5 Abs. 1 S. 3 GewStG), wird die Gewerbesteuer auf Ebene der (Tochter-)Personengesellschaft erhoben.

508 Durch die Errichtung einer Tochterpersonengesellschaft lassen sich prinzipiell die gleichen Vorteile erreichen wie durch die Einschaltung einer Tochterkapitalgesellschaft, die bei Nichtbestehen einer Organschaft selbständig besteuert wird. Das Nebeneinander von Transparenzprinzip bei der Einkommen- bzw Körperschaftsteuer und Objektcharakter bei der Gewerbesteuer führt aber in Teilbereichen dazu, dass sich die Einschaltung einer Tochterpersonengesellschaft im Vergleich zur Einschaltung einer Tochterkapitalgesellschaft, die nicht als Organgesellschaft fungiert, noch besser als Instrument für eine innerstaatliche Erfolgsverlagerung eignet:

- Die Auslagerung von betrieblichen Funktionen auf eine Tochterpersonengesellschaft weist gegenüber der Verlagerung in eine Tochterkapitalgesellschaft die Vorteile auf, dass bei einer Rückführung der von der Tochterpersonengesellschaft

16 Vgl Broer, StuW 2010, S. 114.

erzielten Gewinne die aus § 8b Abs. 5 KStG resultierende Mehrbelastung vermieden werden kann und dass Personengesellschaften bei Ermittlung des Gewerbeertrags einen Freibetrag von 24 500 € abziehen können (§ 11 Abs. 1 GewStG).

- Erbringt das Mutterunternehmen gegenüber der Tochterpersonengesellschaft Leistungen (zB Gewährung von Darlehen, Vermietung von Wirtschaftsgütern), werden die Vergütungen auf der zweiten Stufe der Gewinnermittlung als Sondervergütungen in den Gewerbeertrag der Tochterpersonengesellschaft einbezogen. Damit unterliegen die Sondervergütungen nach den Verhältnissen der Gewerbesteuer, die bei der Tochterpersonengesellschaft gelten. Ist der für die Tochterpersonengesellschaft relevante Hebesatz niedriger als der für die Besteuerung des Mutterunternehmens maßgebende Hebesatz, lässt sich die Gewerbesteuerbelastung des Gesamtunternehmens weiter reduzieren. Eine derartige Möglichkeit zur innerstaatlichen Erfolgsverlagerung existiert im Verhältnis zu Tochterkapitalgesellschaften nicht.
- Ein weiterer Vorteil der Erfassung der an das Mutterunternehmen gezahlten Sondervergütungen bei Ermittlung des Gewerbeertrags der Tochterpersonengesellschaft ist, dass insoweit die Nachteile aus einer Hinzurechnung von Fremdkapitalaufwendungen nach § 8 Nr 1 GewStG nicht auftreten: Bei der Tochterpersonengesellschaft unterbleibt eine Hinzurechnung, da die Zinsen und Mieten in der Ausgangsgröße zur Ermittlung des Gewerbeertrags enthalten sind. Auf Ebene des Mutterunternehmens bleiben die Sondervergütungen aufgrund der Kürzung nach § 9 Nr 2 GewStG außer Ansatz.

Achter Teil

Grundsätzlicher Einfluss der Besteuerung auf die Entgeltpolitik

Erster Abschnitt

Entscheidungssituation

509 *(1) Ausgangsüberlegung:* Bei Gehaltsverhandlungen besteht regelmäßig ein Interessengegensatz zwischen Arbeitgeber und Arbeitnehmer. Den Bestrebungen des Arbeitnehmers nach einer höheren Entlohnung steht der Wunsch des Arbeitgebers gegenüber, die Personalaufwendungen möglichst gering zu halten. Eine Kompromissfindung wird durch die zumeist als zu hoch empfundene Belastung des Arbeitseinkommens mit Einkommensteuer, Kirchensteuer, Solidaritätszuschlag sowie mit den Beiträgen zu den gesetzlichen Sozialversicherungen (Renten-, Arbeitslosen-, Kranken- und Pflegeversicherung) weiter erschwert.

510 Das Entgelt für die Arbeitsleistung des Arbeitnehmers muss allerdings nicht ausschließlich in regelmäßig gewährten Lohn- oder Gehaltszahlungen bestehen. Die Entlohnung lässt sich vielmehr in die laufende Vergütung („Barlohn") und in Zusatzleistungen aufspalten. Dieser Ansatz für die Entgeltpolitik beruht darauf, dass für Zusatzleistungen zum Teil steuerliche Vorteile gewährt werden. Die daraus resultierenden Entlastungen lassen sich in

- Bemessungsgrundlageneffekte (zB Freibeträge, Freigrenzen, pauschalierte Ermittlung der Höhe der Einnahmen[1]),
- Steuersatzeffekte (wie Pauschalierung der Lohnsteuer) und
- Zeiteffekte (Verlagerung der Steuerpflicht in spätere Jahre)

einteilen. Da der Entgeltbegriff der gesetzlichen Sozialversicherungen weitgehend an den steuerrechtlichen Begriff des Arbeitslohns anknüpft (§ 7 Abs. 1 iVm § 14 Abs. 1 SGB IV und der SvEV), werden die steuerlichen Entlastungen häufig durch eine Minderung der Sozialversicherungsbeiträge verstärkt.

511 Die steuerlichen Vorteile stehen zwar überwiegend Arbeitnehmern zu. Sofern sich die Arbeitnehmer bei ihren Lohnforderungen an dem nach Abzug der Ertragsteuern und der Sozialversicherungsbeiträge verbleibenden Nettoeinkommen orientieren, können sich aber über einen **Austausch zwischen Barlohn und Zusatzleistungen** für den Arbeitgeber positive Rückwirkungen ergeben. Diese Überlegungen werden im Folgenden für die Situation untersucht, in denen zwischen einem Arbeitgeber und einem Arbeitnehmer Verhandlungen über eine Gehaltserhöhung geführt werden. In

1 Hieraus ergibt sich dann ein Vorteil, wenn die pauschalierte Ermittlung des geldwerten Vorteils zu einem niedrigeren steuerlichen Wert führt als der tatsächliche Wert der Zusatzleistung.

diesem Zusammenhang bestehen für die beiden Vertragspartner folgende Handlungsalternativen:

- Die Alternative „Barlohn" besteht darin, dass mit dem Arbeitnehmer eine **Erhöhung des laufenden Gehalts** vereinbart wird.
- Die Alternative „Zusatzleistung" ist dadurch gekennzeichnet, dass dem Arbeitnehmer zusätzlich zu dem unverändert bleibenden laufenden Gehalt eine **Leistung** zugesagt wird, **die einkommensteuerlich und/oder sozialversicherungsrechtlich begünstigt ist**.

Wie sich durch die Gewährung von Zusatzleistungen anstelle einer Erhöhung des lau- **512**
fenden Gehalts die Belastung des Arbeitslohns mit Steuern und Beiträgen zu den Sozialversicherungen reduzieren lässt und wie nicht nur der Arbeitnehmer, sondern auch der Arbeitgeber von diesen Begünstigungen profitieren kann, wird **beispielhaft** anhand einer Zusatzleistung verdeutlicht, die für den Arbeitnehmer steuer- und sozialversicherungsfrei ist. Ein typischer Anwendungsfall für den daraus resultierenden Bemessungsgrundlageneffekt sind die **Zuschläge für Sonntags-, Feiertags- und Nachtarbeit**. Werden die Zuschläge für tatsächlich geleistete Sonntags-, Feiertags- und Nachtarbeit neben dem Grundlohn gezahlt, sind diese steuerfrei, soweit die Zuschläge bei Nachtarbeit nicht mehr als 25%, bei Sonntagsarbeit nicht mehr als 50% und bei Feiertagsarbeit nicht mehr als 125% bzw an Weihnachten nicht mehr als 150% des Grundlohns betragen (§ 3b Abs. 1, Abs. 2 S. 2–4 EStG).[2] Weitere Voraussetzung für die Steuerbefreiung der Zuschläge ist, dass der Stundensatz für den Grundlohn höchstens 50 € beträgt (§ 3b Abs. 2 S. 1 EStG). Für die gesetzlichen Sozialversicherungen gelten grundsätzlich die gleichen Regelungen. Allerdings wird für die Zuschläge auf die Erhebung der Sozialversicherungsbeiträge nur insoweit verzichtet, als der Stundenlohn 25 € nicht übersteigt (§ 1 Abs. 1 Nr 1 SvEV).

(2) Grundgedanken einer Arbitrage gegen das Steuer- und Sozialversicherungs- **513**
recht: Die Arbitrage gegen das Steuer- und Sozialversicherungsrecht ist dadurch gekennzeichnet, dass es durch die Gewährung von Zusatzleistungen anstelle einer Erhöhung der laufenden Vergütung zu einer Minderung der Abgabenbelastung kommt. Die Entgeltpolitik wird dabei so gestaltet, dass die steuerlichen und sozialversicherungsrechtlichen Vorteile nicht ausschließlich dem (formal berechtigten) Arbeitnehmer zugutekommen. Über die Gewährung einer im Vergleich zur angedachten Gehaltserhöhung niedrigeren Zusatzleistung werden diese Vorteile materiell zum Teil auf den Arbeitgeber übertragen, sodass sich für diesen die Personalaufwendungen reduzieren. Geht man von einer Austauschbarkeit zwischen laufender Vergütung und Zusatzleistungen aus, bilden die Zusatzleistungen keine (freiwillige) Sozialleistungen. Vielmehr sind bei dieser Betrachtung die **Zusatzleistungen integraler Bestandteil der Entlohnung** des Arbeitnehmers. Sowohl der Arbeitnehmer als auch der Arbeitgeber sehen die Zusatzleistungen und die laufende Vergütung (den Barlohn) vom Grundsatz als gleichwertig an.[3]

---

2 Sonderregelungen sind in § 3b Abs. 3 EStG enthalten.

3 Zur ökonomischen Bedeutung der Besteuerung des Arbeitslohns siehe grundlegend Wagner, StuW 1992, S. 291. Zum Einfluss der Lohnsteuer auf die betriebliche Steuerpolitik siehe Selchert, ZfB 1978, S. 1. Zur vergleichbaren Fragestellung der Umwandlung von laufendem Gehalt in Zusatzleistungen siehe zB Scheffler/Edinger, StuB 1999, S. 1013; Scheffler/Edinger, StuB 1999, S. 1127.

514 Diese Grundidee wird anhand eines vereinfachten Beispiels deutlich: Ein Arbeitgeber überlegt zusammen mit seinem Arbeitnehmer, ob er anstelle einer Erhöhung der laufenden Vergütung eine Zusatzleistung in Form eines Zuschlags für Sonntags-, Feiertags- und Nachtarbeit anbieten soll. Die Erhöhung der laufenden Vergütung und die Gewährung von Zusatzleistungen sind ökonomisch grundsätzlich gleichwertig. Vorteile können dann entstehen, wenn die Zusatzleistungen als steuerfreie Einnahmen angesehen werden. Da der sozialversicherungsrechtliche Entgeltbegriff in weiten Bereichen die steuerrechtlichen Wertungen übernimmt, wirken sich Steuerbefreiungen auch auf die gesetzlichen Sozialversicherungen aus.

515 Gehen die Zusatzleistungen nicht in die abgabenrechtlichen Bemessungsgrundlagen ein, kann der **Arbeitnehmer** von der Gewährung einer Zusatzleistung auch dann profitieren, wenn der Wert der Zusatzleistung geringer ist als die angestrebte Erhöhung des laufenden (Brutto-)Gehalts. Ausgangspunkt bildet die Forderung des Arbeitnehmers nach Erhöhung seiner nach Abzug der Einkommensteuer und Sozialversicherungsbeiträge verbleibenden Vergütung (Nettolohnbetrachtung). Ist die Zusatzleistung steuer- und sozialversicherungsfrei, kann diese Forderung durch die Bezahlung einer Zusatzleistung in entsprechender Höhe erfüllt werden. Wird alternativ das laufende Gehalt erhöht, muss die Gehaltssteigerung mindestens so hoch ausfallen, dass nicht nur die Nettolohnforderung des Arbeitnehmers befriedigt werden, sondern auch die darauf entfallende Einkommensteuer und die Sozialversicherungsbeiträge finanziert werden können:[4]

$$\textit{Gehaltsforderung} = \textit{Zusatzleistung} = \textit{Gehaltserhöhung} \times (1 - s_{AN} - sv_{AN})$$

umgeformt zu

$$\textit{Gehaltserhöhung} = \frac{\textit{Gehaltsforderung}}{(1 - s_{AN} - sv_{AN})} = \frac{\textit{Zusatzleistung}}{(1 - s_{AN} - sv_{AN})}$$

Bei einer abgabenfreien Zusatzleistung stimmt die Erhöhung des Nettolohns des Arbeitnehmers mit der Höhe der Zusatzleistung überein. Die zu erbringende Zusatzleistung entspricht der Gehaltsforderung. Beträgt die Gehaltsforderung 1 000 €, der Steuersatz des Arbeitnehmers (s_{AN}) 35% und der Arbeitnehmeranteil zu den gesetzlichen Sozialversicherungen (sv_{AN}) 20%, gilt für die nach Abzug der Steuern und Sozialabgaben mit einer (abgabenfreien) Zusatzleistung vergleichbare (steuer- und sozialversicherungspflichtige) Gehaltserhöhung:

$$\textit{Gehaltserhöhung} = \frac{1\,000\ €}{(1 - 35\% - 20\%)}$$

$$\textit{Gehaltserhöhung} = 2\,222{,}22\ €$$

Erhält der Arbeitnehmer eine abgabenfreie Zusatzleistung von 1 000 €, muss die laufende Vergütung um mindestens 2 222,22 € erhöht werden, damit sich der Arbeitnehmer bei der Alternative „Barlohn" finanziell nicht schlechter stellt. Eine Erhöhung der laufenden Vergütung um 2 222,22 € ist lohnsteuer- und beitragspflichtig, sodass sich eine Erhöhung des Nettolohns von 1 000 € ergibt: 2 222,22 € × (1 – 35% –20%).

---

4 Der Ertragsteuersatz des Arbeitnehmers ergibt sich durch die Zusammenfassung von Einkommensteuer, Solidaritätszuschlag und ggf Kirchensteuer. Die Abziehbarkeit der Beiträge zu den gesetzlichen Sozialversicherungen als Sonderausgabe (§ 10 Abs. 1 Nr 2, 3 EStG) bleibt unberücksichtigt.

Aus Sicht des **Arbeitgebers** besteht der Vorteil der Gewährung einer abgabenfreien Zusatzleistung als Alternative zu einer Erhöhung der laufenden Vergütung darin, dass für ihn insoweit der Arbeitgeberanteil zu den gesetzlichen Sozialversicherungen entfällt (sv_{AG}). Für den Arbeitgeber stellt sich die Entscheidungssituation wie folgt dar: **516**

$$Belastung = Zusatzleistung \times (1 - s_{AG}) = \frac{Gehaltsforderung}{(1 - s_{AN} - sv_{AN})} \times (1 + sv_{AG}) \times (1 - s_{AG})$$

nach Kürzung des Ertragsteuersatzes des Arbeitgebers (s_{AG})[5] gilt

$$Zusatzleistung = \frac{Gehaltsforderung}{(1 - s_{AN} - sv_{AN})} \times (1 + sv_{AG})$$

Bei einer steuer- und sozialversicherungsfreien Zusatzleistung von 1 000 € und einem Arbeitgeberanteil zu den gesetzlichen Sozialversicherungen (sv_{AG}) von 20% ergibt sich aus Sicht des Arbeitgebers folgendes Vorteilhaftigkeitskriterium:

$$Zusatzleistung = \frac{1\,000\ €}{(1 - 35\% - 20\%)} \times (1 + 20\%)$$

$$Zusatzleistung = 2\,222{,}22\ € \times (1 + 20\%)$$

$$Zusatzleistung = 2\,666{,}67\ €$$

Bei abgabenfreien Zusatzleistungen entspricht die Belastung des Arbeitgebers dem Wert dieser Zusatzleistungen, während bei laufenden Gehaltszahlungen vom Arbeitgeber zusätzlich zum erhöhten Barlohn ein Teil der Sozialversicherungsbeiträge (Arbeitgeberanteil) zu übernehmen ist. Wird alternativ zu einer steuer- und sozialversicherungsfreien Zusatzleistung von 1 000 € das laufende Gehalt des Arbeitnehmers um 2 222,22 € erhöht, ist für den Arbeitnehmer die Erhöhung des Nettolohns bei beiden Alternativen identisch. Für den Arbeitgeber erhöht sich der Grenzwert auf 2 666,67 €, weil bei abgabenfreien Zusatzleistungen auch der Arbeitgeberanteil zu den gesetzlichen Sozialversicherungen entfällt. Da auf Ebene des Arbeitgebers sowohl die Zusatzleistungen als auch die laufende Vergütung und der darauf lastende Arbeitgeberanteil zu den gesetzlichen Sozialversicherungen als Betriebsausgaben abziehbar sind, ist die Höhe der Ertragsteuerbelastung für die Entscheidung des Arbeitgebers zwischen den beiden Formen der Entlohnung ohne Bedeutung.

Betrachtet man Arbeitgeber und Arbeitnehmer gemeinsam, ist der **Spielraum für die Gestaltung der Entgeltpolitik** erkennbar. Die Gehaltsforderung des Arbeitnehmers kann durch eine abgabenfreie Zusatzleistung von 1 000 € erfüllt werden. Bei der Alternative „Erhöhung des Barlohns" muss der Arbeitnehmer eine Gehaltserhöhung von mindestens 2 222,22 € erhalten, damit er sich finanziell nicht schlechter stellt. Aufgrund des Arbeitgeberanteils zu den gesetzlichen Sozialversicherungen ist die Barlohnalternative für den Arbeitgeber mit einer Belastung von 2 666,67 € verbunden. Er kann alternativ eine abgabenfreie Zusatzleistung in gleicher Höhe erbringen, ohne sich schlechter zu stellen. Obwohl eine Freistellung der Zusatzleistungen von der Besteuerung und den Sozialversicherungen formal in erster Linie den Arbeitnehmer be- **517**

5 Im Ertragsteuersatz des Arbeitgebers werden die Einkommen- bzw Körperschaftsteuer, Gewerbesteuer, der Solidaritätszuschlag und ggf. die Kirchensteuer zusammengefasst.

günstigt,[6] können beide Vertragspartner hieraus ihren Nutzen ziehen. Bei einer Zusatzleistung, die sich innerhalb der Bandbreite von 1 000 € und 2 666,67 € bewegt, erhöht sich zum einen das Nettoeinkommen des Arbeitnehmers und vermindern sich zum anderen die Personalaufwendungen des Arbeitgebers. Finanziert werden die Vorteile der beiden Vertragspartner durch eine Minderung des Steueraufkommens und der Sozialversicherungsbeiträge. Innerhalb der genannten Bandbreite besteht zwischen Arbeitgeber und Arbeitnehmer kein prinzipieller Interessengegensatz. Die finanziellen Vorteile der Gewährung von steuer- und sozialversicherungsfreien Zusatzleistungen beruhen nämlich darauf, dass Arbeitnehmer und Arbeitgeber die Form der Vergütung zu Lasten eines dritten „Partners" gestalten. Der Austausch von laufender Vergütung gegen Zusatzleistungen wird in der Betriebswirtschaftslehre als Arbitrage gegen das Steuer- und Sozialversicherungsrecht bezeichnet.[7]

518 Im Rahmen der **Vertragsverhandlungen** wird **festgelegt, wer** von der steuerlichen und sozialversicherungsrechtlichen Freistellung der Zusatzleistungen einen **größeren Nutzen zieht**:

- Je näher die Zusatzleistung an der Obergrenze liegt, umso mehr ist die Gewährung von Zusatzleistungen anstelle einer Erhöhung des laufenden Gehalts für den Arbeitnehmer vorteilhaft und umso weniger profitiert der Arbeitgeber davon.
- Umgekehrt gilt, dass in dem Fall, in dem die Zusatzleistung sich der Untergrenze nähert, der Arbeitnehmer geringere Vorteile hat, während sich die Belastung des Arbeitgebers im Vergleich zur Barlohnalternative stärker reduziert.

Zweiter Abschnitt

Einfluss des Steuersatzes und der Sozialversicherungsbeiträge

519 Der Grundfall verdeutlicht, wie durch die Gewährung einer abgabenfreien Zusatzleistung anstelle einer Erhöhung des laufenden Gehalts sowohl der Arbeitnehmer als auch der Arbeitgeber finanziell profitieren können. Bei einer abgabenfreien Zusatzleistung erhöht sich im Vergleich zur Barlohnalternative nicht nur das verfügbare Einkommen des Arbeitnehmers. Gleichzeitig wird in einer Nachsteuerbetrachtung deutlich, dass auch der Arbeitgeber geringere Personalkosten zu tragen hat.

520 Aus den Erläuterungen zum Grundfall wird erkennbar, dass sich die Vorteilhaftigkeit der **Alternative „Zusatzleistung" umso günstiger darstellt**,

- je höher der Einkommensteuersatz des Arbeitnehmers ist (s_{AN}) und
- je höher die Beiträge zu den gesetzlichen Sozialversicherungen sind (sv_{AN}, sv_{AG}).

---

6 Die Ausnahme bezieht sich auf den Arbeitgeberanteil zu den gesetzlichen Sozialversicherungen.

7 Zur Grundidee der Steuerarbitrage siehe Schneider, Investition, Finanzierung und Besteuerung, 7. Aufl., Wiesbaden 1992, S. 378; Wagner, StuW 1992, S. 294.

Die Höhe der Ertragsteuerbelastung des Arbeitgebers (s_{AG}) hat keine Auswirkung auf den Arbitragespielraum. Die Ertragsteuerbelastung des Arbeitgebers bestimmt lediglich das absolute Ausmaß der Vorteilhaftigkeit für den Arbeitgeber, jedoch nicht den Bereich, in dem sich durch die Gewährung von Zusatzleistungen als Alternative zur Erhöhung des laufenden Gehalts finanzielle Vorteile erzielen lassen.

Die **Auswirkungen im Rahmen der Einkommensteuer** (einschließlich Kirchensteuer und Solidaritätszuschlag) **und bei den gesetzlichen Sozialversicherungen können nicht isoliert betrachtet werden**. Mit einem Anstieg des Einkommens erhöht sich der Einkommensteuersatz des Arbeitnehmers. Diesem Effekt steht gegenüber, dass bei einem Übersteigen der Pflichtversicherungsgrenze für die Kranken- und Pflegeversicherung bzw der Beitragsbemessungsgrenze für die Renten- und Arbeitslosenversicherung die sozialversicherungsrechtlichen Effekte entfallen. Bei einer Kombination dieser Einflussfaktoren lassen sich drei Fälle bilden, deren quantitative Auswirkungen in Abb. 8.1 zusammengestellt sind: **521**

- *Fall 1: Niedriges Einkommen:* Bei einem Arbeitnehmer, dessen laufendes Entgelt die Pflichtversicherungsgrenze für die Kranken- und Pflegeversicherung und damit auch die Beitragsbemessungsgrenze für die Renten- und Arbeitslosenversicherung nicht erreicht, wirken die sozialversicherungsrechtlichen Effekte in vollem Umfang, allerdings fallen die einkommensteuerlichen Vorteile gering aus.
- *Fall 2: Mittleres Einkommen:* Liegt der Verdienst des Arbeitnehmers zwischen der Pflichtversicherungsgrenze für die Kranken- und Pflegeversicherung sowie der Beitragsbemessungsgrenze für die Renten- und Arbeitslosenversicherung, entfallen die sozialversicherungsrechtlichen Vorteile zum Teil. Es verbleiben lediglich die positiven Auswirkungen im Bereich der Renten- und Arbeitslosenversicherung, sodass sich rechentechnisch die Sozialversicherungssätze des Arbeitnehmers und des Arbeitgebers reduzieren. Dem steht ein höherer Einkommensteuersatz gegenüber.
- *Fall 3: Hohes Einkommen:* Fließt dem Arbeitnehmer ein laufendes Gehalt zu, das über der Beitragsbemessungsgrenze für die Renten- und Arbeitslosenversicherung liegt, können die einkommensteuerlichen Vorteile am besten genutzt werden. Da die Beiträge zu den gesetzlichen Sozialversicherungen auf einen Höchstbetrag begrenzt sind, sind aber diese Abgaben nicht entscheidungsrelevant.

Bei den folgenden Variationsrechnungen wird der Steuersatz des Arbeitnehmers in Abhängigkeit von seiner Einkommenssituation alternativ mit 33%, 45% und 48% angenommen. Die Sozialversicherungsbeiträge für den Arbeitgeber und Arbeitnehmer werden in Anlehnung an die für das Jahr 2020 geltenden Sätze konkretisiert.[8] **522**

8 Zu den jeweils aktuellen Werten siehe § 346 Abs. 1 S. 1 iVm § 341 Abs. 2, § 352 Abs. 1 SGB III und § 1 BeiSaV 2019 (Arbeitslosenversicherung); § 168 Abs. 1 Nr 1 iVm § 287 Abs. 1 S. 3 SGB VI (Rentenversicherung); § 249 Abs. 1 S. 1 iVm § 241 SGB V (Krankenversicherung) sowie § 58 Abs. 1 S. 1 iVm § 55 Abs. 1 S. 1 SGB XI (Pflegeversicherung).

Einkommenssituation	Abgabensätze			abgabenfreie Zusatzleistung	
	s_{AN}	sv_{AN}	sv_{AG}	Untergrenze	Obergrenze
Fall 1: Niedrigeres Einkommen	33%	19,33%	19,33%	1 000 €	2 503 €
Fall 2: Mittleres Einkommen	45%	10,50%	10,50%	1 000 €	2 483 €
Fall 3: Hohes Einkommen	48%	0,00%	0,00%	1 000 €	1 923 €

Abb. 8.1: Einfluss des Steuersatzes und der Sozialversicherungsbeiträge

Im Fall 1 (niedriges Einkommen) kann der Vorteil aus einer Befreiung der Zusatzleistungen von den gesetzlichen Sozialversicherungen in vollem Umfang genutzt werden (relative Betrachtung). Bei einem niedrigen Einkommensteuersatz kann allerdings der Vorteil der Steuerbefreiung der Zusatzleistung der Höhe nach nur in geringem Umfang genutzt werden (absolute Betrachtung). Bei einem mittleren Einkommen (Fall 2) wirkt der Anstieg des Einkommensteuersatzes gegenläufig zur Reduzierung der sozialversicherungsrechtlichen Vorteile. Wie der Rückgang des Grenzwerts für die abgabenfreie Zusatzleistung von 2503 € auf 2483 € zeigt, können im Beispiel die Einkommensteuerersparnisse die sozialversicherungsrechtlichen Effekte nicht vollständig ausgleichen. Bei einem die Beitragsbemessungsgrenze für die Renten- und Arbeitslosenversicherung übersteigenden Gehalt (Fall 3) gehen die maximal erzielbaren Vorteile sowohl auf Seiten des Arbeitgebers als auch auf Ebene des Arbeitnehmers zurück. Der Wegfall der sozialversicherungsrechtlichen Vorteile für die beiden Beteiligten wird durch den höheren Einkommensteuersatz nicht vollständig kompensiert, sodass sich die Obergrenze für die abgabenfreie Zusatzleistung auf 1923 € reduziert.

523 Zusammenfassend ist festzuhalten, dass das **Ausmaß der durch die Gewährung von abgabenfreien Zusatzleistungen** als Alternative zur Erhöhung des laufenden Gehalts **erzielbaren Vorteile bei steigendem Einkommen** aufgrund der Pflichtversicherungs- und Beitragsbemessungsgrenzen bei den gesetzlichen Sozialversicherungen **rückläufig ist**. Diese relative Betrachtung beruht auf der Annahme, dass der Betrag für eine angedachte Gehaltserhöhung als konstant angesehen wird. Da bei höheren Einkünften Gehaltserhöhungen betragsmäßig höher ausfallen können, profitiert diese Einkommensgruppe durch diese Art der Entgeltpolitik möglicherweise doch in größerem Umfang.

Dritter Abschnitt

Übertragung auf andere Zusatzleistungen

Die Bedeutung des vorgestellten Ansatzes reicht über den speziellen Anwendungsfall 524 hinaus. Die Zuschläge für Sonntags-, Feiertags- und Nachtarbeit sind lediglich Beispiele dafür, dass steuerliche und sozialversicherungsrechtliche Begünstigungen die Entlohnungspolitik beeinflussen. Das Steuerrecht und das Sozialversicherungsrecht kennen für die Einkünfte (Einnahmen) aus nichtselbständiger Arbeit zahlreiche weitere Regelungen, die zumindest mittelbar die Gestaltung des Arbeitsentgelts beeinflussen. Die dadurch auftretenden Bemessungsgrundlageneffekte (Freibeträge, Freigrenzen, pauschalierte Ermittlung der Höhe des Arbeitslohns), Steuersatzvergünstigungen (insbesondere Lohnsteuerpauschalierungen) und Zeiteffekte (Verlagerung der Abgabenpflicht in die Zukunft) erhöhen nicht nur das Nettoeinkommen des Arbeitnehmers, sondern führen über eine (zumindest in Teilbereichen eintretende) Rückwirkung auch zu einer Minderung der Personalaufwendungen des Arbeitgebers. Über die Gewährung von (begünstigten) Zusatzleistungen anstelle der Erhöhung des (von den allgemeinen Grundsätzen des Einkommensteuer- und Sozialversicherungsrechts erfassten) laufenden Gehalts kann auch der Arbeitgeber von Vergünstigungen profitieren, die formal Arbeitnehmern eingeräumt werden.

Weitere bedeutsame Beispiele für Möglichkeiten einer Arbitrage gegen das Steuer- 525 recht und die gesetzlichen Sozialversicherungen sind Zusagen für eine betriebliche Altersversorgung (zB Direktzusage oder Direktversicherung, § 3 Nr 63 EStG)[9] sowie die Gestellung eines betrieblichen Fahrzeugs zur privaten Nutzung.

Darüber hinaus finden sich noch zahlreiche Anwendungsfälle, deren materielle Bedeutung im Einzelfall unterschiedlich ausfällt. Beispiele hierfür sind: Freigrenze für Sachbezüge (§ 8 Abs. 2 S. 11 EStG), Zuschüsse zur Nutzung von öffentlichen Verkehrsmitteln im Linienverkehr (Jobticket, § 3 Nr 15 EStG), Zuschüsse zur Unterbringung und Betreuung von nicht schulpflichtigen Kindern (§ 3 Nr 33 EStG), bestimmte Leistungen des Arbeitgebers zur Verbesserung des allgemeinen Gesundheitszustands und der betrieblichen Gesundheitsförderung (§ 3 Nr 34 EStG), Überlassung eines betrieblichen (Elektro-)Fahrrads für private Fahrten (§ 3 Nr 37 EStG), Freibetrag bei der Überlassung von Vermögensbeteiligungen (§ 3 Nr 39 EStG), Vorteile aus dem elektrischen Aufladen von Elektrofahrzeugen an einer ortsfesten betrieblichen Einrichtung des Arbeitgebers (§ 3 Nr 46 EStG), Zurverfügungstellung von Verpflegung oder die Überlassung einer Werkswohnung (R 8.1 Abs. 5–7 LStR iVm § 2 SvEV) sowie Pauschalierung der Lohnsteuer für betrieblich veranlasste Sachzuwendungen an Arbeitnehmer (§ 37b EStG), Mahlzeiten im Betrieb, Betriebsveranstaltungen, Verpflegungszuschüsse, Schenkungen von Personalcomputern, Beförderung eines Arbeitnehmers zwischen Wohnung und Arbeitsstätte und Zuschüsse für Fahrten zwischen Wohnung und Arbeitsstätte (§ 40 EStG).

9 Siehe hierzu zB Schanz, DB 2013, S. 1501.

Sachverzeichnis

Die Angaben beziehen sich auf die Randnummern.